新自由主義と戦後資本主義

欧米における歴史的経験

権上康男【編著】

日本経済評論社

はしがき

一九八〇年代の初頭以降、規制緩和、国有部門の民営化、福祉国家の見直しなどの流れが世界を席捲するなかで、「新自由主義」(neo-liberalism) という用語がさまざまな場で用いられるようになった。日本は世界の流れに遅れたものの、ようやく一九九〇年代になって規制緩和の大波に洗われるようになるや、この用語がアカデミズムの世界のみならずマスメディアにも登場するようになった。そしていまや、新自由主義は「市場原理主義」という用語に置き換えられ、あたかも経済社会がかかえる諸々の困難にたいする唯一で万能の処方箋――それゆえ、誰もが受け入れを拒むことのできない処方箋――であるかのように、語られている。

しかし、新自由主義は本当に「市場原理主義」に尽きるのであろうか。そうしたもの以外にも新自由主義と呼べるものが存在するのではないか。というのは、経済社会に関係する理論や学説は、時代に特有ではあるものの地域によって現れかたに偏差のみられる問題に一般的な解答を用意するという課題を背負って登場するものであり、それゆえ同一種の理論や学説にはいくつか亜種のあるのが通例だからである。さらにいま一つ、マーガレット・サッチャーやロナルド・レーガンが登場する以前に、新自由主義を理念とする政策が構想にまとめられたり、実施されたりしたことがあったのではなかろうか。本書はこのような一連の問いから出発して、その歴史的起源にさかのぼり、理論と政策実践の両面から、新自由主義のいわばプロトタイプに光を当てようとするものである。

新自由主義については不明確な部分が多い。そもそも歴史的起源がはっきりしない。したがってまた、概念も厳密に定義づけられているとはいえない。新自由主義が「市場原理主義」と言い換えられること自体が、そうした曖昧さを端的に物語っている。「市場原理主義」だというのであれば、「夜警国家」を説く自由主義として一般に理解されてきた一九世紀マンチェスター学派の自由主義とどこが違うのか、なぜ自由主義でなく「新」自由主義と呼ぶのか、等々の疑問がただたちに生じるからである。

ただし厳密に言えば、アカデミズムの世界ではかなり以前から、ドイツ経済学を専門とする研究者たちのあいだで「オルド自由主義」、「フライブルク学派」などの名で知られる戦後西ドイツにおける自由主義の流れや、この自由主義の流れを汲む経済・社会政策やその理念――すなわち「社会的市場経済」(Soziale Marktwirtschaft)――との関連で新自由主義の用語が用いられていた。しかしそこでは、問題が国際的射程のなかで扱われることなく、ほとんどもっぱらドイツの経済学者や実務家たちの個別具体的な理論や政策論が俎上にのせられたために、研究者たちの関心はそうした理論や政策論相互間の類似性よりも相違の方に向かうことになった。その結果、新自由主義や社会的市場経済については、多義的であるとして概念それ自体の有効性を疑問視する研究者が多く、今日一般に新自由主義の名で呼ばれている経済思想や経済政策理念との関連が正面から問われることはなかった。

かくて新自由主義は、アカデミズムの世界の内と外の区別を問わず、二〇世紀末以降における資本主義世界の構造転換を主導する思想ないしは政策理念を示す用語として広く用いられているにもかかわらず、学術用語として市民権を獲得しているとはいいがたい。欧米でも日本でも、定評のある事典に新自由主義の項目が登場しないか、あるいは登場しても記述内容が事典ごとにまちまちで統一性に欠けるのは、以上のような実態を反映するものといえよう。

しかし近年、両大戦間から第二次大戦後にかけて活躍した自由主義者たちの個人文書がフランスとアメリカ合衆国で相次いで歴史資料《アーカイヴズ》として公開されたのにともない、新自由主義の理解をめぐる問題は新しい段階に入った。

まずフランスでは、哲学者ルイ・ルージエの個人文書の整理が進む過程で、彼が一九三八年にパリで組織した「リップマン・シンポジウム」と、それを契機に設立された自由主義者たちの国際組織「自由主義刷新国際研究センター」（本部、パリ）の存在が明らかとなった。また、このシンポジウムを理論面から支えたフランスの財務官僚で経済学者ジャック・リュエフの個人文書も、フランス国立公文書館に寄託され、研究者による利用が可能になった。一方、アメリカでは、経済学者で思想家フリードリヒ・フォン・ハイエクの個人文書と、彼を会長に一九四七年に設立された「モンペルラン協会」（設立当初の事務局、チューリッヒ／シカゴ）の文書がスタンフォード大学に寄贈された。この結果、第二次大戦後に世界の自由主義者たちを結集し、しかも設立会員および初期の会員のなかから七人ものノーベル経済学賞受賞者を出していたにもかかわらず、直接の関係者たち以外にはその存在すら知られていなかったこの協会に、光が当たることになった。

これらの個人文書を用いた歴史研究は日本においても海外においても開始されたばかりであり、未だ萌芽の域を出ていない。とはいえそうした研究によって、衰弱した自由主義の刷新と復活を標榜する自由主義者たちの国際組織とその活動の実態、それに自由主義者たちの国際人脈が徐々に明らかになりつつある。そして、まずルージエ、次いでハイエクによって組織された自由主義の国際的な流れこそが、当事者たちの意思に反して当時から「新自由主義」と呼ばれ、今日にまでいたっていることが、この流れを担った人物群や彼らの言説をつうじて、すでに確認されているのである。(1)

本書の基礎となっている共同研究は、以上のような新自由主義をめぐる歴史資料の公開ならびに歴史研究の状況をふまえ、リップマン・シンポジウムからモンペルラン協会の設立へと連なる新自由主義の流れから出発して、新自由主義を資本主義の歴史的展開のなかに位置づけて吟味しようとするものである。

誕生の当初における新自由主義の概念に関する検証は本論に譲るとして、本書の理解を容易にするために、いわば「古典的」新自由主義者たちの基本的な考え方や主張の要点を、社会・経済領域に限定して、あらかじめ示しておこう。論者によって重点のおきどころが微妙に異なるものの、それはおおよそ次の五項目に整理できる。第一に、個人の自由は価格メカニズムが機能する自由な市場経済なしには成り立ち得ない。第二に、自由主義国家には果たすべき積極的な役割があり、こうした役割に十分な注意を払わなかったという意味で、一九世紀の自由主義には不備があった。自由主義国家の本質的役割は、市場が円滑に機能するうえで必要な法律・制度上の諸条件を整備するとともに、市場機能の阻害要因を取り除くことにある。第三に、市場が円滑に機能し個人の自由が十全に保障されるためには物価と通貨の安定が、したがってまた国家財政の均衡維持が必要不可欠である。第四に、自由主義が力を失ったのは、社会主義とファシズムの台頭の結果であるが、同時に、独占の形成を助長した国家による各種団体への特権の付与と国家管理の拡大の結果でもある。第五に、第四の状況が生れた最大の原因は、大衆から発せられた社会的要求に自由主義が効果的に対処できなかったことにある。それゆえ、自由主義の復活は自由主義が社会問題を解決できるか否かにかかっている。また、他方でそれは、さまざまな社会カテゴリーとりわけ労働者に市場経済の意義を理解させ、彼らの行動を市場適応的なものに変えることができるか否かにもかかっている。

本書には二つの大きな課題がある。一つは、新自由主義誕生の歴史的起源に迫り、誕生当初の新自由主義の理論面における特徴を明らかにすることである。この課題は本書の第Ⅰ部で扱われるが、そこでは以下のような諸点に光が当てられる。(1)新自由主義が理論と政策論の両面において明確な姿を現し、欧米の自由主義者たちのあいだで市民権を獲得するのは一九三〇年代である。(2)新自由主義者たちが取り組もうとした核心的な問題は社会と市場と国家の関係をめぐるものであった。(3)国家の単純な後退や退場を説いたり、あたかも社会をかぎりなく市場に溶解させることができるかのように説く、それこそ「市場原理主義」とでも呼べるような自由主義は必ずしも新自由主義の中心に位置していたわけではなかった。(4)新自由主義者たちの国家理念は「積極的な国家」であり、単純な政府の小型化や政府機能の縮小は彼らの第一次的な関心事ではなかった。

課題のいま一つは、新自由主義者たちによる政策構想および政策実践を史実にもとづいて検証することである。この作業は本書の第Ⅱ部を構成する。ここでは、新自由主義的政策の実践には、個別の国民国家の内部においても、統合ヨーロッパにおいても、あるいはまた国際決済銀行（ＢＩＳ）のような国際機関においても、戦後の早い段階からの長い歴史があったことが明らかにされる。たとえば、フランスのように「ディリジスム」（国家主導経済）の代表のようにみられてきた国ですら、一九五〇年代の末に新自由主義を理念とする構造改革が部分的に実施されたこと、そして、以後一九七〇年代初頭にいたるまで、新自由主義はこの国の経済政策論議の重要な部分をなしていたこと、とくに信用領域において着実な制度改革を主導していたこと、などの諸事実が明らかにされる。それゆえ、一般に言われてきたこととは違って、新自由主義はケインズ主義の行詰りから生まれたものでもなければ、アングロサクソン諸国だけを起源とするものでもなかったことが確認されるであろう。

歴史的アプローチに拠っているとはいえ、資本主義一般や個別の国民資本主義の全体的な歴史像を示すことは本書の課題ではない。本書の狙いは、あくまでも、新自由主義がどのようにして歴史のなかから誕生し、それがどのようなかたちをとって歴史のなかに実在していたのかを明らかにすることにある。ここで採られている歴史研究の方法は発生史的方法ともいうべきものであり、新自由主義に直接関係のない史実は重要度のいかんにかかわらず考察の外におかれている。われわれは、戦後にヨーロッパ諸国で実施された国有化や計画化にも、職業諸団体間におけるコーポラティズム型の利害調整の実態にも立ち入ることはしていないが、それはこうした方法上の理由によるものである。

本書では一九三〇年代から一九七〇年代初頭までの時期が検討の対象となる。一九七〇年代初頭で終るのは、歴史的アプローチをとっているためである。歴史資料の公開が進んでいる欧米でも、現在のところ、研究者が自由に利用できる文書の公開年限はほぼ一九七〇年代前半までにかぎられている。一九七〇年代の後半からは、ユーロ市場のいっそうの発達、国際通貨の危機と変動為替相場への移行、さらにはグローバル化など、個別の国民国家にとっては外在的な諸要因の規定をうけて、それまで西ドイツ一国でしか完全勝利を収めていなかった新自由主義が、次第に他の西ヨーロッパ諸国をもとらえるようになる。そして一九八〇年代に入ると、新自由主義的構造改革の波は、国有企業の民営化に代表されるような戦後に構築された諸制度の「外構《ファサード》」にまで及ぶようになり、改革の流れはいっきょに世界化する。しかし、そうした一九七〇年代後半以降の時期を歴史研究固有の方法で扱うことができるようになるには、歴史文書のさらなる公開を待たねばならないのである。

未だ萌芽状態にあるとはいえ、新自由主義の歴史研究は欧米においてきわめて活発である。二〇〇三年にはパリで、また二〇〇四年にはジュネーヴで、いずれもルイ・ルージエをめぐる研究集会が開かれ、歴史に埋もれたこの自由主義哲学者の再評価が進んでいる。二〇〇五年にはニューヨークでモンペルラン協会をめぐる研究集会が開かれている。さらにスイスやフランスでは、新自由主義の歴史研究にささげられた博士論文（いずれも未公刊）も提出されている。われわれの研究はこうした世界の最新の研究に連なるものであるが、同時にそうした研究の最前線に立つものでもある。なぜなら、歴史文書にもとづく新自由主義の理論と政策実践の歴史に関する組織的な研究は、本研究をもって嚆矢とするからである。

現実の経済社会から大きな選択肢が消え、社会科学に大きな係争論題が見当たらなくなって久しい。それが、自由主義が新自由主義として再生したこと、そしてこの再生した自由主義が二〇世紀末から支配的な影響力を及ぼすようになった現実と深くかかわっていることについては、疑問の余地はないと思われる。それだけに、本書によって、新自由主義が担うことになった歴史的課題、新自由主義の概念と概念に潜む問題群、新自由主義を理念とする政策実践の歴史について、多くの識者が正確な認識を共有するようになること、次いで本書が呼び水となって新自由主義とその政策実践をめぐる研究がさらに前進すること、そして最後に、そうしたことの結果として、この新しいタイプの自由主義にたいする多角的な論議への道が開けることを願うものである。

編者が本書の基礎となる共同研究を着想したのは二〇〇一年九月で、パリ滞在中のことである。このとき編者は、ルージエ文書の整理にたずさわったパリ社会科学高等研究院（ＥＨＥＳＳ）の若い研究員フランソワ・ドゥノール氏との対話をつうじて、リップマン・シンポジウムの存在とその何たるかを知った。この対話が編者にもたらした衝撃と興奮は尋常ではなかった。ドゥノール氏から得た情報のなかでも、リップマン・シンポジウムのあとに創設された自由主義刷新国際研究センターにフランスの労働組合指導者たちが参加していたという事実は、新自由主義についての通俗的なイメージを根底から覆すものだっただけに、とりわけ衝撃的であった。また、ジャック・リュエフがシンポジウムを理論面で支えていたという事実には、未だ混沌とした戦後資本主義の歴史研究にとって新自由主義がアリアドネの糸になり得ることを直感的に確信し、興奮を禁じ得なかった。というのもリュエフは、一九二八年のフラン安定化を皮切りに以後一九七〇年代の半ばにいたるまで、フランス現代史の大きな節目ごとに歴史の表舞台に登場し、この国の経済の方向を決めるうえできわめて重要な役割を果たした人物だったからである。

編者はドゥノール氏と会ったその日のうちに、新自由主義の歴史研究を行うための研究組織を日本で発足させることを決意し、帰国後ただちに実行に移した。対象となる主要な時期が戦後にかかること、また、戦後史についてはどの国についても研究の蓄積は乏しく、多くを歴史資料に依拠せざるを得ないことから、研究組織の構成員は歴史資料の扱いに習熟した研究者から募ることにした。本書の執筆者たちから後日参加していただいた雨宮昭彦氏を除く八人に、深沢敦氏と米山高生氏を加えた一〇人がそれである。この研究組織は二〇〇二年度から二〇〇四年度までの三年間、「ネオリベラリズムと戦後ヨーロッパ資本主義（一九四五―七三年）」の課題で日本学術振興会科学研究費補助金の交付をうけた。また、二〇〇二年一〇月の土地制度史学会（政治経済学・経済史学会の前身）の秋季学術大会においてパネル・ディスカッション「ネオリベラリズムと戦後ヨーロッパ資本主義」を企画し、同学の会員に暫定的な研究成果にたいする批判を仰いだ。

共同研究を進める過程では歴史資料の発掘と収集にも力を注いだ。執筆者たちはそれぞれが研究対象とする国に赴いてこの作業を行った。編者自身も二〇〇三年度日本学術振興会特定国派遣研究者（長期）としてフランスに渡り、資料調査と最新の国際研究情報の交換と収集にあたった。この折、ドゥノール氏をはじめとする彼の地の研究者たちと、新自由主義および戦後資本主義について長時間にわたる意見交換を何度も行った。なお、編者のフランス滞在は一八八日に及び、一年の半分を超えたことから、日本学術振興会の規則により、編者は二〇〇三年度と二〇〇四年度については前記基盤研究の代表者を外れ、石山幸彦氏に代表者を代っていただくことになった。

共同研究の立ち上げから本書の刊行までには多くの方々の協力ならびに援助を得た。最初にお名前をあげなければならないのは、いうまでもなくフランソワ・ドゥノール氏である。畏友パトリック・フリーダンソン教授はドゥノール氏を編者に紹介し、また二〇〇三年には編者を客員教授として社会科学高等研究院に招聘し、新自由主義の歴史研究ならびに資料調査のためのさまざまな便宜供与と協力を惜しまなかった。シャルル・ドゴール政権で経済閣僚を務めたジャン＝マルセル＝ジャヌネー氏からはリュエフ委員会(2)とリュエフについて、また立教大学名誉教授でモンペルラン協会の元会長、西山千明氏からは同協会とハイエクについて、それぞれ有益な情報をいただくことができた。深沢敦氏と米山高生氏は前記基盤研究に参加し、研究会における報告や発言をつうじて本研究の進展に重要な貢献をされた。石山幸彦氏にはこの基盤研究の代表者にとどまらず、研究組織の事務も引き受けていただいた。横浜国立大学大学院国際社会科学研究科研究生の水野里香さん、同研究科院生の冨永理恵さんには面倒な索引を作成していただいた。これらの方々にはこの場を借りて厚く感謝の意を表したい。

最後に、本書の意義を理解し、その刊行を快く引き受けてくださった日本経済評論社の栗原哲也社長と谷口京延氏には、心から敬意と感謝の意を表するものである。本書の刊行にたいして、日本学術振興会から二〇〇六年度科学研究費補助金「研究成果公開促進費」が交付されたことを付記しておく。

二〇〇六年九月一日

編　者

（1）問題の個人文書を用いた代表的文献には以下のものがある。R. M. Hartwell, *A History of the Mont Pelerin Society*, Indianaplois, 1995, 250p.; François Denord, "Aux origins du néo-libéralisme en France. Loius Rougier et le Colloque Walter Lippmann de 1938", in *Le Mouvement social*, no. 195, avril-juin 2001; du même, *Genèse et institutionnalisation du néo-libéralisme en France (années 1930-années 1950)*, thèse de doctorat de l'EHESS, 16 décembre 2003, 518p.; Bernhard Walpen, *Die offenen Feinde und ihre Gesellschaft. Eine hegemonietheoretische Studie zur Mont Pelerin Society*, Hamburg, 2004, 493S. 最初にあげた文献の著者ハートウェルはオーストラリア出身の経済史家で、一九九二～九四年にモンペルラン協会の第一八代会長を務めた人物である。ハートウェルはこの著作について、モンペルラン協会の委嘱をうけて「個人の資格で」執筆したと記している。したがってそれは、同協会の「準正史」といえるものである。

（2）リュエフ委員会については本書、第8章を参照。

目　次

第Ⅰ部　新自由主義の歴史的起源

第1章　新自由主義の誕生（一九三八～四七年）

――リップマン・シンポジウムからモンペルラン協会の設立まで――

権上康男

はじめに

今日、一般に「新自由主義」の名で知られる思想や政策理念の基礎は、国ごとに若干の時期的なずれや濃淡の違いはあるものの、一九三〇年代の西ヨーロッパ諸国およびアメリカ合衆国において、同時進行的にかたちづくられたとみて間違いないようである。[1] しかし、新自由主義が欧米の有力な自由主義者たちのあいだで市民権を獲得する契機となったのは、一九三八年にパリで開催された国際研究集会「ウオルター・リップマン・シンポジウム」（Colloque Walter Lippmann. 以下では「リップマン・シンポジウム」と略称）と、一九四七年にスイスのモンペルランの地で開催された「モンペルラン・コンファレンス」（Mont Pelerin Conference）である。また、第二次大戦後に世界の自由主義者たちの結節点となり、新自由主義をめぐる研究活動の国際的な拠点となったのは、モンペルラン・コンファレンスを機に設立された「モンペルラン協会」（Mont Pelerin Society）である。

本章の課題は、新自由主義を国際的な地平で立ち上げる場となった上記の二つの国際研究集会とそれらを足場にして結成された自由主義者たちの二つの国際組織を俎上にのせ、一九三〇年代末から戦後にかけて、自由主義者たちが自由主義をめぐる問題状況をどのように認識し、また自由主義を新自由主義として再生させるために自由主義にどのような内容を付与しようとしたのかを検証することにある。

第1節　自由主義の危機とリップマン・シンポジウム（一九三八年）

(1)　リップマン・シンポジウムと自由主義者たちの国際人脈

一九八三年に、フランスの哲学者ルイ・ルージエの個人文書が、未亡人の手で南フランス、プロヴァンス地方の博物館《ミュゼ》に寄託された。近年、この文書が歴史社会学者フランソワ・ドゥノールによって整理されたおかげで、歴史に埋もれていたリップマン・シンポジウムと新自由主義生誕の現場が現代に甦ることになった。

リップマン・シンポジウムを組織したのはルージエである。一八八九年にリヨンに生まれたルージエは、ウィーンの哲学界と深い交流をもつ、フランスの哲学者としては異色の存在であった。当時の身分はブザンソン大学文学部教授であったが、彼はローマ、カイロ、ジュネーヴ、リヨンの高等教育諸機関で教育・研究の経歴を積んだ、幅広い国際人脈の持ち主であった。ルージエはヴィシー政権期に、国家主席ペタンの意を体して同政権とイギリス政府との秘密交渉を仲介している。(2) そして、まさにこのために、戦後は一九四五〜五五年の一〇年間、公職から追放された。リップマン・シンポジウムがルージエの名とともに戦後に忘れ去られた原因の一つはここにあった。

ルージエは一九三六年から、人民戦線政権の成立で沸くパリで、時流に抗いつつ自由主義防衛のための文筆・講演活動を開始する。と同時に、パリの新興出版社、メディシス社をつうじてフランス国内外の自由主義文献の出版にもかかわることになる。彼の協力のもとに同社が出版した著作物には、ヴィルヘルム・レプケ、ライオネル・ロビンズ、フリードリヒ・フォン・ハイエク等の著書が含まれている。一九三八年には、ルージエ自身もメディシス社から『経済の神秘学』(3)を出版し、新自由主義――ただし、当時の彼の用語では「建設的自由主義」（libéralisme constructeur）――運動の先鋒となった。同じ年、彼はアメリカ合衆国の著名なコラムニスト、ウオルター・リップマンの著書『よい社会』(4)の仏語訳を、『自由な国』（*La Cité libre*）の表題で、同じくメディシス社から出版することにも力を貸している(5)。

　リップマン・シンポジウムとは、この『よい社会』の原著者をパリに迎え、一九三八年八月二六日から三〇日までの五日間にわたって開かれた国際研究集会である。ルージエの記すところによれば、その目的は「資本主義にたいする審判の見直し」と「真の自由主義の理論、それを実現するための諸条件、それが担う新しい諸課題の明確化」(6)に、つまり、リップマンの著書にならって「自由主義のアジェンダ」(7)を策定することにあった。

表1-1　リップマン・シンポジウム出席者名簿

（氏名）	（国籍等）
Aron, Raymond	フランス
Auboin, Roger	フランス
Baudin, Louis	フランス
Bourgeois, Marcel	フランス
Castillejo, Jose	スペイン
Condliffe, John Bell	イギリス
Detoeuf, Auguste	フランス
Hayek, Friedrich von	イギリス
Heilperin, Michael	ポーランド
Hopper, B.	アメリカ合衆国
Lavergne, Bernard	フランス
Lippmann, Walter	アメリカ合衆国
Mantoux, Etienne	フランス
Marjolin, Robert	フランス
Marlio, Louis	フランス
Mercier, Ernest	フランス
Mises, Ludwig von	オーストリア学派
Piatier, André	フランス
Polanyi, Michael	イギリス
Possony, St.	オーストリア
Röpke, Wilhelm	オーストリア学派
Rougier, Louis	フランス
Rueff, Jacques	フランス
Rüstow, Alexander	トルコ
Schutz, le Docteur	オーストリア
Zeeland, Marcel van	ベルギー

出所：*Colloque Walter Lippmann, 29-30 août 1938,* Cahier n°1, Paris, 1939, p. 11.

　シンポジウムへの出席者は二六人で、国籍はフランス（一三人）、スペイン（一人）、イギリス（三人）、アメリカ合衆国（二人）、オーストリア（四人）、ベルギー（一人）、トルコ（一人）、ポーランド（一人）の八カ国に及んでいる(8)（表1-1参照）。その多くは自由主義経済学者で、そのなかにはハイエク、レプケ、ルートヴィヒ・フォン・ミーゼス、ジャック・リュエフという、当時のヨーロッパを代表する気鋭の経済学者が含まれていた。彼らはいずれも三〇歳台の終りから四〇歳台という研究者人生の充実した時期にあった。

右の四人のうちリュエフは他の三人に比べて日本での知名度が低いが、両大戦間から一九七〇年代にかけて活躍した二〇世紀フランスを代表する経済学者の一人で、自由主義思想家としても広く知られている。彼は一八九六年にパリに生まれ、理工科大学《エコル・ポリテクニック》を卒業後財務省に入り、財務監察官、ロンドン駐在財務官を経て、一九三八年当時はフランスで最高位の官僚ポストとして知られる資金局長（現在の国庫局長）の地位にあった。翌一九三九年九月には財務省を離れ、フランス中央銀行副総裁に転じている。リュエフは若くして哲学、数学、物理学の領域で非凡な才能を発揮したが(9)、理工科大学時代にクレマン・コルソンから経済学を学び、なかでもレオン・ワルラスの『純粋政治経済学要論』に強い感銘をうけたという(10)。リュエフは生涯をつうじて、行政実務と併行して経済理論なかでも貨幣理論の研究に携わり、物理学と数学の発想を生かした多数の理論的著作を残している(11)。こうした経歴と明晰で強靭な学問体系のゆえに、彼は論敵でもあるイギリスのケインズと比較されることが多い。また、本人を知る経済・財務官僚からは「ニュートン級」(12)の理論家として畏れられていた。本章をつうじて明らかになるように、リップマン・シンポジウムを理論面で支えたのはこのリュエフである。

経済学者のなかでは、地元フランスの大学教授たちとともにドイツ＝オーストリア系の大学教授たちが重要なグループを形成していた。ナチスの支配を逃れてジュネーヴ国際高等研究院（院長、歴史家ポール・マントゥー）に職を得ていたレプケ、ミーゼス、マイケル・ハイルペリン（ポーランド国籍）、それにイスタンブール大学に職を得ていたアレクサンダー・リュストウ（トルコ国籍）である。シンポジウムの公式記録でイギリス国籍とされていたハイエクもオーストリア出身で、一九二〇年代にはレプケらとともにウィーンのミーゼスのセミナーに参加していたから、ドイツ＝オーストリア学派はシンポジウムで一大グループを形成していたといえる。なかでもリュストウの参加は、彼がフライブルク大学のヴァルター・オイケンとともに一九三〇年代初頭から国家の積極的役割を説き、後述するような「自由主義的介入」(liberaler Interventionismus) という新自由主義の中心概念の一つをいち早く着想していただけに注目を引く[13]。

狭義の経済学者グループ以外では、まず注目を引くのはエルネスト・メルシエ、オーギュスト・ドゥトゥフ、ルイ・マリオという三人の企業家である。彼らはフランスの電力、電機工業、アルミニウム工業のそれぞれ大立者で、自由主義改革派として知られていた。次いで注目を引くのは、前出のリュエフと国際決済銀行総支配人ロジェール・オーボワンおよび同営業部長マルセル・ヴァンゼーラント、すなわちフランスの経済・財政行政と各国中央銀行の連合組織のそれぞれ実務中枢に位置する人物たちである。また、哲学者でのちのフランス・アカデミー会員レイモン・アロン、のちの欧州委員会副委員長ロベール・マルジョラン、ポール・マントゥーの息子でフランスへのケインズ『一般理論』の批判的紹介者エティエンヌ・マントゥー[14]といったフランスの若き俊英たち、カール・ポランニーの弟でマンチェスター大学教授（化学）、また哲学者としても知られるマイケル・ポランニーも注目される。要するに、ヨーロッパの各界を代表する第一級の人物たちがシンポジウムに参加していたのである。

(2)　ルージエの問題提示――国家の法的介入と国家の経済的介入――

シンポジウムはルージエの基調報告によって開幕した[15]。この報告は次のような現状認識から始まる。自由主義は社会主義とファシズムによって挟撃され衰退している。社会主義とファシズムは言われているような対立する両極ではない。両者は「同一種から発生した二つの変種」である。そこで行われている計画経済は、市場価格による経済計算が行われないために、「盲目的で、恣意的で、専制的な経済」でしかあり得ず、それは「経済財の多大の浪費と大衆の生活水準の低下をもたらす」。また、計画経済は「人間の尊厳と自由を増進するどころか廃絶する」。このようにルージエは社会主義とファシズムを断罪し、両者をともに除ける。

では自由主義はなぜ衰退したのか。ルージエによれば、その原因は一九世紀以来、マンチェスター学派の流れを汲む自由放任型の古典的自由主義が自由主義と同一視されてきたことによる。それゆえ彼は、自由放任型自由主義から区別される「真の自由主義」を確立する必要があると言う。

ルージエによれば、「真の自由主義」の独自性は国家に積極的な役割を付与することにある。その役割とは法秩序を定めるという役割、つまり「国家の法的介入」(interventionnisme juridique de l'État)であり、リップマンの著作の貢献はまさにこの点にある。リップマンの言うように、自由主義体制は「自然の秩序の結果」であるだけでなく「法的秩序、つまり国家による立法の結果」でもあり、経済活動は所有や契約、通貨や銀行などの諸制度を定めた法的枠組みのなかで営まれるものなのである。すなわち、「自由であるということは、マンチェスター学派のように自動車を好き勝手な方向に走らせることではない……。それは『プラニスト』[16](計画論者)のように個別の自動車の発車時間や道程を決めることではない。それは交通法規を守らせることなのである」。かくて、自由主義経済は二重の裁定に委ねられる。一つは市場価格にたいする消費者の反応をつうじてなされる「自然発生的な裁定」であり、いま一つは国家による「意識的な裁定」である。なお、この場合の国家は「市場の自由、感応性および効率性を保障する」存在としての国家であり、裁定は「法的介入」を意味する。第二の裁定を受け入れる点で、この自由主義は古典的な自由主義と異なる。

とはいえ国家の法的介入だけでは現実の問題を処理できない。経済問題は「政治的、社会学的、心理学的文脈」のなかで展開するからである。ルージエは言う――「現に大衆が苦しんでおり、激しい景気変動の終息までとても待てないというときに、均衡は自然に回復するものであるから、どれほど深刻な経済不況であっても国家の介入なしに自動的に消滅するはずだ、と言ってみても始まらない」と。つまり、ケインズ風に言い換えれば、自由主義は「長期」ではなく「短期」の問題にこそ対応できなければならないというのである。それゆえルージエは、「国家の経済的介入」（interventionnisme économique de l'État）は必要であり、それは自由主義体制のもとでも形態によっては許されるとする。

以上のように、国家の法的介入だけでなく経済的介入も必要なことを確認したあとでルージエは、「自由主義のアジェンダ」の策定というシンポジウムの目的とのかかわりで二つの問題を提起する。一つは「自由主義の衰退はそれ自体の発展法則そのものの帰結であって、不可避なものなのか」という問題である。というのも、マルクス主義者の言うように自由主義がそれ自身の法則から必然的に衰退するのであれば、そもそも自由主義の復権はあり得ないからである。いま一つの問題は「経済的自由主義は大衆の社会的要求を満足させられるであろうか」というものである。それは、「大衆が『最小限の生活保障』を容赦なく要求している」現状を考えれば、こうした要求に応えられない自由主義に未来はないからである。

(3)　討論――集積と独占、社会的諸問題――

つづく討論は七つのセッションに分かれて行われた。各セッションの課題は次のとおりである。(1)「自由主義の衰退は内生的な原因によるものなのか」。(2)「自由主義と戦争経済」。(3)「自由主義と経済的ナショナリズム」。(4)「自由主義と社会的諸問題」。(5)「自由主義衰退の心理学的・社会学的要因、政治的イデオロギー的要因」。(6)「自由主義のアジェンダ」。(7)「自由主義への回帰をめぐる理論的・実践的諸問題」。なお、この課題一覧にも明らかなように、「国家の法的介入」は討論の対象にならなかった。この問題については、すでに参加者たちのあいだで理解が共有されていたためと思われる。

シンポジウムの最終目的はアジェンダの策定にあり、その成否は先にルージエが提示した二つの問題――第一セッションと第四セッションの課題――をめぐる討論の行方にかかっていた。そこで、ここでは論点の拡散を避けるために、個別の課題をめぐるセッションについては、第一と第四の二つのセッションに絞って討論の要点を紹介することにしよう。

第一の「自由主義の衰退は内生的な原因によるものなのか」についての討論は、集積および独占の理解をめぐっていた(17)。なかでも大きな関心を集めたのは、集積による企業規模の拡大が独占を生み、それによって経済の自動調節機構は機能しなくなるのであろうか、という問題である。

この問題については、ドイツ＝オーストリア系の経済学者グループとフランスの企業家グループのあいだで見解に若干のずれがみられた。前者が自国の事例、とくに強制カルテルを引きつつ、独占は国家の介入によって創り出されるものであるとし、もっぱら国家に責任があると主張したのにたいして、後者は必ずしもそうではないことを強調したのである。しかし全体としてみれば、この問題にたいする論者たちの立場はおおむね楽観的であった。レプケ、マリオ、ハイエクは、集積は技術や組織の進歩の結果であり経済発展にとって好ましいと言う。ミーゼスはさらに進んで、集積や独占は即競争の後退を意味するものではないし、悪でもない。独占で問題になるのはある企業が生産や販売を独占しているか否かでなく、販売量を減らして利潤を増やしているか否かである、と主張する。

ただし、リュストウだけはやや踏み込んだ主張を展開している。彼によれば、競争が確保されているかぎり集積は「極限」にまでは進まず、そのはるか手前の「最適状態」でとまるはずである。それをこえて集積が進むとすれば、「それは独占的、新封建的、略奪的傾向を意味するが、そうした傾向は国家、法律、裁判所、検察、世論の助けなしには生じ得ない」。よって彼の結論は次のようになる。「競争を殺すのは競争ではありません。それは知とモラルの面における国家の弱さです。国家が、まず市場の監視人という自らの義務を疎かにして競争が衰えるのを放置し、次いで、盗賊どもが国家の法律を濫用して衰えた競争にとどめの一撃を加えるのを放置するからです」。ちなみに、リュストウの議論は、市場経済は「強力な独立した国家による市場の監視」なしには本来の機能を発揮し得ないとする、彼自身とドイツの（新）自由主義経済学者たちの主張を背景になされたものである。[18]

ともあれ結論的にいえば、国家が強制カルテルの創出に手を貸さないかぎり独占行為は大きな問題になり得ない、というのが論者たちに共通した認識であった。

第二の「自由主義と社会的諸問題」はシンポジウム参加者たちにとって当面の最重要課題であった。[19] 自由主義が社会主義とファシズムにたいして「第三の道」になり得るか否かは、まさにこれらの問題への対応いかんにかかっていたからである。自由主義体制は大衆の「最小限の生活保障」要求に応じることができるか。より具体的にいえば、経済の変動や調整の過程が産業や労働者にもたらす「損失《ペルト》」や「痛み《スフランス》」の一部を共同社会が負担すべきかどうか、なかでも失業問題にはどう対処すべきなのか、問題はここにあった。

これらの問題については、あらかじめレプケとリュエフに検討が委ねられていた。しかし、なぜか速記録にはレプケの発言はなく、終始議論を主導したのはリュエフであった。リュエフは、ミーゼスやハイエクと同じく、「価格メカニズムが機能しているかぎり賃金は物価の変動にしたがう」ものであり、失業の増大は国家が賃金率を維持すべく介入した結果である、という原則的な立場に立つ。しかし他方で、彼は、自由主義体制のもとでも形態によっては介入は可能であり、また望ましいことでもあると言う。ところで、前出の『よい社会』でリップマンが展開した基本的な主張は、「社会秩序」は市場経済に自動的に適応できるわけでないからこの適応を法律と社会政策によって円滑にする必要がある、というものであった。それだけに、議論は主としてリュエフとリップマンのあいだで行われた。その核心部分は次の二人の発言に集約される。

リップマン　私的市場制度の変動から生じる痛みを緩和することはできるのでしょうか。……多分、この痛みにたいしては、好調な事業からの特別税徴収のような手段で対処できるのではないでしょうか。

リュエフ　労働者にたいしては最大限のことをすべきでありますが、すべては均衡財政の枠内に収められねばなりません。イギリスの失業保険制度には大きな欠陥があります。とはいえ、イギリスの予算が均衡しているかぎりその制度は際限なく存続できます。……国家が教育〔経費〕を負担せねばならず、またそのために租税を徴収せねばならないのは明らかです。真の問題は自由主義国家における介入の限界という問題です。価格メカニズムと両立し得る介入の形態は何かです。

リップマン　リュエフ氏の原則にしたがうと、痛みに対処するためにどの程度の租税を振り向けたらたらよいかという〔介入の量的限度の〕問題は解けなくなります。（傍点は引用者。また〔　〕内は引用者による補足）

かくてリュエフにあっては、国家介入の是非は、それが価格メカニズムと両立し得るものであるか否かということのほかに、財政均衡を損なうか否かにもかかっており、介入の限界はその規模や範囲にではなく「形態《モダリテ》」と財政への影響の方にあったのである。こうしたリュエフの主張は、すぐあとでとりあげる「自由主義のアジェンダ」にそっくり盛り込まれることになる。

(4)「自由主義のアジェンダ」（新自由主義綱領）

第六セッション[20]では、リップマンによって、あるべき自由主義に回帰するための六項目からなる「理論的な提案」が読み上げられた。この提案は「新自由主義綱領」とも呼ぶべき重要な文書となるものなので、以下に全文を引用しよう。

(1) 経済的自由主義は、自由市場で機能する価格メカニズムによってのみ、生産手段の最良の利用と人々の欲望の最大限の充足が可能になる生産組織が得られるということを、基本公準（postulat fondamental）として受け入れる。

(2) しかし、市場で成立する均衡点は、所有権、契約、団体や法人、特許や破産、通貨、銀行および財政制度に関する諸法律の影響をうけるし、またそれらによって最終的に決まる。これらの法律は国家の創造になるものであり、経済活動の自由な発展のための枠組みとなる法体制を決める責任は国家に帰属する。

(3) 政治的自由主義は、法体制は事前に定められた手続き――それは代議制度にもとづく討論をつうじた法律の制定を意味する――にしたがって決められねばならないということを、基本公準とする。個別事例にたいする解決策は、それら自体が事前に定められた一般的諸規範《ノルム・ジェネラル》にもとづくものでなければならない。

(4) 法体制をどう決めるかによって社会管理の自由主義的方式は決まってくる。法体制の目的は、他の社会的諸目標によって決まる制約条件のもとで、生産からもたらされる効用の最大化を保障することにある。これらの目標は民主的な手続きによって選択されねばならない。これらの目標が効用の最大化をめざすものでない場合には、自由主義的システムのもとでは、別の目標にすることが求められる。

(5) 自由主義的原則にもとづく生産組織は、個人消費から国民所得の一部が控除されて共同社会の目標に充当されることを妨げない。自由主義国家は国民所得の一部を租税によって吸い上げ、それを以下のような共同社会の必要に充てることができるし、また充てねばならない。

㈠国防、㈡社会保障、㈢社会事業、㈣教育、㈤学術研究。

(6) かくて自由主義は市場における価格メカニズムによる生産の調整を基本公準とするが、われわれの望む体制のもとでは以下のことがみとめられる。

(A) 市場価格は所有および契約制度の影響をうける。

(B) 最大効用は社会的善であるが、必ずしも追求されるべき唯一のものというわけではない。

(C) 生産が価格メカニズムで管理されている場合であっても、そのシステムが機能する際に生じる出費は共同社会に負担させることができる。この場合、資金の移転は迂回的なやりかたではなく透明なかたちでなされねばならず、また共同社会による経費負担は明示的かつ自覚的になされねばならない。

この場合、介入はあらためようとする状況の原因に作用するものでなければならず、国家に個別の状況を裁量的に変更する手段を付与するものであってはならない。(21)

以上の諸項目にたいしては、出席者たちのあいだから、自由主義のおおもとを最大効用の追求ではなく価格メカニズムに求めている点、国家の積極的な役割や現実の社会問題を重要視している点を評価したうえで、それらをいかに現実の場に適用するかが問題であるという発言が相次いだ。発言はとくに国家の介入に集中した。ホセ・カスティリヨとハイルペリンは、介入の「限界」や「性格」、「厳密な形式」を確定する必要があると言い、レプケは、競争の排除が許される部門を決めるための「規準」を見つけ出さねばならないという。ハイエクはドイツを例にとり、人々のあいだに「恨み」が充満しているのは国家介入のありかたに問題があったからだと説く。

かくて六つの項目は出席者全員によって異論なく了承され、第六セッションはリュエフの次の言葉でしめくくられた。「議論になったのは政策の問題すなわち政府の行動が委ねられるべき決まりの問題であって、科学の問題ではありません」。ただし、厳密にいえば、この国家介入の「決まり」の問題は、ほかならぬリュエフの希望で、すでにアジェンダに(6)－(C)として部分的に盛り込まれていた[22]。この(6)－(C)の内容については、次章でとりあげる一九三九年のセミナーでリュエフ自身が詳細に説明しているので、ここでは立ち入らない。

五日間の討論では自由主義の名称問題にも議論が及び、「社会自由主義」(libéralisme social)、「自由主義左派」(libéralisme de gauche)、「積極的自由主義」(libéralisme positif)、「建設的自由主義」(libéralisme constructeur)、「新自由主義」(néo-libéralisme) などの名称が候補にあがっている。ただし、参加者のなかでリュエフだけは、自由主義の本質は本来、価格メカニズムにあるのであるから、特別な名称を考える必要はないという立場をとっていた[23]。このように名称をめぐる意見は拡散しており、特定するにいたらなかった。結論をみなかったとはいえ、名称問題は論者たちの関心のありようを伝えている点で興味深い。具体的にあがった名称例は、明らかに、彼らの関心が自由主義の側からの社会問題への接近[24]と国家の役割の再定義にあったことをうかがわせるからである。

最後に、アジェンダ案を採択したあとの第七セッションでは、次のような一連の決議がなされた。(1)国際組織を創設する。組織の名称は「自由主義刷新国際研究センター」(Centre international d'Études pour la Rénovation du Libéralisme) とし、本部をパリのミュゼ・ソシアル内におく。センターの定款作成のための委員会を設置し、その委員にルイ・ボーダン、マルセル・ブルジョワ、エティエンヌ・マントゥー、マリオ、ルージエ、リュエフを充てる。(2)リップマン、ハイエク、レプケの三人には、それぞれアメリカ合衆国、イギリス、スイスに支部を組織するよう求める。(3)次回の国際会議は一九三九年にパリで開催する。論題は「価格メカニズムと両立する公権力の介入形態」とし、リュエフに報告を求める。

なお、このように最終セッションで、翌年の会議の論題が「価格メカニズムと両立する公権力の介入形態」と決められたが、それは「研究されるべき主要な問題が介入の可能性と限界の問題であることは明白である」(ミーゼス)

との認識が出席者たちのあいだで再確認されたからである。つまり、ルージエの言葉を借りれば、こうした論題による討論をつうじてはじめて「市場経済」の定義が可能となり、また「自由主義国家」の問題を扱うことができる、ということで認識が一致したからである。[25]

リップマン・シンポジウムは、人民戦線が崩壊した直後で、自由主義的潮流が息を吹き返しつつあったときだけに、フランスでは「新自由主義」の旗揚げとして、経済学者や構造改革派の労働組合活動家たち——いわゆる「プラニストたち」——の注目を浴びた。[26] こうしたとりあげられかたもあって、名称問題は棚上げされていたにもかかわらず「新自由主義」という名称が一般に定着することになった。一九三九年三月一五日には、誕生したばかりの自由主義刷新国際研究センターの回状が会長マリオの名で作成されているが、この文書のなかでは、同センターを支える「新しい自由主義の理論」がすでに「新自由主義」と呼ばれている。[27] そこで、以下においては、リップマン・シンポジウムに起源をもつ自由主義の新しい流れを「新自由主義」と呼ぶことにする。

第2節　自由主義刷新国際研究センター・セミナー（一九三九年）
——価格メカニズムと両立する公権力の介入形態は何か——

(1)　自由主義刷新国際研究センターの設立

リップマン・シンポジウムののち、シンポジウムの場で選出された六人の委員は「自由主義刷新国際研究センター」（以下、国際研究センターと略記）の定款（全一三条）を作成した。そして、この六人にマリー＝テレーズ・ジェナンを加えた七人を理事に、マリオを会長、ジェナンを事務局・会計担当責任者にそれぞれ選出した。[28]

国際研究センターは、仏独開戦にいたるまで、短期間ながらかなり活発に動き、組織としての体制を整えるにいたった。まず会員の獲得であるが、それは党派性のまったくない政治集団を標榜しつつ進められ、会員数はフランス人四二人、外国人四二人の合計八四人にたっした。フランス人会員のなかには、ルネ＝ポール・ドュッシュマンをはじめとするフランス雇主連盟（ＣＧＰＦ）の指導者たち、ドゥトゥフなど革新的企業家たち、シャルル・リスト、アンドレ・シークフリートなど高名な経済学者たち、そしてルネ・ブラン、ルイ・ラコスト、クリスティアン・ピノーなどの非共産党系労働組合指導者たちが含まれていた。とくに労働組合指導者の加入は関係者にとって大きな意味をもっていたとみられ、レプケはジュネーヴからルージエにたいして、「労働組合運動の長たちを引き入れることに成功した」(29)ことに祝意を表している。外国人会員の方は、リップマン・シンポジウムへの出席者を除けば、大半がフランス語圏の経済学者たち、なかでもベルギーの経済学者たちによって占められていた。ただし、数少ない非フランス語圏外国人会員のなかにはロンドン・スクール・オヴ・エコノミクス（ＬＳＥ）のライオネル・ロビンズが含まれていた。

フランス以外の支部については、国際研究センターのパンフレットが、バーゼル、ブリュッセル、ジュネーヴ、ロンドン、アメリカ合衆国（ハーバード、ニューヨーク、プリンストン、ワシントン）などの各地で形成途上にあると伝えている(30)。しかし、大戦の勃発までに形成されたものは皆無であった。ハイエクもリップマンも、期待された役割をこのときまでに果たしていなかった。

(2)　自由主義刷新国際研究センター・セミナー――(1)リュエフ報告(31)――

国際研究センターは一九三九年に九回の公開セミナーを計画し、リュエフ、マリオ、ルージエ、エティエンヌ・マントゥー、モンペリエ大学のルネ・クルタン、フランス労働総同盟（ＣＧＴ）のラコストなど、九人に報告を依頼した。そのうちの五回は三月から五月にかけて実施されたものの、他の四回は国際緊張の高まりから実現しなかった模

様である。(32)

実施されたセミナーのなかには、「価格メカニズムと両立する公権力の介入形態」という新自由主義の核心に触れるセミナーも含まれていた。このセミナーは一九三九年三月一三日、リュエフを報告者に立て、パリのミュゼ・ソシアルで開かれた。セミナーは、自由主義経済学者たちのほかにラコスト、ブラン、シャルル・スピナッス、ルイ・ヴァロンという、フランス社会党と同党系の労働総同盟の指導者たちが出席していた点でも注目を引く。彼らはいずれもプラニストで、かつ左翼の重要人物であった。スピナッスは人民戦線政権時代にすでに経済大臣を務めていたし、ブランはヴィシー政権の生産労働大臣を、またラコストは戦後に工業生産大臣、商工業大臣、財務大臣等を、それぞれ務めることになる。なお、セミナーにはレプケなど国外からの参加者も予定されていたが、緊迫する国際情勢から実現しなかった。

リュエフはこのセミナーにおける報告で、前年のシンポジウムでは要点しか語らなかった自らの理論を全面的に展開している。そこにはフランス・グループの自由主義的介入論の特徴がよく表れている。そこで、その内容をやや詳しく紹介しておくことにしよう。

リュエフは議論の前提としてまず三項目を確認する。第一に、経済組織というものは均衡状態になければ存続できない。第二に、経済均衡の維持は計画にもとづいて合理的、理性的になされるのではなく、価格メカニズムによってなされねばならない。(33)第三に、「経済システムの最重要目標は、もっとも恵まれない人々に最大限の厚生を提供することと、……不平等および不公正のすべての原因にたいして対策を講じることでなければならない(34)」。

以上の三項目を確認したあとで、リュエフは次のように課題を設定する。問題は「価格メカニズムと、人々の生活水準の向上を目的に掲げる介入との両立はどの程度可能か、あるいは可能でないかを問うこと」にある、と。

リュエフはもっとも単純な事例から議論を始める。それは小麦を唯一の生産物とする、均衡状態にある経済である。

そのような経済のもとで火災が発生し、小麦の一部が焼失したとする。すると人々は小麦の代替生産物を求めるようになり、小麦にたいする需要は減少する。しかし他方で、小麦は高値を呼び、それに刺激されて未耕作地が開墾され、小麦の作付けは増える。こうして、やがて均衡は回復する。この例では、価格メカニズムは完璧に機能しており、それは環境の変化に応じて経済均衡を回復する方向に作用している。ところで、火災から生じたと同じ状況は国家の手でも創り出せる。たとえば、国家が小麦を海に投棄したとする。この場合でも価格メカニズムは作用し、均衡は回復する。つまり、価格メカニズムは、それを取り巻く環境のいかんにかかわらず機能するものなのである。

これとは反対に、小麦の価格を一定水準以下に抑えるような、価格そのものにかかわる介入がなされた場合には、価格メカニズムは機能しなくなる。経済均衡はブロックされ、通貨が安定しているかぎり――言い換えれば、通貨の減価によって均衡が回復されないかぎり――均衡が回復することはない。

人道的、社会的目的から国家が労働領域に介入する場合も同じである。労働時間の変更は労働の供給に、したがってまた賃金の原因に作用する。しかし国家が法定労働時間を短縮し、それによって労働の供給が減ったとしても、賃金決定が自由のままであれば経済均衡を損なうことはない。よってこの種の介入は価格メカニズムと両立し得る。

一方、強制仲裁制度や団体協約制度によって賃金水準が決まる場合には、介入は価格それ自体に影響をあたえ、その結果、失業が発生する。しかし、国家が財政措置によって失業者を救済するとなると、事情は違ってくる。イギリスのように均衡予算の枠内で救済策が講じられる場合には、不均衡はそのまま継続する。ただし、この措置は国家が市場から労働人口の一定部分を除去したと同じ効果を生じるから、「介入が価格メカニズムと両立しないとはもはや言えなくなる」。つまり、微妙な言いまわしながら、リュエフは、均衡財政の枠内で救済措置が実施されるのであれば介入は許容できると言うのである。これとは反対に、インフレ的手段によって失業者の救済が行なわれた場合には、実質賃金が低下し均衡が回復することになる。

リュエフは関税や信用の領域についても同種の議論を行う。そして、一般的に言って、「価格の原因に作用する介入」(intervention affectant la cause du prix) は価格メカニズムと両立し、「価格そのものに作用する介入」(intervention affectant le prix lui-même) は両立しないことを論証する。

ところでリュエフによれば、価格メカニズムと両立する介入とはいっても、それが常に適切であるわけではない。では適切か否かを判断する基準は何か。基準は二つある。一つは「有効性」基準である。家族手当や老齢年金は必要であるし、現に、「国家は人道的目的や社会的目的のために市場からあるカテゴリーの労働者を排除しようとしている」。とはいえ、そうした介入は「真正な借入れ手続き」、つまり資金調達が「租税や借入れによる諸個人の収入からの控除」によってなされる場合にしか有効ではない。そうでなければインフレが発生し、迂回的な方法で経済均衡は回復する。その結果、国家が掲げた当初の目的は達成されなくなるからである。

いま一つの基準は、介入によってもたらされる「社会的利益」とそれに要する「社会的費用」との関係である。フランスにおける関税政策の歴史が示すように、国家が介入する際には、それがもたらす利益のみが強調され、それから生じる社会的費用の方は無視されがちである。リュエフによれば、それは「ごまかし《マンソンジュ》」であり、社会的利益と社会的費用についての情報公開によって、それを許さぬようにする必要がある。

以上から明らかなように、リュエフにとって問題なのはあくまでも介入の「形態」であり、経済システムに占める介入の重みではない。公権力は理論上、価格メカニズムを損なわないかぎりいかようにも介入でき、失業者や老齢者の救済も可能なのである。リュエフ自身は後日、この種の介入をリュストウにならって「自由主義的介入」(intervention libérale) と呼ぶようになる[35]。しかしその内容は、「フライブルク学派」、「オルド自由主義」などの名で呼ばれることになるドイツの経済学者グループとは、かなり異なる。ドイツ学派の場合には、介入は、不純で不完全な現実の市場の枠内で、競争が完全なかたちで行われていたと同様の状態を人為的に創り出すこと——いわゆる「かのようにの政策」――に主眼がおかれていた[36]。これにたいしてリュエフの場合には、かりに完全な競争が実現している場合であっても、公権力は政治的ないしは社会的見地から、租税や補助金制度を介して市場の諸条件を変更し、市場が機能する方向を修正することが許される。つまり、レプケがのちに「適応的介入」、「構造政策[37]」と命名したような種類の介入を容認することの方に、力点がおかれていたのである。リュエフが公権力の介入にたいしてつけた制約条件は、つきつめていえば、均衡財政の枠内で行われねばならず、インフレ的な方式で行ってはならないということだけであった[38]。

なお、リップマン・シンポジウムでもこのリュエフ報告でも、ケインズの名は登場しなかった。しかし、反インフレをベースにしている点で――とくにリュエフの場合には、価格メカニズムを歪め、「偽りの権利」を創出することによって個人の自由を侵すとして、インフレを厳しく断罪している点で[39]――新自由主義はケインズ主義と鋭く対立していることが注意されねばならない。

最後に、リュエフは報告を次のようにしめくくる。「〔新〕自由主義は反社会的な学説ではありません。それは本質的に社会的諸目標を第一に考える学説であります。ただしこの学説は、そうした諸目標に即した介入がよく考え抜かれたものであること、またその介入が実効あるものになるように準備されること、にこだわる学説です。介入がたんにうわべだけの気前のいい行為に終わらず、受け手の側が期待して当然の、実体のあるものを提供することが必要なのです」。（傍点は引用者）

(3) 自由主義刷新国際研究センター・セミナー――(2)労働界への連帯[40]――

つづく討論は、前半が主としてリュエフと経済学者ガエタン・ピルーのあいだで、また後半がリュエフと社会主義者・労働組合指導者たちとのあいだで行われた。なお、議長を務めたのは国際研究センター会長のマリオである。

前半の討論の中心は、自由主義理論の本質をどこに求めるかという点にあった。ピルーは、リュエフ報告の「理論的および専門技術的部分」が正しいことをみとめつつも、結論には同意できないという。なぜなら、「最大効用の追求」こそが自由主義の本質であり、社会的観点や国民的観点を斟酌すれば、効用の最大化は望めなくなるからである。これにたいしてリュエフは、「最大効用は至高の善だとは考えない」、また自由主義の本質は「価格メカニズムが保障される」ことにある、と反論している。つまり、「自由主義のアジェンダ」に盛り込まれた二つの原則をもって応じたのである。あるいはまた、ハイエク風に言い換えれば、そもそも効用の追究はすべての人に等しく適用される一般的規則や制度の枠内で行われるものであり、個人の「自然的自由」に委ねられるべきものではないというのである。ちなみに、新自由主義は「制度自由主義」(41)(libéralisme institutionnel)と呼ばれることがあるが、それはこのような自由主義論の特徴によるものである。

ピルーにたいする反論と関連させて、リュエフは科学としての「経済学」の問題と「政策」(ないしは「政策技術」)の問題を峻別する必要のあることを説いている。それによれば、前者は「システム構築」(construction des systèmes)の問題である。この問題領域では、経済学者は、あるシステムは特定の条件――リュエフの場合であれば、価格メカニズム――をみたす場合にしか存続できないことを示さねばならない。これにたいして後者は「システムの目標」(fins du système)と関係している。「システムの目標」は、選挙で問われる民意によって選択される。保護関税を例にとれば、それが国民にどれだけの犠牲を強いることになるかを計算するのは政治経済学の領域に属し、この情報をもとに何を選択するかを決めるのは政策の領域に属する。議長のマリオは、リュエフによるこの説明を次のように言い換えている。「私たちは科学の視点からだけでなく、経済政策の視点からも現実の諸問題を考察しているのです。私たちはそれらの問題を、現に存在しており、しかも誰にも変更することのできない諸法則を考慮に入れつつ、人間的および実際的な側面から扱おうとしているのです」。かくて、現実の制度的枠組みのなかにおける価格メカニズムの機能、「科学」の領域と「政策」の領域との区別、これこそが新自由主義――少なくともフランス・グループの新自由主義[42]――を自由放任主義からおおもとにおいて区別するものであったことがうかがえる。

後半の左翼指導者たちとの討論ではラコストが口火を切った。彼は、リュエフが「価格メカニズムが正しくかつ規則的に機能するよう、その原因に働きかける必要がある」としている点を評価し、この点で新自由主義に賛成できると言う。そして、こうつづける――「これからは、重要な基礎生産物の価格をほとんど勝手気ままに決めている産業や金融の集積体にたいして厳しい規制を求める際に、プラニストたちは自由主義者たちの最良の部分と連帯できます」と。ラコストは独占の排除という点で新自由主義を評価しようとしたのである。

しかし討論の過程で鮮明になったのは、一致点よりもむしろ現状認識をめぐるくい違いの方であった。ラコストにとっては、経済領域を政治および社会領域から切り離すリュエフの議論――ちなみに、同席していた経済学者の一人、ベルナール・ラヴェルニュはこの議論を「究極の自由主義」として激賞した――やリュエフが自らの議論の前提に据えている均衡概念は、現実離れした「何か宗教的なもの」にすらみえた。ラコストはリュエフを批判し、現代という時代が必要としているのは、科学とはみなされていない政治や社会の領域で生じているさまざまな要請を科学としての経済学に統合することの方なのだ、と主張する。彼はまた、労働者や農民は価格メカニズムが支配するところでは自分たちの希求する「安全」は保障されないと考えており、こうした現実も無視できない、と言う。ヴァロンも現実との乖離を問題にする。彼によれば、今日の社会は独占体と協同組合から構成されており、現実には完全な競争は存在しない。したがって彼は、価格メカニズムなるものは「純粋に計算上のメカニズム」なのではないか、と疑問を呈する。さらにまた、労働の側も雇主の側も市場の管理に力を注ぐようになっており、自由主義を受け入れる社会勢力が現実には存在しないことも問題であるとする。すなわち、――

今日、自由主義に向かって進む社会勢力は存在しません。労働勢力も雇主勢力もそうした方向に向かっていません。それは事実です。……どうやってこれらの社会諸勢力を〔現状から〕解き放ち、自由主義、つまり私たちの知っている自由主義ではない、社会宣言をもつ自由主義（libéralisme à aveu social）——というのは、この自由主義は価格メカニズムと両立し得る諸拘束を受け入れており、また社会的諸目標をめざしているからです——に向かわせられるのでしょうか。どうやって現在の世界において彼らを解き放てるのでしょうか。(43)

要するに左翼の指導者たちが問題にしたのは、自由主義が再生するための現実的基盤がないのではないかという点であった。これにたいしてリュエフは、自らの理論研究と行政実務経験にもとづいて反論する。まず価格メカニズムについては、一九二五年に彼自身が行なったイギリスの失業問題に関する研究をとりあげる。(44) そして、失業率の変動と賃金／物価指数のあいだに正確な相関関係があることを例に引きながら、「社会化が進んでいる」現在にあっても、価格メカニズムが「極度の正確さ」と「極度の感応性」をもって機能している事実を強調し、価格メカニズムは「観念的な像」ではなく「実像」であると主張する。次いで、自由主義に向かう社会勢力は存在しないのではないかというヴァロンの問には、リュエフは次のように答える。

私からみますと、自由主義の刷新に向かえる唯一つの社会勢力は左翼諸集団です。多分、これらの集団だけが経済組織から生じる問題の真の性質を理解できるのです。私は、この点について労働界の代表たちとテーブルを挟んで大いに議論したいのです。……というのは、彼らと私たちとのあいだの唯一つの争点は手段をめぐるものであって、目標をめぐるものではないからです。……私は、生活水準の改善にもっともよく結びつき得るのは自由主義的政策であり、またそうした政策をあなた方が支持してくれるものと固く信じています。(45)

以上のような、報告と討論のなかで示されたリュエフの自由主義的介入論は、すでに国際研究センターの他の指導者たちによっても共有されていた。というのは、セミナーが行われたと同じ三月一五日付で同センター会長マリオの名で作成された回状には、新自由主義の原則が次の三項目にまとめているからである。第一に、経済的自由主義は現実には存在しない「完璧に流動的な環境」のなかでしかうまく機能しないものである。それゆえ自由主義経済には解決不能な「固有の欠点」があることをみとめる。第二に、「富の追求が政治家や思想家たちの唯一の関心事ではない」こと、それゆえ「安定した人間的な経済秩序」を決めるにあたっては、「政治的、軍事的および社会的性格のあらゆる問題を同時に考慮に入れねばならない」ことをみとめる。したがってまた、経済法則それ自体は変更できないものの、「共同社会」や「人類の理想」のために「最適産出量を犠牲にする」ことや、その結果として生じる出費を人々が自発的に負担することを受け入れる。第三に、私的所有、匿名会社、団体、貨幣は近代経済の必要条件となっているが、法的・経済的組織体にかかわる権利や特権、義務や負担は、経済をめぐる諸条件全体とともに変化し得るし、また変化しなければならないことをみとめる。そうした変化は国家の責任で保障される(46)。以上の三項目については、戦後の西ドイツでアルフレート・ミュラー＝アルマックが「社会的市場経済」の名のもとに定式化した新自由主義と多くの部分で重なっていることに注意しておきたい(47)。

ところでマリオは、こうした新自由主義の考え方が「マンチェスター学派流の自由主義に比べて国家機能の大幅な拡大を意味している」ことを確認したあとで、労働組合活動家とカトリックの経済社会改革運動の担い手たちにたいして、期待をこめて次のように呼びかけている(48)。「こうした自由でかつ社会的な経済（l'économie, à la fois libérale et sociale）の新しい潮流を発展させ、助成することを使命とする自由主義刷新国際研究センターは、どのような政治集団からも距離をおくものである。どのような政党、どのような宗派であっても、センターと協力できる。

センターは、労働組合界の穏健分子を排除しない。〔ローマ教皇が発した〕最近の諸回勅の路線にしたがって、資本主義体制と、共同善《ビャンコマン》および公正賃金が重要視される経済との両立をめざすカトリックの集団も排除しない(49)」。リュエフは後年、自らの（新）自由主義について、「社会自由主義」（libéralisme social）もしくは「自由社会主義」（socialisme libéral）と呼ぶこともできると語っているが(50)、「共同社会」や「人類の理想」のためであれば「最適産出量を犠牲にする」ことも辞さないという回状の記述と重ねあわせるなら、そうした名称も理解できよう。

第3節　第二次大戦後における自由主義復活運動とモンペルラン協会の設立（一九四七年）

(1)　ハイエクとレプケ

国際研究センターの活動は、対独開戦、敗北、ペタンを主席とする対独協力政権・ヴィシー政権の発足という、一九四〇年五月以降にフランスを見舞った状況の激変によって停止を余儀なくされた。同センターの機関誌も第一号を発行したところで休刊した。会長のマリオは亡命を選択し、この運動を理論面から支えたリュエフはユダヤ系であるがゆえに公職を辞して寒村に引きこもった。アロン、クルタン、マルジョランは国内にとどまってレジスタンス運動に参加するかロンドンに脱出した。また、将来を嘱望された若き理事エティエンヌ・マントゥーは大戦の末年に事故死した。さらに戦後には、国際研究センターを資金面で支えたメルシエ、ドゥトゥフなどの有力な経済人たちが相次いで死去し、ルージエは前述したようにヴィシー政権への協力を理由に公職から追放された。

このようなフランスにおける絶望的な状況を見据えつつ、戦後に自由主義者の国際的結節点の再建に向けて動いたのは、ＬＳＥのハイエクとジュネーヴ国際高等研究院のレプケであった。二人は大戦中から互いに連絡をとりあい、自由主義復活のための構想を温めていた。ハイエクはすでに一九四四年二月二八日、ケンブリッジのキングズカレッジで開かれた経済史家ジョン・クラッパムの主宰する研究会で、国際組織の創設構想に言及している。彼はこの組織にイギリスの歴史家ジョン・アクトンの名を付し、「アクトン協会」（Acton Society）と呼ぶことすらしている。これにたいして他方のレプケは、「国際ジャーナル」の創刊をめざしてスイスで募金活動を始めていた。モンペルラン協会はそうした二人の協力関係のなかから誕生することになる。

その契機となったのはハイエクによる『隷属への道』[51]の出版である。ハイエクはこの著作をイギリスとアメリカで同時に出版しようとしたが、アメリカにおける出版は難航した。マクミラン（ニューヨーク）とハーパーの二つの出版社は断り、最後にシカゴ大学出版が引き受けることになるが、このアメリカにおける出版を支援したのがシカゴ大学のフランク・ナイトと同大学法科大学院のアーロン・ディレクターである。『隷属への道』は、一九四四年四月の出版と同時にイギリスでもアメリカでも劇的な成功を収めた。とくにアメリカでは、『リーダーズ・ダイジェスト』誌上に見事な要約が掲載されたこともあり、予想をはるかにこえる幅広い読者を獲得した[52]。この英米版の成功から、以後、独仏西などのヨーロッパ言語による翻訳出版が相次ぐことになる。

欧米の自由主義者たちは、ケインズ主義の浸透、ベヴァリッジ・プランに象徴される福祉国家への流れ、それに国有化や計画化という一連の戦後状況のなかで、少数派に後退していた。それだけに彼らは、個人の自由や市場機構がわずかであれ制限されるのを放置するなら最終的には全体主義に行き着くという、比較的単純な命題を事例や視点を変えてくり返し説く『隷属への道』を熱狂的に迎えたのである。この書物の出版を契機に、ハイエクのもとには各地から講演依頼が舞い込み、彼は一九四五年からから四七年にかけて、ヨーロッパおよびアメリカ合衆国の各地を講演旅行することになる。そして、ハイエクは一躍、戦後における自由主義復活運動の象徴的存在へと押し上げられる。なお、ハイエクはこの旅行をつうじて多くのアメリカの自由主義者たちを知り、アメリカに大きな期待を寄せるよう

表1-2　モンペルラン協会／設立時の会員[1)]

* Prof. Antoni, C.	国立対外文化関係研究所、ローマ
* Prof. Barth, H.	チューリッヒ大学、チューリッヒ
* Prof. Brandt, K.	スタンフォード大学、カリフォルニア
Prof. Bresciani-Turroni, C.	ローマ銀行頭取、ローマ
Mr. Chamberlin, W. H.	マサチュセッツ
Prof. Courtin, R.	Le Monde、パリ
Mr. Crane, J. E.	デラウェア
* Mr. Davenport, J	Fortune Magazine、ニューヨーク
* Mr. Dennison, S. R.	Gonville and Caius College、ケンブリッジ
* Prof. Director, A.	シカゴ大学法科大学院、シカゴ
Mr. Eastman, M.	The Reader's Digest、ニューヨーク
Prof. Einaudi, L.	イタリア銀行総裁、ローマ
* Prof. Eucken, W.	フライブルグ
* Dr. Eyck, E.	ロンドン
Prof. Fisher, A. G. B.	国際通貨基金、ワシントン
* Prof. Friedman, M.	シカゴ大学経済学部、シカゴ
* Dr. Gideonse, H. D.	Brooklyn College、ニュヨーク
* Prof. Graham, F. D.	プリンストン大学、プリンストン
Mr. Hardy, C. O.	Joint Committee on the Economic Report、ワシントン
* Prof. Harper, F. A.	Foundation for Economic Education Irvington-on-Hudson、ニューヨーク
* Prof. Hayek, F. A.	LSE、ロンドン
* Mr. Hazlitt, H.	Newsweek、ニューヨーク
Prof. Heckscher, H.	ストックホルム
* Dr. Hoff, T. J. B.	オスロー
* Dr. Hunold, A.	スイス
* Prof. Iverson, C.	コペンハーゲン
* Prof. Jewkes, J.	マンチェスター大学経済学部
* Mr. Jouvenel, B.de	スイス
* Prof. Knight, F. H.	シカゴ大学、シカゴ
Prof. Kohn, H.	Smith College 歴史学部、ノーサンプトン
Mr. Lippmann, W.	ワシントン
* Mr. Lovinfosse, H. de	ベルギー
Mr. Luhnow, H. W.	William Volker Charities Fund、カンサス
Prof. Lutz, F. A.	プリンストン大学経済学部、プリンストン
* Prof. Machlup, F.	ジョン・ホプキンス大学政治経済学部、ボルチモア
SenorMadariaga, S. de	オックスフォード

になった[53]。

ところでこの間、スイスにおけるレプケの募金活動も進み、実業家アルバート・フノルドを介して一定額の資金確保に成功していた。しかしその額は、国際ジャーナルの発刊経費を賄うにはなお不十分であった。このため、レプケとフノルドは計画を変更し、集めた資金をハイエク構想の実現のために用いることにした。こうして一九四七年四月一日から一〇日までの一〇日間、スイスのモンペルランの地でコンファレンスが開催され、次いでこのコンファレンスを足場に、モンペルラン協会が設立されることになる[54]。

*Mr. Miller, L. B.	Director of Govermental Research、デトロイト
*Prof. Mises, L. Von	ニューヨーク
Dr. Moetteli, C.	Zürcher Zeitung、チューリッヒ
Mr. Morgan, C.	ロンドン
*Mr. Morley, F.	ワシントン
Prof. Orton, W. A.	Smith College 経済学部、ノーサンプトン
Prof. Sir Plant, A.	LSE、ロンドン
*Prof. Polanyi, M.	マンチェスター大学化学学部、マンチェスター
*Dr. Popper, K. R.	LSE、ロンドン
*Prof. Rappard, W. E.	国際高等研究院、ジュネーヴ
*Mr. Read, L. E.	Foundation for Economic Education Irvington-on-Hudson、ニューヨーク
Prof. Rist, C.	ヴェルサイユ
*Prof. Robbins, L.	LSE、ロンドン
Mr. Roberts, M.	Collegeof S. Markand S. John、ロンドン
*Prof. Röpke, W.	国際高等研究院、ジュネーヴ
Mr. Rueff, J.	パリ
Prof. Rüstow, A.	イスタンブール大学、トルコ
Prof. Schnabel, F.	ハイデルベルグ
Mr. Sprott, W. J. H.	ノーフォーク、イギリス
*Prof. Stigler, G. J.	ブラウン大学、ロードアイランド
*Prof. Tingsten, H.	ストックホルム
*Prof. Trevoux, F.	リヨン
Mr. Truptil, R.	ヌーイ＝シュール＝セーヌ、フランス
Prof. Villey, D.	ポワチエ大学法学部、ポワチエ
*Mr. Watts, V. O.	Foundation for Economic Education Irvington-on-Hudson、ニューヨーク
*MissWedgwood, C. V.	Time and Tide、ロンドン
Mr. Woodward, E. L.	Balliol College、オックスフォード
Mr. Wriston, H. M.	ブラウン大学、ロードアイランド
Mr. Young, G. M.	TheAthenaeum、ロンドン
モンペルラン・コンファレンスに出席したものの設立会員名簿に名前が登載されなかった人物	
*Prof. Allais, M.	国立高等鉱山学校、パリ[2)]
*Cornuelle, H. G.	Foundation for Economic Education、ニューヨーク
*Revery, G.	The Reader's Digest、パリ

出所：Hoover Institution Archives（HIA）, Hayek papers, Box 71-4, The Mont Pelerin Society, July 4th, 1947

注：1）*印はモンペルラン・コンファレンスへの出席者。

2）アレはモンペルラン・コンファレンスに出席したものの、所有に関する意見の違いを理由に、設立会員名簿への名前の搭載を辞退した。

(2) モンペルラン協会の設立

コンファレンスへの案内状は一九四六年一二月二八日付で、ハイエクの名で五八人の欧米の研究者・知識人に送付された。このなかでハイエクは「国際政治哲学アカデミー」(International Academy of Political Philosophy）の設立構想を示すとともに、アカデミー設立に向けたコンファレンスの開催を提案した[55]。この提案には案内をうけた全員が賛同したものの、四月の集会に出席できたのは三九人（表1-2、アステリスクの付された人物）にとどまった。

表1－3　モンペルラン協会／設立時の役員

理事	
会長	Hayek, F. A.（ロンドン）
副会長	Euken, W.（フライブルグ）
	Jewkes, J.（マンチェスター）
	Knight, F. H.（シカゴ）
	Rappard, W.（ジュネーヴ）
	Rueff, J.（パリーブリュッセル）
事務局	Director, A.（シカゴ）
	Hunold, A.（チューリッヒ）
会計	Hardy, C. O.（ワシントン）
その他の役員	Antony, G.（ローマ）
	Gideonse, H. D.（ニューヨーク）
	Iversen, C.（コペンハーゲン）
	Robbins, L. C.（ロンドン）
	Röpke, W.（ジュネーヴ）

出所：HIA, Hayek Papers, Box 71-4, Provisional By-Laws of the Mont Pelerin Society.

出席者の顔ぶれにはいくつかの特徴がみとめられる。第一に、三九人のうち七人はリップマン・シンポジウムに出席している。リップマン・シンポジウムの出席者名簿に登場しない自由主義者として注目を引くのは、ドイツ・フライブルク学派の重鎮オイケン、イギリスLSEのロビンズ、アメリカ・シカゴ学派を代表するナイトとミルトン・フリードマンである。なお、リップマン・シンポジウムを理論面で支えたフランスのリュエフは当時「連合国賠償機関」代表の地位にあり、ブリュッセルで戦後処理事業に従事していたために出席が適わなかった。第二に、出席者を居住国別に分類すれば、アメリカ一六人、イギリス八人、フランス五人、スイス四人、イタリア、ドイツ、ベルギー、スウェーデン、ノルウェー、デンマークがそれぞれ一人であり、アメリカからの出席者が多数を占めている。ちなみに、アメリカからの出席者の旅費および滞在費を負担したのは、カンサス市の“William Volker Charities Trust”である。第三に、経済学者が圧倒的多数を占めている。ハイエクは歴史学者、哲学者の参加も期待したが、実現しなかった。なお、リップマン・シンポジウムには企業家や実務家も参加していたが、モンペルラン・コンファレンスでは彼らは除外されていた。

コンファレンスの場でモンペルラン協会の設立が決まり、この協会は一九四七年一一月六日付で、イリノイ州知事により同州のNPO法人としての登録が認可された。登記簿謄本によれば、法人設立名義人は前出のシカゴ大学のナイトおよびディレクターと経済報告合同委員会のチャールズ・ハーディの三人、また設立理事会の構成員は会長のハイエク以下九人である。(56) 事務局の所在地はシカゴ大学法科大学院で、代表はディレクターとされている。ただし、表

１-３に掲げたように、設立時の実際の役員には、上記の九人のほかに「その他の役員」として五人が加わっており、事務局もシカゴとチューリッヒの二箇所に分かれ、それぞれコンファレンス担当のディレクターと総務担当のフノルドによって代表されていた。また、会長のハイエクのほかに五人の副会長が指名されたが、そのなかにはリュエフ、オイケンという仏独経済学界を代表する二人の理論家が含まれていた。設立会員は表1-2が示すように六五人で、その大半は四月のコンファレンスへの出席者である。国別ではアメリカが二七人、イギリスが一四人を占め、両国の会員が圧倒的多数を占めている。役員についても同様で、一四人のうちアメリカが四人、イギリスが三人（合計七人）を占めている。

以上のようなモンペルラン協会の組織上の特徴は、旧国際研究センターと比べるときいっそうはっきりする。双方の構成員は部分的に重なっているものの、旧国際研究センターではヨーロッパとくにフランスおよびフランス語圏の比重が大きかったのにたいして、モンペルラン協会はアングロサクソン諸国とくにアメリカに大きく傾斜していた。

第４節　モンペルラン・コンファレンスとモンペルラン自由主義

一九四七年四月一～一〇日にモンペルランで開催された会議をすべてとりしきったのはハイエクである。コンファレンスはこのハイエクの開辞で始まる。

(1)　ハイエクの開辞(57)

開辞でハイエクは、最初にレプケとの協力関係、資金面でのフノルドの貢献など、前述したような経過を説明する。しかし彼は、リップマン・シンポジウムにも旧国際研究センターにも触れていない。その理由は明らかでないが、自らの活動が公職を追放されたルージエと結びつけられるのを嫌ったことによると考えられる[58]。ただしハイエクは、事故死したエティエンヌ・マントゥーには哀惜の念を込めて言及している。マントゥーは旧国際研究センターの理事であったが、ハイエクは彼を新たな国際組織（モンペルラン協会）の事務局長に据えるつもりであったという。

つづいてハイエクは、あらかじめ通知してあった五つの討論課題について簡単な説明を加える。第一の課題は「自由企業と競争秩序」である。ハイエクはこの課題について、自由主義を論じるにあたって「もっとも大きな、またある意味ではもっとも重要なもの」であり、とくに長時間を割く必要があるという。第二の「近代歴史学と政治教育」については、反自由主義の潮流がわずか二〇年ほどのあいだに広がったのは歴史解釈と教育に負うところが大きいとし、この問題を討議することの意義を強調する。第三は「自由主義とキリスト教」である。ハイエクによれば、この課題の重要性は次の点にある。フランス革命以来ヨーロッパに実証主義が広がり、その結果「真の自由主義者」と「宗教的信念」のあいだに断絶が生じている。しかし「この断絶が修復されないかぎり、自由主義勢力の復活に望みはない」。第四の「ドイツの将来」、第五の「ヨーロッパ連邦問題」の二つの課題は、いずれも当面の現実的問題と関係している。自由主義の将来はドイツ問題の解決のされかたとヨーロッパのありかたにかかっている、というのがハイエクの説明である。

右の五つの課題のそれぞれについては、あらかじめハイエクによって問題提起者が指名されていた[59]。しかし、第一の課題を別にすれば、いずれも問題提起は比較的簡単なものにとどまり、しかも記録をみるかぎり討論もまとまりを欠いていた。そこで、ここでは、ハイエクがすべての問題に先立つ基礎的な問題とみていた第一の課題を紹介するにとどめる。この課題は例外的に、初日の午前、午後、晩の三つのセッションが充てられたという点、またモンペルラン協会の会長、事務局責任者にそれぞれ就任することになるハイエクとディレクターが基調報告を担当したという点でも特別の意味をもっている。さらに付言しておけば、この課題はすでにリップマン・シンポジウムで扱われており、後日さらに踏み込んだ討論を行う必要のあることが確認されていた。

(2) 「自由企業と競争秩序(60)」

ハイエクは自らの基調報告を「導入的サーヴェイ」と呼んでいる。この報告はリップマン・シンポジウムにおけるルージエの基調報告と同様、現状にたいする強い危機意識で貫かれている。かつてルージエが問題にし、攻撃の対象としたのは社会主義とファシズムであったが、ハイエクにあっては民主主義諸国における「政府管理の拡大」である。すなわち、自由主義者を自認する経済人が産業保護主義、政府支援カルテル、各種の農業保護政策を擁護しているという現実である。

> いたるところで、社会主義に反対しているつもりの諸集団が、同時に、それらが拠って立つ原則が一般化した場合には社会主義に行き着くような諸政策を支持している……。「自由企業」の擁護者を自称する人々の多くには、実際には、いっさいの特権への反対者というよりも自分たちに有利な特権や政府の活動の擁護者である、と言われても仕方のない面がある。

このように自由主義の危機を確認したうえで、ハイエクは危機を招いた一九世紀の自由主義者たちを批判する。ここでもハイエク報告はルージエ報告と完全に重なっている。ハイエクによれば、国家権力の行使のありかたを正面から問うことをせずに国家の活動の有害な側面もしくは不必要な側面を強調したことが、「一九世紀の自由主義者たちの犯したもっとも重大な戦術上の誤り」であった。したがってハイエクもまた、「競争秩序」を維持し拡大するにあたって国家が重要な役割を果たし得る点を強調することになる。たとえば、彼は言う――「競争はある種の政府の活動によって、それがない場合よりもいっそう効果的で、かついっそう有益なものになり得るということは、われわれが考慮すべき第一の、一般的命題である」と。しかしハイエクは、保健衛生のように政府の手で市場の外からしか提供できないサーヴィスのあることをみとめるものの、社会保障など狭義の社会領域への国家の介入には言及していない。

ハイエクがルージエと大きく異なるのは、報告原稿の半分にもおよぶ紙数を割いて、所有権や契約、会社や団体に関係する法律のなかに競争を制限し独占を生み出す要素が含まれているという事実を説明している点である。たとえば、所有概念が拡張されて特許、著作権、商標のような特権が生み出されている、自然人の権利が会社や団体にも拡張されたことによって個人の自由が制限される場面が多くなっている、などの諸事実について立ち入った検討をこころみる。このようにハイエクは、使用者側における独占がマルクス主義者のいうような集積の結果としてではなく、国家の法制度によって創り出されている点を問題にする。

ところで、ハイエクが法制度に深入りしたのは使用者側に責任があることを主張するためではなかった。報告の一節を引用しよう。「使用者側における競争を有効なものにする必要性について、これほど詳しくお話したのは、私がそれを決定的に重要だと考えるからではありません。使用者たちが競争を信じていることを率先して示し、自分たちの企業を進んで秩序づける意思のあることを証明するまでは、他方の側、つまり労働の側で何かをなし得る機会は政治的にみてあり得ないと、私が確信しているからであります」。さらに、彼は次のようにつづける。

私たちの任務のもっとも核心的な、もっとも困難な、そしてもっとも微妙な部分が、適切な労働ないしは労働組合政策のプログラムを作成することにある、ということを見誤ってはなりません。……自由主義は、最初は、あまりに長きにわたり労働組合そのものに不当に反対しつづけました。ところが結局、今世紀の初頭にはこのような態度を完全に崩してしまいました。そして、多くの点で労働組合に普通法の適用除外をみとめることになり、さらには、意図と目的のいかんを問わず、暴力、強制および脅迫すら事実上合法化することになってしまいました。自由経済への復帰になにがしかの望みがあるとすれば、いかに労働組合の権力を法律ならびに現実のなかで適切に制限することができるかという問題が、私たちが注意を払うべきあらゆる問題のなかでももっとも重要なものの一つであります。

自由主義を復活させるうえで最大かつ最終的な課題は、ハイエクにとっては、労働組合から各種の特権を剥奪し、労働組合を普通法のもとに引き戻すことにあったのである。

ハイエクにつづいて登壇したディレクターは、大戦前にLSEに滞在しており、ハイエクとは旧知の間柄であった(61)。彼はまた、同じシカゴ大学のミルトン・フリードマンと義理の兄弟であったことでも知られる。彼は最初に、自由主義が直面する現状についてハイエクと同様の認識を示す。次いで、「今日の課題は、組織された少数の職業団体による権力の簒奪を阻止するために、国家の役割をいかに再定義するかにある」と課題を設定する。そして、主としてアメリカにおける経験にもとづいて、職業団体による独占を助長している国家の活動を「自由市場および自由主義のその他の諸目標と調和した」ものに転換するための方策を四つの領域について示す。

領域の第一は「産業独占」である。ここでは、ディレクターはとくに独占禁止法の強化を説く。第二の「社団」(associations)については、彼は会社企業と労働組合に分けて対応策を論じる。まず会社企業については、その権限を制限する必要があるとし、法人による他の法人の買収禁止、複数企業の重役職の兼職禁止、株主による企業支配の拡大、企業規模の直接的制限、などの諸措置をあげる。一方、労働組合については、ハイエクと同様、それが「今日もっとも深刻なタイプの独占組織になっている」とみる。そして、当面の措置としては労働組合活動にたいする政府支援を停止することが、また長期の措置としては労働組合を独占禁止法の適用対象に含めることが、それぞれ必要であると言う。第三の「通貨の安定」では、通貨を安定させるための必要条件は「通貨量の明確な管理」であるとし、それには金本位制の再建か、厳密なルール（たとえば、人口一人当たり通貨量を安定的に維持すること）にもとづいた国家による直接的な通貨発行か、の二つの選択肢が考えられると言う。ちなみに、通貨発行の国家管理は、貨幣数量説に根拠をおく中央銀行改革構想として、一九三〇年代中葉からシカゴ大学の経済学者グループが提案していたものである。[62]

残る最後の領域は「平等」である。ここではまず、ディレクターは次のような認識を示す。「実質的自由」の名のもとに国家が個別の問題ごとに「特別介入」（*ad hoc* interventions）を行い、経済力の平等化を図ろうとしている。その結果、最低賃金法、農業支援政策、社会保障、保護関税、小企業保護などが実施されている。しかしこの種の介入は、「自由な市場社会を再建するうえで大きな政治的障害となる職業団体」を創出し強化する結果になっているので、廃止されねばならない。では、「平等」を求める社会的要求にたいしてはどうすればよいのか。ディレクターは次の三つの審級に分けて対応すべきであると言う。まず、市場の自由化（産業と労働における独占の排除）と通貨の安定維持で対応する。次いで、これによって解消できない不平等にたいしては、技術・職業教育の機会拡大と貧困家庭にたいする教育支援で応じる。なおディレクターは、これら二つの措置には「社会的産出量の増大」をもたらす効果が期待できるので自由主義に抵触しないと言う。最後に「絶望的貧困」と「所得格差」が残るが、これらにも人道的観点から対応する必要がある。しかし、それには総産出量の低下という「代償」がともなう。この代償を最小化できるのは累進課税と、勤労意欲を殺がない程度の最低所得保障である。かくてディレクターが社会政策として提案するのは、累進課税と一般的な最低所得保障である。なお、後年ハイエクが語っているところによれば、ハイエクの考えもこれに近いものだったようである。[63]

以上のハイエクとディレクターの報告につづいて討論が行われた。この討論については簡単な記録しか残されておらず、その内容を正確に把握することはできない。しかし、独占が国家によって創り出されるものであり、競争秩序の実現には国家介入の形態を変更する必要がある、という見解が発言者の多くに共通していたことだけは、はっきりと確認できる。主要な発言を引用しよう。「独占者は必ずしも国有化を怖がっていません。彼は政府の管理よりも競争の方を怖がっています。必要なのは国会ではなく法律の支配をうける独立の監視機関です」（オイケン）。「多くの独占現象は国家によって助長されています」（ロビンズ）。「独占体との紛争は政府の政策が独占を助長していることから生れています」（ミーゼス）。「政府が競争を維持するために積極的な役割を果たさないかぎり競争は維持できないように思われます」（グラハム）。「われわれは皆、政府の創り出す独占には反対です」（フリードマン）。「独占の最大の問題は政府が創り出した独占であります」（ハズリッツ）。

ところで、ハイエク報告もディレクター報告も、全体としてみれば、リップマン・シンポジウムにおける報告および討論の内容と基本的に重なっているといえる。しかし、その姿勢は明らかに労働組合や社会問題にたいして厳しい。かつて、フランスの社会党系労働組合指導者たちは、リュエフが国際研究センターのセミナーで行った報告のなかに「社会宣言をもつ自由主義」や「社会的諸目標をめざす自由主義」を読みとることができた。しかし、彼らがハイエクとディレクターの報告のなかにも同様の自由主義を読みとることができたかは疑わしい。このことは、すぐあとで検討する趣意書案からも明らかになるように、同じ新自由主義ではあっても、リップマン・シンポジウムを主導した新自由主義とかなり性格を異にする新自由主義がモンペルラン・コンファレンスの大きな部分を支配していたことを示唆していると言えよう。

(3) モンペルラン自由主義――いま一つの新自由主義か――

趣意書作成のこころみ（一九四七年四月一六日）

モンペルラン・コンファレンスでも、リップマン・シンポジウムにならって「自由主義のアジェンダ」（以下、アジェンダと略称）に似た綱領的文書の作成がこころみられている。この文書を作成するために、コンファレンスの初日に六人の委員が選出された。オイケン（ドイツ）、ギデオンズ（アメリカ）、ハイエク（イギリス）、ハズリッツ（アメリカ）、アイヴァーセン（デンマーク）、ジュークス（イギリス）である。これら六人のうちでリップマン・シンポジウムに出席していたのがハイエクだけであること、また英米人が四人を占め、フランス人が含まれていなかったことに注意しておこう。六人は四月七日付で一〇項目からなる「趣意書案」[64]をまとめた。

この趣意書案の内容はおおむねアジェンダと一致しているようにみえる。しかし、両者のあいだには微妙ではあるが重要な違いがある。それは以下に引用する趣意書案の第一項と第六項に関係している。

(1) 個人の自由は実質のある競争市場が経済活動の主要な媒介機能を果たす社会においてのみ維持される。……

(6) 可能なかぎり政府の活動は法律の規定によって制限されるべきである。政府の活動は決められたルールの拘束をうける場合にのみ予測可能になる。当局に裁量的な力を付与せねばならなくなるような用務は、不可欠な最低限にとどめられるべきである。とはいえ、国家の力が拡大するごとに自由主義社会維持のための最低限の基盤が侵食されるということは、みとめられねばならない。一般に自動調整機構は、それが不完全にしか機能しないところですら、政府機関による「意識的な」管理に依存するいかなるものよりも望ましい。（傍点は引用者）

以上の二項目に対応するアジェンダの項目は以下のとおりであった。

(1)　経済的自由主義は、自由市場で機能する価格メカニズムによってのみ、生産手段の最良の利用と人々の欲望の最大限の充足が可能になる生産組織が得られるということを、基本公準として受け入れる。

(4)　……法体制の目的は、他の社会的諸目標によって決まる制約条件のもとで、生産からもたらされる効用の最大化を保障することにある。これらの目標は民主的な手続きによって選択されねばならない。これらの目標が効用の最大化をめざすものでない場合には、自由主義的システムのもとでは、別の目標にすることが求められる。

(6)　かくて自由主義は市場における価格メカニズムによる生産の調整を基本公準とするが、われわれが望む体制のもとでは以下のことがみとめられる。

(A)　（略）

(B)　最大効用は社会的善であるが、必ずしも追求されるべき唯一のものというわけではない。（傍点は引用者）

ここでまず注目されるのは、アジェンダにおける「価格メカニズム」が趣意書案では「競争市場」に置き換えられていることである（趣意書案第一項、アジェンダ第一項）。第2節で吟味したように、アジェンダの作成にあたって理論面で中心的な役割を果たしたリュエフによれば、基本公準としての価格メカニズムは、国家介入を自由主義とのかかわりでどう定義するかという問題と深くかかわっていた。すなわち、価格メカニズムが公準とされたのは、それを損なわないかぎり国家は理論上いかようにも介入できるのであり、介入で問題となるのは「形態」であって経済システムに占める比重ではない、という国家介入の定義を導くためであった。たしかにアジェンダの第四項では「社会的諸目標」が市場適合的であること、したがってまた効用の最大化――ディレクター報告に即していえば「社会的産出量」の最大化——と抵触しないものであることが求められているものの、それは絶対的な条件とはされていない。第六項B号では、まさにそのことが確認されている。また実際、すでに紹介したように、国際研究センターの回状には、「共同社会」や「人類の理想」のためには「最適産出量を犠牲にする」こともできると明記されていた。

ところが趣意書案では、公準に該当するのは「競争市場」であり、それに対応して「国家の力が拡大するごとに自由社会維持のための最低限の基盤は侵食される」（第六項）とされている。つまり、最大効用は追求すべき至高の善であり、国家の介入は即それを侵食するものとみなされているように読める。したがってこのかぎりでは、趣意書案によって定義づけられた自由主義は一九世紀のそれにより近いものであったと言わねばならない。また、この自由主義理解によるかぎり、社会問題にたいする国家の政策的対応の余地も狭くかぎられざるを得ない。これにたいしてアジェンダにあっては、最大効用は至高の善とはされていないから、少なくとも理論的には、国家は現実の社会から発せられるさまざまな要請を自らの政策により柔軟に反映させられることになる。

かくて、フランスの自由主義者たち主導でまとめられたアジェンダと英米の自由主義者たち主導でまとめられた趣意書案のあいだには、自由主義のとらえかたおよびそれにもとづく政策実践において、明らかに違いがあったと言わねばならない。実際、ハイエクについて言えば、彼は、歴史の経過のなかで形成された「自生的秩序」を重要視し、現実の議会制民主主義にたいしては批判的ないしは懐疑的であった(65)。それゆえ、リュエフが説くような新自由主義論にはにわかに同調できなかったと考えられる。前述のとおり、リュエフは科学としての「経済学」と「政策」を峻別して、法則性をもつ市場経済と、議会制民主主義をつうじて選択される社会的諸目標やそれらを実現するために採られる政策との調整という問題を、新自由主義論の中心に据えていたからである。

ところで四月七日の全体会議では、趣意書案にたいして出席者からさまざまな注文が出された。「自由主義者たちが人類の連帯を信じているという認識が脱落している」（ブラント）、「自由主義には人類的目標がある、それは進歩の哲学である、という思想を付け加える必要がある」（フリードマン）、「より文化的人間学的論点が最初にきて、経済があとになった方がよかった」（ロビンズ）、「宗教的寛容が挿入されるべきである」（ナイト）、「国際的側面を、つまり国家主権の制限を強調すべきである」（アレ）……。これらの意見は趣意書案の個別の項目に抵触するものではなかったが、多種多様な意見を前に、趣意書案を採択することは見送られた。そして、あらためて趣意書案の作成が、会議の運営や調整に長けたロビンズに委ねられた。ロビンズは全体会議の場で、出席者たちの最大公約数は以下の三点にあることを確認したうえで、この任務を引き受けた。(1)「われわれは自由が危険にさらされていることを承知している」。(2)「われわれはそれが私的所有と市場の衰退に関係していると信じる」。(3)「われわれはこれらの危険を公衆に説明すべきであると信じる」。当然のことながら、ロビンズによって起草された趣意書案の内容は一般的にすぎ、綱領的文書からはほど遠いものとなった。しかし全体会議で了承され、モンペルラン協会の趣意書(66)となったのはこのロビンズ趣意書案である。

モンペルラン協会の性格と活動をめぐる論争――一九四八年九月一九日の理事会――

翌一九四八年九月一九日、モンペルラン協会の発足後最初の理事会がバーゼルで開かれたが、この会合でも、綱領的文書の作成が協会の性格や具体的活動とのかかわりで問題となった。協会の性格に関するハイエクの姿勢は当初から一貫していた。それは、「国際政治哲学アカデミー」と言えるような「研究者たちの国際組織」とする、つまり、協会の活動を会員相互の学術的意見交換に限定し、世論に直接働きかけることはしないというものであった。彼はこうした自身の見解をコンファレンスの開辞だけでなく案内状のなかでも表明していた。彼によれば、それはケインズの言うように「経済学者や政治哲学者たちの思想は、それらが正しかろうと誤っていようと、通常理解されている以上に力をもっている(67)」と信じるからであった。要するに、世論に影響をあたえ、政治を動かすことができるのは長期における思想の力である、と言うのである。
しかし、協会の性格や活動に関する理解は有力な会員たちのあいだですら分かれていた。レプケとフノルドが国際ジャーナルの発刊構想をもっていたことについては、すでに触れた。九月一九日の理事会では、協会の活動のありかたが理事たちのあいだで大きな争点となった。当日はレプケが欠席しており、口火を切ったのは副会長のオイケンである。仏語の会議記録からオイケンの発言を引用しよう。

自由主義者たちはきわめて賢明な人たちであるが、彼らには「非社会的《ノン・ソシオー》」であるという大きな欠点がある。彼らは経済とその技術の大部分を理解しているが、彼らには労働者にたいする思いやりがない。こんなわけで「社会自由主義者」（libéraux-sociaux）と呼ばれる諸集団が生まれ、それらが社会主義に重大な譲歩を行っている。このため、私たちが社会秩序を創ろうとすると、きまって誤解される。それゆえ、私は大いに攻撃的《アグレッシフ》になるべきであり、また態度を決めるべきであると考える。ドイツでは事態は大きく進んでいる。とくに労働組合のあいだで進んでおり、これらの組合は東側からくる危険を身にしみて承知している……。人々は国有化や国営化の危険を理解するようになっている。そのうえ、労働組合、労働者および社会民主主義者たちにはプログラムがないという事実がある。すべてが流動的であり、労働界を説得すべく行動を起こす時機がすでにきているように思われる。

ともあれ守りに入るのではなく、逆に攻めの姿勢をとるべきであり、労働者にはこういってやるべきである。私たちは経済社会秩序の枠組みのなかであなたがたに自由を提供したい、また、私たちはマルクス主義イデオロギーよりもはるかに確かな社会的安寧さえ、あなたがたに提供できる。マルクス主義イデオロギーは空想にすぎず、計画経済や管理経済はいたるところで破綻している、と。だからといって政治の領域に入る必要はない。すべての人が偏見なしに私たちのめざす結果を判断できるよう、原則的な問題を扱えばよい。プログラムをもつことになるのは、共産主義者たち以外では私たちだけなのである。[68]

労働界に働きかけるために綱領的文書を作成すべきだとするオイケン発言には、すでに労働組合指導者たちとの対話を経験していた同じく副会長のリュエフが、即座に応じた。彼は「カール・マルクスのマニフェスト〔共産党宣言〕に対抗できる『自由主義マニフェスト』（un manifeste libéral）」の策定を提案する。リュエフによれば、このマニフェストは「自由主義のアジェンダ」のような文書で、「自由主義経済政策の社会的側面」を扱ったプログラムである。しかしリュエフ提案には、ヨーロッパ滞在中のアメリカの二人の会員、スタンフォード大学のK・ブラントとプリンストン大学のF・A・ルッツが慎重意見を述べた。[69]ブラントは、「われわれの協会が無慈悲であり、非社会的であり、経済恐慌にたいして肯定的である、また、われわれが生産者の利益のために労働者を十字架に磔にしようとしている、と非難されかねない」と述べ、作成するとなれば「長期的観点に立ったプログラム」の方であると主張する。また、ルッツは「何かを公表するにしても科学的な方法を用いるべきであろう」と言う。これにたいしてリュエフは、「マニフェストと学問研究のあいだに矛盾があるとは思わない。世論を動かすために何らかのことをする必要がある」と応じている。問題はハイエクであるが、彼は趣意書の作成に際して生じた混乱を理由に、「躊躇している」と述べるにとどまった。[70]それゆえ、理事会はこの問題で結論を下すにいたらなかった。

オイケンとリュエフという独仏経済学界を代表する二人の経済学者が綱領的文書を作成し、世論とりわけ労働界に働きかけるべきだと主張したのにたいして、英米で活躍する経済学者たちがそれに否定的ないしは消極的態度をとったことは興味深い。彼らの姿勢の違いにそれぞれの出身国が直面する現実の相違が影響を及ぼしていたであろうことは、想像に難くない。しかしそれとともに重要と思われるのは、自由主義のとらえかた、および（それと深く関わる）社会問題にたいする対応をめぐって、彼らのあいだに、微妙ではあるが見逃すことのできない違いがみとめられるという点であろう。

先に述べたようにリュエフ（および彼に代表されるフランス・グループ）は、価格メカニズムを公準とし、最大効用の追求を絶対視しないことによって、あるいは科学としての「経済学」と「政策」とを峻別することによって、労働者および労働組合指導者たちとの多様な対話——いわゆる「社会対話」（dialogue social）——への道を用意していた。

これにたいしてオイケンは、趣意書案の作成にかかわっていたから、最大効用の追求を至高の善とみることに同意していたとみられる。実際、彼は自らの経済学の中心に「競争秩序」をおいており、ドイツの新自由主義者たちのなかでもとりわけ「経済主義的」であったと評されている。しかし、同じドイツのフランツ・ベームやレプケが、労働や食糧という経済領域、それに農民・手工業者・小企業家等の社会カテゴリーについては、国家や団体の介入によって価格メカニズムが修正されるのを当然とみていたように[71]、オイケンもまた、労働市場、企業、家計については、経済理論が立ち入ることのできない「与件」[72]と位置づけていた。つまり、それらは競争経済の枠組みのなかにとどまらねばならないものの、社会的性格を有するがゆえに完全競争市場モデルの適用が不可能な領域とみていたのである。それゆえ、オイケンが最大効用の追求を至高の善とみることに同意していたにしても、それは産業経済のような領域に限定してのことであったと考えなければならない。このような理解を裏づけるように、オイケンは九月一九日のモンペルラン協会の理事会で、次の三項目を次回の研究集会の討論課題にするよう提案している。⑴「市場体制。労働組合、労働者の就職など」。⑵「企業体制。企業共同体、企業委員会、産業民主主義など」。⑶「家庭における労働者の状態。労働者の私的領域。家計、余暇など」。

一九四九年にスイスのゼーリスバーグで開かれたモンペルラン協会の研究集会では、右のオイケン提案をうけて、フライブルク大学のK・P・ヘンゼルが「競争経済における産業労働の基本法――『労働と経営管理』問題との関連において」と題する報告を行っている。ヘンゼルはこの報告で、かりに労働市場で競争が理想的なかたちで行われたとしても労働問題は決して解決されないと言う。なぜなら、彼によれば、「競争経済の調整は、市場問題だけにとどまらず、家族や企業などの社会的諸単位の内部組織にかかわる問題でもあり、扱いには細心の注意が必要とされる」からである。対立する利害が企業の内部で調整され、均衡が実現されなければ、対立は「組織された階級闘争」へと発展し、「自由秩序」、「競争秩序」は破壊されてしまう。それを防ぐために、ヘンゼルは労働市場の条件、そしてとりわけ企業内部における調整条件を法律で整備する必要があるとしている。[73]

このようなヘンゼルのアプローチは戦後西ドイツにおける「社会的市場経済」ないしは「ライン型資本主義」[74]の支柱ともいうべき「共同決定制」（Mitbestimmung）――すなわち、社会的性格の問題を発生の現場である個別企業の内部において解決しようとする制度――に連なるものとして注目に値しよう。なお、「社会的市場経済」の命名者で、この政策遂行の責任を負うことになるミュラー＝アルマックが、オイケンの推薦をうけてモンペルラン協会への入会を許されたのは、同じ九月一九日の理事会であった。

以上のリュエフやオイケンとは違って、労働組合を普通法のもとに戻すべきだとする先のハイエクの報告、労働組合に独占禁止法を適用すべきだとするディレクターの報告、それに「われわれの協会が無慈悲であり……」というブラントの発言から判断するかぎり、これら英米系の経済学者たちが社会対話や社会問題にたいする具体的な提案を用意していたとは考えにくい。そもそも彼らは社会対話に特別の意義をみとめていなかった可能性すらある。彼らが社会対話に向けた綱領的文書の作成に反対もしくは慎重だったことには十分な理由があったとみるべきであろう。

ともあれこのようにして、モンペルラン・コンファレンスにつづいて、モンペルラン協会の理事会においても綱領的文書の作成は見送られた。以後、今日にいたるまで、この種の文書が作成されることはなかった。

表1－4　モンペルラン協会／会員の地域別構成の推移

（単位：%）

年次、会員総数／国、地域	1947～49 103人	1956 204人	1963 295人	1973 377人	1981 414人	1989 489人
南アフリカ	0.0	2.0	2.0	0.3	1.0	1.6
アルゼンチン	1.0	0.5	2.0	1.9	2.2	2.2
ガテマラ	0.0	0.0	0.0	0.5	1.7	1.4
中南米	1.0	3.4	5.8	8.0	8.9	9.4
アメリカ合衆国	37.9	36.8	39.7	44.8	49.5	46.2
北米	37.9	37.3	40.1	45.4	50.1	47.9
日本	0.1	0.1	1.7	4.2	4.6	4.9
アジア	0.1	0.5	2.0	5.3	5.6	7.4
フランス	15.5	10.3	9.8	7.7	5.1	3.9
イギリス	14.6	14.2	9.5	9.0	8.0	6.5
イタリア	3.9	5.4	3.4	2.1	2.4	2.0
西ドイツ	9.7	8.3	11.9	11.9	8.7	7.4
スイス	6.8	5.9	3.4	2.1	2.2	2.2
ヨーロッパ	61.2	55.4	49.8	40.8	33.1	30.9
オーストラリア	0.0	0.5	0.0	0.3	1.4	2.7
オセアニア	0.0	0.98	0.34	0.3	1.4	2.86

出所：François Denord, "Le prophète, le pèlerin et le missionnaire", in *Actes de la recherche en sciences sociales,* n°145, décembre 2002, p. 18.

一九四九年以降のモンペルラン協会

モンペルラン協会は一九四九年から、毎年もしくは隔年で——ただし、一九六五年以降は隔年が定着する——開催都市を変えて研究集会をもち、今日にいたっているが、一九五〇年代末に深刻な組織上の危機を経験している。会長のハイエクと事務局のフノルドの関係が悪化し、それが協会の活動方針をめぐる年来の路線対立と絡み、深刻な問題へと発展したからである。対立は、一九五九年にフノルドが単独で季刊誌[75]の発行に踏み切ったのを契機に頂点にたっした。しかも、協会設立の功労者レプケがフノルド寄りの姿勢をみせたことから、問題は協会全体に拡大した。この「フノルド事件」は一九六〇年に、ハイエクとフノルドがそれぞれ会長職と事務局職を同時に退き、後任の会長にレプケが一年かぎりという条件付で就任することでひとまず終息した[76]。しかしその後、レプケは一九六一年の会長辞任と同時に協会を退会した。このとき、ヨーロッパの会員を中心に一五人が彼と行動をともにした[77]。

以上のようなフノルド事件の顛末を、モンペルラン協会の第一八代会長で同協会の準正史の著者R・M・ハートウェルは、「よそからの侵入者たち、つまりアメリカ人たちから協会を奪回しようとする野望[78]」と、その破綻と評している。また、レプケと行動をともにしたベルトラン・ドゥ・ジュヴネルは、ミルトン・フリードマンに宛てた一九六〇年六月三〇日付の書簡で、協会の現状にたいする不満を次のように打ち明けていた。

モンペルラン協会は次第に、国家が善をなすことはあり得ず、民間企業が悪をなすことはあり得ないという、善悪二元論に変わってしまいしました。私たちの時代に達成されたものの事実上すべてを、想像上の一九世紀の名において弾劾している会員たちがいると、私は気が落ち着きません。……この集団は、設立時の基本的合意事項について一緒に考える人たちの自由な集まりではありません。それはむしろ闘士《ファイターズ》たちのチームです。(79)

ともあれ、フノルド事件が前述のようなかたちで結着したので、協会はハイエクの望む綱領的文書をもたない自由な組織のままにとどまり、社会的実践はあくまでも会員の個人的活動に委ねられることになった。協会は一貫して文字どおりの「国際政治哲学アカデミー」にとどまったのである。会員に著名な経済学者、政治家を擁し、彼らの個人的活動を介して戦後の西側諸国の経済政策に多大の影響をあたえながらも、協会が外部から存在すら知られないままにとどまったのは、まさにこのためである。

フノルド事件のあと、協会の会員構成は大きく変化する。表1-4に明らかなように、ヨーロッパ人会員が相対的に減り、代わって欧米以外の地域、とくにアジアおよび中南米の会員が増える。なかでも日本人会員の躍進が目立つ。日本人としては一九五八年に木内信胤が入会したのが最初で、以後、安井琢磨、木川田一隆、小泉信三、青山秀夫、山際正道、福田赳夫、岩佐凱実、西山千明、松田智雄たちが入会している。(80) 西山千明は一九八〇～八二年にモンペルラン協会の第一二代会長を務め、一九八八年には東京と京都で研究集会を組織している。(81)

同じく表1-4の示すように、協会の会員数は増加の一途をたどっている。新規入会者のなかで多数を占めたのはシンク・タンクのエコノミストたちである。(82) また、個人としてひときわ目を引くのは、いずれも大学教授から政界に転じ、それぞれドイツ首相、フランス首相に就任することになるルートヴィヒ・エアハルト、レイモン・バールの二人である。

おわりに

最後に、本章で明らかにできたと思われる主要な論点を整理しておこう。

自由主義は第一次大戦以後、とりわけ一九三〇年代に入って急速に力を失い、その信奉者は少数派へと後退した。新自由主義は、この衰弱した自由主義の刷新と復活をめざす自由主義者たちによる討議のなかから、一九世紀の自由放任型自由主義とは異なる新しいタイプの自由主義として、国際的な地平で市民権を獲得した。それぞれ一九三八年、一九四七年に創設された国際研究センターとその後身のモンペルラン協会は、そうした自由主義者たちの討議の場、ならびに国際的結節点としての機能を果たした。

自由主義者たちが下した自由主義の危機にたいする診断はおおよそ次の三点にまとめられる。第一に、市場経済の普及にともなって生じた社会問題と大衆の社会的要求運動にたいして、自由主義は適切に対処することができなかった。社会主義とファシズムが台頭したのはこのためである。第二に、国家が労働組合をはじめとする職業諸団体の要求に応じて個別に特権を付与するようになったことから、さまざまな領域で独占の形成が進んだ。その結果、自由主義の基盤をなす市場機能が大きく損なわれることになった。第三に、第一と第二の事態を招いたのは、一九世紀の自由主義者たちが国家をめぐる問題に正面から取り組むことをせず、自由主義国家が果たすべき積極的な役割を軽視したことに原因がある。

以上のような診断を下したことから、自由主義者たちの関心は、国家が経済および社会領域において行使する権力を再定義することに、すなわち自由主義国家に可能な介入とその限界を画定することに向かうことになった。それゆえ新自由主義とは、資本主義経済社会の歴史的進化のなかから生じた社会問題および独占（さらにはそれらの構造化）に対応可能な自由主義として登場したものであり、その最大の特徴は国家に積極的な役割を付与しようとする点にあったということになる。新自由主義は、資本主義の新しい歴史段階に対応する自由主義だったのである。

そこで問題になるのは国家介入である。「法的介入」、すなわち市場経済の円滑な機能を保障するための制度的枠組みを法律によって保障する（そしてさらに、市場経済の進化に応じてこの制度的枠組みを変更する）という役割については、あらためて議論するまでもなく自由主義者たちのあいだですでに合意が成立していたとみられる。しかし経済および社会領域への直接的介入については、自由主義の本質をどこに求めるかという核心的な問題とのかかわりで、彼らの理論的主張は大きく二つに分かれた。

第一は、自由主義にとって本質的なことは価格メカニズムの機能が保障されることであり、最大効用の追求は善ではあるものの、必ずしも自由主義にとって最優先の課題ではないとする主張である。それはリップマン・シンポジウムと国際研究センターを支配していた主張である。それは「社会的諸目標」――国際研究センター会長マリオの言葉を借りれば「共同社会」や「人類の理想」――に配慮した自由主義的介入論ともいえる。その担い手は、リュエフを代表とするフランスおよびフランス語圏の自由主義者たちであった。この主張は理論的に明快であり、国家介入の範囲が柔軟に確保できる仕組みになっている点に大きな特徴がある。リップマン・シンポジウムでは綱領的文書「自由主義のアジェンダ」が起草され採択されたが、それが可能だったのはこのタイプの新自由主義の理論的特質に負う部分が大きいと考えられる。

第二は、自由主義の本質はあくまでも最大効用の追求にあり、そのために市場機能ならびに市場そのものの拡大を最優先の課題にすべきであるとする主張である。これはモンペルラン・コンファレンスとモンペルラン協会を主導した自由主義者のあいだに特徴的にみられる主張であり、いわば独占の排除と独占の予防に軸足をおいた自由主義的介入論である。ここでは社会問題への配慮は狭く――最終的には「最低生活保障」のみに――限定される傾向にあり、そのかぎりにおいて、この主張は自由放任型の自由主義と重なる部分が相対的に多いといえる。モンペルラン・コンファレンスとモンペルラン協会のいずれもが綱領的文書の作成を見送ることになった遠因はここにあったとみることができよう。なお、このタイプの新自由主義とそれにもとづく政策論は、一九八〇年代以降に英米を起点に世界を構造改革の渦に巻き込んだ新自由主義につうじるものがある。その主要な担い手がハイエク、ディレクター、それにおそらくはフリードマン(83)という戦後シカゴ学派の中心人物たちであったことも注目に値する。

右の二つの主張のほかに、いま一つ、両者のいずれとも部分的な重なる、いわば両者の中間ともいえる理論的主張があったことも指摘しておかねばならない。それはドイツの自由主義者たちの主張である。ドイツ・グループはリップマン・シンポジウムでもモンペルラン・コンファレンスでも中心に位置しておらず、本稿では主要な考察の対象とならなかったが、このグループの特徴は論者によって若干の差異はあるものの次の点にあったと考えられる。リュエフやハイエクのように一国の市場を単一の統一的な市場としてではなく、性格の異なる複数の市場からなる複合的市場としてとらえる。そして、労働経済や食糧経済、農民や手工業者や小企業家、それに企業や家計については、現実の政治組織や社会組織と切り離すことができないという理由から、国家の介入（社会政策）や集団的交渉によって価格メカニズムの修正が行われてしかるべき領域ないしは対象とみる。つまり、ドイツ・グループを有名にした、最大効用の実現を課題とする「かのようにの政策」には、あらかじめ適用除外領域や適用除外対象が設けられていたのである。

しかし、以上の三つの主張、ないしはそれぞれの主張に対応する三つのタイプの新自由主義については、それらを理念や哲学の次元で区別することは容易であっても、現実の政策実践の領域で区別することは必ずしも容易でない。たとえば、第8章で明らかになるように、大戦後のフランスでは組織化された経済・信用システムのもとでインフレ基調の成長政策が実施され、国際収支は慢性的な危機に陥っていた。こうした危機状況を克服すべくリュエフが策定した構造改革プランは、特権や独占の排除とそれをつうじた市場機能の拡大・強化を基本内容としており、第二のタイプの新自由主義の政策論と外見上変わるところがなかった。このことは、新自由主義がすぐれて現実対応型の自由主義であったことから、解決されるべき問題の性格や問題をとりまく諸条件に応じて、その現われかたに違いがあったことを示しているといえよう。

注

（1）フランス、ドイツ、アメリカ合衆国に関する以下の研究を参照。François Denord, *Genèse et institutionnalisation du néo-libéralisme en France* （*années 1930-années 1950*）, thèse de doctorat de l'EHESS, décembre 2003; Walpen, Bernhard, *Die offenen Feinde und ihre Gesellschaft: Eine hegemonietheoretische Studie zur Mont Pèlerin Society*, Hamburg, 2004；雨宮昭彦『競争秩序のポリティクス――ドイツ経済政策思想の源流』（東京大学出版会、二〇〇五年）；本書、第2章。

（2）この秘密交渉については、戦後にルージエ自身が証言記録を公刊している。Louis Rougier, *Mission secrète à Londres. Les accords Pétain-Churchill*, Paris, première édition, 1945, nouvelle édition revue et augmentée, 1947. Également voir R. Frank, "Vichy et les Britanniques 1940-1941", in J.-P. Milza et F. Bédaridat （dir.）, *Vichy et les Français*, Paris, 1992.

（3）Louis Rougier, *Les mystiques économiques. Comment l'on passe des démocraties libérales aux États totalitaires*, Paris, 1938, 198p.

（4）Walter Lippmann, *The Good Society*, London, 1938.

（5）以上、ルージエについては、François Denord, "Aux origines du néo-libéralisme en France. Louis Rougier et le Colloque Walter Lippmann de 1938", in *Le Mouvement social*, n°195, avril-juin 2001, pp. 9 et 17-19. を参照。また、ルージエ、ハイエク、リップマンの三人のあいだの人的交流については、本書、第2章を参照。

(6) *Colloque Walter Lippmann, 29-30 août 1938* (travaux du Centre international d'Études pour la Rénovation du Libéralisme), Cahier n°1, Paris, 1939, p. 7.

(7) リップマンの『よい社会』の第八章は《Agenda of Liberalism》と題されている。

(8) ただし、亡命先のジュネーヴから参加したレプケとミーゼスはオーストリア国籍としている。

(9) リュエフの最初の著作は『物理学から道徳学へ』(*Des Sciences physiques aux sciences morales*, Paris, 1922) と題する方法論の書である。一九二二年に書かれた本書の原稿を最初に評価し、出版するよう奨めたのは哲学者ベルグソンであった。

(10) リュエフの経歴および研究歴については、彼の自伝、Jacques Rueff, *De l'aube au crépuscule. Autobiographie*, (Oeuvres complètes de Jacques Rueff, I), Paris, 1977. を参照。

(11) 経済学の領域におけるリュエフの主要な著作は、全五巻の全集 (Oeuvres complètes de Jacques Rueff, 5 vols, Paris, 1977-1980.) と二冊の著作集 (Jacques Rueff, *Les fondements philosophiques des systèmes économiques*, Paris, 1967; id., *Combats pour l'ordre financier*, Paris, 1972.) にまとめられている。

(12) Comité pour l'Histoire Économique et Financière, Archives orales : Claude Pierre-Brossollette.

(13) リュストウについては、雨宮昭彦「一九三〇年代ドイツにおける『リベラルな国家干渉』論の展開(1)」『千葉大学経済研究』第一六巻第三号、二〇〇一年一二月を参照。

(14) Etienne Mantoux, "La《théorie générale》de M. Keynes", in *Revue d'économie politique*, novembre-décembre 1937, pp. 1559-1590.

(15) シンポジウムの速記録は全文が「自由主義刷新国際研究センター」(後述) の機関誌第一号 (*Colloque Walter Lippmann, op. cit.*) に収録されている。この項における引用は、とくに断りのないかぎり、*Ibid.*, pp. 13-20. より行う。

(16) 一九三〇年代のベルギーおよびフランスで資本主義の構造改革運動を担った労働組合や左翼政党の活動家たちは「プラニスト」と呼ばれた。彼らが改革のための行動計画――すなわち「プラン」――を掲げていたからである。佐伯哲朗「フランス労働総同盟の経済革新プランと反ファシズム闘争」労働運動史研究会編『労働運動と経済民主主義』労働運動史研究会、一九八〇年を参照。

(17) 以下、この第一セッションからの引用は、とくに断りのないかぎり、*Colloque Walter Lippmann, op. cit.*, pp. 35-45. より行う。

(18) リップマン・シンポジウムでも、リュストウはこうした持論を第五セッションで詳細に展開している（*Colloque Walter Lippmann, op. cit.*, pp. 77-83.）。リュストウの所説については、雨宮昭彦「ナチス期ドイツにおける『課題としての競争』」『土地制度史学』別冊（一九九九年九月）：同「リベラルな国家干渉（前掲論文）」を参照。

(19) 以下、第四セッションからの引用は *Ibid.*, pp. 67-75. より行う。

(20) 以下、第六セクションからの引用は *Ibid.*, pp. 99-106. より行う。

(21) 六項目のうちの(1)〜(5)は『よい社会』におけるリップマンの主張と重なる部分が多い。しかし、用語法がリップマンのものと異なること、表現が大幅に厳密さを増していることなどからみて、アジェンダ案はルージエ、リップマン、リュエフの三人の手で起草されたとみるのが自然である。

(22) (6)-(C)を読み上げた際、リップマンは「以上のシステムは価格メカニズムを調整原理とみるリュエフ氏の中心的な主張である」と補足説明を加えている。

(23) *Colloque Walter Lippmann, op. cit.*, pp. 29-34 et 101-102.

(24) 実際、リュエフは、リップマンが「自由主義のアジェンダ」を読み上げた直後に発言し、次のように述べている。「この案は、私が左からの自由主義的な政策（politique libérale de gauche）と呼ぶ政策の基礎を築くものであります。というのは、その政策はもっとも恵まれない階級に、最大限の厚生を提供するものだからです。私がリップマン氏の考えに無条件で賛成するのはこのためです」。（*Ibid.*, p. 101.）

(25) 以上、第七セッションについては、*Ibid.*, pp. 107-110.

(26) たとえば、L. Vallon, “Offensive du néo-libéralisme”, *Syndicats*, 4 janvier 1939; id., “De l'agenda du libéralisme au plan de la C. G. T.”, *Syndicats*, 25 janvier 1939; Gaëtan Pirou, *Néo-libéralisme, néo-corporatisme, néo-socialisme*, Paris,（juillet）1939.

(27) Fonds Louis Rougier（abrèv. FLR）, Louis Marlio, “Le néo-libéralisme”, 15 mars 1939.

(28) FLR, Statuts du Centre international d'Études pour la Rénovation du Libéralisme, 21 avril 1939.

(29) Cit. par F. Denord, “Aux origines du néo-libéralisme, *op. cit.*”, p. 28.

(30) *Ibid.*, p. 25.

(31) この報告は Jacques Rueff, *Politique économique*, 1（Oeuvres complètes de Jacques Rueff, III-1）Paris, 1979, pp. 29-43. に再録されている。以下、とくに断りのないかぎり、この報告に関する引用はすべてここから行う。

(32) FLR, "Programme des séances d'études (1939)"; F. Denord, "Aux origines du néo-lbéralisme, *op. cit.*," pp. 24-25.

(33) リュエフによれば、彼がこの第二項目を正しいと確信するのは、彼自身の経験によるものである。すなわち、理工科大学で数学を研究する過程で「思考や合理的精神の限界、人間精神の分析能力の限界」を認識したからであり、また、常に選挙や経済的利害の渦中に身をおく財務官僚としての実務経験から「人間精神には客観的にとどまる力がないこと」を学んだからである、という。J. Rueff, *Politique économique*, 1, *op. cit.*, pp. 32-33.

(34) リュエフは、これら三項目のうちの最初の二つについては、すでに一九三四年五月八日、理工科大学経済研究センターで行った報告のなかで自由主義の原則として論及している。なお、リュエフがこの報告で展開している議論は、ハイエクが『隷属への道』（一九四四年公刊）のなかで行うことになる議論とほぼ重なっている。Jacques Rueff, "Pourquoi, malgré tout, je reste libéral". Repris dans X-Crise, *De la récurrence des crises économiques. Son cinquantenaire 1931-1981*, Paris, 1982.

(35) Jacques Rueff, *Epître aux dirigistes*, Paris, 1949, p. 15.

(36) Daniel Villey, "Jacques Rueff, un libéral moderne", in J. Rueff, *Les fondements philosophiques*, *op. cit.*, p. 159：雨宮、前掲書、九四頁ほか各所。

(37) Wilhelm Röpke, *Civitas Humana : Grundfragen der Gesellschafts-und Wirtschaftsreform*, Zürich, 1944, S. 75-79.（レプケ著／喜多村浩訳『ヒューマニズムの経学』五六〜六〇頁）：藤本建夫「西ドイツにおける戦後経済秩序の形成(2)――W・レプケの社会・経済思想(下)」『甲南経済学論集』第二九巻第二号、一九八八年九月、七二〜七三頁：福田敏浩「ドイツ新自由主義の第三の道(2)――レッセ・フェールと集産主義を超えて」『彦根論叢』第三三五号、二〇〇二年三月、一三頁。

(38) のち（一九五一年）にリュエフは、「政府の行動の幅についていえば、自由主義体制のもとでは、租税や借入れによって得ることのできる収入の額以外に制約はない」と述べている。Jacques Rueff, "Néo-libéralisme", in *Farmand. Norsk Forretningsblad*, Oslo, 1951. Repris dans J. Rueff, *Politique économique*, 1, *op. cit.*, p. 117.

(39) こうしたリュエフの主張は彼の主著、Jacques Rueff, *L'Ordre social*, Paris, 1945. において全面的に展開されている。

(40) 以下、本項における引用は、とくに断りのないかぎり、セミナーの速記録より行なう。この速記録はリュエフの生誕七〇年記念論文集、J. Rueff, *Les fondements philosophiques*, *op. cit.*, pp. 459-471. に "Interventions de Jacques Rueff au cours de la première séance de travail du Centre international d'Études pour la Rénovation du Libéralisme (1938)" として収録されている。

(41) François Bourricaud et Pascal Salin, *Présence de Jacques Rueff*, Paris, 1989, p. 131.

(42) ミーゼスやハイエクなどオーストリア学派の経済学者たちは、科学的観察によって現実をとらえることに懐疑的であった。リュエフとオーストリア学派の方法上の異同については、*Ibid.*, pp. 93-99. を参照。

(43) J. Rueff, *Les fondements philosophiques, op. cit.*, p. 466.

(44) リュエフはロンドン駐在財務官時代の一九二五年の論文で、一九二〇年代のイギリスにおける失業率の変動と賃金／物価指数との関係を分析し、この国の高失業率の原因が失業保険制度にあることを論証している。この研究は当時のイギリス議会でとりあげられただけでなく、ケインズとの最初の論争の契機にもなった。J. Rueff, *De l'aube au crépuscule, op. cit.*, pp. 98-108. を参照。

(45) J. Rueff, *Les fondements philosophiques, op. cit.*, pp. 469-470.

(46) L. Marlio, doc. cité.

(47) ミュラー＝アルマックの社会的市場経済概念については、福田敏浩「社会的市場経済の原像――ドイツ経済政策の思想的源流」『彦根論叢』第三二〇号、一九九九年八月を参照。

(48) 大戦間期におけるカトリックの経済社会改革運動については、冨永理恵「フランスにおける社会カトリシスムと経済社会の組織化（一九〇四〜三九年）――『フランス社会週間』の活動を中心にして」『歴史と経済』第一九四号掲載予定を参照。

(49) L. Marlio, doc. cité.

(50) J. Rueff, *Epître aux dirigistes, op. cit.*, p. 70.

(51) F. A. Hayek, *The Road to Serfdom*, London and Chicago, 1944.

(52) Stephen Kresge and Leif Wenar (ed.), *Hayek on Hayek. An Autobiographical Dialogue*, London, 1994, pp. 104 and after.（スティーヴン・クレスゲ、ライフ・ウェナー編／島津格訳『ハイエク、ハイエクを語る』名古屋大学出版会、二〇〇〇年、一一六頁以下）。ハイエク門下の西山千明氏も、二〇〇四年一一月、筆者の質問に答えるなかでこの事実を確認している。

(53) *Ibid.*, pp. 102-104.（邦訳、一一三〜一一六頁）。

(54) こうした経緯は、後述するコンファレンスにおける開辞のなかでハイエク自身が直接確認している。

(55) R. M. Hartwell, *A history of the Mont Pelerin Society*, Indianapolis, 1995, pp. 31-32.

(56) Hoover Institution Archives (HIA), Hayek papers, Box 71-4, The Mont Pelerin Society, April 7, 1947.

(57) HIA, Hayek Papers, Box 71–7, Adresse to the Mont Pelerin Conference, April first, 1947. 以下、この項における引用はすべてこの資料から行う。

(58) ハートウェルはモンペルラン協会の前史を記述するにあたり、ハイエク文書のなかに残されていたリップマン・シンポジウムの記録を利用している（R. M. Hartwell, *op. cit.*, p. 3.）。それゆえ、ハイエクが開辞のなかでルージエ、リップマン・シンポジウム、国際研究センターのいずれにも触れていないのはきわめて不自然である。

(59) 問題提起者に指名されていたのはアレ、オイケン、ナイト、フリードマンである。

(60) 本項における引用は、とくに断りのないかぎり、HIA, Hayek Papers, Box 71–7. のなかの文書より行う。なお、この基調報告「自由企業と競争秩序」はハイエクの手でその要約版が作成され、彼の全集に収録されている（邦訳、嘉治元郎・嘉治佐代訳『個人主義と経済秩序』春秋社、一九九〇年、一四七〜一六二頁）。

(61) ハイエクとディレクターの関係については、土井省悟「アーロン・ディレクターとモンペルラン・ソサイティとミルトン・フリードマン」四国学院大学『論集』一〇三号、二〇〇〇年一二月、を参照。

(62) この点については、本書、第4章を参照。

(63) ただし、ハイエクは最低所得保障のみをあげ、累進課税には言及していない。S. Kresge and L. Wenar (ed.), *op. cit.*, pp. 148–149.（邦訳、一九三〜一九四頁）。

(64) Draft Statement of Aims, 7 April 1947. Repris dans R. M. Hartwell, *op. cit.*, pp. 49–50.

(65) ハイエクの（新）自由主義論に関する邦語文献、F・A・ハイエク著／西山千明編『新自由主義とは何か——明日を語る』（一九七六年、中日新聞社）を参照。本章、注（42）も参照。

(66) 趣意書は、モンペルラン協会のホームページで確認することができる。

(67) Letter of Hayek on 28 December 1946, cit. by R. M. Hartwell, *op. cit.*, p. 31.

(68) HIA, Hayek papers, Box 80–25, Procès-verbal de la séance du Comité des Directeurs, 19 septembre 1948, à Bâle.

(69) 二人は理事会の構成員ではなかったが、ナイトやディレクターなどアメリカの理事が欠席したために、オブザーバーの資格で出席を求められたもののようである。

(70) 以上、この段落における引用はすべて前掲の仏語会議記録による。

(71) ベームについては、本書、第3章、および雨宮、前掲書、一五七頁以下を、またレプケについては、Wilhelm Röpke, *op.*

cit., S. 82-86.（邦訳、六三～六九頁）を参照。

(72)　Walter Euken, *Die Grundlagen der Nationalökonomie*, Berlin, 6. durchgesehene Auflage 1950, S.156-162.（W・オイケン著／大泉行雄訳『国民経済学の基礎』勁草書房、一九五八年、二一七～二二六頁）; Id., *Grundsätze der Wirtschaftspolitik*, Tübingen, 1952, S. 312-324.（W・オイケン著／大野忠男訳『経済政策原理』勁草書房、一九六七年、四二一～四三七頁）を参照。

(73)　Archives Nationales（AN）, Fonds Jacques Rueff, 579AP/185, K. P. Hensel, "Industrial labor constitution in the competitive economy with regard to the problem《Labor and Management》", Seelberg Conference, 10th July, 1949.

(74)　Michel Albert, *Capitalisme contre capitalisme*, Paris, 1991, pp. 117 et suivant.（ミシェル・アルベール著／小池はるひ訳『資本主義対資本主義』竹内書店新社、一九九二年、一四五頁以下）。

(75)　*The Mont Pèlerin Quarterly. The Journal of the Mont Pèlerin Society*, Zürich, vol. 1, avril 1959, N°1, 36p.（AN, 579AP/185）. この雑誌にはハイエクの序文が付されているが、そこには、「私個人は依然として、当協会は意見表明をすべきではないという意見である」という、雑誌の刊行に否定的な、異例の意見が記されている。

(76)　以上、フノルド事件の顛末については、ハイエク自身が一九六二年二月にモンペルラン協会の会員に向けて詳細な説明をこころみている。HIA, Hayek papers, Box 71-8, First draft of a circular, February 1962.

(77)　François Denord, "Le prophète, le pèlerin et le missionnaire. La circulation internationale du néo-libéralisme et ses acteurs", in *Actes de la recherche en sciences sociales*, n°145, décembre 2002, p. 17.

(78)　R. M. Hartwell, *op. cit.*, p. 134. ハートウェルについては本書「はしがき」の注（1）を参照。

(79)　Bertrand de Jouvenel to Milton Friedman, July 30 1960. Cit. by François Denord, "French neo-liberalism and its divisions from the Colloque Walter Lippmann to the 5th Republic", in Philip Mirowski, Dieter Plehwe（eds.）, *How the Neoliberals found their Groove*（Forthcoming）.

(80)　HIA, Hayek papers, 71-3, Lists of members, September 1st, 1964; R. M. Hartwell, *op. cit.*, pp. 207-209.

(81)　その折にフリードマン、ジェームズ・M・ブキャナンほか六人のモンペルラン協会会員が行った報告は、西山千明の立教大学定年退任と名誉教授就任を記念して、『国際化時代の自由主義秩序――モンペルラン・ソサエティの提言』（M・フリードマン、J・M・ブキャナン他／佐野晋一・田谷禎三・白石典義編訳、春秋社、一九九一年）として公刊されている。

（82）Fr. Denord, "Le prophète, *op. cit.*", pp. 15–16.

（83）ハイエクは後年、自分とフリードマンとは「通貨政策を除くほとんどすべてのことで意見が一致する」と語っている。S. Kresge and L. Wenar (ed.), *op. cit.*, p. 144.（邦訳、一八六頁）。ただし、モンペルラン・コンファレンスにおける発言からは、直接この点を確認することはできない。

第2章　ウオルター・リップマンと新自由主義

西川　純子

第1節　ウオルター・リップマン・シンポジウム

一九三八年八月、パリで開催された「ウオルター・リップマン・シンポジウム」については、第1章の権上論文が詳細を述べている。それにしても、ウオルター・リップマンの名前がヨーロッパの錚々たる自由主義者が参集するシンポジウムの一枚看板になったことは、何を意味するだろうか。本章の考察はここから出発する。

「ウオルター・リップマン・シンポジウム」を組織したのは、権上論文が述べているようにフランスの哲学者ルイ・ルージエであった。ルージエをリップマンに紹介したのはフリードリヒ・ハイエクである。ルージエは、ハイエクをはじめ、ルードヴィヒ・フォン・ミーゼスやライオネル・ロビンズなどの著作をフランス語で出版するシリーズを企画していたが、このうちにリップマンも加えようとしてハイエクに仲介を依頼したのであった。ハイエクは一九三七年七月一〇日付けリップマン宛ての手紙で、リップマンが秋に出版を予定していた『よい社会（*Good Soci-*

ety)』のフランス語版権をルージエが希望していることを伝えている。[1] まだ出版されていない『よい社会』について早くもこのような申し出がなされたのは、ハイエクがすでに校正刷りに目を通していたためであった。校正刷りをハイエクに送ったのは、もちろんリップマンである。

一九三七年から一九四〇年にかけて、ハイエクとリップマンの間にはかなり頻繁な手紙の往復があった。最初はハイエクが一九三五年に出版した編著書『集団主義者の経済計画（*Collectivist Economic Planning*）』をリップマンに寄贈したことがきっかけであった。リップマンはこれに対して一九三七年三月一二日に礼状を書いている。実際には、リップマンはこの時すでにハイエクの本を入手して、一九三六年から三七年にかけて『アトランティック・マンスリー（*Atlantic Monthly*）』誌に連載した論文の中でこれを利用していた。礼状では、いささかばつの悪そうな感じでそのことが告白されている。リップマンによれば、雑誌の論文では注記も謝辞も許されなかったが、秋に出版を予定してすでにまとめあげた書物にはハイエクとミーゼスにいかに多くを負うているかを明記したというのであった。[2] ハイエクがリップマンに自著を送ったのは、『アトランティック・マンスリー』誌上の論文を読んだためである。[3] リップマンが無断で自著を利用したことに気づいていたかどうかはともかく、ハイエクがリップマンの論文に自分と同類の思想を見出したことは間違いない。四月六日付けのハイエクの返事には、アメリカに同志を得たことの喜びがみなぎっていた。彼は次のように書いている。「今のところ、予想以上に多くの経済学者が古いリベラリズム（old liberalism）の価値に気づきはじめています（ドイツでさえも少数は）。何らかの緊密な協力を考えてもよいのではないでしょうか[4]」。リップマンの反応は非常に積極的であった。彼はハイエクの提案に賛意を表し、具体的にどうしたらよいかは分からないが、とりあえず「本当のリベラル（genuine liberals）」を特定して連絡をとってみてはどうかと述べている。[5]

ハイエクがリップマンの示唆にもとづいて「本当のリベラル」のリストを送ってくるのは六月に入ってからである。

リストは大きく分けて三つのグループから成っていた。第一はエドウイン・キャナンの影響を受けたグループで、ロンドン・スクール・オヴ・エコノミクスのF・C・ベナム、H・D・グレゴリー、A・プラント、L・ロビンズと、ケープタウン大学のW・H・ハットである。第二はミーゼスのグループで、ミーゼス自身に加えてG・ハーバラー、F・マークルプ、W・レプケ、W・ズルバッハおよびハイエクである。第三は独立少数派であり、スイスのW・E・ラパルトとE・ベーラーが含まれていた。またドイツとイタリアのすでに自由を奪われた地域の人々については、安全を慮ってあえてリストには載せないものの、W・オイケンに率いられたフライブルグの少数と、イタリアのL・エイナウディ、カビアーテイ、ブレシャーニの名前が挙げられていた。アメリカについてはハイエクはむしろリップマンの意見を期待していた。ハイエクがリストに載せたのは、シカゴ大学のH・C・サイモンズとH・D・ギデオンズであった(6)。リップマンは早速返事を書いて、ハイエクのリスト作りの労をねぎらうと同時に、『よい社会』が出版されたら、ドイツとイタリアに在住の人々を除くリスト上のメンバーのすべてに寄贈するつもりだと述べた。またハイエクに対しては特別に校正刷りを送ることを約束した(7)。

リップマンがハイエクに校正刷りを送ったのは、『よい社会』の特に後半部についてハイエクの意見が非常に気がかりだったからである。リップマンは「貴方がこの本の建設的な部分（positive part）に同意されるかどうかについて伺うことを切望しております」と述べている。建設的な部分とは、『アトランティック・マンスリー』に連載した論文に新たに付け加えられた第三、第四、第五の三編のことであり、そこでは自由放任主義の批判を出発点として「新しい自由主義」の構築が模索されていた。

リップマンの危惧にもかかわらず、ハイエクの反応は好意的であった。前半部はもとより、後半の建設的な部分についても、「細部にいたるまで完全に一致している」と彼は言い切っている。とりわけハイエクが興味を抱いたのは、「自由主義のアジェンダ（Agenda of Liberalism）」を提示した第三篇一一章であった(8)。ここでリップマンは古い自由主義を徹底的に批判し、あるべき自由主義を求めて、市場経済の維持という大目標を達成するために法的規制を主要な手段とする国家の介入が必要であると述べていた。ハイエクが「完全な一致」と述べるほどに共感したのは、アジェンダの中味よりもむしろ「自由主義のアジェンダ」という言葉遣いだったのではないだろうか。[9] 彼はすぐさまこの言葉を用いて、「自由主義のアジェンダ」をテーマとする国際的な雑誌の刊行と、自由主義経済学者の国際的な組織の立ち上げを提案している。前者が実現することはついになかったが、後者は翌一九三八年に「ウオルター・リップマン・シンポジウム」として結実することになった。

「リップマン・シンポジウム」では、リップマンが六項目にわたる「自由主義のアジェンダ」を提案し、出席者全員によって異議なく了承された。六つの項目を第1章の権上論文に依拠して簡単に整理すれば、次のようになる。(1)自由市場で機能する価格メカニズムのみが生産手段の最良の利用と人々の欲望の最大限の充足を可能にする生産組織を実現する。(2)経済活動の自由な発展のために必要な法的枠組みを決定するのは国家である。(3)政治的自由主義は事前に定められた法体制の手続きに従わなければならない。(4)法体制の目的は生産からもたらされる効用の最大化を民主的な手続きによって保証することにある。(5)自由主義国家は国民所得の一部を租税によって吸い上げ、それを国防、社会保障、社会事業機関、教育、学術研究などの共同社会の必要に充当しうるし、またそうしなければならない。(6)自由主義のもとでの生産調整は市場の価格メカニズムによって行われるが、この場合には次のことが留意されなければならない。(A)市場価格は所有および契約制度のもとにおかれる。(B)最大効用は社会的善であるが、必ずしも追及されるべき唯一のものではない。(C)価格メカニズムを機能させるために必要な経費は共同社会の負担となるが、この場合に資金の移転は明示的かつ自発的になされなければならない。また介入は改めようとする状況の原因に作用するものでなければならず、国家に個別の状況を裁量的に変更する手段を付与するものであってはならない。

権上氏によれば、第六項の(C)には特にリュエフの希望が盛り込まれていたそうであるから、「自由主義のアジェンダ」の案作りにはリップマン以外の人々も加わった可能性がある。しかし順序こそ違え、シンポジウムで承認された「自由主義のアジェンダ」は、『よい社会』に示されたリップマンの「自由主義のアジェンダ」と内容的にほとんど変わるところがなかった。それは自由主義的経済の原則を市場に求め、市場のメカニズムが十全に機能しないときにのみ国家の介入を認めている。国家の介入は法的措置によるべきであり、介入に必要な資金は租税によってまかなうとされていた。「自由主義のアジェンダ」が従来の自由主義と異なるとすれば、それは多かれ少なかれ自由主義経済における国家の役割を必要とみなしている点であろう。この意味で、「自由主義のアジェンダ」が新しい自由主義を方向づける礎石となったことは疑いない。新しい自由主義の提案者としてリップマンの名前がシンポジウムの看板に掲げられたことは、決して理由のないことではないのであった。

第２節　経済計画批判

「リップマン・シンポジウム」で提起された新しい自由主義は「新自由主義」と呼び慣らわされるようになった。「自由主義のアジェンダ」は「新自由主義のアジェンダ」となったのである。しかし、これはシンポジウムに参加した人々がすべて「新自由主義者」になったことを意味するものではない。シンポジウムの意義は、ファシズムと社会主義に挟撃されて危機感をいだくヨーロッパの自由主義者たちを一堂に集め、自由主義の存在意義を確認しあうことにあったから、「新自由主義」についての細かい議論はむしろこれからの課題であった。

一九四〇年五月に、ハイエクはリップマンに執筆中の自著の梗概を預かって欲しいと依頼している。ハイエクはヨーロッパで万が一のことがあって書物が出版できない場合には、リップマンが自分に代わってその趣旨を何らかの形で生かして欲しいと願ったのである。(10) リップマンはこれに対して、送られてきた梗概を大切に保管することを約し、ハイエクの頼みがあれば、いかような役でも果たすつもりであることを伝えている。[11] しかし、ハイエクにとって幸運なことに、四年後の一九四四年、この書物は『隷属への道(*The Road to Serfdom*)』と題してイギリスで出版されることになった。

『隷属への道』は、ハイエクの二つの論文をもとにしていた。ひとつは『現代評論(*Contemporary View*)』一九三八年四月号に掲載された「自由と経済システム」であり、他は一九三九年にハリー・ギデオンズ編の『政策パンフレット(*Public Policy Pamphlet*)』二九号に掲載された同じ題名の論文である。[12] ハイエクは第一の論文をリップマンの『よい社会』を読んだ直後に書いている。第二の論文は「リップマン・シンポジウム」のあとに第一論文を敷衍するかたちで書かれたが、内容的に両者はほとんど変わるところがなかった。

すでに述べたように、『よい社会』におけるリップマンの前半の議論は、『集団主義者の経済計画』所収のミーゼスとハイエクの論文を参考にしていた。ミーゼスの論文「社会主義国家における経済的計算」は、生産手段の私的所有を廃する社会主義社会において、価格を人為的に設定することが理論的にも実践的にも不可能であることを主張している。[13] またハイエクの論文「問題の本質と歴史(The Nature and History of the Problem)」は、社会主義の目的遂行の手段であるはずの経済計画が、私的所有を前提とする資本主義の枠組みのうちに取り入れられようとしていることに反対の声を挙げていた。ハイエクはつぎにように述べている。

　計画化が権力中枢の方針によって生産量や生産方法や価格などを決めることであるとして、そのようなことが不可能であるのは明らかであるが、この種のことがばらばらに行われる場合には、首尾一貫させようとすればするほどいつの間にか目的を逸脱してさらに統制を加えることになり、ついにはすべての経済活動がひとつの中央権力のもとにおかれることになる。[14]

ミーゼスから経済計画批判の理論的根拠を与えられ、ハイエクから民主主義社会において無定見に経済計画を導入することの危うさを学んだリップマンは、『よい社会』においてすべての経済計画に反対する立場を鮮明にする。これはニューディールをコミュニズムやファシズムと同じく集団主義として一括することを意味していた。リップマンのニューディール評価は、この時点で「自由な集団主義（free collectivism）[15]」から「漸進的な集団主義（gradual collectivism）[16]」に転換する。「自由な集団主義」では、経済活動における国家の役割を補正的なものに限ることによって、むしろ「集団主義」との違いが強調されたが、「漸進的な集団主義」では、民主主義が定着しているためにゆっくりと進行するけれどいずれは「集団主義」に行き着くものとして、ファシズムやコミュニズムとの類似性が強調されていた。転換の背後には、ニューディールに対するリップマンの失望があったことを見逃してはならない。ミーゼスとハイエクは、リップマンのニューディール批判を整理し理論化するための枠組みを提供したともいえるのである。

一九三七年八月一一日の長い手紙の中で、ハイエクはリップマンに次のように書いている。

ファシズムとコミュニズムの間に本質的な共通点があるなどと主張して、「革新主義者たち」から非難を浴びたことでしょう。しかし、これは非常に重要なことでもっと強調していただいたほうがよかったと思われるほどです。「リベラル」であるイギリスの私の友人たちは、何故に経済計画が文化や知性の領域での自由を破壊することになるかについて納得しようとしません。私もこの問題について書くことを以前から考えていましたが、貴方の御本が刺激となって間もなく実現することになりそうです。[17]

ハイエクの言葉を素直に受けとれば、「自由と経済システム」第一論文は『よい社会』に触発されて生まれたということになろうか。ハイエクがこの論文でもっとも力を入れたのは、経済計画を受け入れることによって結果的には集団主義に陥っていく自由主義者に覚醒をうながすことであった。自由を守ると称して集団主義に擦り寄り、実は自由の規制を受け入れることによって守るべき自由を手放している自由主義者たちを、ハイエクは「社会主義的知識層(socialist intellectuals)」と呼ぶ。その一例としてハイエクが引用したのは、リップマンが『よい社会』において厳しく批判したスチュアート・チェースであった。『よい社会』からの引用であると断りながら、ハイエクは政府の統制が経済問題に限られるならば政治的な民主主義は残りうるとするチェースの主張に対して、「全体主義的な統治が経済問題に限られうると考えるのはまったくの幻想である」と反論している。(18)

『隷属への道』には「あらゆる党派の社会主義者に捧げる」という献辞が掲げられている。その含意は、真正社会主義者から社会主義的知識層までを含む集団主義者たちに対する自由主義者からの挑戦であった。この場合に社会主義とならべてファシズムを挙げていないのは、ハイエクがファシズムを社会主義の落とし子とみなしていたからである。彼は共感をこめてピーター・ドラッカーの言葉を引用している。「共産主義とファシズムが本質的に同じだということではない。ファシズムは共産主義が幻想だと明らかになった後にやってくる段階なのだ」。(19)ハイエクは、社会主義がファシズムへと変化していく過程を身近に観察しながら、なお多くの人々がいまだに社会主義と自由を結びつけることができると信じ続けていることを痛烈に非難する。彼にとって「個人主義的社会主義」とか「民主主義的社会主義」は、両立不可能な概念を並立させていかにもそれが可能なようにみせかける欺瞞であった。あるのは社会主義のみ、これに真の意味で対決できるのは「古いタイプの自由主義者(the liberal of the old type)」なのであった。(20)

では「古いタイプの自由主義」とは何なのだろうか。これまでにみてきた限りでは、ハイエクは「古いリベラリズム(old liberalism)」と「本当のリベラル(genuine liberals)」という言葉を使っている。おそらく、これらはすべて彼自身の自由主義を表現する言葉なのであろう。彼は言う。

自由主義の基本原理には、自由主義は固定した教義であるという考え方は、まったく含まれていない。またこの原理に、一度決めてしまえばもう変える必要のない厳密な理論的原則があるわけでもない。ここで最も基本となる原理は、われわれの活動を秩序づけるためには、社会それ自体が持っている自生的な力（spontaneous forces of society）を最大限に活用すべきだということ、そして強制は最小限に抑えるべきだということである[21]。

社会の自生的な力と自由主義の関係について、『隷属への道』ではこれ以上のことは述べられていないが、ハイエクがのちに自由主義論の集大成としてまとめた『自由の条件（*The Constitution of Liberty*）』には、次のような説明がある。

自由は自然の状態ではなく、文明の構築物であるけれども、それは設計（design）から生まれたのではなかった。自由が創造したあらゆるものと同様に、自由の制度は人びとがその制度からある利益をうけることを予想して制定されたのではなかった。しかし、いったんその利益が認められると、人びとは自由の支配を完成し、かつ拡大し、そしてその目的のために、自由な社会がいかに機能しているかを探求しはじめた[22]。

この場合にハイエクが念頭においていたのは、ヒュームとスミスとファーガソンなど、スコットランド派に代表されるイギリスの自由主義である。人間の理性によって生まれた制度ではないだけに、このような経験的で非体系的な自由主義には説明不可能な強靭さがともなうのであった。

自由主義についてのリップマンの理解はハイエクよりもはるかに単純であった。彼は技術発展が生み出した生産的分業から市場の成立を解く。自由主義の第一の原則は、分業の主要な調整役としての市場を守り、完成させることであった[23]。彼は述べている。

分業は緊急の場合と軍事的目的を除いて、公的であれ私的であれ、強制的な力によって規制されてはならないということ、また人間が一五〇年前から始めた生産様式の中核は市場経済であり、したがって正しい進歩の道は市場を損なったり廃棄したりするのではなく、それを維持し改良していくことにある、というのが自由思想の基本理念である[24]。

自由主義と市場の関係について、ハイエクはこれほど明確には述べていないが、彼が自由の制度と言うとき、それが市場社会を意味していたことは疑いないから、趣旨においてリップマンとの差はほとんどないといえるであろう。しかし、自由放任主義の評価については、両者は大きく隔たっていた。

第3節　自由放任主義（レッセ・フェール）批判

すでに述べたように、リップマンは『よい社会』の後半部で自由放任主義を批判している。彼は「自由主義の崩壊」と題する一〇章で、「アダム・スミスが『国富論』を出版してから一〇〇年を経て、自由主義思想は衰退した。それは社会秩序をより良いものにしようとする革新主義者たちを導くものではなくなった」と述べている。革新主義者とは、リップマン自身の表現によれば、現在生きている時代の要請に合わせるべく行動する人々のことである[25]。リップマンはスミスとベンサムの時代をそれ以後と分けて、後者を一九世紀後半の自由主義と呼ぶ。前者において、新しい産業経済の必要に応じて社会秩序を作り変えていく先導役を演じた自由主義は、後者において、社会への適応を無視し拒否する思想になってしまった。[26] これをリップマンは自由主義の自由放任主義への転化とみなす。

ハイエクも自由放任主義について批判していないわけではない。彼は「レッセ・フェールの原則に凝り固まった自由主義者の融通のきかない主張ほど、自由主義にとって害をなしたものはない」と慨嘆している。このとき彼の念頭にあったのは、ベンサムであった。しかし、彼はそのすぐあとで次のように述べている。

しかし、ある意味では、これは必然であり避けがたいことであった。無数の利益が特別の施策を求めて迅速かつ明瞭な利得を獲得しようとしながら、それがもたらす弊害は間接的でよく見えないような場合に、これに対抗するには断固としたルールしか効果がなかったのであろう。また、経済的自由を肯定する考え方が疑いもなくすでに定着していたからには、自由放任主義を例外のないルールとして掲げたいと思うのも無理のないことであった。[27]

ハイエクにとって、自由放任主義は自由主義のいわば勇み足であり、これを克服して真の自由主義に還る道は十分に残されていたのである。

これに対してリップマンの自由放任主義批判は手厳しかった。彼が一九世紀後半の自由放任主義者としてもっぱら批判の対象としたのはハーバート・スペンサーである。これはリップマンの観察の舞台がアメリカであったためであろう。たしかに、南北戦争後のアメリカにおいて猛威を振るった自由放任主義は、スペンサーの社会進化論と結びついていた。ダーウインの進化論を社会に適用して、強い者、才能のある者が競争に打ち勝つのは自然の理であり、競争に生き残った者のみが社会的進歩の担い手になると説くスペンサーの「適者生存」論は、進化の過程で淘汰されるべき敗者を助けるような国家の施策に一切反対していた。スペンサーがとくにアメリカにおいて熱狂的に受け入れられたことは、一八六〇年から一九〇三年にかけて、彼の書物の売り上げが約三六万部に達したことからも明らかである。[28] アンドルー・カーネギーもスペンサーの崇拝者であったが、これは彼のような百戦錬磨の企業家にとって、弱肉強食を正当化するスペンサーの社会進化論がいかに好都合なものであったかを示している。[29]

リップマンの自由放任主義批判は、二つの論点からなっている。ひとつは、交換経済の領域における自由をあたかも神に与えられた自然法であるかのように神聖不可侵なものとみなすことによって、社会秩序の保守的な擁護者となり、この結果、自由が引き起こす不具合や窮状から目をそらすようになったという点である。[30] もうひとつは、社会秩序の変革は社会のルールである法を変えることによって可能であるのに、教条化し、社会変革への志向を失った自由放任主義は、現存する法の善し悪しについて、またどのような法が必要とされているかについて、解答を見出すことができなくなったという点である。[31] この結果、自由主義は知的リーダーシップを失い、集団主義につけいる隙を与え、革新主義者の信頼を裏切ることになったのであった。

ではどのようにすれば自由主義の再生はあり得るだろうか。リップマンは自由放任主義との決別を主張する。ハイエクが自由放任主義の行き過ぎをただすことによって「本当の自由主義」を取り戻そうとしたのに対して、リップマンは、自由放任主義と決別して「新しい自由主義」を模索するなかで「本当の自由主義」を見出そうとしたのである。自由放任主義からの決別といえば、想起されるのはジョン・M・ケインズの『自由放任主義の終焉』[32] であろう。リップマンが一〇年前に書かれたこの小冊子を読んでいたかどうかについて確証はないが、『よい社会』の「まえがき」において、彼がハイエクとミーゼスに謝辞を述べたすぐ後に、ケインズの名前を挙げていることは注目に値するであろう。リップマンは、「現代の経済が独裁者なしでも規制（regulate）され得ることを自由な人々に証明してくれた」として、ケインズの学恩に感謝しているのである。[33]

もっとも、同じように自由放任主義との決別を宣言したからといって、リップマンとケインズが自由放任主義の理解において完全に一致していたわけではない。第一に、ケインズは自由主義そのもののうちに自由放任主義的な要素を見出していた[34]。これは自由主義の変質として自由放任主義をとらえるリップマンとは異なり、むしろ、ハイエクに近い。自由主義を自由放任主義と切り離すことはできないのである。したがって、第二に、ケインズの自由放任主義批判は、自由主義の批判たらざるをえない。自由主義の批判は、ハイエクはもとより、リップマンのとるところではなかった。しかし、第三に、ケインズは集団主義者のように自由主義をやめてしまえといっているわけではない。自由主義を守りたければ、自由主義を変えるほかないのであり、そのために彼は国家による介入を容認するのである。ここでケインズとリップマンの距離は縮まる。

第4節　法による規制

ケインズは国家のなすべきことについて、ベンサムの命名にしたがってアジェンダという表現を用いながら、次のように述べている。「今日の経済学者たちに課せられている主要な課題は、おそらく、政府のアジェンダ（なすべきこと）とノン-アジェンダ（なさざるべきこと）を改めて区別し直すことであろう[35]」。そのうえで、ケインズは国家のアジェンダを次のように提案する。

国家のアジェンダでもっとも重要なことは、私的な個人がすでに達成している活動においてではなく、個人の手の及ばない領域において、国家がしなければ誰も決定できないような事柄について、関与するということである[36]。

その具体的な例として彼が挙げたのは、失業問題、貯蓄と投資の問題、人口問題など、いわゆるマクロな経済政策である。では社会的に大きな存在となりつつあった独占的な企業は私的な領域なのかどうか。これについてケインズは半自治的な企業（semi-autonomous corporation）という概念を導入している。半自治的という表現は、とくに鉄道や公益事業などにおいて、半官半民の経営を国有化よりも望ましいとするケインズの意向を示していた[37]。

「自由主義のアジェンダ」とリップマンが言うとき、その含意はケインズの「国家のアジェンダ」とほとんど重なっている。それは新しく生まれ変わった自由主義のアジェンダであり、新しい自由主義とは、必要に応じて国家の役割を認めるものであったからである。ハイエクは『よい社会』の後半部分を読んで、細部にいたるまで完全に意見の一致をみたと述べたが、はたして彼はリップマンの「自由主義のアジェンダ」を十分に理解していたのだろうか。

リップマンが彼の「国家のアジェンダ」において最も強調した国家の役割は、市場の発展を阻害する要因を取り除くことであった。市場の阻害要因として彼が注目したのは、独占と、独占をもたらす不公平な取引慣行である。忌むべき独占として、リップマンが批判を集中したのは持株会社であった。持株会社は、市場のテストを受けて大きくなった独立の企業と異なり、他の企業の株式を取得して規模を巨大化したものであり、その内部では恣意的な価格の設定やコストの測定が行われることによって市場原理が蹂躙されているというのである。彼によれば、「この種の大企業は自由経済の原理に完全にもとる存在であり、企業家の集団主義の実現形態にほかならない」のであった。彼はさらに言う。

この種の大企業は、社会主義者と大企業家によって資本主義の進展の必然の結果であるとみなされている。この点についてカール・マルクスとゲアリー判事[38]は完全に同意見である。U・S・スティール会社は成長して大き

くなったのではない。それは企てられたことなのだ。(39)

不公平な取引慣行が起こるのは、リップマンによれば、市場における交渉力に格差があるためであった。農民は仲買人に対して、非熟練労働者は大企業主に対して交渉力が弱いし、貧乏人は買物においても投資においても不利である。対抗措置として、農民や労働者や消費者はそれぞれ組織をつくるが、これが大きな交渉力を独占するようになると、平等であるべき市場の原則は崩れてしまうというのである。

大企業の独占と、労働者や農民や消費者が組織する独占を市場の阻害要因として改革の中心に据えるリップマンの立場は、一八八七年の州間通商法にはじまり、一八九〇年のシャーマン反トラスト法、一九一四年のクレイトン法につながる諸改革を実施してきたアメリカの革新主義を継承していたといえよう。セオドール・ローズヴェルトの時代には「ニュー・ナショナリズム」、ウドロー・ウィルソンの時代には「ニュー・フリーダム」と名前を変えながら、革新主義は一貫して、社会進化論が置き去りにした競争条件に恵まれない者の存在を意識してきた。もとより、革新主義者は農民や労働者の立場に立って社会改革を訴えたわけではない。彼らは人民党やこれと連動する労働者の組織化が市場経済を脅かす勢力になることを恐れて、事前に改革を実行しようとしたのである。

「ニュー・ナショナリズム」と「ニュー・フリーダム」は、独占に対する考え方においては明らかに違っていた。「ニュー・ナショナリズム」の理論家であったハーバート・クローリーは、巨大企業がアメリカ経済の発展に貢献したことを評価する。大企業を解体して小規模の競争的な企業群に代置したところで、独占の害悪はなくならないと主張する彼は、州間通商法や反トラスト法に反対であった。彼は法的規制による独占退治よりは、政府の任命する委員会（commission）による独占規制を選び、そのためには政府の強力なリーダーシップが必要であると説いたのである。(40)クローリーは一九一四年に『ニュー・リパブリック』誌を創刊する。この時、彼が編集者の一人として迎え入れたのが、二四歳のリップマンであった。リップマンは前年に『漂流と統率（*Drift and Mastery*）』を発表して、ウィルソンよりもT・ローズヴェルトに高い評価を与えていた。

「ニュー・フリーダム」の精神的支柱となったルイス・ブランダイスは、テーラー主義の信奉者であったが、科学的経営の観点からみて大規模な企業ほど効率が悪いとの結論に達していた[41]。弁護士として鉄道企業の実態に精通していたブランダイスが、ウオール街と大企業の結合関係を「マネー・トラスト」として告発する一連の論文を発表するのは、一九一一年以降のことである。これが火付け役となって、一九一二年には下院議会でプジョー委員会による「マネー・トラスト」調査が開始され、一九一四年には連邦通商委員会法とクレイトン法が制定された。ブランダイスの立場は、独占の弊害は企業を規制することによってではなく、競争を規制することによって是正されるというものである。競争の規制とは、公正な競争を守るために法律によってルールを定めることであった[42]。

一九一六年の大統領選挙でリップマンはウィルソンの再選を支持した。ウィルソンがブランダイスを最高裁判事に指名したときには、議会の反対派に対峙して、『ニュー・リパブリック』誌上でブランダイス支持の論陣を張った。T・ローズヴェルトに失望してともに共和党を離れて以来、急速に意欲と影響力を喪失したクローリーとは対照的に、リップマンは「ニュー・フリーダム」に「ニュー・ナショナリズム」の継続を託したのである[43]。クローリーに代わって、リップマンの尊敬と信頼を得たのはブランダイスであった。彼はブランダイスについて次のように述べている。

われわれはブランダイス氏が教条主義者ではないことを確信している。彼は事実を無視して公式を用いるようなことはしない。彼はこれまで徹底して柔軟な姿勢をとり続けてきた。たとえば、彼は独占の効力には限度があることをわれわれに理解させる一方で、この問題は恒常的な第三者機関によって収集される信頼できるデータによって解決すべきであると主張してきた。そしてブランダイス氏は連邦通商委員会の設置に尽力したのである[44]。

連邦通商委員会（Federal Trade Commission：FTC）は、不公正な取引行為を防ぐことを目的に企業の調査と報告書の作成を義務づけられた超党派機関であり、リップマンはこれに「国家のアジェンダ」のあるべき方向性を見出したのである。

第5節　ニューディール批判

ニューディールには一九二〇年代をとおして苦節を強いられた革新主義者が、続々と登場してきた。ハロルド・イキーズ、ヘンリー・ウオーレス、フランシス・パーキンズ、ハリー・ホプキンズ、フェリックス・フランクファーター、ロバート・ワーグナー、アドルフ・バーリ、ヘンリー・モーゲンソー、ロバート・ラフォレット等々である[45]。ジェファソニアンからハミルトニアンまで、トラスト退治からトラスト規制まで、参集した革新主義者の幅は広かった。しかも、ニューディーラーには彼らだけではなく、制度主義者[46]、戦時中の統制派、保護主義者、福音主義者、そしてケインズ主義者も含まれていた。ニューディーラーの共通点はただ一つ、自由放任主義では経済の回復はありえないとする立場である。しかし、出自が多様であるだけ、彼らが脳裏に描く「国家のアジェンダ」もまた多様であった。

リップマンはニューディーラーの仲間ではなかったが、ニューディーラーがもっとも恐れる批評家であった。彼は一九二〇年に『ニュー・リパブリック』誌から転じて日刊紙『ニューヨーク・ワールド』の論説主幹となり、一九三一年にはさらに転じて、『ヘラルド・トリビューン』紙の契約寄稿者となっていた。彼が執筆するコラム「今日と明日（Today and Tomorrow）」は、少なく見積もっても全国に一五〇万人の読者を持っていた[47]。

リップマンの「国家のアジェンダ」は尽きるところ、ニューディールと同じではないかと指摘したのは、ヘンリー・コマジャーである。彼によれば、教育や自然保護や流通整備のための公共投資、市場の組織化、技術の変化に伴う失業の予防、課税による収入の平等化、交渉力の平等化、独占の禁止、持株会社の制限など、リップマンの主張はニューディールにおいてすべて試みられたことであった(48)。しかしそれにしては、リップマンのニューディール批判は執拗かつ激烈であった。これは何故だろうか。

すでに述べたように、リップマンは当初、ニューディールを「自由な集団主義」と規定していた。一九三四年五月、ハーヴァード大学で行った連続講演で、彼は「自由の方法（Method of Freedom）」と題して次のように述べている。

フーヴァー大統領にせよローズヴェルト大統領にせよ、経済回復の促進が政府の義務であることを政策の前提とするとき、反対するものは誰もいません。（中略）保守主義者、革新主義者、ファシスト、共産主義者、社会民主主義者を問わず、今日の最も大きな問題は、どのような集団主義があるかということであり、それが誰の利益のためにどのように形成され、誰によって何の目的のために統制されるかということであります(49)。

明らかにここでは、許容できる集団主義と許容できない集団主義が区別されていた。許容できる集団主義としてリップマンが想定したのはニューディールである。ニューディールは集団主義ではあっても、その目的は自由の制度を弊害と誤謬から守ることにあり、その手段は指令（direct）ではなく、あくまで補整（compensate）に限られるはずのものであった(50)。

一九三四年二月二七日の「今日と明日」で、リップマンはニューディールの一年を次のように回顧している。

回復のためのローズヴェルトのプログラムのうち、決定的な意味をもつのは次の三つである。(1)政治的リーダーシップを発揮する組織、(2)金からの離脱、(3)商品消費者に対する資金の供給。では、ほかの点ではどうか。たとえば、農業調整庁（Agricultural Adjustment Administration：AAA）と農業規制の計画、全国復興庁（National Recovery Administration：NRA）と公正競争規約（codes of fair competition）、証券法、銀行法、証券取引法などは？　これらは全く異なる次元の話だと私は考える。[51]

リップマンは回復と改革を分けて考えていた。回復は速やかに行われなければならず、ローズヴェルト政権は一定の成果を挙げたが、改革はアメリカの将来にかかわる重要な問題であるから、拙速は許されない。まして改革が回復の足を引っ張るようなことがあってはならないというのがリップマンの主張であった。

改革よりも回復を優先する点で、リップマンはケインズに似通っていた。ケインズは、一九三三年一二月三〇日付けのローズヴェルト大統領宛て公開書簡のなかで、次のように述べている。

私はNRAやAAAのための諸企画が目指している所得の再配分について、社会正義と社会的便宜の側面を否定するつもりはありません。特に、農業の生産制限の考え方には全く同感です。しかし、価格を高くすることが解決法であるとあまりにも強調すると、それ自体が目的になって、価格が景気の回復において果たしうる役割に大きな誤解が生じることになるでしょう。[52]

リップマンはケインズがこのような形でローズヴェルトに意見を具申したことを歓迎して、一九三四年四月一七日にケインズに手紙を書いている。

昨年一二月の公開書簡に続けて、もう一度、大統領宛ての手紙をお書きになるよう貴方にお勧めしようと考えておりました。（中略）我々が現在かかえている困難は、大統領がNRAに対して、また経済秩序改善の基本的枠組みを構成する種々の手法に対して、情緒的なまた道徳的な感情移入を行っていることです。それらは導入されるにつれて、経済の回復を妨げる要因となっています。明らかに、それらは生産を増やすよりも早くコストを上げているのです。[53]

リップマンの勧めに応えるかのように、一九三四年六月一〇日、ケインズは二度目の公開書簡をローズヴェルトに送って、大規模な財政支出こそ景気回復への近道であることを説いた。[54] これは改革をしなければ経済の回復はおぼつかないと主張する経済計画論者に対する批判でもあった。

経済計画論者としてAAAとNRA策定の中心にいたのはレックスフォード・タグウェルである。[55] タグウェルについてリップマンは次のように述べている。

タグウェル氏はニューディールを手法的な実験だと称している。それはそれでよいとして、次になすべきことは、どの実験が成功してどの実験が成功しなかったかを見分けることである。これが行われなければ、不成功な実験を断念せずに、成功した実験を終了するようなことがあれば、ニューディールは実験的どころか、昔ながらの教条的なオールド・ディールにすぎなくなる。（中略）ニューディールの施策は始まったばかりである。すべてが良いわけではない。どれが悪くてどれが良いかを決めるのは我々の仕事である。[56]

経済計画も、それが実験であるならば、結果をみて良し悪しを決めようではないかということであろうか。しかし、ケインズはこのような実験的なプラグマティズムに組みしなかった。ケインズは二度目の大統領への手紙の中で次のように述べている。

それ（ＮＲＡ）は労働条件の改善と公正な取引を慣行としようとする点で重要な意味を持っています。にもかかわらず、大方の意見と同じく、私も多くの疑問を抱かざるを得ません。一つはその制限主義的な思想に対してです。このような考え方は農業の調整については許されても、アメリカの産業については当てはまりません。

ケインズはＡＡＡに経済回復につながる可能性を見たが、ＮＲＡには規制の秩序を見出して、いち早く警鐘を鳴らしたのである。

リップマンの論調が変わるのは一九三五年に入ってからであった。五月一九日の「今日と明日」は「Ｎ・Ｒ・Ａ・とその後」と題して、「一九三三年七月という月は、ローズヴェルト政権が方向を見失い、崩壊への道を歩み始めたという意味で歴史に残るであろう。」と述べている。一九三三年七月とは、議会によるＮＩＲＡ（National Industry Recovery Act：全国産業復興法）の承認を経て、ＮＲＡが発足した時を意味している。彼はさらに続ける。

一九三三年七月にニューディーラーに取りついた真夏の狂気が何であったのかは完全には分からない。しかし、それが狂気であり、以来、彼らがそのツケを払い続けていることはたしかである。ＮＲＡは彼らの最高の茶番であった。[57]

リップマンのニューディール批判はNRAに集中していた。一九三三年から一九三八年までに「今日と明日」でNRAを取り上げた回数は三八に及んでいる。このうち三二回は否定的見解であった。AAAを扱った回数は三〇回、うち否定的見解は一九回であったから[58]、リップマンの批判は圧倒的にNRAに向けられていたといえるであろう。ケインズもAAAとNRAの間に一線を引いたが、ケインズとの違いは、リップマンにとってNRAが本質的に独占問題であったことである。独占こそは、革新主義者としてのリップマンがこだわり続けてきた古くて新しい問題であった。

リップマンはNRAの公正競争規約とその実践方法について、とりわけ厳しかった。公正競争規約とは、企業と労働者と消費者が自発的に提示する価格と生産についての約束規定であり、NRAによって承認されれば、産業ごとの基準に置き換えられる可能性を与えられていた[59]。リップマンはまず、特定の企業と特定の労働組合が私的な利害関係を背景に作り上げた規約が、国の全体を規制する法となることに反発する。これは私的利益による一方的な法の制定にほかならないというのが、リップマンの論拠であった[60]。次いで彼は、企業が商品と労働力の価格を自制的に決めるのと引き換えに、反トラスト法の適用から免除されることを批判した。これは独占退治でも独占規制でもなく、独占の助長であると彼は主張する。この場合に、リップマンにとって百万の味方となったのは、鉄鋼業においてU・S・スティール社とベスレヘム社が価格設定の主導権を握っていることを明らかにしたFTCの調査であった[61]。そして最後に、リップマンはNRAの権限について強い疑問を投げかける。何の権限があって行政機関であるNRAが規約の承認を行うのか、これは行政による立法権の侵害ではないのか。彼の疑いは、一九三五年に入って規約獲得キャンペーンが一段と熱気を帯び、ヒュー・ジョンソンの率いる青鷲（Blue Eagle）運動が鳴り物入りで全国に展開されるに及んで、確信に転じていった。

一九三五年七月、最高裁によるNIRAの違憲判決は、リップマンのNRA批判に法的な裏づけを与えることになった。最高裁判事の中にはリップマンの敬愛するブランダイスがいたが、重要なのは、九人の判事が一致してＮＩＲＡを違憲と判定したことであった。リップマンは勝利を宣言するかのように、次のように述べている。

歴史がいつの日か、ローズヴェルト政権は最高裁の決定によって屈辱的な敗北を喫したが故に救われたと述べるであろうことを確信するものである。(62)

リップマンが『アトランティック・マンスリー』にハイエクの目にとまることになる論文を書いたのは、まさに勝利の勢いを駆ってのことであった。ニューディールはいまや「自由な集団主義」から転じて、「漸進的な集団主義」となり、その行き着くところは「絶対主義的集団主義」以外の何者でもないのであった。

一九三六年に再選を果たしたローズヴェルトが後期ニューディールを乗り切るための秘策としたのは、最高裁判事の人事に手を加えることであった。一九三七年二月、大統領は法曹改革法案を議会に提出して、七〇歳に達しても退任しない判事がいる場合には、合計一五人に達するまで新任の判事を任命する権限を大統領に認めることを要請した。判事入れ替え法案（Court-Packing Bill）として悪評の高いこの法案をリップマンが黙ってみているはずはなかった。彼は「裁判所と争った大統領はいたけれど、裁判所を自分に合うように作り変える力を夢見た大統領は例をみない(63)」と述べて、批判の口火を切る。彼は言う。

この厚かましいプランは巧妙にみえるけれど、実は愚かである。このトリックでローズヴェルト氏が望みどおりの権限を手に入れたとしても、そのために彼の改革が進むことはないだろう。何故なら、彼がでっち上げた裁判所が国民の尊敬を得ることはないであろうから。(64)

「今日と明日」は、大統領の公然たる司法への介入を「憲法の危機」として、長文の批判を三回連続で掲載したほか、五カ月間に三七回にわたってこの問題を取り上げ続けた。(65) 興味深いのは、リップマンが闇雲に大統領を憲法違反として告発するのではなく、小細工を弄するよりは憲法を修正してはどうかと、正攻法で攻め立てていることである。「憲法の危機」連載の三回目には、「解決へ向けて」という副題がついており、そこでリップマンは次のように述べている。

我々が最高裁判事の入れ替えを悪行として拒否するならば、議会の多数意見が最高の法である国において、それに歯向かう最高裁の司法権に枠をはめることを拒否するならば、我々は憲法の修正という発想に帰らなければならない。一九三五年にNRAに違憲判決が下されて以来、私は憲法の修正について提案を集めてきた。しかしこれまでのところ、望ましいものも現実性のあるものも見つかっていない。(66)

これはリップマンが最高裁の現状に満足していたわけではないことを示している。彼がローズヴェルトと異なるのは、最高裁の改革は憲法の修正によるほかないと考えていたことである。憲法を修正してでもNRAを守ろうとしたのはタグウェルであったが、(67) リップマンはニューディールを守るためにではなく、自由と民主主義を守るために、憲法の修正にあえて言及したのであった。

判事入れ替え法案は、議会での通過を待つまでもなく効果を発揮した。最高裁存亡の危機とあって、判断を変える判事や退任する判事が続出したからである。結果として、ローズヴェルトは憲法の修正も法案の成立もなしに、五人の判事を最高裁に送りこむことに成功した。リップマンの失望は、一九三九年、ハーヴァード時代からの旧友であり、ローズヴェルトに重用されていたフェリックス・フランクファーターが最高裁判事に登用されたときに、頂点に達したという。[68]

第6節　新自由主義とリップマン

ハイエクは『隷属への道』をアメリカでも出版しようとして、まずマクミラン社を打診したが断られた。この直後、彼はリップマンに相談の手紙を書いている。

おそらく貴方ならば、このような内容を評価する出版社をご存知でしょうし、もしかして、貴方の『よい社会』の出版社が同じような内容の本を出版しようとすることがあるかも知れません。勿論、これは貴方の本ほど魅力的ではないでしょうが、それなりの売れ行きは見込めると思います。[69]

結局、『隷属への道』は一九四四年にシカゴ大学出版部によって出版されることになったが、ハイエク自身も驚いたことに、アメリカでの反響はイギリスにおけるよりも大きく、たちまちベストセラーになった。ハイエクは経済学の専門書ではない本によって名声を博したことに当惑を隠せなかったものの、彼の自由主義が専門家よりはアメリカの一般の人々に熱狂的に受け入れられたことに、特別な感慨を抱いたに違いない。当時、アカデミズムとワシントンではケインズ革命が進行中であった。ニューディールの最終段階で救世主となったケインズの経済学は、第二次世界大戦を実践の舞台として信奉者を集め、一九四六年にはケインズ政策の「マグナ・カルタ」として雇用法が成立しようとしていた。[70]ハイエクが改めて「本当の自由主義者」の組織作りを始めたのは、このような状況においてであった。

一九四七年に発足したモンペルラン協会については、第1章に詳しい。協会の創立に際して挨拶に立ったハイエクは、国家による介入に懐疑的な立場を鮮明にしていた。創立時のメンバーは六五人、その中にはリップマンも含まれていたが、その後のモンペルラン協会の活動においては、彼の足跡はほとんど認められない。

一九六〇年、すでにシカゴ大学に着任していたハイエクは、『自由の条件（*Constitution of Liberty*）』を出版した。これの寄贈を受けてリップマンは礼状を書いている。しかし、そこにはかつての親愛感にあふれた礼儀正しさはみられなかった。リップマンは次のように述べている。

貴著はニューヨークから転送されてきました。まだよく読むひまもありませんが、そのうち拝見するつもりです。しかし、頁をめくって驚いたのは、貴方が企業について一回しか言及しておられないことです。労働組合には一九回も言及しておられるのに。これは索引が間違っているのか、それとも貴方が企業とその問題がこの種の論文において一頁ほどの重みも持たないとお考えだからでしょうか？　御本を読む前にこのことについて貴方のご意見を伺えることを切望しております。(71)

これはかなり本質をついた疑問であった。競争原理を阻む独占の問題について、二人の理解がかなり異なっていたことをリップマンは指摘したのである。独占という言葉を使うとき、ハイエクは明らかに大企業よりも労働組合を重視しており、リップマンは逆に大企業を重視していた。ハイエクにとって、独占は政策によって人為的につくられるものであり、競争の産物ではなかったのである。したがって、競争は独占を生むどころか、独占を解体する作用を持つ。これはブランダイスが独占を抑えるために、競争を規制しようとしたのとは正反対な発想であった。ハイエクは返信において、「企業の政策には一般理論から説明できるようなものがあまりなかった」ことがこの問題に気づかなかった理由であると答えている[72]。しかし、この説明でリップマンを納得させることは無理だったであろう。二人の文通はこれが最後となった。

リップマンの疑問は一九三八年のリップマン・シンポジウムにさかのぼる。自由主義に国家の役割を持込もうとした新自由主義のアジェンダを本当にハイエクは受け入れていたのだろうか。ハイエクが述べたように、それは細部にいたるまでハイエクの見解と一致していたのだろうか。そうではないとすれば、モンペルラン協会とリップマン・シンポジウムの接点は、はたしてどこに見出せるのだろうか。

一九七〇年代の後半になって、戦後の二〇年間を支配したケインズ経済学が退潮すると、代わって注目され始めたのはハイエクであった。それはハイエクが望んだことというよりは、時代の流れによるものであったというべきであろう。以来、新自由主義という言葉は、国家の役割を極力排除しようとするハイエクやモンペルラン協会の自由主義を指しているかのようである。こうなると問われるのは、リップマン・シンポジウムの新自由主義との関係である。これはどちらが正統かなどという問題ではない。本章の結論として少なくとも言っておかねばならないことは、国家が果たすべき原則的役割を基軸においてみる限り、両者は決して同じではないということ、したがって両者を混同してはならないということである。

注

（1）Hayek to Lippmann, July 10, 1937, Primary Source Microfilm, Twentieth Century American Politics and Diplomacy, The Walter Lippmann Papers From Yale University, Box77, Folder 1011. 以下同様。

（2）Lippmann to Hayek, March 12, 1937.

（3）この点についてはハイエク自身が明記している。Hayek to Lippmann, Aug. 11, 1937.

（4）Hayek to Lippmann, April 6, 1937.

（5） Lippmann to Hayek, April 28, 1937.
（6） Hayek to Lippmann, June 11, 1937.
（7） Lippmann to Hayek, June 30, 1937.
（8） Hayek to Lippmann, Aug. 11, 1937.
（9） G・ベストは同じ手紙を引用して、ハイエクの「完全な一致」という言葉は不正直だったとしている。Gary Dean Best, "Introduction" to Walter Lippmann, *Good Society*, New Brunswick, N. J., 2005, p. xxxiii.
（10） Hayek to Lippmann, May 28, 1940.
（11） Lippmann to Hayek, July 2, 1940.
（12） Hayek, *Road to Serfdom*, London, 1962, p. vi. 二つの論文はハイエク全集に収録されている。*The Collected Works of F. A. Hayek*, ed. By Bruce Caldwell, vol. 10, London, 1997.
（13） Ludwich von Mises, "Economic Calculation in the Socialist Commonwealth" in Friedrich von Hayek (ed.), *Collectivist Economic Planning*, London, 1935, pp. 96–97. この論文は "Die Wirtschaftsrechnung im sozialitischen Gemeinwesen", in : *Archiv für Sozialwissenschaft und Sozialpolitik*, Bd 47, 1920 の英訳である。
（14） Friedrich von Hayek, "The Nature and History of the Problem" in Hayek (ed.), *Collectivist Economic Planning*, p. 21.
（15） Lippmann, *The Method of Freedom*, New York, 1934, p. 62.
（16） Lippmann, *The Good Society*, pp. 106–107.
（17） Hayek to Lippmann, Aug. 11, 1937.
（18） Hayek, "Freedom and the Economic System", *The Collected Works of F. A. Hayek*, vol. 10, p. 185.
（19） Hayek, *The Road to Serfdom*, p. 21. 西山千秋訳『隷属への道』春秋社、一九九二年、三一頁。
（20） *Ibid.*, p. 22. 同前三二頁。
（21） *Ibid.*, p. 13. 同前一四〜一五頁。
（22） Hayek, *The Constitution of Liberty*, Univ. of Chicago, 1960, p. 54. 気賀健三・古賀勝次郎訳「自由の条件Ⅰ」『ハイエク全集』五、春秋社、一九八六年、五四〜五五頁。ハイエクはもう一つの流れとして思弁的で合理的なフランス的自由主義があることを指摘している。それはフランス啓蒙主義とデカルト的合理主義を受け継ぎ、百科全書派とルソーとコンドルセによって代表され、フランス革命の熱狂につながり、比較的近年になって「社会的」あるいは全体主義的民主主義として自由主義的民主主義に対立するようになったと、彼は述べている。同前。

(23) Lippmann, *Good Society*, p. 174.

(24) *Ibid*., p. 175.

(25) Lippmann to Harold Macmillan, Nov. 21, 1963 ; John M. Blum (ed.), *Public Philosopher, Selected Letters of Walter Lippmann*, New York, 1985, p. 610.

(26) Lippmann, *Good Society*, p. 208.

(27) Hayek, *Road to Serfdom*, p. 13. 西山訳『隷属への道』一四～一五頁。

(28) Richard Hofstadter, *Social Darwinism in American Thought*, Boston, 1955, p. 34.

(29) A・カーネギー／坂西志保訳『鉄鋼王カーネギー自伝』角川文庫、一九六七年、三〇五頁。

(30) Lippmann, *Good Society*, p. 191.

(31) *Ibid*., p. 192.

(32) John M. Keynes, *The End of Laissez-Faire*, London, 1926 ; 宮崎義一訳『自由放任の終焉』宮崎義一・伊東光晴編『世界の名著』五七、中央公論社、一九七一、一三三～一五八頁。

(33) Lippmann, *The Good Society*, pp. xli-xlii.

(34) John M. Keynes, *The End of Laissez-Faire*, p. 12.

(35) *Ibid*., p. 40

(36) *Ibid*., p. 46.

(37) *Ibid*., p. 41.

(38) U・S・スティール社の初代社長。法律家から転じて実業家となってからも「判事」のニックネームで呼ばれた。

(39) Lippmann, *Good Society*, pp. 216–217.

(40) Herbert Croly, *The Promise of American Life*, Northeastern Univ. Press, 1989, pp. 358, 360. クローリーは同じ委員会でも、法の守り手である州間通商委員会よりは、実際に取締りを行うニューヨーク州の公益委員会のほうが公衆の利益を守るのに適していると述べている。

（41） Melvin Urofsky, "Progressivism and the Money Trust", in M. Urofsky (ed.), *Other People's Money and How the Bankers Use It, by Louis Brandeis*, Boston, 1995, p. 10.

（42） *Ibid.*, p. 19.

（43） Ronald Steel, *Walter Lippmann and the American Century*, New Brunswick, 1999, pp. 101-102.

（44） Walter Lippmann, *Early Writings*, New York, 1970, p. 104.

（45） Arthur Schlesinger, Jr., *The Crisis of the Old Order*, Boston, 1957, pp. 25, 26.

（46） ニューディールに参画した制度主義者については、高哲男『アメリカ経済思想の起源』名古屋大学出版会、二〇〇四年に詳しい。

（47） David Weingast, *Walter Lippmann, A Study in Personal Journalism*, Rutgers Univ. Press, 1949, p. 31.

（48） Henry Steel Commager, *The American Mind*, Yale Univ. Press, 1950, pp. 224-225.

（49） Walter Lippmann, *The Method of Freedom*, New York, 1934, pp. 37-38.

（50） *Ibid.*, p. 58.

（51） Walter Lippmann, "Today and Tomorrow", *The Herald Tribune*, Feb. 27, 1934.

（52） John M. Keynes, "An Open Letter to the President", *The New York Times*, Dec. 31, 1933.

（53） John M. Blum (ed.), *Public Philosopher, Selected Letters of Walter Lippmann*, p. 317.

（54） Keynes, "Agenda for the President", *The New York Times*, June 10, 1934.

（55） タグウェルはローズヴェルト大統領のブレイン・トラストの一人であり、農務次官としてＡＡＡを主導し、ＮＩＲＡの策案にも参画した。詳しくは、西川純子「タグウェルとニューディール」田中敏弘編『アメリカ人の経済思想』日本経済評論社、一九九九年、一八五～二一七頁を参照。

（56） Lippmann, "Today and Tomorrow", Jan. 13, 1934.

（57） *Ibid.*

（58） 計算は Weingast, *Walter Lippmann*, p. 66. にもとづく。

（59） 新川健三郎『ニューディール』近藤出版、一九七三年、九八～九九頁。

（60） Lippmann, "Today and Tomorrow", Nov. 12, 1936.

(61) *Ibid.*, Mar. 27, 1934 ; May 19, 1935.
(62) *Ibid.*, Oct. 13, 1936.
(63) *Ibid.*, Feb. 9, 1937.
(64) *Ibid.*, Feb. 13, 1937.
(65) この間にリップマンが憲法問題でいかに忙殺されていたかは、彼がこの年の春に予定していたイギリス訪問を「この国（アメリカ）に進行中のやや危機的な憲法上の闘いのため」に、夏または秋まで延期したいとハイエクに告げていることからも推察される。Lippmann to Hayek, April 28, 1937.
(66) Lippmann, "Today and Tomorrow", Feb. 18, 1937.
(67) 西川純子「タグウエルとニューディール」、二〇四頁。
(68) Steel, *Walter Lippmann and the American Century*, p. 320.
(69) Hayek to Lippmann, June 13, 1943.
(70) 西川純子「アメリカ経済学と制度学派」西川純子・高浦忠彦編『近代化の国際比較』世界書院、一九九一年、二七～二九頁。
(71) Lippmann to Hayek, Jan. 2, 1960.
(72) Hayek to Lippmann, Jan. 5, 1960.

第3章　ドイツ新自由主義の生成——資本主義の危機とナチズム——

雨宮　昭彦

第1節　経済史・社会史研究の現段階

ドイツ新自由主義の起源は、世界大恐慌の最中、一九三二年に求められる[1]。その年、ドイツ社会政策学会ドレスデン大会において、アレクサンダー・リュストウは、とりわけ第一次世界大戦いらい深化し、この時期にその最深部にまで到達した資本主義の危機を克服するために、国家に、ワイマール的、伝統的な介入主義でも、マンチェスター的自由主義でもない「第三の立場」を要請した。それは、前者よりも、後者の「古い自由主義」(der alte Liberalismus) にいっそう近いものとして位置づけられつつも、経済の「新しい均衡」へのハードランディングを使命とする「強い国家」が「リベラルな国家介入」を実行する点で、「新自由主義」(der neue Liberalismus) と名付けられた[2]。このドイツ新自由主義は、大恐慌からナチス期における政治史的、経済史的過程のなかで、その出発点の問題関心からも明らかなように、なによりも、実践的な経済政策思想として彫琢されていくことになる。

ヴァルター・オイケンやフランツ・べームらが、一九三六年に創刊した叢書「経済の秩序」に付した「序文」で宣言したように、とりわけ後にオルド自由主義と呼ばれることになるドイツ新自由主義のグループは、ドイツの法学と経済学の「王位喪失」を招いた歴史主義と相対主義の克服を彼らの課題とした。(3)オイケンらは、ニーチェやヴェーバーを批判しながら、「現実を形成する力」を法学と経済学に取り戻して、これら学問の、ザインとゾレンを結合する強固な橋梁としての復位を主張したのである。

ところで、このテーマをめぐる研究史は、その時代背景からもうかがわれるように、戦間期とりわけナチス期三〇年代についての最近の経済史研究と密接に関わっているので、最初にこの点を概観しておくことにしよう。

この研究史の整理において重要なことは、少なくても一九三〇年代のナチス経済を、ケインズ主義や統制経済のようなコンセプトで捉えることはもはや不可能になっていることを確認することである。それに代わって示されつつあるこの時期のドイツ経済像は、裁量的マクロ経済政策の役割は予想に反して著しく小さく、財政・金融政策は驚くほどインフレ抑制的に行われていた経済世界であり、「個々の経済的アクターの自由度や戦略」に関する研究の進展にともなって、「企業の行動枠組みは、もはや独裁タイプの制御や指揮のメカニズムには還元できないことがますます明らかになっている」(4)ような経済世界である。経済政策思想としてのオルド自由主義の思想的発展と時務的課題への実践的関与の可能性の現実的根拠は、まさに、これら新たな実証研究が明らかにしつつあるこの時期のドイツ経済の実態のなかに存在している。

(1) ボルヒャルト論争の射程と数量的実証研究の深化

第一に、ドイツの経済史家クヌト・ボルヒャルトの問題提起をめぐるワイマール経済論争に独自な批判的立場から関わったアメリカの歴史家チャールズ・メイヤーは、景気回復期のナチス経済をケインズ主義と結びつけて理解する長らく行われてきた通説を相対化し、前者とナチス賃金政策との間の密接な関係を強調した(5)。彼は、ワイマール経済を、大量失業と高賃金とが併存する「病んだ経済」と規定したボルヒャルトの指摘する問題点がまさに解消していく過程としてナチスによる経済復興の過程を捉えたが、メイヤーのこの卓見は、ナチス経済と経済政策の自由主義的選択肢との間の密接な関係に光を投げかけるものであった。三〇年代のナチス経済政策は、この観点から見ると、資本主義のケインズ主義的修正であるよりも、新自由主義的な再構築として位置づけられることになる。

今日の数量的実証研究は、基本的にこの方向で進展している。多少脇道になるが、このことを最初にごく簡単にでも確認しておくことは、わが国の研究の現状を鑑みるとき(6)、必要でもあるし有益でもあるだろう。ボルヒャルトのそれを含む戦間期経済史研究が依拠してきた、ヴァルター・ホフマンらによる統計集の問題点が指摘されてから久しいが、最近、新たに、当該期官庁統計の批判的吟味に基づいた研究が、アルプレヒト・リチュルやマルク・シュペーラーらによって矢継ぎ早に公刊された(7)。

その結論によれば、二〇年代のドイツの投資は、第一に、ボルヒャルトの「病んだ経済」論のなかの一命題——高賃金によって投資が著しく制約されたとの議論——に反して時系列比較でも各国比較でも遜色なかった。それ以前のドイツの平時でこの一九三二年当時のように充実した産業設備をもっている時期はなかった。企業は、この新たな景気上昇局面において、設備投資を抑制し、既存設備を十分に利用する形で活動を再開しえた。

第二に、この経済回復は主としてケインズ的乗数効果によるものではなかった。一九三三年から三八年までの、GNPに対する国家債務および通貨の比率（以下、負債・所得比率、通貨・所得比率）に関する分析、ならびに財政政策と金融政策の景気回復効果に関する時系列分析（年々の政府赤字財政や通貨供給の、その都度のアウトプットに対する効果予測）によれば、まず、負債・所得比率は三〇年代を通じて著しく安定していた。また、三〇年代の財政政策による経済推進力の規模は、需要管理型回復であることを説明するには小さすぎた。次に、通貨・所得比率は一九三〇年に減少し始め、その下降は興味深いことにも経済回復のほぼ全過程で継続した。雇用創出はライヒスバンクによる（公債などの）現金化に結びついていたし、割引窓口に来たメフォ手形は通貨を増やし続けたが、それらはGNPの増加と歩調を合わせていた。従来、三〇年代のドイツ金融政策は本質的にインフレ的であって、第二次世界大戦がなくても通貨の崩壊に導かれたであろうとされ、とりわけ一九三六年の価格統制の導入は抑圧されたインフレーションの始まりであると言われてきたが、通貨供給は一九三八年まで明らかにインフレ的ではなかった。通貨供給のアウトプットに対する効果は極めてマイナーなものに止まった。ナチス期の景気回復過程でマクロ経済政策の果たした役割は驚くべく小さかったのである。

こうした数量的分析の結果が示すのは、「なぜ景気回復がスムーズに行われたのかに関する理由は、財政・金融政策ではない他のところに求められなければならない」ということである[(8)]。三〇年代における「低賃金の維持」がその最有力な候補の一つであることは、先のメイヤーをはじめとし、ここに紹介した研究も含めて、最近の諸研究が異口同音に認めているところである。そして、この労働市場の問題こそは、後にオルド自由主義と呼ばれることになるドイツ新自由主義エコノミストの、一九二〇年代からの一貫した問題関心の中心に他ならなかった。国家の失業対策は有効かをめぐり、通貨安定化以降のドイツで展開した「カッセル論争」から明らかになったのは、なによりも組織された労働市場の規制緩和に失業問題解決の最適な解を求める自由主義エコノミストのスタンスであった[(9)]。後にオルド自由主義エコノミストの有力な一人と目されることになるアドルフ・ランペがカッセルを擁護して述べた次の言葉は、彼らの問題関心の所在を端的に表現している。「今日優勢な労働者扶助政策という非経済的な介入主義に代わって、生産的介入主義が登場しなければならない。これは現実の労働市場の諸条件を理想的な自由競争のそれへと可能な限り近づけることを目指すものである[(10)]」、と。

(2) オルド自由主義・社会的市場経済とナチズム

次に注目されるのは、いわゆる「社会的市場経済」(Soziale Marktwirtschaft) をめぐる論争において核心をなすオルド自由主義エコノミストとナチズムとの関係に関する研究である。従来、オルド自由主義の経済思想は、ナチス解体後の西ドイツ社会における「自由主義の復活」のなかで第三帝国の長い「冬の時代」からようやく浮上してきたとされ、自由主義エコノミストの (一九四三年以降の) 反ナチ運動が多くの文献によって強調されてきた(11)。

これに対して、六〇年代末以降、ヴェルナー・クラウゼ、ルドルフ・ヘルプスト、クリスチーネ・クルーゼが異議申し立てを行ってきたが、一九九一年にはディーター・ハーゼルバッハが『権威的自由主義と社会的市場経済』において、ワイマール期の憲法学者ヘルマン・ヘラーの「権威的自由主義」論の延長上にオルド自由主義を位置づける試みを行った(12)。

ワイマール的社会政策・経済政策からの国家の撤退による「経済の脱国家化」、すなわち企業家のイニシアティヴ回復と労働力の自由な取引を権威的国家権力によって実現しようとする立場を「権威的自由主義」と名づけたヘラーは、パーペン内閣の崩壊直後に執筆したその論文の中で、「今後もこの『権威的』国家綱領の実現を迫るに相違ない諸勢力」が登場してくることを予言した。ハーゼルバッハの研究は、ヘラーのこの予言の延長上に、ナチズムとオルド自由主義思想との関連を位置づけようとする試みである。彼によれば、オイケンやベームらが一九四〇年までにナチス政権下で公にした著作が示しているのは、「ドイツに残ったオルド自由主義者が、その理論的な前提から要請された『強い国家』としてナチス国家を評価し、これに彼らの希望を託していた」ということであった。

これらの研究を踏まえて、二〇〇一年には政治学者ゲアハルト・レームブルッフが次のような総括を試みた、「諸文献の中で長らく維持されてきた見解は、オルド自由主義の起源を、ナチ時代の経済の国家統制に対する反作用、すなわちヒットラーに対する抵抗のなかにその根源をもつような反作用に求めている。かかる解釈は、ヒットラーとその追随者が根本的に、計画と指令経済にコミットしていたとの仮定に基づいているのであるが、このような仮定は今や時代遅れになった」、と。(13)

わが国の研究に目を転ずると、村上淳一はすでに一九八五年に、ナチ政権下のオルド自由主義者の思想に深く立ち入っている。(14) 彼は、そのドイツ法社会史に関する著作の後半部において、「ネオ・リベラリズムの学派に属する経済法学者フランツ・ベーム」の両大戦間期以来の長い著作活動を批判的に検討した。それによれば、「解放された経済社会への国家の介入による競争秩序の維持」が、一九二八年の論文「私的権力の問題」以来、ベームの一貫した基本的立場であった。ヒットラー権力奪取の年、一九三三年に公にした著作の中でベームは、古典派経済学が擁護した「生産性競争」を、自由競争の社会内在的倫理が失われ独占体が形成されている時代に実現するために、競争経済システムを法秩序として維持する責務を国家に負わせ、さらにその国家に民族共同体に関わるナチス的色彩をも加味した。次いで、一九三七年の著作では、ナチス経済体制を「混合経済体制の概念により……理論化」し、「秩序ある協働」を実現するためには、「決断主義」（シュミット）の担い手である「国家のイニシアティヴが必要である」と主張した。共同体的労使関係に関するナチス的解釈を賞賛するベームの叙述に注目した村上は、これを、彼が大戦後に「労働者の権利拡大、とりわけ共同決定制度に反対することになる」事実と関連づけ、「ベームの反独占の主張が……とりわけ労働者に対する自己犠牲の要求と結びついていたことは注目に値しよう」との重要な観察を記している。

さらに「社会的市場経済」との関わりに関しては、「独占規制を主としてカルテル規制の意味で理解し、それ以外の独占形態をある程度まで容認する限りで、ベームの立場――したがってまた、フライブルク学派ないしオルド自由主義――は、エアハルトの社会的市場経済ないしその具体化としての五七年カルテル法から、さして離れていなかった、とみるべきであろう。……オルド自由主義もまた、とりわけコンツェルンに対する寛容な態度によって、六〇年代半ばまでの『社会的市場経済』――したがってまた、この標語の下に進行した寡占化――を支持したのであった」との判断を村上は示している。この理解は、「社会的市場経済」を、「高い成長によって正当化」される「不完全競争」を排除しない「機能的な競争秩序」として解釈するゲロルト・アンブロジウスの見解とほぼ重なっている[15]。オルド自由主義を、「市場形態」としての完全競争を一面的に追求する急進主義として理解することはできないことがここには示唆されているのである。すでにキース・トライブも指摘しているように、一九四〇年にオイケンが試みたのは、供給と需要のあり方によって異なった「市場形態」の多様性の析出と、そこにおける均衡確立条件の検討であった[16]。しかし、市場形態の析出から競争政策の提案へと至る経済政策思想としてのオルド自由主義の核心は、オイケンよりも、その分析方法を確立したミクシュの一九三七年の著作のなかにいっそう端的に示されている[17]。

「社会的市場経済」の起源問題という視角から、オルド自由主義とナチズムとの関係に新しい光をあてたのがヴェルナー・アーベルスハウザーの「ドイツにおける秩序政策の画期としての世界経済恐慌の意義。社会的市場経済の発生史について」である[18]。彼は、ドイツにおける秩序政策思想が登場する画期としての世界恐慌に注目し、社会的市場経済論の発生史における一九三〇年代の重要性を強調した。世界恐慌という破局の経験は、彼によれば、保守的・介入主義的思想や社会主義的思想にとってのみならず、自由主義思想にとっても、「国家の優位」へと転換する画期であった。彼は、ナチスが恐慌脱出の際に依拠したのはケインズ主義的選択肢であったとする点で、メイヤーとは異なって、なおまだ通説の観点に立ってはいるが、同時に次のような傾聴すべき指摘をしている。「社会的に拘束された市場経済のモデルは、自由主義の理念が世界経済恐慌と出会うなかでそのモデルが形成されて以来、第三帝国の秩序政策的な理論と実践の確固たる構成要素となったのである」、と。こうして、ナチスの政策諮問機関であるドイツ法律アカデミーの経済部門は市場経済学派によって掌握されたし、「フライブルク学派に属するA・ランペは第二次世界大戦の前夜に『国防経済学総論』を刊行したのであった」。

(3) ナチス期における「所有」と企業のガバナンス

以上の諸研究は自由主義への着目という点で相互に整合的に理解することが可能な新しい方向を示したものといえるが、さらに、同じ方向に連なる研究の新たな出発点が、クリストフ・ブーフハイムとヨナス・シェルナーによって与えられた[19]。

彼らは、ナチス期における「所有」のあり方に注目し、以下の点を明らかにした。すなわち、国家自身が企業家であるような少数の事例を別にすれば、ナチが目指した軍需産業の強化は、命令や強制あるいは公用徴収によって実現されたわけではなかった。国家と企業との間に存在したのはむしろ純粋に調整的な契約関係である。その契約は、例えば、国家が投資リスクや販売保証や長期的納品関係を引き受けることによって、国家が望むような軍需部門への投資を企業に動機づけるような構成になっていた。契約の自由はナチス期にさえも維持されたのであり、企業家の側には契約を締結しない自由も残されていた。もしも企業家が権威国家からの契約の申し出に応じなかったとしても、いかなる制裁もありえなかった。ナチス期の経済秩序については、従来、例えば、「価格メカニズムの失効と国家による操舵。政治の優位。法的には私的所有であるが、実際には国家が生産手段を利用する権限を持ち、生産するものを決定した。」とされてきたが[20]、ブーフハイムらの実証研究は、このような通説に対して根本的な見直しを迫っている。

この点はナチス期の大企業の「コーポレート・ガバナンス」に関するヨハネス・ベーアの研究も別の角度から明らかにしている[21]。すなわち、一九三七年の株式会社改正法は、株式会社のガバナンス構造における（重役会と監査役会からなる）分離システムのような伝統的形態から「指導者原理」への転換の機会を切り拓いたが、同法がナチスに与えた株式会社の監視と支配の可能性は事実上は利用されなかった。「所有と経営の分離」の実態は、シェアホルダーからの分離という形では帝政期から継続しつつも、国家による大企業のガバナンスというナチス的統治理念からはかなり遠かったのである。

以下では、このような新しい研究史を踏まえて、大恐慌期からナチス期における新自由主義経済政策思想の生成と展開を歴史的に追求してみたい。ここでとくに「歴史的視点」を強調するのは、最近の社会史的研究がもたらした看過することのできない極めて重要な知見によるので、研究史に関わる本節の最後に、この点に触れておきたい。

(4)「第二のはざま期」と「過去の社会的ユートピア」からの訣別

第二次世界大戦後ドイツ社会の秩序形成において、従来注目されてきたのは、左翼陣営の側の変化、具体的にはドイツ社会民主党の階級政党から国民政党への転換として集約されるような事態であった。生産手段の社会化を第一義とする立場から転換して私的所有に基づく自由主義市場経済を肯定し、その中で機会の均等化や所得再分配による平等の社会的達成を目指す一九五九年のゴーデスベルク綱領の成立はそのメルクマールとなった。

しかし、この一九五〇年代から六〇年代には、政治的保守主義の陣営にも、注目すべき変化が起こりつつあった。諸階級・諸階層の台頭とその政治的・社会的諸利害の多様性によって刻印された現代社会に対する政治的保守主義の立場は、この時期に、それへの対抗からその受容へと大きな変貌を遂げ、それに伴って「調和的に秩序づけられた良き過去」という「過去の社会的ユートピア」に志向するその従来の立場から訣別していったことが、最近のドイツの研究では注目されている。[22] 例えば、後に見るように、自由主義エコノミスト、エルヴィン・フォン・ベッケラートのファシズム論には、「ヨーロッパに国家形態と経済形態の調和が確実に存在した時代」としての一九世紀という「過去のユートピア」イメージが確かに刻印されている。[23] 第二次世界大戦後の大転換は、まさに政治的保守主義とそれに対応した経済的自由主義の立場にも生じたのであって、それが、やがて「社会的市場経済」というマジックワードによって語られることになる大きな流れを形成していくのである。[24]

この新しい視点によれば、戦後五〇年代、六〇年代は、一八世紀末から一九世紀初頭の時期に次ぐ概念史的な「第二のはざま期 zweite Sattelzeit」であった。すなわち、この時期は、旧い認識の枠組みや概念の意味が後退し、新しいそれがせり上がってくる意味論的な地殻変動が起こりつつあった特別の時期である。その前後において、概念自身は連続する一方で、それが担う意味内容には大きな断層が刻まれる。ドイツ新自由主義に関わる戦間期当時の文献と戦後の文献の双方を読んだとき、しばしば当惑するまでに明瞭に感ずる両者の見解の著しい隔たりは、この断層の存在を示唆しているのである。この断層は今なお未開拓の豊かな鉱脈でもあり、終戦からこの「第二のはざま期」の終点までを「ナチズムの後史」と見る新しい立場も出てきている(25)。いずれにしても、ここに示唆されているのは、戦間期の経済的自由主義や政治的保守主義を戦後の概念理解に基づいて再構成する作業は、著しい後知恵的バイアスを伴わざるを得ないということである。これを極力回避し、経済的自由主義の戦間期における生成と展開に歴史的視点から接近すること――本章の目的はこれである。

次節では、大恐慌期に相次いで公にされたドイツ新自由主義の「マニフェスト」を取り上げ、その出発点における問題意識を確認しておこう。第3節では、ナチス体制と密接に関連しつつ発展したオルド自由主義の経済政策思想の基本的な特質をベームの議論にそくして明らかにする。第4節では、オルド自由主義経済政策思想の核心に位置する競争政策論の内容を分析する。そして、最後に、オルド自由主義エコノミストの戦時体制へのコミットの論理を探る第5節を踏まえて、第6節では、一九三〇年代から四〇年代を経て戦後へと変化していくパースペクティヴのなかで、オルド自由主義というドイツ新自由主義経済政策思想の特質を指摘してみたい。

第2節　大恐慌期におけるドイツ新自由主義のマニフェスト

(1) 権威的自由主義と新自由主義のマニフェスト

ワイマール期を代表する政治学者の一人、ヘルマン・ヘラーは、一九三二年七月二〇日の緊急令によって、プロイセンの社民党を軸とした「ワイマール連合」政府を強制解体したパーペン首相の暴挙から受けた衝撃のなかで執筆した論文において、パーペン内閣を「権威的自由主義」(autoritärer Liberalismus) と規定した。(26) レームブルッフは、「多元的経済的利己主義という野蛮な獣」の勝利がもたらしたワイマール的国家介入主義に代わって、競争的経済秩序の回復にコミットする強い国家を支持する経済的自由主義者のプログラムは、基本的に、この「パーペン内閣の権威主義的政治綱領と一致していた」としている。(27)

その代表的な一人がアレクサンダー・リュストウである。彼は、大恐慌のただ中の一九三二年に、ヴァルター・オイケンとともに、しかし相互に独立して、研究史上「ドイツ新自由主義の最初のマニフェスト」と目されることになる文献を公にする。(28) リュストウは、それより前、ライヒ経済省に勤務していた時期に、報告書「ドイツ国制史の社会学的評注」(一九二四年六月) を同省に提出したが、その中で、議会主義を帝国主義的高度資本主義の時代に不適合な制度とみなした。(29) さらに、彼は、それへの「一九三一年の付記」において、議会主義に代わる「民主主義的独裁」を、ワイマール憲法第四八条 (緊急事態法) によって暫定的に成立した大統領内閣 (ブリューニング、パーペン、シュライヒャー内閣) の憲法改正による法的恒久化によって、実現しようと企図したのであった。このようなリュストウの議論は、カール・シュミットの政治論から多大な影響を受けていた。

リュストウによれば、第一次世界大戦による総動員体制は、それまでの国家と市民社会の分離を克服し、エルンスト・ユンガーのいわゆる「全体国家」を実現したかに見えたが、実際にはそうではなかった。労資の動員を企図した一九一六年の祖国勤労奉仕法とヒンデンブルク計画によって準備されたのは、一九三二年の社会政策学会ドレスデン大会でのリュストウの発言によれば、ワイマール国家すなわち社会的諸利害によって占拠された「獲物としての国家」、「悩める客体」に過ぎなかったのである。それをオイケンのようなオルド自由主義エコノミストは、同様にシュミットの言葉を借りて「経済国家」と呼んだ。

一九三二年にオイケンは、経済危機の根本原因を、資本主義それ自身のうちにではなく、第一に、「資本主義経済秩序」を毀損する国家と社会の相互関係のなかに求めた。[30] とりわけ、それによる「価格形成の政治化」は、「資本主義経済秩序」の核心である「価格システム」を機能不全にすることによって、「資本主義の沼沢化」を招いたと彼は考えた。さらに第二に、ベルサイユ条約による国際的な「勢力均衡原理」の崩壊と「世界の民主化」による外交政策の変質によって、資本主義の発展の枠組みが解体されることになった。英国の金本位制からの離脱も、彼によれば、デフレーション政策の継続を同国に不可能にさせた大衆の政治的影響力の増大によるのである。

(2) マニフェストの政策的含意

リュストウによれば、この経済危機の克服は、レッセ・フェールの「旧い自由主義」でもシュミットの用語を援用して「多元主義」と呼ばれる組織された諸利害の保護や弱者救済を旨とするワイマール的な「反動的」介入主義でもない「第三の立場」、すなわち「新しい均衡」への人為的な強制着陸を実現する「強い国家」によって初めて可能となるのである。[31]「新自由主義」（Neuer Liberalismus）とは、「従来の介入とは正反対の方向の介入」、すなわち「市場法則の方向に沿った、旧来の状態の維持のためではなく、新しい状態を促進するための、自然的な進行を遅延させるのではなく、それを迅速化するための介入である」。リュストウは、それを、「リベラルな介入主義」（ein liberaler Interventionismus）と呼んでいる。ロシア革命は、彼にとって、「多元主義の方程式」（Gleichung des Pluralismus）におけるn＝1のケース、すなわち「獲物としての国家をめぐる諸利害の闘争の結果、一つの利益集団が国家を単独で占領し、その目標を計画的に追求するようになったケース」である。彼にとって、計画経済は「伝統的な国家介入主義」の極限形態であった。これに対して、大統領内閣の法的恒久化によって実現した「強い国家」による「リベラルな介入主義」は、「多元主義の方程式」のn＝0となるケースの追求を排除しないであろう。それは、論理的には、利益集団の解体をその主要な任務としたナチスの「強制的画一化政策（グライヒシャルトゥング）」（それは、利益集団とりわけ労働組合の解体と並んで、連邦参議院における全権委任法の確立をめざした州政府の解体、および政党の解体の三つの次元からなる）を一つの極限形態として承認するであろう。次項で見る、新自由主義の構想の実現をファシズム体制の中に見出したエルヴィン・フォン・ベッケラートの議論は、その端的な事例である。

そのマニフェストの中でビスマルクの政策を「国家理性の介入主義」として例外的に高く評価したオイケンもまた、「経済国家」の解体とベルサイユ条約の廃棄という秩序自由主義の基本的要請を、ビスマルクのようなカリスマを伴う「権威的自由主義」によって実現する方向を原理的に排除する論理を提示しえなかった。「強制的画一化政策」（グライヒシャルトゥング）の履行による「経済国家」の解体と英独海軍協定締結によるベルサイユ条約の廃棄に示されるように、ナチス体制の確立は、オイケンによる秩序自由主義の基本的要請を、少なくても十分条件として充たす形で進行したのである。

パーペン内閣による「権威的自由主義」が発動された一九三二年には、リュストウやオイケンの「マニフェスト」の他にも、後にいずれもオルド自由主義と見なされることになるエコノミストの注目すべき文書が相次いで公にされた。ベッケラートは、市場が組織された諸利害、すなわちカルテルや独占や労働組合によってもはや自己調整的な機能を失っているとし、市場の均衡を人為的に取り戻す手段として、経済憲法（労働憲章）を有するイタリアのようなファシスト国家をドイツにも要請した。またアルフレート・ミュラー＝アルマックは、「経済国家の将来の形態」を議論して、「ファシズムのイタリアにおける展開が一定の手がかりを与えている」として、ファシスト国家における

「自由でリベラルな行為の諸領域」の復権というヴィジョンを提起した。[32]

現代ドイツの政治史家ディルク・ブラジウスは、一九三二年の出来事、すなわちパーペン内閣によるナチス突撃隊禁止令解除（三二年六月）からプロイセン政府の解体（同年七月）までの政治史的諸過程を、共和国の危機の時代における分水嶺として捉えた。[33] プロイセン・ブラウン内閣は、パーペンの措置に対してライプツィッヒ国事裁判所への告訴によって対応したが、この時、パーペン内閣の弁護団の中心となったのがカール・シュミットであった。そのシュミットの遺稿を調査したブラジウスは、遺稿分類「国事裁判所におけるプロイセンとライヒの対立」のタイトル頁へのシュミットによるラテン語の書き込み "Temerataque jura reliquo"（「ここで私は冒涜された法とは縁を切る」）に注目した。それは古代ローマの詩人ルカヌスの叙事詩「内戦」からの引用、シーザーが「ルビコン川を渡る」ときに言った言葉「ここで私は平和とは縁を切る、ここで私は冒涜された法とは縁を切る。私が付き従うのは幸運の女神フォルトゥーナだ。今や契約は去れ！　私は運命の呼び声に身を委ねた。今や、戦争が裁判官の役割をしなければならない。」の一部である。ブラジウスは、「ライプツィッヒ裁判は……カール・シュミットにとってのルビコン川であった。それを彼は越えた。その時、彼は終生的な重大な意味を孕んだ決定を行ったのである」、と述べている。しかし、オルド自由主義エコノミストがこの年に、あたかも申し合わせたかのように一致して公にした、シュミット的タームによるラディカルなワイマール体制批判と新自由主義の宣言やファシズム経済憲法へのオマージュを想起するならば、一九三二年にルビコン川を渡ったのはなにも一人カール・シュミットだけではなかったのかもしれない。

(3)　新自由主義とファシズム

ドイツの最近の研究によれば、ベッケラートとミュラー＝アルマックは、「二〇年代末と三〇年代初期に、経済と社会の強力で行動能力ある国家組織のお手本としてイタリア・ファシスト国家の模範的機能を強調し、この国家組織は、リベラルな複数政党国家のなかで収拾がつかなくなった分化した集団利害を規律化し、『国民の健全な発展』と『公益の確保』を保証しうるとした」[34]。とりわけベッケラートが一九三二年末に公にした論文「ファシズムの経済憲法」[35]は、大恐慌期に生成しつつあったドイツの新自由主義とファシズムとの密接な関係を明瞭に示し、この時期の経済的自由主義の新しい方向を端的な形で定式化しているように思われる点で注目に値する。

リュストウやオイケンのマニフェストと同様に、ベッケラートも、経済に対する国家の関わり方を決定する規準として、市場均衡を軸とした自由主義の経済学説を自覚的に踏まえた。この規準に即した経済への介入原則の確立を、ベッケラートは「経済憲法」の概念によって要請している。それはいかなる問題意識に導かれており、どのような脈絡でファシズムと結びつくのだろうか。

彼によれば、これまで国家は経済に様々な方法で介入したが、それは両者を接合する原則を欠落させており矛盾に満ちていた。とりわけ議会制民主主義において国家介入は大きな問題を孕む。何故なら、それは、政党を経由して権力を行使する利害関係者の意志を反映するからである。それ故に、経済への国家介入にも、公法による市民社会への関与と同様に一定の原則が必要となるが、その原則が「経済憲法」に他ならない。

そのような原則に従った介入によって「経済を『憲法＝制度のなかに包摂する』」という課題をそれまで国家に免除してきた根本的な原因をベッケラートは考察して、ヨーロッパに国家形態と経済形態の調和が確実に存在した時代に注目している。それは、リベラルな資本主義自由経済の存在、所有者にのみ政治的権力の行使を許容する選挙法を装備した立憲君主制――これらの条件が満たされていた時代であって、この時代には、「いかなる投票も政治的自由主義の明白で首尾一貫した表現であった」。しかし、この調和は二つの方向から崩壊する。すなわち経済内部での独占主義的諸組織の台頭、議会主義への移行と議会への大衆の流入である。その結果、経済からは自然発生的な均衡が失われる一方、国家介入を通じて国家の内部へと経済が統合されることによって、国家は利益闘争の舞台となったのである。

このような分析はオイケンの経済国家論とほぼ同一のロジックを示している。オイケンによれば、ビスマルクの国家を含めた一九世紀の資本主義が実現していた国内的経済均衡と国際的勢力均衡の世界は、一九世紀末以後、企業と大衆（労働者）の経済的権力の台頭、およびとりわけ第一次大戦後の民主化による大衆の政治的権力としての登場によって解体過程に入り、資本主義は完全に機能不全に陥ったのであり、大恐慌はその流れの論理的帰結であった。

ベッケラートは、しかしさらに、このような機能不全に陥った経済に対する新しい国家介入のあり方についていっそう踏み込んでいる。彼は、経済からの「自然的均衡」の消失という事態を踏まえ、自由主義国家の新たな課題として「人為的（意識的）均衡」、すなわち市場均衡の「人為的」方法による回復を要請する。市場における自然発生的均衡の消失の結果、「自由競争の虚構に固執」すべきではないこと、「現実の市場状況」を踏まえるべきであることを主張して、彼は次のように述べている。「我々の考察を簡単に定式化する。今日の経済はもはや自由競争により特徴づけられないということが正しいとするならば、さらに、この根本的に変化した市場状況において機械的均衡が最も重要なケースにおいて全く形成されないか、或いは、形成されたとしても、望ましくないことが正しいとするならば、国家と経済の関係は全く新しい段階に入っているのである。もしも均衡がもはや自然発生的なものではありえず、むしろ人為的なものたらざるをえなくなっているとするならば、何故、このような『人為的な均衡』の形成が民間の手からもぎ取られて国家に委ねられるべきではないのか理解できない。……国家は、この課題を、利害関係者のエゴイズムよりも、いっそううまく遂行することが出来る」、と。

ベッケラートは、「どの国家でも、経済に対してこの任務を遂行することが可能であろうか」と問うたうえで、国家を利害関係者の闘争の場と化する「複数政党国家」であるワイマール国家を否定し、このような「全く新しい段階」に入った「国家と経済の関係」を具現する形態を、イタリアのファシスト国家のなかに見出す。「一九二七年四月二一日の労働憲章（Carta del Lavoro）の制定以来、……イタリアは、ヨーロッパで唯一の国家として、以上に素描した意味における経済憲法を有することになった。注目すべきことは、まさにイタリアこそがこの進歩を成し遂げたのである」と彼は述べている。

それでは、一九二五年に始まったイタリア・ファシズムによる「国家創造の魅力的な実験」と、一九二七年の三〇箇条からなる労働憲章のいかなる点に、ベッケラートは注目し期待したのだろうか。第一に複数政党国家（Parteienstaat）から一党国家（Ein-Parteistaat）へと脱皮し、国民的諸力を一つに結びつけ経済を真に掌握する「君主国家」（Stato sovrano）の理念を実現したこと、さらに、次の段階で政党は制御機能を持った支配装置から、大衆教育を遂行する国家の補助機関へと転換したことである。これをベッケラートは、国家権力の「客観化」と呼んでいる。第二に、労働憲章における「集団主義的」要素と「個人主義的」要素の組合せである。「集団主義的」要素に関しては、生産の担い手（雇用主と労働者）は国民的観点に基づいた高次の生産的利害に従属することとされ、自治を法的に承認された統一的な生産利害を代表する団体へと組織され、集団的労働契約や諸規範の公布を通じて労働関係や生産の秩序を担う。労働は社会的義務であり、賃金は、通常の生活要求・生産可能性・労働の生産的貢献の三つの要請に対応するように決定される。賃金に関してここで実現されるのは「人為的均衡」である。国家は上の三つの要請を賃金が満たすよう決定権を保留している。「個人主義的」要素に関しては、企業家の「自由なイニシアティヴ」の評価である。それは経済制御の課題を与えられてはおらず、またシステムの基軸でもないが、国民経済活性化の「手段的意義」が承認されている。集団的に決定された価格も、労働市場の賃金と同様に人為的均衡の表現であり、企業家は、競争が完全に展開された場合と同様に、その価格を、自分の生産を方向付ける所与の規準として受け止めなければならない。その意味で、ここには完全競争の場合と同様に企業家のイニシアティヴの自由が存在している。こうして自治を承認された「団体」と手段的な意義を認められた「自由なイニシアティヴ」が重要であって、経済の「官僚制化」は排され、国家介入は原則として民間のイニシアティヴが欠落している場合や政治的関心から発動される。

こうして、「多元主義」批判、均衡への強制着陸という問題意識、これらの課題を克服する主体としての「強い国家」の要請――一九三〇年代ドイツの新自由主義を刻印するこうした共通項は、ベッケラートの場合いっそう特徴的な表現形態をとったように思われる。すなわち複数政党国家の克服と人為的均衡の形成は、「民主主義的独裁」(リュストウ)のような抽象的表現を超えて端的にも真の全体国家としての「ファシズム」の課題とされた。ここには、イタリアに生まれた特定の独裁体制を表す概念を、新自由主義の理想を担う国家形態へといっそう普遍化して使用する方向が拓かれている。

経済的自由主義は、一九三二年における以上の変容を踏まえて、ナチス期にはどのような発展を遂げたであろうか。

第3節　自由経済の「反自由主義的根拠づけ」

(1)　「経済秩序」と自由経済の新しい根拠づけ

ナチス期に入ると、経済的自由主義の経済政策思想は、オイケン、ベーム、ハンス・グロスマン＝デルトの編集による「経済の秩序」と題された叢書において体系的に展開されるとともに、ナチスの政策諮問機関である「ドイツ法律アカデミー」(Akademie für deutsches Recht) での議論を通じていっそう具体的な表現を与えられた。ベームの著書『歴史的課題としての、法の創造的成果としての経済秩序』(36)は、全部で四巻が刊行されたこの「経済の秩序」叢書の第一巻として一九三七年に公にされた。ちなみにシリーズの第四巻としてベームの著書と同年に出版されたのが、競争政策による競争秩序の形成を経済学的に論じたレオンハルト・ミクシュの画期的な研究『課題としての競争――

経済秩序の諸原則』[37]である。ベームの作品は「この叢書全体の基礎となる文献」と目されており[38]、叢書の問題意識と方針を総括的に示す綱領的文書の役割をも担っているように思われる。

叢書全体のテーマであり、ベームの著書の主題ともなっている「経済秩序」とは、「経済理論の要請と広汎に結びついた法学」の観点から規定されている。その必要条件は、経済過程における国家の政治的・政策的指導とそれによる潜在的な国民的生産力の顕在化である。ベームはこの条件を「政治の優位」(Primat der Politik) と呼んでいる。「経済秩序」は、このような意味での「政治の優位」と経済の一定のあるべき形態――「経済体制＝経済憲法」(Wirtschaftsverfassung) ――との結合から生成する。その際、「経済体制＝経済憲法」として、社会関係の安定を優先したスタティックな経済を特徴とする「旧い経済体制」とダイナミックな秩序ではあるが集権的に組織された「計画経済」に対して、交換原理と競争原理によって秩序づけられた「自由な交通経済」の優位が主張されている。いずれにせよ、自由経済と自由競争の等置を前提とする自己調整的市場の考え方、経済活動をする自律的個人から出発して国家を導出する方法的立場、経済活動を国家から自由な領域における自然的秩序とみなす観点――このような自由主義の古典的立場はここでは根本的に修正・改変されている。「自由な交通経済」は、ここでは、「政治の優位」と「経済憲法」によって構成された政治的・法的秩序へと変容しているのである。「国民経済の決定的な形成主体」の位置へと昇格した国家は、「経済の固有の法則性」を利用し「技術的・設計的な内容の実際的な提案」を通じて、「経済秩序」を形成し操作するのである。

「経済秩序」のこのような性格は、競争の位置づけ方のなかに端的に表れている。「市場を操舵する国家活動の内容と方向に関する極めて重要な客観的な原則」という綱領的表現を用いて、ベームは、経済秩序の政治的指導を行う国家の課題について次のように述べている。「国家は、競争の役割と機能を引き受けなければならない。国家は、市場価格と市場条件を、理想的な競争過程という前提のもとでそれらが落ち着くであろうような形に、設定しなければならない」。つまり、「競争経済の自由な市場価格が成立する客観的法則」の把握の上に立って、「そのような価格形成過程を、それが現実には発生せず従って観察もされ得ないようなところで、仮説的に後から構成するために、どのような可能性が成立するのかが、確定されなければならないのである」、と。ベームによって綱領的に表現されたこの課題の経済学的研究は、「経済の秩序」叢書第四巻においてミクシュが取り組み、後に「かのようにの経済政策」(Die Wirtschaftspolitik des Als-ob) という概念によって定式化することになるテーマに他ならない。自由競争を国家によって人為的に再構成された純粋に技術的・操作的秩序として捉え返していくベームの方法を、当時のある書評は、端的にも、「自由経済の反自由主義的根拠づけ」(die antiliberalistische Begründung der freien Wirtschaft) と呼んでいる。(39)

(2) 市民時代の遺産と現代の課題

「経済秩序」というベームの構想においては「競争の役割と機能」を引き受ける国家に圧倒的な重みが賦与されている。市場に対して政治的指導をする国家権力を、「経済全体の主」であり、その経済秩序の「最も重要な必要条件」としてまず最初に前提するという方法をベームはなぜ採用したのか。その動機には、先に見たオイケンらの「新自由主義のマニフェスト」の問題意識との密接な関連が明瞭に現れている。

一九世紀の「市民時代」から引き継いだ未完の課題を論じて、彼は、諸個人を解放する自由のなかで生産力の飛躍的拡大への期待は充たされたにもかかわらず、「解放された諸個人の力を理性的に総合し、より高い統一的な理念に向けて調整するという意味での秩序化の方法への期待」は大幅に裏切られた、としている。この「秩序化の試みの挫折」によって、市民革命のプログラムである「解放の企てと秩序化の企て」との「統一」が困難になったこと、「自由の中に秩序を構築する」という企てが挫折したことをベームは指摘して、これを「市民時代の悲劇」と呼んだ。この未完の課題には、自由と両立する新たな秩序化の方法が必要とされる。その基本的な方針は、「いわば感知されることなく物音を立てることなく操舵すること」、「解放された個人的諸力の運動の政治的支配と操舵を、入念で間接的な秩序に期待するという考え方」である。

ここで秩序化という「現代の課題」の解決を基本的に「間接的な操舵」に求めているのは、もしも「操舵の要素を本質的に強化、拡大」した場合には、「自由な交通経済」とは「原理的に異質な経済体制」、すなわち「経済全体が、そのあらゆる部分において、統一的全体計画に従って、政治的指導からの企業家の法的自由を除去して、直接的・指令的・中央集権的に操舵されるような経済体制」への「決定的な急進的移行」という道しか結局は残っていないからである。ベームのいわゆる「自由と間接的な操舵のシステム」とは、何よりも企業家の——人間一般のではなく——自由を核心とする経済秩序という問題関心の下に設定された概念であることを確認しておきたい。

他方、ここで終始一貫して強調されていることは、市民革命によって解放された個人を「秩序」へと政治的に誘導する必要性である。その際には、諸個人の「自由の馴致」ないし「抑制」（“Bändigung der Freiheit”）が要請されている。次の文章は、このような秩序化に寄せられたベームの関心に潜んでいる具体的な問題意識の所在を示している。「〔政治的・社会的生活においてと同様に——引用者、以下同〕経済においても、〔革命のプログラムにおける〕政治的意図の一つの側面、すなわち、自由化と活動範囲の拡大によって、個々人の経済的エネルギーを予期せぬほどに高め活性化させるという試みは、成功した。しかし、ここでも示されたのは、反対の錘が、すなわち秩序の要素があまりにも脆弱であるということである。とりわけ、集中した大衆の力と予想されなかった社会的権力の形成（geballte Massenkräfte und unvorhergesehene soziale Machtbildungen）が注意を引くようになった時代から、秩序は次第に崩れ出し最後には解体し始めたのである」、と。

ここから可能な設問は、秩序の崩壊を招来した要因として特別に焦点が当てられた「集中した大衆の力と予想されなかった社会的権力の形成」の問題が、一九三三年以降のドイツにおいてどのように処理されたかを経済秩序論の観点から観察し評価することは、ベームにとって特別の課題となるはずだ、ということである。

(3) 組み合わされた経済体制と完全競争の仮構

ベームの著書の構成において、このような観点から注目すべき点は、三三年以降のドイツ国民経済が、異なった経済体制からなる複数の領域——その主なものは「食糧経済」(Ernährungswirtschaft)、「労働経済」(Arbeitswirtschaft)、「工業経済」(gewerbliche Wirtschaft)——に分けて考察されていることである。その際、とくに「労働経済」および「食糧経済」については、「解決されなければならない」「非常に重大な政治的課題」を抱えているとされている。

「集中した大衆の力と予想されなかった社会的権力の形成」という表現で示されたベームの上記課題と最も密接な関係にある「労働経済」に関しては、ワイマール時代の「負の遺産」である「階級分裂と市場諸利害の対立」と賃金決定の政治化を克服し適切な水準の賃金を実現するために、労働市場では国家による直接的な市場制御が行われており、それが経済にダイナミズムをもたらしていることをベームは承認した。「強制的画一化政策」(グライヒシャルトゥング)によって組織諸利害を解体した後に、ナチス政権は最初は労働市場の完全自由化を構想したが、もしそれが実際に行われていたならば、労働組合が労働市場を占拠していたワイマール期の高賃金とは逆方向の不均衡、すなわち耐え難い低賃金に帰結していたであろうとベームは考えた。それ故に協約賃金はナチス政権によっても維持されたが、ナチスは賃率を三〇年代全体を通じて一九二九年の水準よりもほぼ二〇%低い水準に固定化した。新政権下における協約賃金の経済学的根拠はワイマール期のものとは根本的に異なっていたのである。「今日の秩序は、賃金の確定を、それが自由な方法では十分に実現されない限りで、国家機関に、すなわち労働受託機関(Treuhänder der

Arbeit）に委託した。同機関は、これに関して公正な調停の実現に努め、とりわけ経済全体の必要性をよく考慮しなければならなかった」とのベームの言葉のなかに、新政権の協約賃金に対する彼の評価が要約されていよう。

「食糧経済」においても、「農民の保護と育成」をはかるため、市場の自由の中央による制御が行われ、「農民的な小経営」（die bäuerliche Hofwirtschaft）のタイプが経済外的な理由から保護された。大農経営や輸入のほうが国民の食糧確保の点で経済的により合理的である場合でも、農民的小経営のほうが保護されるのは、それが健全で勤勉な望ましい人間類型を育成するという課題にふさわしいからであった。

「工業経済」に関しては、「ドイツ経済の有機的構成準備法」によって職業身分的構成が規定されたが、実際には、職業身分的組織はナチスのイデオロギーに反して経済秩序の担い手ではなくなった。団体には市場形成へのあらゆる影響力の行使が禁じられさえもした。本質的に重要な点は、自由競争が基本的に維持されるなかで、同時に、強制カルテルや価格監視に関する法律、およびカルテルや価格決定に関して権限を有する行政機関（政府価格委員、三六年からはライヒ政府価格形成委員）の整備によって、国家による市場制御が行われていることである。その代表的な法令である「強制カルテル法」（一九三三年七月）について、ベームは、この法律によって「旧い国法においては単に示唆されていただけだった組み合わされた経済体制の思想」が実現したと高く評価した。自由競争と国家による市場制御との「組み合わされた経済体制」の中に、ベームは、カルテルや独占による「価格形成の政治化」によって機能不全となった価格メカニズムを再生し市場均衡を実現することによって、新しい自由主義の市場経済秩序を形成していく可能性を見ていたのである。

このような法律や行政機関を駆使して、「競争経済の自由な市場価格の形成過程を、それが現実には発生せず従って観察もされ得ないようなところで」仮構するという政策構想は、次節で見るように、オイケンの弟子L・ミクシュによって「かのようにの経済政策」という新しい競争政策論へと発展する。それは仮定の世界にのみ存在する理想的な市場を想定し、その諸結果——それは価格に他ならない——を先取りして設定し、そこに向かう過程（完全競争）を人為的に演出するというプラグマティズムの考え方に他ならなかった。経済的自由主義は、以後、「反自由主義的に根拠づけ」られてのみ存在するのである。

(4)「例外状態」の課題としての競争秩序の構築

ところで、ベームによれば、一九三三年から三六年までの「ノーマルな経済体制法」は、一九三六年一〇月二九日の「四カ年計画実施法」によって「例外制度法」へと転換した。この時期以降起こったのは次のような事態であった。「通常的な法制度は、例外状態の継続期間については、大幅に一時停止し、国家の部局には、特別の独裁的な代理権が、必要な措置の権威的な遂行のために賦与される」。一九三六年の四カ年計画実施法においてとくに重要な機関は「ライヒ政府価格形成委員」である。同部局には実際上無制限の全権委任が行われることによって、その課題は著しく包括的になり、単なる価格監視を越えて、「積極的な経済への影響、操舵、指導」へと拡大した。国民経済の総体が、「迅速な計画的解決を要請する特別な性格の一回性的課題」に直面することがこのような例外制度法の台頭を促すことになったのだが、一九三六年一〇月のケースが、本格的な再軍備体制への転換の画期であったことは言うまでもない。ここに到来した「例外状態」、「全国民の力と情熱的な参加を動員する巨大な一回的課題」こそは、この時期のベームによって、「恒久性をねらったノーマルな経済体制の構築に着手し、ここで、通常の経済状態の時に可能であるよりも遙かに大きな力を持って、その発展を促していく無二の機会」として捉えられていたのである。

ここで「恒久性をねらったノーマルな経済体制」とは、「近代的な価格理論が適用される『自由な交通経済』[40]」である。これをオイケンは「資本主義経済秩序（das kapitalistische Wirtschaftsordnung）」と呼んだ。ベームはそれに「政治の優位」という考え方を付け加えた。「自由な交通経済」という経済体制は「政治の優位」と結びついて「経済秩序」へと練り上げられるのである。

この「自由な交通経済」の「経済秩序」における価格とその機能に関してベームは次のように述べている。「どの市場参加者にとっても、各々の瞬間に、運命——天候とか潮の満ち干のような運命——であるところの価格水準が生成する」、「彼らの意志は、……市場価格に対していかなる影響も与えることはない」、と。これは言うまでもなく、プライステイカー（価格受け手）のみから成り立つ完全競争市場に関するミクロ経済学的考察の出発点に他ならない（図3-1を参照）。

図3-1　競争秩序

①市場：供給競争、需要競争と均衡　　②企業：企業の供給と価格

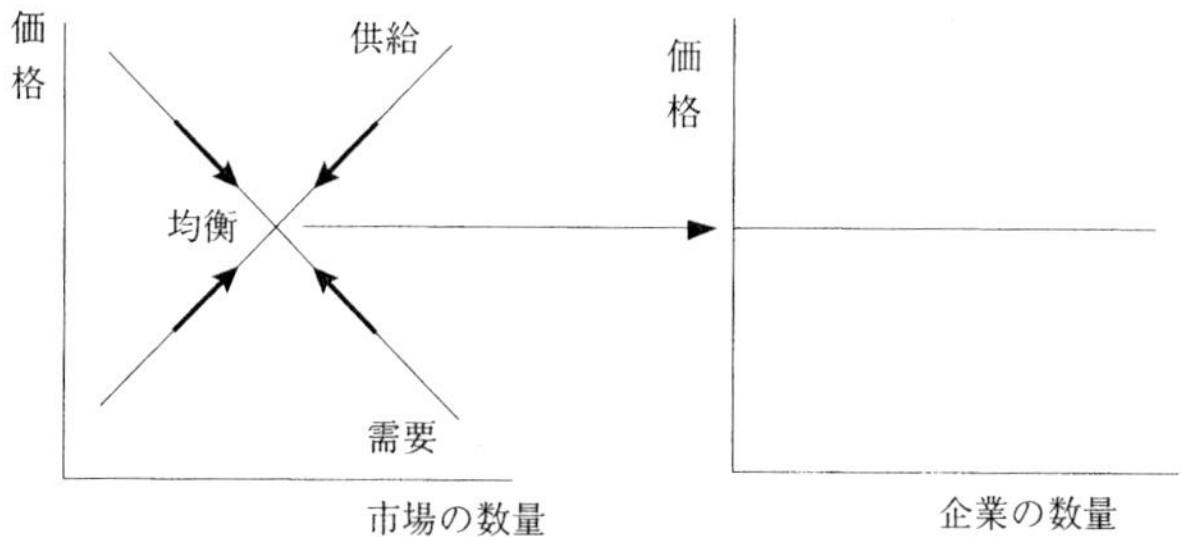

その場合、価格は、図3-1が示すように、商品を供給するどの市場参加者にとっても「それを与えられた大きさのものとして受け止めることを強いるような制約」（Miksch）であるが故に、或いはそうでなければならないが故に、利益拡大のためにカルテルや独占のように価格を人為的に引き上げる道は塞がれているし、或いは塞がれていなければならない。その結果、どの企業にとってもとりうる唯一の方法として残されているのはコストを削減する努力だけとなる。ベームは次のように述べている。「価格とコストの相互の関係から利益と損失が決まるのであるが、企業家の意志的な働きかけによる接近が可能であるのは、これら二つの要素のうちの一つ、すなわちコストのみである。それ故に、競争秩序を通じて、企業家の全エネルギーとイニシアティヴが、コストに影響を与えるように方向づけられるのである。まさにこのことが競争制度の目的と政治的意味である。そして、このような心理的な強制の発動のなかに競争制度の秘密の全てがある」、と。経済秩序を追求するベームら経済的自由主義者の関心の中心にあったのは、

完全競争市場におけるこのような価格機能、すなわち企業にコスト削減のインセンティヴを与え、経営の効率化を促進させるような機能に他ならなかった。

第4節 Als《アルス》-ob《オップ》（かのように）の経済政策

完全競争市場における価格機能を実現し維持するために発動される政治的・政策的措置に関連して、ベームは次のように述べている。「経済の何らの場所で競争が機能停止するやいなや、国家は、次のような必要性、——すなわち、価格手段への民間経済主体の影響を即刻解除すること、そして、市場価格が、生産性を刺激し・情報を与え・意志を操舵する機能を再び取り戻して、この経済秩序が予定する所得配分システムが再建されるような措置を講ずること、こうした必要性の前に置かれていることを自覚するのである。市場価格は、経済秩序の道具であり、従って、それは、公的・法的な性格の経済政策的装置である」、と。

完全競争市場において理念型的に成立する競争経済を現実の市場の中で近似的に実現し維持するために、その諸前提や諸過程を、経済政策や社会政策（後者に関しては、とくに「自由な交通経済」に適合的な労資関係を構築する政策）を通じて、国家権力が整備・監視・制御するところに、一九三〇年代ドイツの経済的自由主義——後にオルド（秩序）自由主義と呼ばれることになる経済思想——の最大の特徴があった。なかでも価格政策を軸にした競争政策は、上に述べた意味での経済秩序を志向する経済的自由主義の政策思想の核心をなしていたが、ナチス期にその分野で革新的な仕事をしたのがミクシュである。(41)

(1) 市場形態と市場制度のマトリックス

表3-1　ミクシュにおける市場形態の分類

需要 / 供給	競争	寡占	部分独占	独占
競争	完全競争	**需要寡占**	**需要部分独占**	需要独占
寡占	**供給寡占**	**双方的寡占**	**寡占的に制限された需要部分独占**	**寡占的に制限された需要独占**
部分寡占	**供給部分独占**	**寡占的に制限された供給部分独占**	**双方的部分独占**	**部分独占的に制限された需要独占**
独占	供給独占	**寡占的に制限された供給独占**	**部分独占的に制限された供給独占**	双方的独占

ミクシュは、一九三〇年代に英米を中心に発展した最新の市場理論（不完全競争の理論）を踏まえて、現実の市場を経済学的に分析するための装置として市場形態のマトリックス（表3-1）を作成し、同時にそれら市場諸形態を法的視点から再分類するために市場制度の概念を導入した（表3-2）。

ミクシュは、市場形態を市場制度と組み合わせて競争政策の規準となるマトリックス（表3-2）を作成するために、表3-1の一六の市場形態を、次の三つに再分類している。すなわち、(a)「完全競争」。需給双方において市場参加者が非常に多いケース。(b)「不完全競争」。需給の一方または双方が「寡占」か「部分独占」であるケース。表3-1の太字部分がこれである。(c)「独占」。表3-2では、主要な市場形態である「完全競争」と「不完全競争」が検討対象となる。

市場制度、すなわち法的視点から市場のあり方を見ると、現実の諸市場において支配的な市場制度は、(a)自由競争、(b)カルテルなど民間の市場規制によって拘束された競争、である。ミクシュは、これに、(c)競争政策の選択肢である、国家によって「秩序づけられ拘束された競争」という市場制度の範疇を追加する。こうして市場形態と市場制度の組み合わせによって表3-2のマトリックスが作成される。

表3-1の市場形態は、表3-2では、上に述べたように「独占」を除いた上で、三つのカテゴリー――すなわち、「完全競争」、「完全競争創出可能」、「不完全競争」――に再分類されている。さらに、これら市場諸形態は、その市場の制

表3－2　市場形態・市場制度と競争政策

市場制度／市場形態	自由競争	民間の市場規制	秩序づけられ拘束された競争
完全競争	①そのまま	②自由競争への移行	③自由競争への移行
完全競争創出可能	④完全競争の創出による市場傷害の除去	⑤完全競争の創出、自由競争への移行	⑥完全競争の創出、自由競争への移行
不完全競争	⑦秩序づけられ拘束された競争への移行	⑧秩序づけられ拘束された競争への移行	⑨そのまま

度的・法的形態の現状――すなわち、「自由競争」、「民間の市場規制（によって拘束された競争）」、「（国家によって）秩序づけられ拘束された競争」――から見て、九通りの競争政策的な評価が下されている。

競争政策を必要とする主要なタイプをあげると、(1)表3－2、②のケース：完全競争の条件が存在していても、カルテルのように何らかの形で拘束されている諸市場は、自由競争へと移行させなければならない。(2)「不完全競争の状態にある大部分の市場」について。⑦のケース：市場形態としては不完全競争であるにもかかわらず、市場制度が自由競争の場合は、法的措置によって「秩序づけられ拘束された競争」へと移行させなければならない。⑧のケース：不完全競争の市場がカルテルのような民間の市場規制によって拘束されている場合には、国家によって秩序づけられ拘束された競争へと、市場制度を転換させなければならない。

(2)　市場形態論の理論的基礎

ここでとくに問題となるのは、不完全競争の主要な市場形態となった寡占である。当時の数理経済学者シュタッケルベルクらの最新の市場理論によれば、一九世紀のクールノーの学説に反して、寡占は、「放置すれば独占という市場形態かカルテルという市場制度に向かわざるをえない」とされ、この命題については、シュタッケルベルクによって、非常に精緻な数学的証明が試みられた。(42) そうした寡占のような「不完全競争状態にある市場に成立するカルテルに関しては、単なるカルテル解体は問題の解決にはならない」のである。

さらに注意すべきは、大経営に関して言えば、競争秩序の形成のために、解体の対象となるのは必ずしも経営体それ自体ではないということである。この点について、ミクシュは後に次のように述べている、「私的市場戦略にも企業家の権力政策にもよらずに純粋に経済的・技術的必要性から発生し、それ故にその解体は重大な国民経済的弊害を伴うような多数の独占が存在する」[43]、と。自然独占、最適の経営規模を実現した大経営、寡占的市場形態等々に関しては、理想的な競争を実現するために解体されなければならないのは、経営それ自体ではなく、市場におけるそれら企業の「権力的地位」なのである。一九三五年のエネルギー産業法によって実現する「国家監視下で行われるエネルギーの供給独占」は、ミクシュによれば、「競争政策的に見て興味深い方法」が考慮されている。すなわち自然独占と「拘束された競争」の組合せである[44]。「(国家によって)秩序づけられ拘束された競争」という「市場制度」こそは、今日の資本主義において「経済的・技術的必要性」から支配的となったこのような不完全競争市場に競争を導入する手段として創案された競争政策の装置に他ならなかった。これについては次項で立ち入ることにし、以下では、寡占的市場形態の移行先である、市場形態としての独占と市場制度としてのカルテルの問題点に関するミクシュの考察を見ておこう。

まず、独占の特質をミクシュは完全競争との比較を通じて分析している。完全競争においては、図3-2が示すように、価格の位置は、限界費用曲線(GK)と限界販売曲線(Pv)——後者は同時に価格曲線並びに企業が予想する需要曲線である——との交点にある。さらに、均衡状態においては利潤がゼロとなるので、価格は平均費用曲線(DK)の最小に、したがってまた最適費用の生産量(Q)に対応していた。これに対して、独占企業の場合は、需要価格を正確に認識しており、すでに、相対的に少ない生産量でその収入が最大に達する。この地点は、同時に、限界収入(GU)がマイナスになる生産量である。独占企業にとって最も有利な産出は、しかし、それよりもさらに若干以前に、すなわち限界費用曲線(GK)と限界収入曲線(GU)との交点(X)にある。独占の産出量(Mm)に

図3－2　完全競争における諸関係

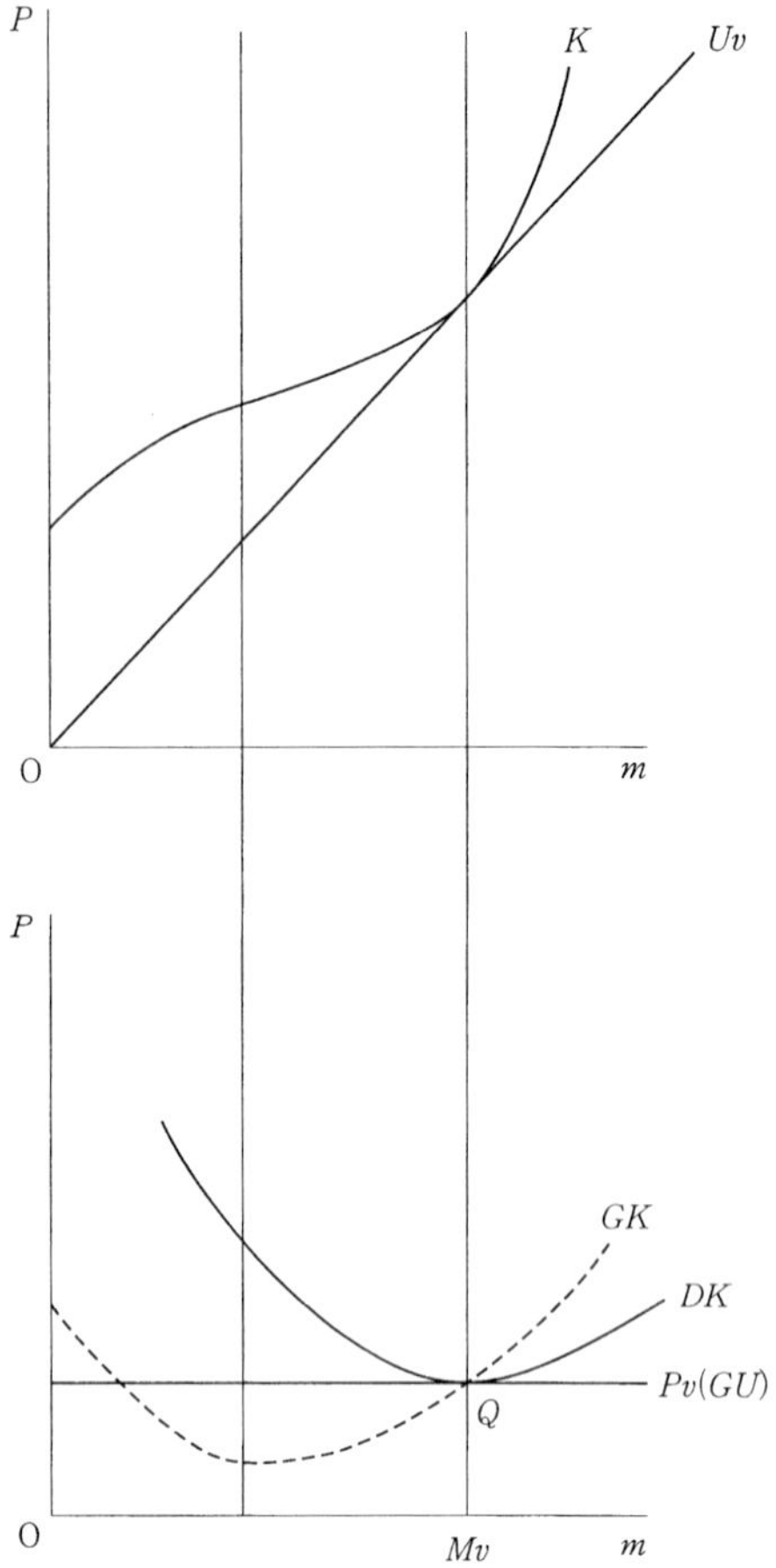

図3－3　独占における諸関係

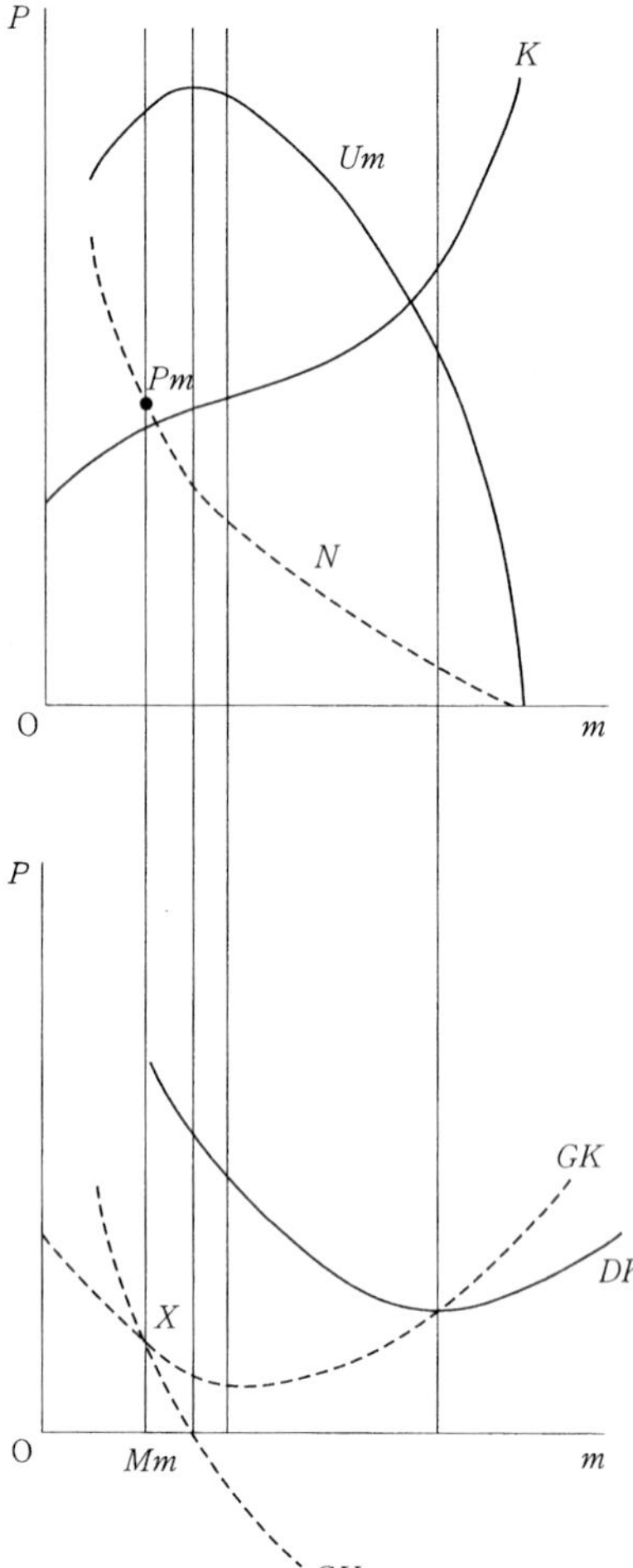

P= 価格、*m*= 数量、*K*= 総費用、*DK*= 平均費用、*GK*= 限界費用、*Uv*= 完全競争のときの収入、*Um*= 独占企業の収入、*N*= 需要曲線、*Pv*= 完全競争のときの価格（限界収入）、*Mv*= 完全競争のときの生産量、*Q*= 経営の最適規模、*GU*= 独占企業の限界収入、*Pm*= 独占価格、*Mm*= 独占のときの生産量、*X*= 独占点（Monopolpunkt）.

対応するのが、高い価格 Pm である。

この比較からミクシュは次のような「一般的な確認事項」を導き出している。第一に、生産がより大きな限界費用を必要とする場合には、そうでない場合よりも、独占価格は常に高くなる。生産が限界費用を伴わない場合には、独占点は、収入曲線の変曲点にある。総費用曲線（K）の勾配が急であればあるほど、限界費用（GK）はそれだけいっそう高くなり、限界費用は、限界収入曲線（GU）を、それだけいっそう早く横切ることになる。第二に、独占価格は、完全競争のときの価格よりも常に高くなり、産出量はそれに対応して少なくなる。これに対して、完全競争においては生産は、総費用と総収入とが等しくなるまで、拡張される。独占ではこの産出量は決して達成されない。

ちなみに、一九二〇年代の「カッセル論争」でカッセルを擁護して論陣を展開した自由主義エコノミスト、ランペは、独占企業による価格独占と労働組合による賃金独占とを比較して、後者が失業増大とその慢性化の原因となるのに対して、前者は経済的にはなんらマイナスとはならないばかりか、逆に、生産性上昇の可能性を生み出すとして、独占を強く擁護したのであった。独占と雇用との関係では、価格独占による所得配分の変化は投資資金を増加させ、新たな生産迂回路の形成と労働力配置の変化を促すので、総雇用量の減少を招くわけではないとした(45)。こうした二〇年代のランペの独占擁護論は、ミクシュにおいては、すでに放棄されているといってよい。自由主義エコノミストの独占論のメインストリームは、二〇年代から三〇年代にかけて大きな方向転換を示していることに十分な注意が払われるべきであろう。

次に、市場制度としてのカルテルについて。寡占的状況から発生したカルテルの最初の段階を特徴づけるのは、独占主義的価格政策は不可能であり、それが目指されているわけでもないということである。この点に独占とは異なったカルテルの特殊性が存在する。ここで重要なのは、価格と販売量とを利潤の点で最適な関係に調整することではなく、ただ単に威嚇的な価格闘争を回避することである。それ故、カルテル価格が著しく恣意的に設定され、そのカルテル価格においては、最も高い限界費用を伴う経営もまだ存続できるのである。独占においては経済的なダイナミックスの枠内で、産出量の意識的引き下げを伴う漸次的な価格上昇が生ずるが、これに対してカルテルにおいては単に価格の安定化が目指されるだけであり、その固定化された価格が産出量に対して有する意義はたいていほとんど認識されていないのである。したがってカルテルそれ自身が目指しているのは独占利潤ではない。カルテルによる競争価格からの逸脱は単に業績能力のあるカルテル構成員の差額利潤を高めるだけである。カルテルの存続によって、この安定価格は、たえざる発展の中にある費用と販売量の関係から離れていく。また、カルテル構成員の限界費用以下で生産できるアウトサイダーは、カルテル価格が個々の構成員の限界費用に接近していること、それ故に自分が価格闘争をしかけた場合、そのカルテルを解体の危機にさらすことになるであろうことを知っているので、自分に有利な割り当てを与えて組織に参加させるか、高い価格で買い取るであろうと推測することになる。「強力なカルテルの陰に潜む、このような業績原理を無視した腐敗した諸過程は、あえて描くことを必要としないくらいにあまりにも周知の事実である」、とミクシュは述べている。

(3) 秩序づけられ拘束された競争

「秩序づけられ拘束された競争」は、市場形態としての不完全競争と、市場制度としての「民間の市場規制」(民間の市場規制によって拘束された競争、即ちカルテル)や「自由競争」との——業績原理を損なう——組み合わせを、業績原理を保証する有効な競争組織へと移行させるための競争政策として、ミクシュの経済政策思想の核心的な位置にあると言ってよい。

ミクシュは、「ドイツ法律アカデミー」第四部門の共同研究に寄せた論文「拘束された競争の可能性と限界」のなかで次のように説明している。[46]「もしも競争が完全であるならば、ひとは自由競争を用いることができる。それは

〔戦時の統制経済が終了した後の〕戦後経済においては、再び、最も広範に可能となるであろうし、またそうなる必要がある。しかし、もしも競争が不完全な場合には、最小限の行政・管理費用で最大の可能な効果を保障するような唯一の方法がある。即ち、国家によって秩序づけられ監督された形態の拘束された競争を創出することである。不完全競争の市場形態は多様であり、その市場制度もまた多様である。それ故、拘束された競争に関しては、その目標についてのみ一般的な形で示しうる。すなわち、この市場は、あたかも完全競争が存在しているかのような状態が生み出されるように組織されなければならないのである。これが現実に意味することは、企業家をして市場戦略を推進することを不可能にするような制約、そして企業家をして価格を与えられた大きさのものとして受け止めることを強いるような制約が設けられねばならないということである。もしもこれに成功するならば、完全競争の場合に自由競争の市場制度が保証するのと同じ経済政策的な効果が達成される。即ち、企業家は、経済闘争を通じて呼び起こされた全てのエネルギーを合理的な生産活動……に振り向けるように強いられるのである」、と。

この完全競争の過程を「模倣する」という競争政策のコンセプトによって根拠づけることが可能な「拘束された競争」という市場制度として、ミクシュは、三〇年代のナチス競争法施行下で行われた産業組織再編の経験を踏まえて、「既に事実上検証済みの二つの方法」として、「計算カルテル（Kalkulationskartell）」と「費用平均（Kostendurchschnitt）」を挙げている。ここでは「計算カルテル」についてのみ簡単に見ておこう。

三〇年代における「計算カルテル」の設立を、ミクシュは、次の二つの競争法が公布されたことと関連づけている。(1)「一九三四年一二月一一日の価格拘束に関する、及び商品価格の引き上げに対抗する条例」。これによって、価格拘束の新たな導入や拘束価格の引き上げは、ライヒ価格監視委員ないしはそれが委任する部局の承認なしには不可能になった。(2)「一九三四年一一月二一日の競争に関する条例」。これは、「健全な競争」すなわち「実績と責任意識に基づいた競争を創出し、国民経済にとって最良の価格を可能な限り保障する」ために、信用の不正利用や商品やサービスの原価以下での提供に対しては、対象となる企業に無制限の懲役刑や罰金刑で臨むことになった。これらの条例によって、価格カルテルの設立は拒否され、カルテルは、設定した価格についてそれが適切であることを証明する義務が発生したのである。これらに加えて、大恐慌以降企業家の間に「公正価格の形成（gerechte Preisbildung）」に関する考え方が普及したことも計算カルテルの発展に貢献した。

こうした条件のなかで成立したカルテルの新たな形態である「計算カルテル」について、ミクシュは、それが、需要サイドが完全競争、供給サイドが寡占の「市場形態」であり、「市場制度」に関しては「民間の市場規制」である価格カルテルが成立しているような市場に対して、「拘束された競争秩序」を導入するのに適切であると評価している。「計算カルテル」は、共通の書式と計算方法に基づいた客観的な原価計算を徹底させることによって個々の構成企業に合理的な価格形成を促し、それによって、一方では不当な安値での販売による過当競争を防止するとともに、他方では合理的な経営において可能になった価格への「適応競争（Anpassungswettbewerb）」を促進させようとするものである。この場合損失価格での販売は、「弱い企業」、すなわち淘汰されるべき必然性をもつ企業の「適応競争」に限定されるのである。

ちなみに、オイケンは、一九四一年一一月に、ドイツ法律アカデミー内部の研究集団「価格政策」において、「中央管理経済と自由経済との間の第三の道」について報告を行っているが(47)、その内容は、ミクシュの市場形態論と市場制度論のマトリックスとそれに基づく競争政策というコンセプトに基本的には尽きているといってよい。「〔国家によって〕秩序づけられ拘束された競争」という競争政策の装置としての市場制度は、オイケンの言葉を用いれば、「あたかもその企業が完全競争のなかにいるかのように行動するよう価格を制御する」手段に他ならないのである。

第5節　戦時体制へのコミットのロジック

一九三六年の四カ年計画施行法に始まる「例外状態」への転換のなかで、「経済の秩序」叢書に拠るエコノミストはその企図したところに沿って、「法学と経済学の現実を形成する力」を回復すべく現実の政策立案過程へとコミットしていった。この特殊な局面における政策形成への積極的な関与を支えることになる考え方を、ベームは、一九三七年の著作において極めて明瞭に予告していた。すなわち、「全国民の力と情熱的な参加を動員する巨大な一回的な課題の存在」によって拓かれたこの「例外状態」のなかに、「通常の経済状態の時に可能であるよりも遙かに大きな力」によって、「恒久性をねらったノーマルな経済体制」を構築する「無二の機会」を見出したのであった。そして、「四カ年計画で予定された特殊課題の履行後」には、その新たな経済体制が「自明の習慣」となることを、また「市場制御の適切な道具としてライヒの経済政策に利用されうるような行政組織」が構築されているであろうことを展望したのである。これが「例外状態」へと転換していく時点でベームが明示した、総動員体制へのコミットメントの基本的なスタンスである。

市場操舵という困難な課題をこなすための組織が満たすべき諸条件を具備するに至ったとの、ライヒ政府価格形成委員に対するベームの極めて高い評価は、こうした「例外状態」への関与の姿勢と明らかに無関係ではないであろう。彼らが参加の具体的な場として、まさにそこに照準をあてていたと考えることは極めて自然である。その後一九四〇年一月ドイツ法律アカデミーのなかに設けられた第四部門「国民経済（経済学）の研究」、とりわけ「価格政策」作業部会は、オルド自由主義者とライヒ政府価格形成委員の部局との「緊密な共同作業」の場となった[48]。

これ以降の時期になると状況は大きく変化していく。『ドイツ連邦共和国史第一巻　占領期一九四五―一九四九年』の著者テオドア・エッシェンブルクによれば、とりわけ一九四二年末から四三年の転換期という戦争の局面――すなわちスターリングラードでのドイツの敗北が明白になる一九四二年から四三年の冬――においては、指導的な企業家はすでに終戦後の経済状況に関心をもち、彼らの大部分は密かに敗戦を覚悟した[49]。これまでの研究が注目し、強調してきたドイツ法律アカデミーのエコノミストによる周知の反ナチグループ（研究集団エルヴィン・フォン・ベッケラート Arbeitsgemeinschaft Erwin v. Beckerath）の形成が一九四三年三月に始まったように[50]、ナチス体制への明らかな抵抗運動が表れてくるのも一九四二／四三年の冬以降の時期である。それ故に、エコノミストのナチス体制へのコミットを、「後知恵的視点」（retrospective perspective）からではなく歴史的観点から考察するうえで、従来の研究では看過されてきたそれ以前の時期である一九四二年半ばまでの彼らの営為こそに特別な意味があるといわなければならない。さらに、この時期の重要性は次の事実によっていっそう高まる。

すなわち、恐慌期におけるドイツの輸出の顕著な低落と国際収支の悪化による金・外貨準備の著しい不足、とくに三四年半ば以降のその絶対的な枯渇状態のなかで、ナチス政府は、国内産業に必要な原料を確保するための諸方策に取り組み、厳格な為替管理のもとで、外貨を用いない二国間の貿易決済（双務的清算協定）や輸入許可制に着手し（シャハトの「新計画」）、その後為替管理と輸入許可制は経済計画化へと連環していった。それが、ナチス経済をやがて全面統制の軌道へと方向付けることになる「元来の動機」であった[51]。ベームが四〇年代初めのドイツ法律アカデミーでの議論において指摘するように、「中央管理経済」の発端はまさにこうした「通貨政策と外国貿易」の問題にあり、彼によれば、前者は、後者の客観的な諸条件の強制とその後に続く因果的連鎖の中で結果的に成立したのである[52]。

ベームが「中央管理経済」のこのような「発生史的関連」を強調しそこに注意を促すのは、それが今後の政策展開の方向に対して重大な意味を持っているからであることは言うまでもないであろう。すなわち、現存する「中央管理経済」は、外的強制状態の中で止むなく成立したのであって、政策当事者によって主体的に構想され積極的に推進された結果ではないとするならば、開戦から二年が経過する中でのそのような外的強制状態の解除、すなわち東欧の軍事的占領に伴う原料問題や――少なくとも当時のライヒ経済省筋の観察によれば――貿易収支の改善[53]など対外経済的諸条件のポジティブな方向への変化は、国内の経済体制における軌道修正を可能にする必要条件が整い始めたことを意味することになるのである。

その背後には、一九三〇年代から第二次世界大戦勃発後も継続したドイツの対米英経済関係、占領した東欧諸国が保有する通貨準備の国際決済銀行（ＢＩＳ）を通じたドイツライヒスバンクへの移転、それに象徴されるような、この時期の国際貿易・金融取引において結節点に位置したＢＩＳとドイツとの良好で緊密な関係があったであろう。また、占領地域拡大に伴って保有量が増加した金（「略奪金」Raubgold）の、スイスナショナルバンク（ＳＮＢ）への売却によるドイツライヒスバンクの巨額の外貨（スイスフラン）調達も大戦勃発後に始まり、調達フランの各年比較で一九四二年にはピークに達していた[54]。

冷戦終了後に最もホットな研究テーマの一つとなったナチスをめぐるこのような国際的な「コラボレーション」のコンテクストは、ドイツ法律アカデミーの人脈にも明瞭に浸透している。すなわち、かかる国際経済関係におけるドイツ側のキーパースンであったライヒ経済相・戦時経済全権代表・ライヒスバンク総裁のヴァルター・フンクは、ＢＩＳ監査役会ドイツ側委員にしてドイツ法律アカデミー経済部門の創設者であったし、もう一人のキーパースンであるキール世界経済研究所教授のアンドレアス・プレデールは、対独宥和政策に関わった「経済平和のための委員会」ドイツ側メンバーにしてドイツ法律アカデミー経済部門・対外経済委員会委員長であった。最新の国際関係と関わるこのような重要人物がドイツ法律アカデミーのエコノミスト達のごく身近にいたことも考慮しておくに値する。

ベームは、恐らくは以上の状況変化を踏まえて、さらに、この軌道修正を必要かつ可能にしているもう一つの条件を次のように指摘する、「確かに、このシステムは後に必要に迫られて拡張されはした。しかし、この拡張の意志は、実際上もはや超えることのできない限界に逢着したのである。しかも、この拡張を阻んだのは、管理費用の急速な膨張という現象であった」、と。

ナチス政府によって企てられていたのは「経済生活の一部分のみの計画化」であったにもかかわらず「経済の全面的な統制」を「意図に反して強いられた」というその「不幸と災禍（Unglück und Fluck）」から責任ある官僚や指導者を解放する条件はここに整いつつあった。経済統制の全面化、過剰組織化を強いた外的条件が解消されていくなかで、「耐え難い過剰組織化」のコストもまたその限界に逢着し、その「緩和化」の要請は今や一段と強まった。「最小限の組織費用」で無数の経済計画を「秩序づけられた共同作業」へと導く「競争経済システム」を導入し、「組み合わされた経済政策システム」を構築するための客観的条件とそれを担う主体とが整いつつあったのである。

かかる選択肢は東方への軍事侵略による「生存圏」確立が進行しつつあった状況の中で、それによる「緩和化」を制約する諸条件の解除に伴って、他ならぬこの時期に有力となっていき、そして——少なくとも、一九四一年六月に「対ソ奇襲攻撃」として始まった[55]、ドイツ法律アカデミー総裁H・フランクによれば「極めて明白な予防戦争（der klarste Präventivkrieg）」[56]である独ソ戦の最終的帰趨が明らかになる時点（一九四二／四三年冬）までは——可能な方向であり続けたであろう。ドイツ法律アカデミーのなかに、まさにその選択肢の検討を最重要課題の一つとする第四部門「国民経済の研究」が経済の専門部会として設立されたのは、アカデミーの創設年次（一九三四年）からすれば比較的遅く、一九四〇年一月のことであったが、このことも、この時期に「中央管理経済」の「緩和化」への展望が見え出したことと無関係ではあるまい。

第6節　存在と当為の狭間の労働市場

上に述べた「展望」は、周知のように、独ソ戦におけるドイツの敗北によって閉ざされていくことになる。オルド自由主義エコノミストのナチス体制との関わりは、戦勝による「緩和化」への展望から、敗戦という形で迎える終戦後の展望へと、未来のパースペクティヴが変化していくのに伴って、体制へのコミットから体制への抵抗へと変容していったように思われる。端的な統制経済のもとで徹底した合理化と「生産の奇跡」が実現されていくという、あのテクノクラートが組織するナチス経済像は、リチャード・オーヴァリがその丹念な実証研究の中で克明に明らかにしたように、まさに独ソ戦を画期として生まれてくるのであって、その前後で経済のあり方は質的な変容を遂げているのではないだろうか(57)。

さて、先に述べたように、ベームは、一九三三年以降のドイツ経済を食糧経済、工業経済、労働経済に分け、(直接的制御と間接的制御との)「組み合わされた経済体制」のあり方が、各々の分野で異なっていることにある合理性を見出していたように思われる。そのうち工業経済に関しては、当時のオルドエコノミストの最も重要な理論的貢献は、市場形態によって異なった「均衡」の成立条件を考察したことであり、とりわけ重要な寡占的市場形態に関しては、それが独占的市場形態かカルテル的市場制度に移行せざるを得ないとの当時の不完全競争論の水準を踏まえて、競争政策論を展開したことにある。二〇年代から大恐慌期にかけて自由主義エコノミストの最大の懸案であった労働市場の改革については、オルド自由主義者も、この市場特性に基づいて適切な賃金水準での労働協約の不可避性が認識されていた。一九三七年のベームの議論はまさにそのことの動かぬ証拠であるし、彼らが反ナチ運動を展開していた時期のランペの一九四四年の構想でも、労使関係には、労使双方の組織化と労働受託機関のような国家による労働市場秩序形成の手段を用いて、「市場の要求を満たす賃金政策（eine marktgerechte Lohnpolitik）」の発展が必要であるとされていた。[58]

ベームによれば、すでに述べたように、労働市場に関しては原理的に完全競争の市場形態は成立しえず、ナチスが当初意図した労働市場の完全な自由化は、労働者側の一方的な不利に帰結せざるをえないとされる。他方、これとは逆に、労働者が労働組合に組織されたワイマール期には、「弱い国家」と「経済の優位」のもとで「賃金の政治化」が発生した。ナチス期の賃金決定をめぐるベームの論理には、すでに述べたように、単に、グライヒシャルトゥングによる労働組合の解体によってワイマール的労働協約が終わり、それによって賃金の下方硬直性が取り除かれたことの確認だけにはとどまらない、それを超えたロジックがあった。そして、ここでは繰り返さないが、このロジックこそが、伝統的なレッセフェール自由主義とオルド自由主義という介入的自由主義とを区別するのである。

「市場の要求を満たす」価格——すなわち、「完全競争」の市場形態を仮定した場合に発生する価格——が自由な市場競争によっては実現しないことをオルド自由主義エコノミストも承認しているこの労働市場については、その価格を模倣しようとする「暫定解」も、何らかの意味で政治的性格を回避できないであろう。オルド自由主義者にとって、大恐慌期に最大の課題であったはずの労働市場における不均衡の——ケインズ的ではない——「自由主義的」解決という問題は、一九三〇年代には、グライヒシャルトゥングと労働受託機関によって調整され設定された協約賃金の成立によって、ひとまずは彼らの議論の圏外へと、この場合はほぼ肯定的な形で、シフトしていくことになった。[59] 第二次世界大戦後には、ベームが強硬な反対論を展開した共同決定法が、石炭・鉄鋼分野に限定してではあるが、成立した。[60] こうした戦後の政治的文脈から生まれてくる労働問題の戦後的解決に関する彼らの——経済理論家としての、ではなく、経済政策家としての——評価は、三〇年代のそれと同じであったはずはないであろう。いずれにしても、労働市場は、すでに二〇年代のランペの問題提起も示していたように、[61] オイケンをはじめとするオルド自由主義エコノミストの理論構成においては、存在と当為の狭間にある最大の要衝であり続けたであろう。すなわち、それは、「経済理論家にとっては、彼の分析がそこで立ち止まり、そうしたものとして受け止めなければならない事実である」と同時に、「経済政策家にとっては、動かしえない所与として受け止める必要はなく、むしろ彼の措置の最適な出発点として、それに働きかけて変化させる対象である」という意味で「与件（die Daten）」[62]に他ならなかったのである。

注

（1）本章は、雨宮昭彦『競争秩序のポリティクス』（東京大学出版会、二〇〇五年）、および同「競争秩序とリベラルな介入主義――ナチズムと新自由主義」（『歴史と経済』第一九一号、二〇〇六年）に基づき、それに論点を追加していることをお断りしておきたい。

（2）Rüstow, A., Aussprache, in: *Schriften des Vereins für Sozialpolitik, Bd. 187, Verhandlungen des Vereins für Sozialpolitik in Dresden 28. und 29. September 1932. Deutschland und die Weltkrise*, F.Boese（Hg.）, München u.a. 1932.

（3）Böhm, F., Eucken, W., Großmann-Doerth, H., Unsere Aufgabe, in: Böhm, F., *Die Ordnung der Wirtschaft als geschichtliche Aufgabe und rechtschöpferische Leistung*, Stuttgart und Berlin 1937; auch, in: Lutz, F., *Das Grundproblem der Geldverfassung*, Stuttgart und Berlin 1936; Eucken, W., Die Überwindung des Historismus, in: *Schmollers Jahrbuch*, Jg. 62, I, 1938. 雨宮『競争秩序のポリティクス』一九八頁以下、二〇〇頁以下。

（4）Bähr, J., "Corporate Governance" des "Dritten Reichs", in: Abelshauser, W., J.-O. Hesse, W. Plumpe（Hg.）, *Neue Forschungen zur Wirtschaftsgeschichte des Nationalsozialismus. Festschrift für Dietmal Petzina zum 65 Geburtstag*, Essen 2004, S. 61.

（5）Maier, Ch. S., The Economics of Fascism and Nazism, in: Ch. S. Maier, *In Search of Stability. Explorations in historical political Economy*, Cambridge University Press, 1987.

（6）雨宮『競争秩序のポリティクス』に対する、『社会経済史学』（Vol. 71, No. 6）所収の藤本建夫氏の書評、とりわけ一一九頁を参照。

（7） Ritschl, A., *Deutsclands Krise und Konjunktur 1924–1934*, Berlin 2002; Ders., Deficit Spending in the Nazi Recovery, 1933–1938: A Critical Reassessment, in: *Journal of Japanese and International Economies*, Vol. 16, 2002; Spoerer, M., Weimar's Investment and Growth Record in Intertemporal and International Perspective, in: *European Review of Economic History*, Vol. 1, 1997; Ders., Demontage eines Mythos. Zu der Kontroverse über das nationalsozialistische "Wirtschaftswunder", in: *Geschichte und Gesellschaft*, Jg. 31, 2005. なお、この最後の論文の「表２：ドイツの労働生産性の対英米比率１９２５〜１９３８年」（S. 424）に誤植がある。一九三二〜三八年の「対英比率」と「対米比率」は右に一列ずつずれ、「対米比率」が欠落することになる。この点については、ホーエンハイム（Hohenheim）大学に研究滞在する三ツ石郁夫氏（滋賀大学）より、著者 Dr. M. Spoerer 氏（同大学経済・社会科学部講師）に直接確認していただいた。記して深謝したい。

（8） Ritschl, A., Deficit Spending, p. 577.

（9） 雨宮『競争秩序のポリティクス』、第一章を参照。

（10） Lampe, A., *Notstandsarbeiten oder Lohnabbau. Kritik der Wirtschaftstheorie an der Arbeitslosenpolitik*, Jena 1927, S. 129. 雨宮『競争秩序のポリティクス』六四、一〇二、一九六、二七三頁を参照。

（11） この立場の要約として、T・リハ／原田哲史・田村信一・内田博訳『ドイツ政治経済学――もう一つの経済学の歴史』ミネルヴァ書房、一九九二年（Riha, T., German Political Economy, MCB University Press, 1985）.

（12） Krause, W., *Wirtschaftstheorie unter dem Hakenkreuz. Die bürgerliche politische Ökonomie in Deutschland während der faschistischen Herrschaft*, Berlin 1969; Herbst, L., *Der totale Krieg und die Ordnung der Wirtschaft. Die Kriegswirtschaft im Spannungsfeld von Politik, Ideologie und Propaganda 1939–1945*, Stuttgart 1982; Kruse, Ch., *Die Volkswirtschaftslehre im Nationalsozialismus*, Freiburg i.Br. 1988; Haselbach, D., *Autoritärer Liberalismus und Soziale Marktwirtschaft. Gesellschaft und Politik im Ordoliberalismus*, Baden-Baden 1991.

（13） Lehmbruch, G., The Institutional Embedding of Market Economies: The German "Model" and Its Impact on Japan, in: W. Streeck, K. Yamamura, *The Origins of Nonliberal Capitalism. Germany and Japan in Comparison*, Cornell University Press: Ithana and London 2001.

（14） 村上淳一『ドイツ市民法史』東京大学出版会、一九八五年。

(15) Ambrosius, G., Das Wirtschaftssystem, in: W. Benz (Hg.), *Die Geschichte der Bundesrepublik Deutschland*, Bd. 2: Wirtschaft, Frankfurt/ M 1989.

(16) K・トライブ／小林純・手塚真・枡田大知彦訳『経済秩序のストラテジー――ドイツ経済思想史一七五〇―一九五〇』ミネルヴァ書房、一九九八年、二七四頁。

(17) 本章、第4節、および雨宮『競争秩序のポリティクス』第五章参照。

(18) Abelshauser, W., Die ordnungspolitische Epochenbedeutung der Weltwirtschaftskrise in Deutschland: Ein Beitrag zur Entstehungsgeschichte der Sozialen Marktwirtschaft, in: D. Petzina (Hg.), *Ordnungspolitische Weichenstellungen nach dem Zweiten Weltkrieg*, Berlin 1991.

(19) Buchheim, Ch., J. Scherner, Anmerkungen zum Wirtschaftssystem des "Dritten Reichs", in: Abelshauser, W., J.-D. Hesse, W. Plumpe, *a. a. O.*, 2004.

(20) Schneider, J., Von der nationalsozialistischen Kriegswirtschaftsordnung zur sozialistischen Zentralplanung in der SBZ/ DDR, in: J. Schneider, W. Harbrecht (Hg.), *Wirtschaftsordnung und Wirtschaftspolitik in Deutschland (1933-1993)*, Stuttgart 1996, S. 11.

(21) Bähr, J., *a. a. O.*

(22) Nolte, P., *Die Ordnung der deutschen Gesellschaft. Selbstentwurf und Selbstbeschreibung im 20. Jahrhundert*, München 2000, S. 296.

(23) Beckerath, E. v., Wirtschaftsverfassung des Faschismus, in: *Schmollers Jahrbuch*, Bd. 56, 1932, S. 361f. 一九三〇年代ナチス期に、オルド自由主義エコノミストが発展させた通貨制度構想は、一九二〇年代の様々な試み（公開市場操作、金為替本位制、ケインズによる金現送点との取り組み、国際中央銀行プランなど）を批判して、自由競争市場の経済秩序と対応する通貨制度として金本位制のシステムを構築することであったが、この構想も、第一次世界大戦前の通貨システムである古典的な金本位制の分析が基準となっていた。次を参照、Lutz, Friedrich A., Goldwährung und Wirtschaftsordnung, in: *Weltwirtschaftliches Archiv*, Bd. 41, 1935.

(24) 関連して、網谷龍介「戦後西ドイツにおける『新秩序』構想とその挫折」(1)『国家学会雑誌』第一一〇巻五・六号、一九九七年；野田昌吾『ドイツ戦後政治経済秩序の形成』有斐閣、一九九八年、を参照。

(25) Nolte, P., Einführung: Die Bundesrepublik in der deutschen Geschichte des 20. Jahrhundert, in: *Geschichte und Gesellschaft*, 28. Jg., Heft 2, 2002.

(26) H・ヘラー「権威的自由主義?（一九三三年）」（同、今井・大野・山崎訳『国家学の危機』一九九一年、所収）。

(27) Lehmbruch, *a. a. O.*, p. 79ff.

(28) Meier-Rust, K., *Alexander Rüstow. Geschichtsdeutung und liberales Engagement*, Stuttgart 1993, S. 50.

(29) Rüstow, A., *Soziologische Bemerkungen zur deutschen Verfassungsgeschichte, Juni 1924*. Typoskript, Nachlaß Alexander Rüstow, Nr. 242（N 1169, Rüstow/242）, Bundesarchiv Koblenz, 1924.

(30) Eucken, W., Staatliche Strukturwandlungen und die Krisis des Kapitalismus, in: *Weltwirtschaftliches Archiv*, Bd. 36, 1932. オイケンおよびリュストウの「マニフェスト」の詳しい内容については、雨宮『競争秩序のポリティクス』第三章を参照。

(31) Rüstow, *a .a. O.*

(32) Müller-Armack, A., *Entwicklungsgesetze des Kapitalismus*, Berlin 1932, S. 126f.

(33) Blasius, D., *Carl Schmitt. Preußischer Staatsrat in Hitlers Reich*, Göttingen 2001.

(34) Löffler, B., *Soziale Marktwirtschaft und administrative Praxis. Das Bundeswirtschaftsministerium unter Ludwig Erhard*, Stuttgart 2002, S. 48f.

(35) Beckerath, *a. a. O.*

(36) Böhm, F, *Die Ordnung der Wirtschaft als geschichtliche Aufgabe und rechtschöpferische Leistung*, Stuttgart und Berlin, 1937. 本節での引用はすべて同書からのものである。雨宮『競争秩序のポリティクス』第四章を参照。

(37) Miksch, L., *Wettbewerb als Aufgabe. Grundsätze einer Wettbewerbsordnung*, Stuttgart und Berlin 1937.

(38) Möller, H., Ordnung der Wirtschaft: Bemerkungen zu Schriftenreihe "Ordnung der Wirtschaft", in: *Archiv für mathematische Wirtschafts-und Sozialforschung*, 5. Bd, 1939.

(39) Möller, *a. a. O.*, S. 133.

(40) Möller, *a. a. O.*, S. 132.

(41) Miksch, *a. a. O.* 本節の引用は同書による。雨宮『競争秩序のポリティクス』第五章を参照。

(42) Stackelberg, H. v., *Marktform und Gleichgewicht*, Wien und Berlin 1934.（大和瀬達二・上原一男訳『寡占論集』至誠堂、

一九七〇年、所収)。

(43) Miksch, Wettbewerb als Aufgabe, 2. Auflage, Godesberg 1947, S. 211. 四〇年代初頭におけるオイケンの同様な見解については、雨宮『競争秩序のポリティクス』二七一頁を参照。

(44) Miksch, *a. a. O.*, S. 105. 田野慶子『ドイツ資本主義とエネルギー産業』(東京大学出版会、二〇〇三年)二三七頁。

(45) Lampe, A., *Notstandsarbeiten oder Lohnabbau.* 雨宮『競争秩序のポリティクス』第一章第三節を参照。

(46) Miksch, Möglichkeiten und Grenzen der gebundenen Konkurrenz, in: Schmölders, G. (Hg.) *Der Wettbewerb als Mittel volkswirtschaftlicher Leistungssteigerung und Leistungsauslese, Schriften der Akademie für Deutsches Recht*, Heft 6, Berlin 1942.

(47) Eucken, W., Wettbewerb als Grundprinzip der Wirtschaftsverfassung, in: Schmölders (Hg.), *a. a. O.*『競争秩序のポリティクス』第六章第三節を参照。

(48) Emge, C. A., Aus der Arbeit der Akademie für Deutsches Recht im Jahre 1941, in: *Zeitschrift der Akademie für Deutsches Recht*, 8. Jg., Berlin, 1. Dezember, 1941, Heft 22/23, 1941.

(49) Eschenburg, Th., *Geschichte der Bundesrepublik Deutschland, Bd. 1, Jahre der Besatzung 1945–1949*, Wiesbaden 1983, S. 422.

(50) Blumenberg-Lampe, Ch., *Das wirtschaftspolitische Programm der "Freiburger Kreis". Entwurf einer freiheitlich-sozialen Nachkriegswirtschaft. Nationalökonomen gegen Nationalsozialismus*, Berlin 1973.

(51) 石見徹『世界経済史　覇権国と経済体制』東洋経済新報社、一九九九年、一二三頁。

(52) Böhm, F., Der Wettbewerb als Instrument staatlicher Wirtschaftslenkung, in: Schmölders (Hg.), a. a. O.『競争秩序のポリティクス』第六章第二節を参照。一九三一年の信用危機で為替管理が導入された後、通商政策のいっそうの困難化にともなって、一九三四年には、原材料管理のための監督局(Überwachungsstellen)が設立されるが、一九三九年に公刊された次の博士論文でも、それが、経済の構造変化を意味するのではなく、窮状の除去を目的とした過渡的性格の必要な補助手段であると位置づけられている。Barthel, J., *Tätigkeit und Wirkung der Überwachungsstellen*, Diss., Berlin 1939, S. 128.

(53) Volkmann, H.-E., *Ökonomie und Expansion. Grundzüge der NS-Wirtschaftspolitik*, München 2003, S. 174.

(54) 西牟田祐二「第二次世界大戦期の国際決済銀行」(1)、(2)、(3)『経済論叢』(京都大)第一六一巻第二号、第一六一巻第三

号、第一六一巻第五・六号、一九九八年；Förster, S. *Die deutsche Kriegswirtschaft und die Schweiz 1943-1945. Bedeutung der Schweiz als Handelspartnerin und Warenlieferantin*, Berlin 1998. ＢＩＳの戦後構想については、矢後和彦「戦後再建期の国際決済銀行――ペール・ヤコブソンの軌跡から」（秋元英一編『グローバリゼーションと国民経済の選択』東京大学出版会、二〇〇一年、所収）。

(55) 永岑三千輝『ホロコーストの力学――独ソ戦・世界大戦・総力戦の弁証法』青木書店、二〇〇三年、関連年表二頁。

(56) Frank, H., *Im Angesicht des Galgens*, München-Gräfelfing 1953, S. 386.

(57) Overy, R. J., *War and Economy in the Third Reich*, Clarendon Press: Oxford, 1994, p. 343ff. オヴァリー説を批判し、航空機産業における生産合理化の開始を一九三八年に求めた最新の実証研究として、Budrass, L., Scherner, J. and Streb, J., *Demystifying the German "Armament Miracle' during World War II. New Insights from the Annual Audits of German Aircraft Producers*. Economic Growth Center Yale University Discussion Paper 905, 2005. ただし、この合理化過程においても、契約タイプの選択をめぐってプリンシパル・エージェント・モデルという市場指向的枠組みが有効と見なされている点には注意を要する。なお、ミュラー＝アルマックらとナチズムの関わりについての、ドイツで出版された最新の研究として、Ptak, Ralf, *Vom Ordoliberalismus zur Sozialen Marktwirtschaft. Sationen des Neoliberalismus in Deutschland*, Opladen 2004, S. 62ff.

(58) Blumenberg-Lampe, Ch., *Der Weg in die Soziale Marktwirtschaft. Referate, Protokolle, Gutachten der Arbeitsgemeinschaft Erwin von Beckerath 1943-1947*, Stuttgart 1986, S. 387ff.『競争秩序のポリティクス』二七五頁、注41。

(59) 雨宮『競争秩序のポリティクス』二七三頁以下を参照。

(60) 共同決定法に対するベームの立場については、村上淳一『ドイツ市民法史』三三一、三五〇頁。なお、一九二〇年代ドイツで生成した経済政策の社会民主主義的選択肢は、三〇年代の新自由主義的選択肢とともに、一九四八年以降の西ドイツにおいて、「競争を経済的調整原理として承認するとともに、市場順応的である限りで再分配政策・景気政策の目標を受け入れる」とされる「社会的市場経済 Soziale Marktwirtschaft」のなかで復活することになる。しかし、このコンセプトは、それだけでなく、さらに多くの「改革主義的諸論説」を統合した「折衷的な論説連合 die eklektische Diskurskoalition」(Lehmbruch)、いわばマジックワードであって、新自由主義の流れだけでは理解できない、遥かに多くの要求や含意を担っている点には注意が必要である。引用は、Berghahn, Volker R. Sigurt Vitols (Hg.), *Gibt es einen deutschen Kapitalismus?*,

Frankfurt/New York 2006, S. 94. また、雨宮『競争秩序のポリティクス』一五頁以下、とくに一六頁注18、（社会民主主義の論説に関しては）二七頁以下。「社会的市場経済の同床異夢性」については、野田昌吾『ドイツ戦後政治経済秩序の形成』一八〇頁を参照されたい。したがって、ヴェルナー・アーベルスハウザーの次のような評価が現れてくることにもなる。「社会的市場経済について、各人は、各々が望むものを思い描いてよいのであって、〔五〇年代西ドイツにおける〕『経済の奇跡』の因果的説明にはあまり役に立たない。今日では、その政治的価値評価には逆説的な変化が起こっている。すなわち、自由主義者は、ますますそれから離れていくが、それはいっそう急進的でネオリベラルな改革を訴えるためである。それに反して、社会的市場経済は、以前はその敵に属していたドイツ経済政策の、どちらかというとプラグマティックな諸勢力にますます好評を得ている」、と。アーベルスハウザー／雨宮昭彦・浅田進史訳「連続性の再建――一九四五年以降のドイツ経済史の栄光と悲惨」『公共研究』第三巻第一号、二〇〇六年、一〇六頁。ネオリベラルの収斂化圧力に抗した「資本主義の多様性」とその意義が――最近ますます――強調され、ドイツでは、実証的にも、共同決定制や長期的企業金融システムを含む――シェアホルダー価値をも埋め込んでハイブリッド化した――団体調整的（コーポラティーフな）コーポレート・ガバナンスの再編とそのメリットが、最新の国際的文脈の中で明らかにされている（Vitols, S., Die eigene Stärke erkennen, in: *Handelsblatt*, Nr. 236, 6. 12. 2005）。こうしたなかで、いわば「新自由主義の多様性」をめぐる議論と、新自由主義とは異なった系譜を有しそれとはしばしば対抗関係にさえある社会民主主義やコーポラティズムのような諸要素とも密接に関わる「資本主義の多様性」論との関わりは、「社会的市場経済」の政治的評価をめぐる今日の「逆説的な変化」やドイツにおける共同決定制をめぐる論争を考慮するならば、予想を超えて複雑であるように思われる。

(61)　本章第1節第1項を参照。

(62)　Eucken, W., *Die Grundlagen der Nationalökonomie*, Jena 1940, S. 187.（大泉行雄訳『国民経済学の基本問題』実業之日本社、一九四三年、二八一頁）。Eucken, W. *Grundsätze der Wirtschaftspolitik*, 6. Aufl., Tübingen 1990, S. 278.

第4章 アメリカ新自由主義の系譜——ニューディール金融政策と初期シカゴ学派——

須藤 功

はじめに——初期シカゴ学派と金融政策——

アメリカにおける「新自由主義」あるいは「ネオリベラリズム」の系譜をたどろうとすると、一九三〇年代の初期「シカゴ学派」と何処かで出会うことになる。[1] 第二次世界大戦後に本格的に始動する新自由主義の思想的・理論的な拠点として一九四七年、アメリカ、イリノイ州法に基づいて「モンペルラン協会」が創設されたが、その創設時のメンバーにはアーロン・ディレクター（法科大学院）やフランク・ナイト（経済学部）が、また戦後の「アングロサクソン（あるいはアメリカ）」型新自由主義において指導的役割を担ってきた若きミルトン・フリードマン（一九四六年にミネソタ大学から経済学部へ）も名を連ねるなど、シカゴ大学はまさにその中心に位置したからである。[2]

しかし、一九三〇〜四〇年代のシカゴ学派は、フリードマンやジョージ・スティグラー（ブラウン大学、一九五八年からシカゴ大学へ）らが指導者として登場した一九六〇年代以降のそれとはやや異なる特徴を示していた。フリードマンらは①私企業の活動を重視し、②市場機能に格別に高い評価を与え、そして③政府の役割を限定した。それに対して草創期のシカゴ学派は多様性を残し、またこの学派の「始祖」とされるナイトに着目するならば、市場システムに対する鋭い批判者として、「ラディカル・エコノミスト」としての側面さえもっていた。フリードリッヒ・ハイエクとは違って、ナイトは「競争的な経済秩序が人格を形成していくという筋書は倫理的思想からは程遠い」として、市場システムの「倫理的基盤」を否定していた。市場システムが「自然に独占に向かう」ことへの批判は戦後派と共通するようであるが、ナイトの最大の市場システム批判は「生産性の倫理」に向けられた。すなわち、市場による所得分配には何らの倫理的正統性もなく、「市場システム内で累積的プロセスが作用する結果、分配は次第に悪化する」と見た。だが、初期のシカゴ学派も市場システムの改革には保守的な立場を共有している。「代替的な諸制度が、現在の市場制度よりも倫理的に〝ずっと悪い〟かも知れないとのナイトの政治認識はハイエクとも共通し、民主主義的な「競争的政治体制」への危惧も自由企業の競争的経済体制が本来的には独占を目指すことへのそれと類似していたからである。(3)

通貨金融政策でもフリードマン以前と以後のシカゴ学派には連続面と断絶面が見られた。「金融政策に関する政府の中立性」を主張する点では、シカゴ・マネタリストの創始者ヘンリー・サイモンズとフリードマンとの間には連続性があった。H・ミラーによれば、彼らは財政金融当局の「裁量」よりも「ルール」を強調した。フリードマンは商業銀行の法定準備率を一〇〇％に高めること、連邦準備銀行による加盟銀行貸出や準備率操作を廃止し、公開市場操作を年四％の規則的な貨幣供給増加率の維持に限定することを提案するが、この点ではシカゴ学派に変化は見られない。(4) 実際、サイモンズは二七年前に同様の提案をしていた。すなわち、民間預金銀行の部分準備制度の廃止と完全に同質的な国民通貨の発行、そして（広い裁量権を持たず、法律に基づく明示的なルールで）貨幣供給量を管理する連邦通貨局の創設を提唱していたのである。(5)

他方、景気循環に対する貨幣政策の有効性に関しては意見の不一致がある。ナイトの学生であったドン・パティンキンによれば(6)、一九三〇年代を通してサイモンズは「物価水準安定化のために通貨量を調節する反循環的政策」の展開とその財政政策への拡張を試み(7)、ナイトは景気循環を引き起こす貨幣的攪乱の重要性を認め、ジェイコブ・ヴァイナーもまた金融当局の裁量的措置に好感をもっていた。フリードマン以前の初期シカゴ学派にとって、ケインズ的主張は格別の新鮮味はなかった。これに対してフリードマンは、政策当局の裁量権に対する多様な圧力の実態と問題点とを示して、循環的な要請のある場合でもなお、貨幣ストックの増加率を変更することなく一定の年率で増加させるべきことを強調した(8)。それゆえ、初期シカゴ学派の政策原理はフリードマンによって純化されたともいえる。

ところで、商業銀行預金に対する「一〇〇％準備」案はシカゴ学派が一貫して主張してきたものであるが、これは一九三三年、ナイトらシカゴ大学グループがローズヴェルト政権に提言し（それゆえ、「シカゴ・プラン」とも呼ばれる）、連邦準備制度の金融政策担当者に影響を与えた。一〇〇％準備案が実現することはなかったとはいえ、シカゴ学派にとってその重要性は高く、戦後の新自由主義者らの拠点となったモンペルラン協会の設立総会（一九四七年四月）では、一〇項目の議題の一つとして取り上げられ、討議されることになった(9)。したがって、戦後アメリカにおける新自由主義の系譜をたどろうとする場合、われわれはどうしても初期シカゴ学派と金融政策との関係に着目し、従来は「ケインズ政策」の形成過程として捉えられてきた一九三〇年代後半の連邦準備政策の再検討を試みなければならない。これが本章の課題である。

連邦準備制度理事会議長エクルズは、通説的にはケインジアンで、「スペンダーズ」（赤字財政による景気回復論者）の主導者と見なされてきた(10)。ところが他方で、一九三七年不況以降は反インフレ的連邦準備政策の推進者として、連邦準備制度による独自の戦後政策構想（＝インフレなき完全雇用）を推し進めてもいた。そうした金融政策構想は連邦議会を巻き込んで、一九四〇年には上院銀行通貨委員会（委員長ロバート・ワグナー）による「全国銀行通貨政策」に関する包括的な調査が開始された。連邦準備制度は管理通貨制度の管理主体として自らを認識する一方、他方で通貨金融政策の諸手段と銀行制度のあり方に重大な問題点を認識していたのである(11)。

そこで本章は、マリナー・エクルズの連邦準備制度改革と金融政策、また戦後金融政策構想が彼の金融アドバイザーであったラクリン・カリーの理論的裏づけのもとに立案されたこと、しかもカリーはシカゴ学派のマネタリズムの影響を強く受けていた点に着目する。そして大恐慌以降の連邦準備政策を具体的・実証的に検討するなかで、一九三五年銀行制度改革におけるカリーの役割、何よりも金融政策の課題が「一〇〇%準備」や「全銀行統合」という改革構想として出現する過程を跡づける。以下、第1節ではシカゴ学派の一〇〇%準備案と比較しつつ、ローズヴェルト政権にコミットする以前にカリーが構想した通貨金融制度改革案を示す。第2節では一九三五年銀行法制定に際してのカリーの役割を、第3節では一九三七年不況後における連邦準備制度による通貨金融政策に関する改革構想を、一〇〇%準備案に焦点をあてつつ考察する。そして第4節では、カリーらの一〇〇%準備構想が連邦準備制度や財務省、各州銀行局や銀行家団体などに如何に受け止められたのかを、ワグナー委員会調査資料から探ってみることにする。

第1節　シカゴ学派とカリーの金融制度改革構想

(1)　シカゴ学派の「一〇〇%準備」案

未曾有の金融恐慌がアメリカ全土を襲い、ローズヴェルト大統領や議会が預金金利規制や連邦預金保険制度の導入など一連の金融制度改革に追われていた一九三三年三月一六日、フランク・ナイトらシカゴ大学の研究者グループは農務長官ヘンリー・ウォーレス宛ての手紙に添えて、ある金融制度改革に関するメモを提出した[12]。それは、すべての商業銀行の預金に対して一〇〇％準備を要求し、部分準備制度にもとづく銀行の信用創造機能を否定するきわめて大胆な内容であった（一般に「シカゴ・プラン」または「一〇〇％準備案」と呼ばれる）。

このプランの概要を示せば、以下のようになる。

(1)　連邦政府は、速やかに連邦準備銀行の実際の所有権と管理権を行使する。
(2)　連邦準備銀行は、一九三三年三月三日（＝モラトリアム以前）に営業していた全加盟行の預金を保証する。
(3)　加盟行預金者への支払に必要な額の連邦準備券を発行する。
(4)　連邦準備券は完全な法貨とする。
(5)　連邦準備銀行・復興金融公社の融資、モラトリアムあるいは支払制限によって、非加盟銀行を救済する。
(6)　（略）
(7)　新しいタイプの金融機関（①小切手・要求払預金だけを受け入れ、②法貨または準備銀行預金で一〇〇％準備を保有する、③預金および資金移動の排他的機関）の創設を許可する。
(8)　投資信託および貯蓄銀行の機能を担う別個の金融機関の創設を許可する。
(9)　「これら恒久的改革案の主たる目的は、現在の商業銀行の預金と貸付の機能を異なる法人形態にすることで、完全に分離することにある。要するに、典型的な銀行は二つの別個の法人、すなわち預金銀行と貸付会社に分解される。預金銀行は資金（小切手）の預託所や移転機関として排他的に機能し、収益はサービス料のみから得られる。他方で、貸付会社は短期の貸付・割引・引受の業務に従事し、要求払預金の受入れや短期信用の供与も禁止される。……ゆえに、他の法人と同様、株主（また社債保有者）が投資した資金だけを貸付・投資する立場に立つ。

(10) 財政・通貨政策によって卸売物価を一五％引上げる。

(11) 一五％を超える物価上昇を阻止する。

(12) 金に関して次の措置を講ずる。①金の自由鋳造の停止、②金輸入の絶対禁止、③民間金輸出の禁止、……。これらの「措置は目下の緊急事態に対応し、銀行問題に恒久的解決策を提供し、生産と雇用の著しい改善をもたらすものと思う。だが、これらを採用してもなお直面する一つの重要な問題、すなわち長期の通貨管理の問題を残す。われわれのグループには何が最善の政策かをめぐって見解の相違がある。ある者は流通手段の総量の安定を重視し、またある者は期間ごとの総「通貨流通量」（ＭＶ）の安定、より複雑な公式（例えば一人当たり「通貨流通」の安定）を重視する。だが、長期の問題は先送りしてかまわない。

一〇〇％準備案は、シカゴ学派にとって「投資の方向に対する政治的管理が増大する危険」を最小限にしようとする意図もあった。(13) しかし、主たる目的は目に余る景気変動の除去にあった。すなわち、部分準備制度による銀行の信用創造機能を停止して、決済機能を担う一〇〇％の預金準備を有する「預金銀行」と純粋なる「貸付会社」に区分することで、預金の保証と通貨供給量の一元的管理を実現しようとしたのである。ウォーレスはローズヴェルト宛書簡のなかで、ウィリアム・ウッディン財務長官とともにシカゴ・プランを真剣に検討するよう助言した。すなわち、物価引上げ幅は二〇～二五％にすべきであるが、連邦準備制度の公開市場操作の集中は重要であり、「決定的に重要なことは、中央銀行、外国為替、一般物価水準に関する権限を、過去に見られたごとく、地方銀行の利潤といった利己的な事柄に関与する者にではなく、広く国民的利益や物価安定に関与する者の手に付与することである」と。(14)

シカゴ・プランは大統領のブレーン・トラスト、レクスフォード・タグウェル（農務次官補）やブロンソン・カッティング上院議員（進歩党）らの支持を得た。[15]しかし、連邦議会では一九三三年銀行法案の審議が始まっており（六月一六日成立）、代わって法案には預金金利規制の導入、銀行業務と証券業務の分離、そして連邦預金保険制度の暫定的導入が盛り込まれていた。シカゴ・プランはこれらの規制を回避するための、また「大銀行による小銀行の支配を意味すると考えて、ローズヴェルトがひどく反対した支店銀行制」に対する決定的な代替案であった。シカゴ学派も結果的に預金保険制度を支持したが、それは根本的改革へ向けての一時的手段にすぎなかった。[16]シカゴ学派が提起した一〇〇％準備という極めてラディカルな金融制度改革プランがローズヴェルト政権で如何に処理され、またカリーら政策担当者らにいかなる影響を及ぼしたのか、以下で検討しよう。

(2)　ラクリン・カリー――ケインジアンかマネタリストか？――

カリーはロンドン大学卒業後、ハーバード大学大学院で博士号を取得し、ハーバード大学教員から財務省と連邦準備局に勤務した後、三六歳の若さでローズヴェルト大統領の経済顧問に就任した。しかし、ローズヴェルトの死後、ＩＭＦ体制構築を主導したハリー・デクスター・ホワイトらとともにマッカーシズムの餌食となり、[17]その後は世界銀行での経済開発調査を契機にコロンビア政府のエコノミストに転進して、生涯を経済開発の研究と実践に捧げた。ホワイトハウスでは社会保障から経済計画や経済外交まで多様な領域を担当したが、彼の伝記や重要文書を公刊したサンディランズの研究からも、[18]カリーがホワイトハウスで通貨金融政策に直接に関与した事実を窺い知ることはできない。しかし、カリーが連邦準備制度において提起した改革構想は継続して議論の対象であった。

広くニューディール期の経済政策に関して、カリーは二つの相異なる文脈――すなわちケインジアンとマネタリスト――において高く評価されてきた。第一に、ハーバート・スタインやバード・ジョーンズが指摘したように、[19]アメリカにおけるケインジアンの先駆者として、カリーは赤字財政による景気刺激策を主張した。一九七一年一二月、二ユーオーリンズで開催されたアメリカ経済学会第八四回年次大会の「ケインズ革命とそのパイオニアたち」と題するセッションでアラン・スウィージーは、カリーがハーバード大学講師であったときからすでに、「拡張的財政・金融政策」の支持者であったと強調している。[20] また同じセッションの討議で、カリーは次のように回顧している。「われわれの仕事を回顧するにあたって留意すべきことは、われわれがプラグマティストで、すこぶる政策重視であったことです。わたしの場合、理論的アプローチに関しては、一九二二～二五年のロンドン・スクール・オヴ・エコノミックス（LSE）ではケインズの影響を受け、大恐慌の最中のハーバード大学では財政政策に関する（主流派とは）異なる見解を密かに習得し、ワシントンでの大半は説得と、すでにほぼ確立し、また受容され、実施されている知見を得るための技術の習得と実践に費やしたのです」。[21] カリーは恐らく、ワシントンの「スペンダー」たちの知的指導者、「ケインズ経済学の分野におけるもっとも有能な独立アナリストの一人」であった。[22]

第二に、カリーの貨幣理論と通貨金融制度改革構想は、マネタリストの影響も受けていた。一九七〇年代前後から、カリーは実際のところ、大恐慌に際しての連邦準備政策の失敗を強調するフリードマンやシュウォーツらの先駆者であったとの評価が出現した。[23] さらにロニー・フィリップスは、本章でも注目する「一〇〇％準備」に関する「シカゴ・プラン」に、カリーらローズヴェルト政権が積極的に関与した事実を明らかにしている。すなわち、シカゴ大学の経済学者らは部分準備制度に基づく通貨供給（＝預金銀行の信用創造）を禁止する「シカゴ・プラン」の採用をローズヴェルト政権に働きかけたが、カリーが推進した改革構想は「支店銀行制を拡げうるとの提案を除けば、シカゴ・プランと本質的には同じであった」。[24]

カリーの理論はケインズとは逆に貨幣数量説への後退であると、早くから指摘していたのは塩野谷九十九であった。カリーの「銀行の貨幣的理論」とヘンリー・ウィリスらの「商業貸付理論」（＝真正手形主義）との対立は、かつての通貨主義と銀行主義との対立として眺めることも可能である。旧来の論争との相違は、旧通貨主義が数量調節の対象を銀行券のみに求めたのに対してカリーが「預金通貨」を想定し、また旧通貨主義が通貨統制を金本位制の持ついわゆる自動的な自己調節作用に依拠したのに対してカリーが「支払準備の人為的統制」に求めた点にある。ウィリスはカリーが拒否しようとした商業貸付理論の代弁者であったが、商業貸付理論の崩壊は如何ともしがたく、現実は完全にそこからの乖離を成し遂げた(25)。

しかしながら、カリーをケインジアンかマネタリストかの二者択一で評価することは必ずしも適切ではない。高山洋一によれば、「フィッシャーもケインズも、貨幣数量説に基づく管理通貨を提唱し、自由放任に代り、中央当局すなわち中央銀行と国家が一体となった貨幣・信用統制ないし貨幣政策の責任」を提起した。また「カリーもエクルズも、多かれ少なかれ、かかる管理通貨論に同意し、アメリカの現実に即して理論と政策を提言」したからある(26)。

さらに、拡張的財政政策の役割を強調する一方で、カリーは金融政策の重要性を提起した。公開市場政策や準備率政策における連邦準備制度理事会の果たす役割を認識し、そのための制度改革を主張した。カリーに対する多様な評価は、一方では、近年の研究が着目するように、ケインズとシカゴ学派の双方の学問的影響を受けたこと、他方では、高山が示唆するように、カリーの理論が連銀の政策的課題とともに変遷したことに由来するであろう。

カリーが遺した重要史料集を編纂するなかでロジャー・サンディランズは、一九三九年夏までの連邦準備制度理事会勤務期間中に限ってではあるが、ケインジアン的側面とマネタリスト的側面を併せ持つ彼の通貨金融論を、政策実務家としての側面を併せて概括的に紹介した(27)。カリーは拡張的財政政策を強調しつつもインフレーションの回避を重視して、国債発行ではなく財務省内の不胎化された金の解放によるべきであると主張した。ホワイトハウスに異動する直前の一九三八年夏、カリーは一〇〇％準備に関する覚書を用意して、通貨政策が財務省の不胎化政策と連銀の準備率政策に分散していることから派生する問題、二元銀行制度や単一銀行制度による銀行構造の弱体性の問題を解決しようとしていた。

連邦準備制度の指導者マリナー・エクルズの政策アドバイザーであるカリーの金融政策認識は、通貨・信用制度の中央集権的管理の強化を追及するものであり、アメリカ金融政策におけるネオリベラリズムの重要な源流の一つをなすものであった。

(3) カリーの通貨金融制度改革プラン

一九三四年後半以降、連邦準備制度はいわば「ケインジアン勢力の主要センター」となり、その中心には理事会議長エクルズと彼の顧問であるカリーがいた。当時のハーバード大学の有力者たちにとってケインズ経済学は異説で、カリーの昇進を妨げるものであったことから、後述するように、ジェイコブ・ヴァイナーからの財務省への誘いを早々に決断したとされる(28)。

ところが、カリーはケインジアンとは異なる学派、すなわちマネタリストの影響をも受けていた。ハーバード大学時代の一九三二年一月にホワイトらと執筆した不況対策に関する文書によれば、カリーらは一方で連邦政府による全国的規模での公共事業を即座に開始すべきこと、しかもその原資は租税ではなく国債発行によるべきことを主張した。他方で、連邦準備銀行による大規模な公開市場買い操作によって流動性を供給(=通貨供給を拡大)し、加盟銀行の国債購入の促進と債券市場の復興を図るべきであると強調した(29)。デビッド・レイドラーらはここに「クラウディング・アウト」に関する初期の政策的認知と、ケインジアンとは異なる「貨幣数量とその流通速度」への関心を読み取っている(30)。

カリーは一九三四年に『合衆国における貨幣の供給と管理(31)』を公刊しているが、わが国では「貨幣数量説」の立場から通貨統制論を展開したものとして早くから着目されてきた。先述のように、塩野谷はきわめて早くから本書を包括的に紹介し、高山は物価の安定を手段として景気の回復、雇用の増大、産業の復興を課題とする、アメリカ的管理通貨制度論の理論と政策を提言したものと位置づけている[32]。本章の関心はカリーの貨幣理論の検討ではなく、連邦準備政策の具体的課題を歴史的に位置づけることにあるため、ここではカリーが一九三五年銀行法成立に際して問題にした論点を簡潔に示すに留める。

カリーは景気の安定化を目的に、銀行貸付の性格ではなく国家の貨幣供給の管理のあり方を問題とした。「商業貸付理論（commercial loan theory of banking）」――通貨供給は実際の商取引に基づく商業手形の割引・再割引によるべきとする、いわゆる真正手形主義（real bill doctrine）[33]――に依拠した連邦準備政策は受動的にすぎなかった。しかし、預金を主要通貨とする国では、銀行券の需要は大部分が消費者によって決定され、ビジネスの短期貸付の必要とは何の関係もない。しかも、大企業の証券発行による資本調達が商業貸付の長期的減少傾向を誘発している事実からみても、商業貸付理論による弾力的な通貨供給は不可能である[34]。

政府はもっとも適切（弾力的）に貨幣供給を管理するには、すべての通貨――銀行券と小切手用預金（要求払・当座預金）の両者――を直接政府が発行し、銀行その他金融機関はあらかじめ決められた貨幣ストックの貸付に専念することである。しかし、これは理想論であって、現在のところ実際的ではない。そこで、管理機関として「支店を有する単一の中央銀行」の設立、これが無理ならば、通貨供給機構の国有化に代えて準備率政策や公開市場政策などの中央銀行政策立案の権限と責任とを連邦準備局に集中する必要がある[35]。その際、国法銀行から（準備率規制の緩い）州法銀行への預金のシフトによって自動的に貨幣供給が増加することのないよう、国法銀行・州法銀行など銀行の区分にかかわらず、要求払預金の必要準備は最低限の水準で統一しなければならない。また、既存の単一銀行制度から全国的支店銀行制度への転換、小切手用預金を取り扱う全銀行の連邦準備制度への加盟を実現することによって、効率的な貨幣供給が可能になる[36]。

カリーは景気循環の各局面で貨幣供給の、したがってまた、必要準備率の裁量的変更を不可欠とみなした[37]。しかし、彼は通貨供給の裁量的管理を担う専門家を政治から完全に独立したテクノクラートとみなしたのではなかった。「現代の政府は通貨管理の責任から逃れることはできず、また通貨政策の良し悪しは有権者を前にする政府の立場に致命的な影響を及ぼすため、運営組織は大統領によって任命されねばならず、そして大統領に最終的責任がある。しかしながら、異なるどの意見が適切であるかの判断は難しい問題」である。そこで、「より広範囲の情報公開が、人事の質と運営組織の意思決定の両者を改善」するとカリーは見た。「政策に関する十分な論議が、専門的エコノミストをして彼らの批判者らに現在よりもっと多くの情報を提供」させる。「情報公開が政策を改善するならば、名声の上昇が後に続く」のである。[38]

第2節　一九三五年銀行法とカリーの役割

(1)　フレッシュマン・ブレーン・トラスト

ヘンリー・モーゲンソーは財務長官に就任すると早々に、ヴァイナーに指示して貨幣理論、財政、金融法の各分野の最高の若い頭脳、いわゆる「フレッシュマン・ブレーン・トラスト」を召集させた。ヴァイナーは反ケインズ革命論者として知られるが、通貨膨張ではなく政府の赤字財政によるインフレ誘導を通じた経済復興を主張し、またフリードマンとは異なり、貨幣供給に関する固定的ルールよりも政策的裁量を重視した。[39]一九三四年七月一日、カリーはハーバード大学で最初の授業（夏期講座）の最中にヴァイナーに招聘され、急遽、代理講師を確保して三カ月間ワシントンに滞在した。その後、さらに財務省に留まることを要請された。滞在延長を認めなかったハーバード大学を辞職して、結局、その後一一年間にわたってワシントンで過ごすことになった。[40]

財務省でカリーは、一九三四年の研究書で提示した萌芽的プランを、要求払預金に対する一〇〇%準備案に発展させることに専念した。その成果は一九三四年九月、報告書メモ「合衆国通貨システムの見直し案」としてモーゲンソーに提出された(41)。

報告書は不況を深刻化させた重要な要因を「通貨システムの運営の失敗」に求め、そしてその背景にある「単一銀行、均一性の欠如、システムの機械的・自動的反応、権限と責任の分散」がデフレーションのプロセスを惹き起こしたと主張した。この根本的解決策として、「通貨の供給と管理の機能を民間の手から取り去り、それを少数の政治的責任をもつ組織」――カリーの「連邦通貨庁（Federal Monetary Authority）」――に代置し、小切手用預金に対する一〇〇%準備制度の導入を提案した(42)。報告書の特徴は、想定されるこのプランへの多様な批判に対して詳細な反論を試みている点にあるが、なかでも通貨管理機構と政府との関係を論じた部分に着目すべきであろう。既述のように、著書では情報公開の重要性を展開したが、報告書ではこれに加えて、「政府所有の中央銀行や政治的に任命される通貨当局」者のインフレ志向を否定する。すなわち、インフレ志向は戦時・戦後期の異常な財政的必要に限られ、その後「しばしば政府はデフレ政策」に乗りだした。アメリカの歴史を見ても、物価下落時を除いて「チープ・マネー」政党――一九世紀後半のグリーンバック党やポピュリスト党を想起させる〔引用者〕――の勢力は弱く、物価上昇が続けば彼らの大衆性は急速に衰えたのである(43)。

(2)　通貨管理の責任と権限――連邦準備制度改革――

一九三四年七月、財務省に到着したカリーは、大統領緊急住宅委員会――後に連邦住宅管理庁（Federal Housing Administration）に発展――に財務省代表として出席していたユタ州の銀行家・投資家エクルズと出会った。エクルズは同年八～九月にモーゲンソー財務長官やフランクリン・ローズヴェルトから、六月に辞任したユージン・ブラックの後任として連邦準備局総裁への就任を打診された。連邦議会選挙終了後の一一月四日、エクルズは八項目に渡るメモ「連邦準備制度管理における望ましい改変」を、事実上の就任の条件としてローズヴェルト大統領に提示した。数日後に、ローズヴェルトはエクルズを指名し、カリーもアシスタントとして連邦準備局に異動した(44)。

このメモの草案は、カリーに作成させたものであった(45)。主要項目を列挙すれば、①「ビジネスの安定を促進する手段として通貨メカニズムを利用するのであるならば、意識的な管理と運営が必要」であること、②「現時点で通貨管理のもっとも重要の役割は、復興計画に関係する緊急融資が必要なときには何時でも利用できるよう〔大統領の――引用者、以下同〕適切な支持を保証」すること、③連邦準備制度は二つの最高位の義務、すなわち復興が「望ましくないインフレ」および「不況」を惹き起こさないこと、④〜⑦連邦準備局に公開市場操作の管理権と各連邦準備局総裁の承認権を付与することで、その権限を強化することであった。こうして、⑧連邦準備銀行の「民間所有と地域的主体性は留保されるが、政策の権限と責任という真に重要な問題は準備局に集中」させることを要望したのである。

大統領との会談では、エクルズはメモにはない点、すなわち連銀再割引適格手形の拡大を強調した。銀行の長期貸付が再割引適格となれば、銀行は民間部門に積極的に利潤のある貸出しをすることが可能になる(46)。逆に、カリーは適格要件の拡大は特に景気の上昇局面で、銀行の「負債に対する嫌悪」を弱め、したがって要求払預金全体に対する管理を危険に晒すとみていた(47)。実際、エクルズ宛の手紙でカリーは、調査統計局長イマニュエル・ゴールデンワイザーのアドバイスを過信する危険(とくに、インフレ)を訴えていた。続けて「収集した情報によれば、彼らは通貨への関心は持っておらず、通貨に関する統計も集めていない。流通速度や所得に関する研究もしていない。彼らの主たる関心は、銀行業務や多様なタイプの銀行資産の性格と動向にある」と進言している(48)。

上述のメモの中心的関心は銀行の総資産・負債(とくに預金)に対する管理にあり、一九三五年銀行法案でエクルズらが上下両院で勝ち取った要点であった。一九三五年銀行法(八月二三日成立)の概要は、次のごとくであった。

①連邦預金保険制度の恒久化（総預金額の一二分の一％の賦課金＝保険料、保険限度額五〇〇〇ドル）、②連邦準備制度理事会による連銀総裁・副総裁の任命、連邦公開市場委員会（各連銀の操作を指図）の設置、③必要準備率の変更（現行準備率の二倍の範囲内――カリーは無制限、すなわち「一〇〇％準備」を要請していた）[49]、④連邦準備銀行の加盟銀行貸付権限の拡大、⑤加盟銀行の定期預金の上限金利、証券貸付、証拠金所要率に対する規制であった[50]。

ここで財務省（および通貨監督官）の連邦準備制度との関係に留意する必要がある。一九三五年銀行法で連邦準備制度理事会の理事の任期は一二年から一四年に延長され、また職権でメンバーであった財務長官と通貨監督官（国法銀行の認可・監督権者）は理事会を離れた。財務長官と通貨監督官の役割はほとんど形式的であったとはいえ、理事会からの排除はカリーの構想にはなかった。エクルズの講演のためにカリーが用意した草稿「通貨管理に対する政府の関係」（一九三五年二月）では、金本位制の維持、為替安定基金、政府預金など多様な領域で通貨供給に影響を及ぼすゆえに、財務長官らは理事会のメンバーであるだけでなく、積極的に協議すべきであるとしている[51]。しかしながら、サンディランズによればエクルズがこれに反対し、シドニー・ハイマンによる伝記では、カーター・グラス上院議員が理事会の政治的独立を主張し、法案の最終段階で職権メンバーが削除された[52]。いずれにしても、これによって財務省と連邦準備制度の通貨金融政策をめぐる問題が解消したわけではなかった。

カリーは、一九三五年前半までは公共支出や民間支出を刺激する直接手段――政府支出の「呼び水効果」――などに関する統計的研究や助言に、一九三五年後半から一九三六年前半は要求払預金の配分と動向に関するパイオニア的研究に従事していた。後者の研究は貨幣の「流通速度」、「流動性選好」、「過剰貯蓄」、「限界消費性向」などの分析用具の活用を意図して、銀行アンケート調査（一九三三年末、一九三五年末）により経済主体別に大規模預金保有者を調査した。この間の要求払預金の増加（一五一億ドル⇒二一九億ドル）の中で、最大の増加は政府の借入と支出プログラム（二七億ドル⇒四一億ドル）によるもので、連銀加盟銀行がその増加分を保有した。新規の銀行借入や資本調達ではなく、販売収入を留保することで企業の要求払預金保有は増大した（六一億ドル⇓七六億ドル）。預金保有の増加は流通速度を低下させるが、政府の継続的支出はこれを相殺した。すなわち、「ビジネスではなく政府がこの時期の回復を誘導し持続させた」と、カリーは主張した。[53]

第3節　一九三七年のリセッションと連邦準備政策の課題

(1)　一九三七年不況と超過準備問題

一九三七年の秋、リセッションがアメリカを急襲した。突然の景気後退は、政府の財政支出政策への批判を再び惹き起こした。連邦政府の赤字財政は「差迫ったインフレーションと将来の増税の恐怖を誘発して、不確実性を招来し」、「四年もの間、われわれは他所の官庁が犯した過ちの負担を背負ってきた」との表現に示されるように、モーゲンソー財務長官のエクルズ批判は特に激しいものであった。[54]

しかし、財務省の外側では、政府支出の減少にリセッションの第一の原因を求める見方が有力であった。カリーのエクルズ宛メモ（一九三八年四月一日付）によれば、「住宅支出や関連政府支出が年四〇億ドルほどであったならば、消費者所得や小売業売上のトレンドは夏の間も上昇し続けたであろう」。しかし、退役軍人に対するボーナス支払がなかったことや、社会保障法施行に伴う租税徴収の超過によって、政府の赤字幅はドラスティックに減少したとの認識に至った。[55] そこで「政府の経済活動の拡大だけが生産と雇用の十分な水準を維持できる」[56]として、エクルズらは歳出のスピードアップに邁進した。一九三七年一一月八日、カリーら三名の専門家は大統領に、政府支出の大幅な減少と住宅課税が建設部門に及ぼす悪影響を説明し、またモーゲンソー財務長官と直接の論争も行った。[57] その後、大統領

表4－1　法定必要準備率の変更とその効果

適用期間	要求払預金（%）			定期預金（%）	超過準備に対する効果（100万ドル）
	中央準備市銀行	準備市銀行	地方銀行		
1917年6月21日～1936年8月15日	13.00	10.00	7.00	3.00	
1936年8月16日～1937年2月28日	19.50	15.00	10.50	4.50	－1,470
1937年3月1日～1937年8月30日	22.75	17.50	12.25	5.25	－750
1937年5月1日～1938年4月15日	26.00	20.00	14.00	6.00	－750
1938年4月16日～	22.75	17.50	12.00	5.00	750

出所："Other Important Banking and Monetary Problems", May 15, 1940, p. 55, in Committee of the Presidents Conference on Legislative Proposals, "Memoranda on Banking and Monetary Problems", George L. Harrison Paper, Binder 80.

は均衡予算論へのふらつきを放棄し、モーゲンソーもまた政府支出の拡大と予算外の支出を刺激するための連邦住宅法修正法案への支持を表明して、一九三八年四月までには政府支出プログラムの転換は確実なものとなった――スタインはこれを「財政革命」と呼んだ[58]。

他方で、カリーは一九三六年末から物価上昇を伴う不健全な発展に注意を向け、銀行の超過準備の水準に不快感をもっていた。一九三五年銀行法を根拠に連邦準備制度は、一九三六年八月から一九三七年五月までの間に三度に及ぶ必要準備率の引上げを行い、その結果、ニューヨークなど中央準備市銀行の要求払預金のそれは一九・五%から二六・〇%に達した（表4－1を参照）。だが準備率の引上げによっても超過準備は解消されず、通貨供給は一九三七年三月末まで増加し続けた[59]。この事態は、カリーにとって重要な危険を孕むものであった。第一に、銀行の超過準備の蓄積が企業・個人預金の増加と流通速度の上昇を誘引して、貨幣供給を急増させてインフレを惹き起こす危険があるからである。そして第二に、企業の要求払預金の増加は銀行の流動性に対する関心を高め、また金利（利回り）の低い定期預金や短期国債などの資産と比較して、より多くの要求払預金の保有へと誘導することになるからであった[60]。

しかし、一九三七年春の必要準備率の引上げによる一五億ドルの超過準備の吸収が金利上昇を導き、信用供給を枯渇させ、リセッションを惹き起こしたとの批判が続出した[61]。この批判に対して、カリーは（エクルズも）連邦準備制度の責任を明確に否定した。一九三六年八月の準備率引上げは通貨インフレーションの「予防手段」であった。その後のヨーロッパからの金流入に対して、財務省は一九三六年一二月二三日以降に購入したすべての金の不胎化を実施した。しかしその効果は十分ではなく、ニューヨーク連銀総裁ジョージ・ハリソンらの反対を押し切って、一九三七年一月末、連邦準備制度理事会は三三 ⅓%の準備率引上げを三月一日と五月一日に分けて実施することを決断した。とくに準備率引上げは銀行の債券売却（債券価格の下落）を惹起したと批判されたが[62]、確かに新準備率を充たすための適切な準備を超えて、多くの銀行が債券を売却し、「必要準備率の引上げは恐らく、上昇相場の終わりのシグナルを超えて作用」した。しかし、通貨政策はコストの上昇や在庫の増加の要因でも、そして住宅建設の減退や政府支出の劇的減少など、「リセッションを誘発したり、また貢献したりした要因」でもない。「一九三七年の三月と五月に行った必要準備率の引上げを遅らせることが完璧に安全」であったろうが、それは一九三七年一月には明らかではなかったし、まったく別の問題[63]」であった。

こうしてカリーら連邦準備制度は、超過準備の管理問題を中心とする通貨政策を本格的に再検討する必要に直面した。一〇〇%準備案がその最もラディカルな方向として、カリーによって再び検討課題として採り上げられることになった。

(2) カリーの「一〇〇%準備」案

エクルズやカリーら「スペンダーズ」がモーゲンソー財務長官らの財政均衡論の呪縛を解き放ったとはいえ、通貨金融政策をめぐる具体的な問題は残されたままであった。すなわち、超過準備問題に象徴的にあらわれたように、通貨金融政策の責任と権限とが、財務省と連邦準備制度とに――あるいは、銀行制度の管轄が連邦政府と州政府とに――分散していることに由来する問題であった[64]。

カリーは通貨金融政策の責任と権限に関しては、一方であくまでも規制機関の間での統合を模索し、他方で銀行の信用創造機能の放棄、すなわち一〇〇％準備による解決も検討していた。一九三八年八月一二日付けの「一〇〇％準備案」と題するメモによりながら、[65]その狙いを見ておこう。カリーによれば、銀行通貨制度の良し悪しは次の三つの基準で検証されるべきである。すなわち、①民主主義的な通貨管理、②統一的な通貨管理の責任と運営、そして③銀行制度の効率性と安全性の達成である。

第一は、通貨管理が公的機関に掌握され、政府のより広い経済目的に調和しているか否かである。通貨当局のあり方に問題はないが、しかし、公開市場委員会における連邦準備銀行の総裁が政府とかなり離れた関係にある（すなわち、民間銀行の代表者としての性格を有する）点で顕著な例外をなす。つまり、通貨の管理と政府の経済政策との間に調和を欠くという重大な危険がある。

第二は、通貨管理の責任と管理権限の分散が効率性に及ぼす問題である。なかでも連邦準備制度理事会と公開市場委員会、さらに財務省との間における権限の分散が最も重要であった。国内通貨管理の中心的手段は加盟行の準備金に対する影響力であるが、これら三機関が共に必要準備と超過準備の量に影響を及ぼしうるからである。とりわけ理事会と財務省の政策に「無限の衝突と妥協の必要性」[66]を惹き起こす。さらに、連邦諸機関や州政府当局に分散した銀行の監督・検査が主要な通貨政策に関して協調性を欠くと、政策効果を相殺してしまう危険性がある。

第三は、銀行制度が単一の機関の下で効率的な通貨管理、借り手の必要性、そして預金者の安全性を充たしているか否かであるが、これは現在に至るまで最も公然と批判されてきた点である。連邦預金保険制度は導入されたが、「要求払預金のおよそ六一％は保険の対象外」にあり、閉鎖した銀行に関する調査によれば、閉鎖に先行する預金の深刻な流出は五〇〇〇ドル超の預金口座で発生していた。[67]景気変動による銀行貸付の増減に対応した、「補整的通貨政策（compensatory momentary policy）」には多大の改善が見られる。しかし、一九三七年後半に加盟銀行の貸

表4－2　商業銀行の構成（1935年末現在）

銀行の種別	銀行数				
	合計	連銀加盟銀行		連銀非加盟銀行	
		国法銀行	州法銀行	FDIC 被保険銀行	FDIC 非保険銀行
商業銀行*	14,949	5,386	998	7,642	923
現金預託機関	39			24	15
私的銀行	138			6	132
モリス・プラン銀行**	79		1	61	17
相互貯蓄銀行	567			57	510
外国銀行支店	9				9
預金非保有トラスト・カンパニー	77		2	1	74
預金非保有金融機関	5				5
合　計	15,863	5,386	1,001	7,791	1,685

出所："Classifications of Banks in Operation on December 31, 1935", Dec. 31, 1936, p.1, in Board of Governors of the Federal Reserve System, Legislation, Major Speeches and Essays, and Special Reports, 1913-1960, Frederick, Md.: University Publications of America, 1983, Reel 16.

注：*要求払預金非保有銀行28行、預金非保有銀行（非加盟非保険銀行）172行を含む。
**Morris Plan & Industrial banks で、専ら低所得者向けの融資機関である。

付・投資・要求払預金の総額が約一〇億ドル減少した事実が示すように、補整的通貨管理の機能にはなお問題を残している。通貨管理の問題を複雑にし、銀行制度を不効率にしているもう一つの要因は「小切手用の預金に対する統一的必要準備の欠如」である。過去しばしば、景気後退期に必要準備率を引き上げた結果、必要準備の多い銀行の小切手用預金が必要準備の少ない銀行のそれを相対的に上回ることがあった[68]。

こうした銀行通貨システムの欠陥の背後に、ある基本的な要因があるとカリーは指摘する。一般的に銀行が他の金融機関から区別されるのは小切手を中心とする「通貨供給機能」であるが、しかし近年まで銀行の主たる機能は「地域への貸付」にあるとみなされ、かかる国民的態度が銀行立法に影響を与えてきた。その結果、「権限と責任の分散、非加盟銀行の存在、必要準備の不合理で拙い機能、不安定な全国の預金通貨」を不本意ながらも受け容れてきた。そこでこれらの問題を解決するには、まずもって「銀行の通貨供給機能」をこそ強調する必要がある。銀行システムの地域性は、金融集中への不信から支店銀行制を抑制して、単一銀行制度を発展させた。単一銀行制は恐慌時には支店銀行制に比べて預金額の大幅な縮小をもたらし[69]、通貨当

表4－3　連銀非加盟商業銀行の連邦預金保険加入状況（1935年末現在）

州	FDIC 被保険銀行	FDIC 非保険銀行	FDIC 非保険銀行比率（%）
（連銀非加盟商業銀行比率の高い州）			
カンザス*	254	264	51%
テキサス*	299	79	21%
アイオワ	438	76	15%
ネブラスカ*	230	61	21%
（連銀非加盟商業銀行比率の低い州）			
ロードアイランド	2	7	78%
ニューハンプシャー	3	9	75%
メイン	16	9	36%
コネチカット	45	16	26%

出所："Classifications of Banks in Operation on December 31, 1935", Dec. 31, 1936, p.4, in Board of Governors of the Federal Reserve System, Legislation, Major Speeches and Essays, and Special Reports, 1913-1960, Frederick, Md.: University Publications of America, 1983, Reel 16.
注：*州の保証法あり。

局による管理の困難を増幅させ、多数の銀行立法による詳細で特殊な規制を要請した。こうした欠陥にもかかわらず、表4－2や表4－3に示されるように、連邦準備制度にも連邦預金保険にすら加入しない、多種多様な夥しい地方小銀行が叢生し、そして銀行統合や他の改革に強力な政治的批判を行使してきたのである。

そこでカリーは銀行預金の通貨機能を重視し、単一銀行制の問題を克服する一つの選択肢として、「小切手用預金を銀行貸付から分離する」一〇〇％準備を提案する。この案はしかし、上記諸問題を解決する一方で、いくつかの批判が予期された。すなわち、第一に「一〇〇％準備」の名称が必要準備の累進的引上げを想起させるからである。そこで、代わりに「健全通貨案（Sound Money Plan）」(70)の名称を用い、現行の小切手用預金以外の収益資産には手を加えず、また流動性の維持に配慮する必要がなくなる利点をアピールしようとした。第二の批判は、地方銀行に比して定期預金の割合が低い大都市銀行からの不満である。この批判は定期預金や銀行間預金（外国銀行を除く）に対する準備金が不要となること、連邦準備銀行からの低利・長期の借入れが可能になることで緩和される。第三は、小切手用預金の受入れに伴うコスト増への批判であるが、これも連銀からの借入れや預金流出の心配なしに収益を確保できることで回避できる。最後に、財務省の短期借入のコストが増加するという問題がある。しかしながら、これも銀行の長期国債投資が増加し、当該資金の調達コストが低下することで相殺される[71]。

「機はなお熟していないにしても、ここに提起した類の基本的改革は全国的支店銀行制の発展を欠くときには不可避的に表れる[72]」と記しているように、カリー自身も一〇〇%準備案の実現を疑問視していた。その後カリーは、一九三八年一一月一八日に設置された財政金融諮問委員会（Fiscal and Monetary Advisory Board）専門家スタッフのリーダーとしても活動していたが[73]、一九三九年六月の行政改革法（Government Reorganization Act）により設置された六名の大統領補佐官職の経済担当補佐官に就任（七月）し、一九四五年まで従事することになる[74]。

カリーの転出にもかかわらず、一〇〇%準備案は銀行通貨制度改革案の選択肢から消滅しなかった。エクルズに率いられた連邦準備制度理事会は一九三八年秋から、銀行制度や銀行通貨政策の統合に向けて大統領や議会に積極的な働きかけを開始し、ついに一九四〇年二月、上院銀行通貨委員会による「全国銀行通貨政策アンケート調査」――その延長線上には法案が用意される――に結実する。この通称「ワグナー委員会」は各種の公的機関・民間団体に膨大なアンケート調査を行ったが、その調査には一〇〇%準備案の検討が含まれていたのである。以下、ニューヨーク連邦準備銀行による内部検討メモを見てみたい。

第4節　ワグナー委員会アンケート調査と「一〇〇%準備」案

(1)　ニューヨーク連邦準備銀行の予備的検討

ニューヨーク連邦準備銀行による内部検討メモは、連邦準備銀行総裁会議法案検討委員会「銀行通貨問題に関するメモ」と題する本文一二八頁、付録七三頁からなる文書である。この内部文書はニューヨーク連銀調査スタッフがワグナー委員会の質問項目ごとに分担して用意したもので、付録を除いて一九四〇年四月一二日から五月二〇日までの日付がそれぞれに付されている[75]。連銀総裁会議とは一九一四年の創設当初から制度全体の政策調整の不備を補う目的で設置されたものであるが、ニューヨーク連銀総裁ハリソン文書のワグナー委員会関係の内部書簡によれば、一九四〇年九月二〇日の連銀総裁会議法制委員会（Presidents' Legislative Committee）および九月二七日の連銀総裁会議に向けて、九月一〇日に開催されたニューヨーク連銀内の検討委員会でこれらの文書が纏められ、配布されたものと思われる[76]。

この「銀行通貨問題に関するメモ」のなかで、一〇〇％準備案は超過準備問題に関する改革案の一つとして採り上げられた。すなわち、他の改革案には①必要準備率の変更、②外国銀行および銀行間預金に対する高率準備、③（預金／資本金）比率に基づく必要準備率、そして④上限を超過した要求払預金に一〇〇％準備を要求する「ハイブリッド・システム」が含められている。このなかで一〇〇％準備は「法定必要準備制度を再構築する最も革命的な提案[77]」であり、要求払預金の通貨への転換をほぼ完全に保証すること、そして要求払預金および流通通貨を含む総通貨量を確実に管理するという、二つの注目すべき利点がある。

他面で、一〇〇％準備案には「幾つかの容易ならざる失望」が待ち構えている。第一は「要求払預金の手数料が明らかに増加し、要求払預金から定期預金へのシフト」を惹き起こすことである。「銀行信用の規模が同じである限り損失リスクの総額は同じであり、そのリスクは何処かに、恐らく定期預金保有機関の預金者に（それ程ではないが、株式保有者にも）」及ぶことになる。つまり、「要求払預金の統計的安定性（または貨幣の総量）は重要でなくなる[78]」。

第二は、銀行貸出量や要求払預金の回転率などの「トラブル・メイキングな要素」を管理できないと――実際には管理できないできたのだが――、景気循環の管理も、生産や雇用の安定化も不可能になることである[79]。さらに、一〇〇%準備案は超過準備のジレンマの脱出口の一つでありえたにしても、第一の解決策ではない。しかも、銀行が持つ既存の預金創出権の大半を一掃する必要があり、例えできたにしても、貨幣市場や資本市場を混乱させることなしにできるかどうかは疑わしい。

この委員会文書に添付された付録A「一〇〇%準備」の著者（N. O. Johnson）は、さらに批判的な見解を披露していた。すなわち、一〇〇%準備案の主たる目的は既存の通貨供給の弾力性の特質を除去することであるが、連邦準備制度創設の目的は国法銀行制度の非弾力的通貨供給の是正にあったのであり、しかも「非弾力的な通貨供給が通貨パニックやブームや不況」を防止することは明らかに不可能である[80]。技術的困難に加えて、一〇〇%準備案は容易に克服しがたい二つの政治的問題を抱えている。すなわち、まず同案の採用で全通貨が政府紙幣となり、そこには公信用と通貨流通の理論的裏づけはない。「この種の無利子信用はしばしば、浪費的な財政政策への抑え切れない誘惑を提供」するからである。次に、一〇〇%準備の実施は「全ての要求払預金保有機関の統合を必要条件」とするが、それは諸銀行の連邦準備制度からの離脱と管理の崩壊を誘発すると警告する[81]。

ニューヨーク連銀の内部検討委員会は、結局のところ、超過準備問題の実行可能な解決手段は法定準備率の変更であると結論する。表4-1にみられるように、超過準備に対する積極的な効果が実証されているからである。必要準備率水準の引上げは、通貨の流出入や銀行間の資金フローが準備ポジションに及ぼすインパクトを和らげると想定されるゆえ、高率の準備は銀行システムのよりスムーズな運営に貢献するし、また加盟銀行の借入れが増加する限りで再割引率政策の効率性も増す。ただし、必要準備率を引上げるほど公開市場操作を非効率にすることも事実である。それゆえ、法定準備率の変更は、緊急時に迅速な効果を発揮させようとするときに限って依拠する必要がある[82]。

しかしながら、委員会はまた、あらゆる効果的プランも「全商業銀行への適用」、したがって全銀行の連邦準備制度への加盟が必要であると結論する。翻って、カリーが一〇〇%準備案を指示した重要な論点は、同案が「全銀行統合プロジェクト」の実現に困難を見いだしたからに他ならなかった。それゆえ、「一〇〇％準備案の利点は実際よりも明白のようだが、真剣な検討が認められる前に、より大きな問題点と限界を考慮」する必要があると委員会は結んだ。(83)

(2)　アンケート調査回答書

ニューヨーク連邦準備銀行の内部検討委員会はこの文書の概要を、ワグナー委員会のアンケート調査に対して連名の回答書を提出する可能性をもって、連銀総裁会議法制委員会メンバーに送付した。その結果、アンケート調査の回答書は連邦準備銀行総裁会議法制委員会によって準備された。(84)この大部な回答書のなかで、一〇〇％準備に関する記述は第Ⅱ部「通貨当局の権限と政策」質問№23「超過準備を処置する次の方法の長所と短所は何か」に関する部分であった。すなわち、(a)必要準備率の引き上げ、(b)追加的預金に異なる高率の必要準備率の設定、(c)預金増加を資本金の一定倍数に制限、(d)現行の必要準備金を特別必要準備特権を持つ公債で補足、(e)財務省または連邦準備制度による公債売却、などの多様な超過準備対策プランの一つ、(b)で議論に取り上げられたのであった。(85)

連銀総裁会議はニューヨーク連銀の議論で表れたように、これらの準備率規制案を検討するにあたっての前提を強調する。すなわち、いかなる規制の厳格化も「全ての商業銀行が加盟銀行として同じ準備金管理の下に置かれない限り、銀行・通貨改革の実行可能なプランの発展に重大な障害となる」。その上で、一〇〇％準備案は結局、「追加的預金」に対する高率の異なる準備率を適用する、「シーリング ceiling」案に限定して検討されるに留まった。それでも「超過準備は現行のおよそ六倍の預金増ではなく一倍の預金増と、例えば金輸入による加盟銀行準備金の更なる増加はそれに等しい預金増に対応する」という利点、景気変動に対する金利の自動調整の機能や、個別銀行の準備金不足の解消などの利点が指摘された。(86)

しかしながら、利点を上回るシーリング案の問題点も指摘された。第一は「銀行信用拡大の限界」ついての認識が諸銀行に、連鎖的に拡がることによる貨幣・資本市場への悪影響である。第二は、一〇〇%準備案には該当しないが、個別銀行のシーリングを定期的に調整する適正基準の設定作業が複雑でコストが嵩むこと、そして最後に、連邦準備制度と加盟銀行に相当の困難と経費をもたらし、銀行間に摩擦と不満を沈殿させることである。「独立意識の強い地域のビジネス、とくに小規模機関の間では、関係する個別銀行のポジションの管理は規制手段としては殊のほか受け入れ難くする。超過準備問題を解決するいかなる問題も一定の反対を銀行から受けるが、『官僚制的』管理の概観のために、このプランはおそらく特別である」[87]。他の案も検討した上で、ニューヨーク連銀内部での検討結果と同様に「最も現実的で最も反対が少ない」という理由で、(a)の必要準備率の引上げが高く評価されたのである。

ところで、連邦準備制度理事会や銀行家団体などもアンケート調査で同じ質問を受けた。しかしながら、いずれの回答も一〇〇%準備案を正面から検討したものではなかった。まず連邦準備制度理事会は前述のシーリング案の検討に限定し、シーリングの再調整を折々に実施することの意義を示すに留まった[88]。シカゴ連邦準備銀行の回答はさらに簡単で、この方法は「厄介で不必要な手続きを意味する」とだけ記述した[89]。一八七五年に創設された全国団体であるアメリカ銀行協会は、当然予想されるように一〇〇%準備案にはまったく触れず、準備金シーリングの困難な調整が「重大な管理上の問題」を惹き起こすとだけ指摘する[90]。最後に、一九一二年創設の比較的大規模な銀行の全国組織「準備市銀行協会」もほぼ同様に回答している。すなわち、超過準備を吸収する手段としては機能するが、「将来の預金が現在の預金よりも高率の準備である理由は何もない。これは成長する機関を不利な立場に置くことになる」と[91]。

このように連邦準備制度内の最も重要な支持者カリーを失った影響は、ワグナー委員会のアンケート調査に対する政府金融部局の回答書に明白に示された。ニューヨーク連銀の内部検討文書の一〇〇%準備案に関する評価はおそらく過大であり、特殊な政治状況の出現がなければ実現する可能性はほとんどないものであった。われわれにとって一

○○%準備案が意味したものは、それが全銀行統合案と表裏をなすプランであったこと、しかもそれがカリーという強力な政府内支持者を得たことでニューディール金融制度改革後の金融政策の根本的課題を国民の前に提示したことの重要性であった。

おわりに――モンペルラン協会の通貨改革プラン――

ニューディール通貨金融制度改革は連邦預金保険制度の恒久化を図ったのみならず、連邦準備銀行の人事権、預金金利規制、準備率政策や公開市場政策の権限を連邦準備制度理事会に集中することで、管理通貨制度の基本的枠組みを整えた。しかし、連邦準備制度はなお通貨金融政策の権限と責任について、解決すべき重要な問題を認識していた。それは一九三七年不況を経て、翌年一一月の連邦準備制度による「全銀行統合プロジェクト」の提起に至り、一九三九年に入って、連邦両院銀行通貨委員会に対する銀行システムに関する調査（法改正）の要請へと帰結した。かかる連邦準備制度による通貨金融政策の再編構想は、第二次世界大戦後の政策的枠組みと密接に関連していたのである。

本章は、一九三〇～四〇年代の初期シカゴ学派をアメリカにおける「新自由主義」の一系譜として位置づけ、シカゴ学派の政策理念（通貨供給に対する強力な国家介入）が連邦準備制度理事会議長エクルズの政策スタッフ、ラクリン・カリーを通してニューディールの政策構想に影響を及ぼした事実に着目した。ナイトやサイモンズらシカゴ学派は信用通貨供給の不安定性の原因を商業銀行の部分準備制度に求め、これを回避する手段として一〇〇%預金準備制度を導入し、一方で投資に対する政府介入を回避しつつ、他方で国家による全通貨の独占的・計画的な供給システムを構築しようとしたのである。

エクルズやカリーら連邦準備制度側は、一九三五年銀行法で管理通貨制度の運営主体として認知されたにもかかわらず、銀行制度の不統合が連邦準備制度による通貨供給量の管理に支障をきたしているとの認識から、シカゴ学派が提唱する一〇〇％準備プランを分散的銀行制度の統合に対する代替手段として構想した。すなわち、一〇〇％準備によってケインズ的な拡張的財政政策を積極的に推進し、同時に通貨供給の集権的管理を実現しようとしたのである。これは支店銀行制度を拒絶して、連邦政府と州政府の両者が銀行制度を管轄する二元銀行制度や地域金融を重視する単一銀行制度（単店舗主義）を維持する、アメリカの金融文化を現代的にアレンジしようとする一つの試みでもあった。

部分準備制度という「近代的」信用制度の伝統的枠組みを否定する一〇〇％準備構想が実現する政治的環境は、第二次世界大戦を前にして遂に整うことはなかった。連邦準備政策の財政政策からの独立に関する両者の政策論争は一九五一年アコードをもって一応の決着を見るが、われわれが焦点を当ててきた一〇〇％準備案はシカゴ学派にとってなお重要な金融政策の柱であった。本章を締めくくるにあたって、一九四七年四月、モンペルラン協会設立総会で行われた通貨改革に関する討議の内容を概観しておこう。(92)

「反循環対策、完全雇用、および通貨改革」を議題とする討議は、スティグラーの問い掛けで始まった。すなわち、アメリカとヨーロッパでは完全雇用と再建のように課題を異にするが、インフレと闘ってきた金本位制への関心が薄らいだ現在、「第一歩として、われわれは全員が、全ての通貨創出機関を国家の管理下に置くことに賛成するか」との問い掛けであった。これに対してフランク・グラハム（プリンストン大学）は一〇〇％準備案に賛意を示すとともに、金に替えて商品バスケットを準備とする「商品準備通貨制度（commodity reserve money system）」を提唱した。また、グラハムはこの通貨発行制度を国際的に拡張することを提唱するが、国際通貨当局が商品準備通貨を発行することも可能であると主張する。(93)

ライオネル・ロビンズ（ＬＳＥ）が一〇〇％準備案の現状に関する情報提供を求めたのに対して、自らが起草に関与したディレクターは一九三三年の原案に何の変化も見られないとして、部分準備制度の問題点と一〇〇%準備案の有効性をあらためて説明したに留まる。[94] モーリス・アレ（パリ国立高等鉱業学校）は、「管理のない自由経済のもとでは失業は不可避である」と主張するヴィルヘルム・レプケに賛意を示した後、一〇〇%準備案にも同意した。すなわち、「この案は貨幣所得の大きな変動を取り除く。だが、これでも十分ではない。一〇〇%〔準備によって〕通貨総量は信用貨幣の安定性を確保するであろう。しかし、なお流通通貨は変動し、そして不安定性を惹き起こす。したがって、流通貨幣の機能を再考する必要がある」と。ナイトもまた一〇〇%準備案やグラハムの商品準備通貨案が流通通貨の不安定性を除去できるか否かを問い掛けているように、討議参加者らにとって通貨供給量の管理は最大の課題であった。

それゆえ、新自由主義者のブレーンたちの一部はモンペルラン協会の初期の議論では、ケインズに親和的な側面を覗かせることになった。ロビンズはレプケがかつてケインジアンであったことに言及しつつ、ケインジアンの安定化計画も「捨てたものではない」と自ら認めている。その上で、ロビンズにとって「リベラリズムの将来にとって未解決の問題は、システム全体が機能する自動安定化装置（automatic stabilisers）を発見すること」にあった。しかし、ジャック・リュエフと同様にレプケが「大きな危険はデフレーションではなく、インフレーションである」と主張せざるを得なかったように、両者の重点の置き方は異なっていた。

一〇〇%準備案はその後もモンペルラン協会の最重要課題の一つであり続け、一九七〇年代末のマネタリスト的金融政策への転換にも影響を及ぼした。しかし、シカゴ学派の金融政策の目的の中心部分は少しずつ変化してきた。サイモンズら初期シカゴ学派やカリーら連邦準備制度は、大恐慌に直面して信用不安の解消と拡張的な通貨金融政策の実現に金融政策の重きを置いたが、フリードマン後のシカゴ学派は通貨供給量の管理に純化させた。さらに、一九八〇年代以降の金融自由化の進展は、一方で貯蓄金融機関（S&L）の危機を惹き起こして金融システムの安定化の課題と、その解決策の一つとして一〇〇％準備案を再び登場させた。しかしながら、カリーらが追い求めた全銀行統合構想は、バンク・オブ・アメリカのような全米規模の巨大支店銀行ネットワークの形成を通じて実質的に達成されつつあることも事実である。

注

（1）大野忠男はシカゴ学派をハイエクやオルド学派とともに、「一八、九世紀イギリスの個人主義的自由主義」を現代に復活させようとしたのであり、これらの思想を一括して「ネオ・リベラリズム」と位置づけている（「シカゴ学派の自由主義」『季刊理論経済学』一五巻二号、一九六五年三月、一二頁）。アメリカでは、一九七〇年代から隆盛する「新保守主義」を「ネオリベラリズム」と同義とすることは一般的ではないが、ここでは国際的な用語として用いる。

（2）"Articles of Incorporation", Certificate No. 4992, State of Illinois, Nov. 6, 1947, Friedrich A. von Hayek Papers, Box 71, Folder 1; "List of Members", Box 71, Folder 4, Hoover Institution, Stanford University.

（3）Don Patinkin, "Frank Knight as Teacher", *American Economic Review*, Vol. 63, No. 5, 1973.（日本経済新聞社編集室訳「教師としてのフランク・ナイト(II)」『季刊　現代経済』一七号、一九七五年三月、一八八〜一九五頁）。より詳細な検討は、以下を参照。佐藤方宣「フランク・ナイトにおける市場経済の倫理的検討」『三田学会雑誌』九三巻一号、二〇〇〇年四月、二三七〜二五八頁。なお、ナイトは広い意味で「社会的問題」である独占を、規模の経済に基づく①「自然的独占」、創業者利得を求める競争の結果たる短期的な②「資本主義的独占」、政府介入によって作り出される③「真の独占」に区別した。そのうえでナイトは、②はむしろ競争の望ましい結果であり、①に対しては社会的資源の浪費を抑制するため政府介入を許容する。しかし、③は「非効率的な社会の産物」として批判の対象とした。山本貴之「自由主義者としてのフランク・ナイト」『大阪大学経済学』四一巻二・三号、一九九一年、四三一〜四三三頁。

（4）Milton Friedman, *A Program for Monetary Stability*, Fordham University Press, 1960.（三宅武雄訳『貨幣の安定をめざして』ダイヤモンド社、一九六三年、一七七〜一八一頁）。

（5）Henry C. Simons, *Economic Policy for a Free Society*, University of Chicago Press, 1947, p. 57.（初出は、"A Positive Program for Laissez Faire: Some Proposals for a Liberal Economic Policy", Public Policy Pamphlet, No. 15, University of Chicago Press, 1934). この点は、以下の紹介も参照。H. Laurence Miller, "On the 'Chicago School of Economics'", *Journal of Political Economy*, Feb. 1962, Vol. 70, No. 1, p. 67：猪木武徳「シカゴ学派の経済学」根岸隆編『経済学のパラダイム』有斐閣、一九九五年、第七章、一八〇〜一八一頁。

(6) ナイト自身は「ブームと不況の循環を起す貨幣的攪乱の重要性を認めたが、この循環をどの程度コントロールできるかについては懐疑的であった（ドン・パティンキン「教師としてのフランク・ナイト(II)」、一九五〜一九六頁）。また、猪木武徳「シカゴ学派の経済学」、一八六頁も参照。

(7) 「通貨当局の権限は優先的または排他的に財政措置――紙幣の発行と引揚げ（政府証券の公開市場操作）と、また恐らくは政府の歳入・歳出と関係している。換言すれば、通貨〔供給〕のルールは専ら財政政策によって実施され、また大部分が決定されるべきである」。Simons, *Economic Policy for a Free Society*, p. 182.（初出は、"Rules versus Authorities in Monetary Policy", *Journal of Political Economy*, Vol. XLIV, No. 1, Feb. 1936).

(8) フリードマン『貨幣の安定をめざして』、一五一〜一六一頁。また、大野忠男「シカゴ学派の自由主義」、一九〜二〇頁も参照。

(9) "Contra-Cyclical Measures, Full Employment, and Monetary Reform", Mont Pelerin Conference, Minutes of Discussions, Economic Issues, April 7, 1947, Hayek Papers, Box 81, Folder 3.

(10) たとえば、平井規之『大恐慌とアメリカ財政政策の展開』岩波書店、一九八八年、第四章を参照。

(11) 須藤功「戦後通貨金融システムの形成――ニューディールからアコードへ」岡田泰男・須藤功編『アメリカ経済史の新潮流』慶應義塾大学出版会、二〇〇三年、第九章を参照。

(12) 名前を明記した他の支持者はガーフィールド・コックス（一般均衡論・エコノメトリクス）、アーロン・ディレクター、ポール・ダグラス（コブ＝ダグラス型生産関数で知られ、後にイリノイ州選出の民主党上院議員）、アルバート・ハート（金融理論、当時は大学院生）、ロイド・ミンツ（金融理論）、ヘンリー・シュルツ（数量経済学のパイオニア）、そしてヘンリー・サイモンズであった。"The Chicago Plan for Banking Reform", in Ronnie J. Phillips, *The Chicago Plan and New Deal Banking Reform*, Armonk, N. Y., 1995, Appendix, pp. 191-199に再録されている。

(13) Simons, *Economic Policy for a Free Society*, p. 332, note 19. ナイトは一〇〇％準備の着想を、イギリスのノーベル賞化学者フレデリック・ソディから得たとされる。Phillips, *The Chicago Plan*, pp. 46-47. ソディの貨幣改革論の詳細は、以下を参照。Margaret G. Myers, *Monetary Proposals for Social Reform*, Columbia University Press, 1940, Chapter III；泉留維「フレデリック・ソディの貨幣論に関する考察」『自由経済研究』二九号、二〇〇四年六月、一〜三八頁；ハーマン・E・デイリー、新田功ほか訳『持続可能な発展の経済学』みすず書房、二〇〇五年、第一二章。

(14) 一九三三年三月一三日付け。Phillips, *The Chicago Plan*, pp. 48-49, 198-199.

(15) タグウェルの補佐ガーディナー・ミーンズはシカゴ・プランを基礎により詳細なプランを作成している。Phillips, *The Chicago Plan*, pp. 68-72.

(16) *Ibid.*, pp. 53, 56.

(17) ホワイトが対ソ支援、カリーが蒋介石政権の支援との関係でスパイ容疑をかけられた。最近の研究としては、さしあたり以下を参照。James M. Boughton & Roger J. Sandilands, "Politics and the Attack on FDR's Economist: From the Grand Alliance to the Cold War", *Intelligence and National Security*, Vol. 18, No. 3, 2003, pp. 73-99.

(18) Roger J. Sandilands, *The Life and Political Economy of Lauchlin Currie: New Dealer, Presidential Adviser, and Development Economist*, Duke University Press, 1990; Roger J. Sandilands ed., "New Light on Laughlin Currie's Monetary Economics in the New Deal and Beyond", *Journal of Economic Studies*, Vol. 31, No. 3/4, 2004, pp. 170-403.

(19) Herbert Stein, *The Fiscal Revolution in America*, University of Chicago Press, 1969; Byrd L. Jones, "Lauchlin Currie, Pump Priming, and New Deal Fiscal Policy, 1934-1936", *History of Political Economy*, Vol. 10, No. 4, 1978, pp. 509-524. 一九三四年以前のカリーの通貨政策論を紹介しつつも、ジョーンズの評価の重点は財政政策論にある。

(20) Alan Sweezy, "The Keynesian and Government Policy, 1933-1939", *American Economic Review*, Vol. 62, No. 2, 1972, pp. 117-118.

(21) Lauchlin Currie, "The Keynesian Revolution and Its Pioneers: Discussion", *American Economic Review*, Vol. 62, No. 2, 1972, pp. 139-140.

(22) Stein, *The Fiscal Revolution in America*, p. 165. アラン・メルツァーの近年の研究が指摘するように、カリーは調査統計局長イマニュエル・ゴールデンワイザーの部下であったが、直接エクルズの指示を受け、拡張的財政政策を主張していた。Allan H. Meltzer, *A History of the Federal Reserve*, Vol. 1, University of Chicago Press, 2003, p. 479, note 131.

(23) Milton Friedman & Anna J. Schwartz, *A Monetary History of the United States 1867-1960*, Princeton University Press,

1963. フランク・スタインドルは最近の研究で、銀行の超過準備の保有動機に関する理解が両者では異なり（カリーが余剰準備と見るのに対して、フリードマンらは必要なクッションとみなした）、カリーが連銀に通貨管理能力があるとみた点でフリードマンらの先駆者ではないと主張する。Frank G. Steindl, "The Monetary Economics of Lauchlin Currie", *Journal of Monetary Economics*, Vol. 27, 1991, pp. 459-460. 本論文は Frank G. Steindl, *Monetary Interpretations of the Great Depression*, University of Michigan Press, 1995, Chapter 4, The Monetary Economics of Lauchlin Currie に再録され、これを紹介しようとしたものに、安部大佳『アメリカ貨幣経済論の研究』晃洋書房、一九九九年、第一四章「ラフリン・カリーの貨幣経済論」がある。

(24) Phillips, *The Chicago Plan*, p. 104. わが国では秋元英一（『世界大恐慌――一九二九年に何がおこったか』講談社、一九九九年、一三五～一三六頁）が概説的に言及している。

(25) 塩野谷九十九『アメリカ戦時経済と金融統制』同文舘、一九四三年、三〇八、三六四、三六六頁。

(26) 高山洋一『ドルと連邦準備制度』新評論、一九八二年、一九六～一九八頁。

(27) Roger J. Sandilands, "Editor's Introduction", *Journal of Economic Studies*, Vol. 31, No. 3/4, 2004, pp. 171-193.

(28) Stein, *The Fiscal Revolution in America*, p. 165.

(29) Lauchlin Currie, P. T. Ellsworth, & H. D. White, "Memorandum", edited by David Laider & Roger Sandilands, *History of Political Economy*, Vol. 34, No. 3, 1932, pp. 536-537, 540.

(30) David Laidler & Roger Sandilands, "An Early Harvard Memorandum on Anti-Depression Policies: An Introductory Note", *History of Political Economy*, Vol. 34, No. 3, 2002, pp. 524-525.

(31) Lauchlin Currie, *The Supply and Control of Money in the United States*, Harvard University Press, 1934. 秋元英一はこの文書に、ホワイトらが「拡張的政策」の必要を認識していたことを読み取っている（「ハリー・デクスター・ホワイトと戦後国際通貨体制の構想」『千葉大学経済研究』一二巻二号、一九九七年九月、一七四頁）。

(32) 以下では、塩野谷『アメリカ戦時経済と金融統制』第二編第二章：高山『ドルと連邦準備制度』第五章も参照した。

(33) 詳しくは、以下を参照。西川純子「真正手形主義についての一考察(1)、(2)」『証券経済研究』一二号、一九九八年、三〇号、二〇〇一年、を参照。

(34) Currie, *The Supply and Control of Money*, pp. 34-42.

（35） *Ibid.*, pp. 158-159, 162.

（36） *Ibid.*, p. 172.

（37） *Ibid.*, pp. 151-152, 165.

（38） *Ibid.*, pp. 160-162. 八木紀一郎は、石橋湛山が「通貨を統制（管理）することに成功すれば、経済活動の自由を維持しながら資本主義をより機能的なものに修正しうる」とし、「個人の自立と経済活動の自由を原則的に重視する」石橋独自の「新自由主義」に着目する。それは、「ケインズにみられる功利主義と貨幣愛への審美的立場からする拒絶」を排除する、「ケインズのようなエリート的『自由党員』が活躍する一段階前、あるいは、その前提であるような思想的潮流に対応」していた。「極東における新自由主義」八木紀一郎『近代日本の社会経済学』筑摩書房、一九九九年、第五章、一〇九、一一七、一一九頁。

（39） "Jacob Viner, 1892-1970", The History of Economic Thought Website, 〈http://cepa.newschool.edu/het/〉. ヴァイナーも後年、「ルール」よりも「行政裁量」を好ましいと見ていた。ドン・パティンキン「教師としてのフランク・ナイト(II)」、一九六頁。パティンキンへの手紙によれば、ヴァイナーは第二次世界大戦後には、「シカゴ学派」のメンバーではないと思うようになっていた。Don Patinkin, "The Chicago Tradition, the Quantity Theory and Friedman", in *Studies in Monetary Economics*, New York, 1972, p. 113. さらに秋元英一によれば、ヴァイナーは「金本位制の弱点を熟知し、管理通貨を展望する一歩手前の立場から恐慌期のアメリカ経済を見ていた」（「ハリー・デクスター・ホワイト」、一七八頁）。

（40） Sandilands, *The Life and Political Economy of Lauchlin Currie*, p. 57. 実のところ、一九三四年二月、カリー、ホワイト、アラン・スウィージーらハーバード大学の若手教員六名が、ヨーゼフ・シュンペーターら同大学大物経済学者らのニューディール政策批判に対抗して、同政策を支持する手紙を公表したため、彼らは全員が同大学の職を失ったとされる。Richard Parker, *John Kenneth Galbraith: His Life, His Politics, His Economics*, New York, 2005.（井上廣美訳『ガルブレイス――闘う経済学者』(上)、日経BP出版センター、二〇〇五年、一〇六～一〇九頁）。

（41） リプリント版に採録された。Lauchlin Currie, "A Proposed Revision of the Monetary System of the United States", Submitted to the Secretary of the Treasury, September 1934, in Lauchlin Currie, *The Supply and Control of Money in the United States*, New York, 1968, pp. 197-226.

（42） Currie, "A Proposed Revision of the Monetary System", pp. 197-198. 併せて、カリーは「管理的、行政的、準司法的職

務」を行う「管理委員会（Board of Administration）」も構想した。この構想は、一九三五年銀行法案（特に組織改革に関する部分）の準備に向けた連邦準備制度局内の検討資料にも収録されている。Donald S. Thompson, "Review of Proposals for the Selection of Members of and for the Composition of the Federal Reserve Board of Corresponding Agency", November 1934, pp. 13-14, in Board of Governors of the Federal Reserve System, *Legislation, Major Speeches and Essays, and Special Reports, 1913-1960*, Frederick, Md.: University Publications of America, 1983, Reel No. 17.

（43）Currie, "A Proposed Revision of the Monetary System", p. 208. ただし、一九三四年金準備法による金平価切下げによる三〇億ドルの利益を政府が支出することは、預金通貨を増大させるだけでなく、超過準備も増加させることで将来の潜在的インフレーションの管理を制約する恐れがあるため、最後の手段として以外は使用すべきでないと指摘する（pp. 224-225）。

（44）Sandilands, *The Life and Political Economy of Lauchlin Currie*, pp. 61-63.

（45）Lauchlin Currie, "Desirable Changes in the Administration of the Federal Reserve System", Nov. 3, 1934, *Journal of Economic Studies*, Vol. 31, No. 3/4, 2004, pp. 267-269.

（46）Sidney Hyman, *Marriner S. Eccles: Private Entrepreneur and Public Servant*, Stanford University Press, 1976, pp. 158-159. この会談でローズヴェルトは、支店銀行制の問題に神経を尖らせていた。

（47）Sandilands, *The Life and Political Economy of Lauchlin Currie*, p. 63.

（48）Currie to Eccles, Nov. 17, 1934, Marriner S. Eccles Papers, Box 43, Folder 1, p. 1, in Manuscripts Division, Marriott Library, University of Utah.

（49）アーヴィング・フィッシャーは一九三三年末以降、一〇〇％準備案の熱心な支持者となり、立法化の推進と世論の指導に力を入れた。Irving Fisher, *100% Money*, New York, 1935; Phillips, *The Chicago Plan*, Chapter 9.

（50）証拠金所要率は証券取引ブローカの証拠金取引に関する規制であるが、これは連邦準備制度による信用管理（金融政策）の一環として行われた。詳しくは、以下を参照。北條裕雄『現代アメリカ資本市場』同文舘、一九九二年、四〇頁。

（51）Lauchlin Currie, "The Relation of Government to Monetary Control", March 29, 1935, *Journal of Economic Studies*, Vol. 31, No. 3/4, 2004, pp. 276-277.

（52）Currie, "The Relation of Government to Monetary Control", p. 270, note 1; Hyman, *Marriner S. Eccles*, p. 187.

（53）Lauchlin Currie, "The Economic Distribution of Demand Deposits", *Journal of the American Statistical Association*, Vol.

33, 1938, pp. 319-326; Sandilands, *The Life and Political Economy of Lauchlin Currie*, pp. 68, 78-79.

（54） John M. Blum, *From Morgenthau Diaries*, Vol. 1, *Years of Crisis, 1928-1938*, Boston, Second printing, 1959, pp. 388-389.

（55） Lauchlin Currie, "Causes of the Recession", reprinted by Byrd L. Jones, *History of Political Economy*, Vol. 12, No. 3, 1980, pp. 324-325. 原文書のタイトルは "Causes of the Recession of 1937" であった。

（56） Blum, *From Morgenthau Diaries*, Vol. 1, p. 387.

（57） Hyman, *Marriner S. Eccles*, p. 240. 他の二人は、雇用促進局長ハリー・ホプキンズの経済顧問レオン・ヘンダーソンと労働統計局長イザドア・ルービンである。

（58） Stein, *The Fiscal Revolution in America*, pp. 165-166. また、以下も参照。Sandilands, *The Life and Political Economy of Lauchlin Currie*, pp. 91-92; William J. Barber, *Designs within Disorder: Franklin D. Roosevelt, the Economists, and the Shaping of American Economic Policy, 1933-1945*, Cambridge University Press, 1996, pp. 114-115；平井規之『大恐慌とアメリカ財政政策の展開』、一五三～一五五頁。

（59） 連銀非加盟銀行に対する州当局の必要準備率規制は、概して低かった。Board of Governors of the Federal Reserve System, Members of the Staff, *Banking Studies*, Washington D. C., 1941, p. 344.

（60） Lauchlin Currie, "Some Monetary Aspects of the Excess Reserve Problem", Notes on Board Staff Meeting, May 18, 1936, *Journal of Economic Studies*, Vol. 31, No. 3/4, 2004, pp. 296-297.

（61） Currie, "Causes of the Recession", p. 325. フリードマンらもまた、連邦準備制度の準備率政策の誤りを強調する。Friedman & Schwartz, *A Monetary History of the United States*, pp. 543-545.

（62） このため、モーゲンソーは五月の準備率引上げを中止すべきであるとエクルズに迫った。Marriner S. Eccles, *Beckoning Frontiers: Public and Personal Recollections*, New York, 1951, pp. 291-292.

（63） Currie, "Causes of the Recession", pp. 327-328; Eccles, *Beckoning Frontiers*, pp. 292-293. サンディランズによれば、カリーは後年、リセッションを予測したら準備率を引き上げなかったであろうと語ったとされる。Sandilands, "Editor's Introduction", p. 178.

（64） 超過準備の管理の問題は、通貨管理にもとづくインフレ抑制政策、したがって戦後の連邦準備政策の国債価格支持政策からの解放（一九五一年の「アコード」）へと帰結する問題でもあった。須藤功「戦後通貨金融システムの形成」を参照。

（65）Lauchlin Currie, "The 100 Percent Reserve Plan", August 12, 1938, *Journal of Economic Studies*, Vol. 31, No. 3/4, 2004, pp. 355-365. 前述のように、カリーは一九三四年九月、モーゲンソー財務長官に一〇〇％準備案と連邦準備銀行の国有化を提案している。一方、フィッシャーから財務省の通貨政策機能の連邦準備制度への全面的移転を示唆された大統領は、既に表明していた銀行監督機能の統合を越えて進むことにはなお躊躇していた。Irving Fisher to Franklin D. Roosevelt, April 15, 1938, p. 3; Clayton to Goldenweiser, Aplil 19, 1938, Marriner S. Ecoles Paper, Box 7, Folder 2, Special Collections Department, University of Utah Libraries.

（66）Currie, "The 100 Percent Reserve Plan", p. 356.

（67）*Ibid.*

（68）*Ibid.*, pp. 356-357.

（69）大恐慌時には、支店銀行制を発展させたイギリスの預金縮小幅は僅か一〇％に過ぎなかったが、アメリカのそれは四〇％に達した。Currie, "The 100 Percent Reserve Plan", 358.

（70）Currie, "The 100 Percent Reserve Plan", p. 364.

（71）サンディランズによれば、カリーは別のメモで、政府支出の拡大と減税は公債発行ではなく財務省の不胎化された金勘定を活用すべきこと、連銀に追加的準備の吸収権を付与すべきことを主張した。Sandilands, "Editor's Introduction", pp. 184-185.

（72）Currie, "The 100 Percent Reserve Plan", p. 365. しかし、一九三四年一月、フィッシャーがトーマス・ゴールズボロー（メリーランド州選出・民主党）下院議員に一〇〇％準備に関する法案を用意して以来（Phillips, *The Chicago Plan*, p. 107）、同議員は一貫して政府による集中的通貨供給と一〇〇％準備の実現に精力を傾けた。例えば、連邦信用委員会（Federal Credit Commission）の創設、財務省による銀行間通貨紙幣（Interbank Currency Note）の発行、そしてすべての銀行預金に対する一〇〇％準備を規定する「ゴールズボロー通貨法案（H. R. 7188, 75th Cong., 1st Session）」に関する聴聞会での議論を参照。U. S. House, Committee on Banking and Currency, *Monetary Policy of Plenty Instead of Scarcity: Hearings before the Committee on Banking and Currency*, 75th Cong., 1st sess., July 8, 1937 to March 10, 1938.

（73）全国資源委員会（National Resources Committee）議長フレデリック・デラノの進言によって設置されたもので、その他に財務長官モーゲンソー、連邦準備制度理事会議長エクルズ、予算局長ダニエル・ベルが委員に就任した。委員会の目的は

「健全で秩序ある復興の観点から財政金融政策、およびブームとリセッションの山と谷の回避に必要な諸条件に関するすべての範囲の大きな問題」を研究することであった。カリーによれば、委員会の主要な関心は、第一に一九三七年リセッションの原因、第二に、高水準の国民所得を達成する方法、第三に、一九三七年リセッションの再発防止にあり、その成果は一九三九年一月の大統領の予算教書に反映された（しかし、一九四〇年頃には活動を停止した）。Sandilands, *The Life and Political Economy of Lauchlin Currie*, pp. 92–93.

(74) フィッシャーの推薦があったとされる。Sandilands, "Editor's Introduction", p. 187.

(75) Committee of the Presidents Conference [of the Federal Reserve Banks] on Legislative Proposals, "Memoranda on Banking and Monetary Problems", George L. Harrison Paper, Binder 80, Rare Book and Manuscript Library, Columbia University（以下、所蔵館は略）. A～Dの付録には一九三八年二月一八日から一九三九年一〇月二九日の日付がある。各調査項目に個別の頁数が打たれているが、本章は本資料に通しで打たれた頁数を利用する。なお、本資料の本格的検討は別稿を予定している。

(76) H. V. Roelse to Harrison, "Meeting of Research Men Who Have Been Working on the Wagner Committee Questionnaire", Sept. 18, 1940, p. 1（George L. Harrison Paper, Binder 82）を参照。ただし、この書簡では一九四〇年五月二七日開催の総裁会議に提出された同会議法制委員会がメモを提出したとあり、この時期に纏められた可能性もある。

(77) "Other Important Banking and Monetary Problems", May 15, 1940, p. 58, in Committee of the Presidents Conference, "Memoranda on Banking and Monetary Problems".

(78) "Other Important Banking and Monetary Problems", May 15, 1940, pp. 59–60.

(79) *Ibid.*, p. 60.

(80) Committee of the Presidents Conference, Appendix A, "100 Per Cent Reserve", Feb. 18, 1938, pp. 9–10, by N.O. Johnson, George L. Harrison Paper, Binder 81. 同様の非弾力性に対する批判は、Myers, *Monetary Proposals for Social Reform*, p. 104にも見られる。

(81) Committee of the Presidents Conference, Appendix A, "100 Per Cent Reserve", pp. 9–11.

(82) "Other Important Banking and Monetary Problems", May 15, 1940, pp. 57–58.

(83) Ibid., p. 68.

(84)　Presidents' Conference of the Federal Reserve Banks, Legislative Committee, "(Answer to) Questionnaire", no date (pages in bulk), in Board of Governors of the Federal Reserve System, *Legislation, Major Speeches and Essays, and Special Reports,* Reel No. 18.

(85)　Presidents' Conference of the Federal Reserve Banks, "(Answer to) Questionnaire", II-23, p. 76.

(86)　*Ibid.*, pp. 77, 79-81

(87)　*Ibid.*, pp. 79-81.

(88)　Board of Governors of the Federal Reserve System, "Answer to the Questionnaire Relative to S. Res. 125", Revised Answer, I-E-17, April 25, 1941, p. 2, National Archives, RG 82, Box 123.

(89)　Federal Reserve Bank of Chicago, "Reply to Questionnaire Pages 41-55", p. 22, undated, in Board of Governors of the Federal Reserve System, *Legislation, Major Speeches and Essays, and Special Reports,* Reel No. 18.

(90)　American Bankers Association, Special Banking Studies Committee, *The Answers of the American Bankers Association: In Reply to Part 9 of the Questionnaire of the Committee on Banking and Currency of the United States Senate,* New York, April 1941, p. 128.

(91)　Association of Reserve City Bankers, *Answer to the Questionnaire on National Monetary and Banking Policy,* Chicago, March 11, 1941, p. 93, in Board of Governors of the Federal Reserve, *Legislation, Major Speeches and Essays, and Special Reports,* Reel No. 18. 以下も参照 Joseph J Schroeder, *They Made Banking History: the Association of Reserve City Bankers, 1911-1960,* Chicago, 1962. この銀行団体は一九五八年創設の Association of Registered Bank Holding Companies と一九九三年に合併して Financial Services Roundtable となった。

(92)　"Contra-Cyclical Measures, Full Employment, and Monetary Reform", Mont Pelerin Conference, Minutes of Discussions, Economic Issues, April 7, 1947, Hayek Papers, Box 81, Folder 3. なお、頁数は付されていない。この会議の参加者および議題については、以下でも確認できる。Ronald M. Hartwell, *A History of the Mont Pelerin Society,* Indianapolis: 1995, Appendix 2-1 & 2-2, pp. 45-49.

(93)　以下も参照。Frank D. Graham, "Partial Reserve Money and the 100 Per Cent Proposal", *American Economic Review,* Vol. 26, Sept. 1936, pp. 428-440. この商品準備通貨制度は、フィッシャーが提唱した「補償ドル (compensated dollar)」(秋

元英一「アーヴィング・フィッシャーとニューディール」成城大学『経済研究所年報』一三号、二〇〇〇年、一一〇頁を参照）とも特徴を共有する。なお、国際通貨体制に関するモンペルラン協会の講演で、フリードマンは「真に統一的な国際通貨」の創設または「真のフロート制」の樹立を標榜した（同「自閉する自由社会への警告」M・フリードマンほか、佐野晋一ほか訳『国際化時代の自由秩序――モンペルラン・ソサエティの提言』春秋社、一九九一年、一六頁）。また、パスカル・サラン（パリ大学）は「発行される通貨、通貨発行のプロセス、および通貨発行組織の多様化以外に国際通貨秩序の可能性は存在」せず、そうした「通貨制度間の競争」の結果として「カルテル」構造が形成され、それら通貨圏の最適規模は外部性や規模の経済に由来する費用の劣加法性（sub-additivity）の存在に規定されると主張する（「変動相場制の国際通貨秩序に対する貢献」同『国際化時代の自由秩序』所収）。新自由主義の国際通貨論の詳細は、本書第10章を参照されたい。

（94）サイモンズは一九四六年の論文で、「わが国の連邦債をすべて二つの形態、コンソル公債と通貨にまとめる計画は初期の政治的配慮から明らかにラディカルすぎた」として、一〇〇％準備を六〇～八〇％に引下げることを提案している。Simons, *Economic Policy for a Free Society*, Chapter X（初出は、"Debt Policy and Banking Policy", *Review of Economic Statistics*, Vol. XXVIII, No. 2, May. 1946）.

第5章　ベルギー新自由主義の軌跡
――ポール・ヴァンゼーラントの活動を中心として――

小島　健

はじめに

ベルギーにおける新自由主義の軌跡を辿るために本章ではポール・ヴァンゼーラントの経済思想と活動に焦点を当てる。ヴァンゼーラントは、一八九三年生まれのベルギーの政治家、銀行家、経済学者である。彼は第一次世界大戦直後にアメリカへ留学し大学院で修士号を取得した後、ベルギー国立銀行に入行し一九三〇年代前半には副総裁となる一方、ルーヴァン・カトリック大学教授も兼任していた。

ヴァンゼーラントは、一九三五年三月に大不況による経済的・社会的危機に直面したベルギーにおいて、国王によって首相に任命され、不況の克服で大きな成果をあげた。また、国際面でも英仏両政府の要請にもとづいて作成され、一九三八年一月に発表された通称ヴァンゼーラント報告において、世界的経済困難からの脱却の方策とヨーロッパ協調路線を示したことによって、彼は世界的に注目される政治家となった。同報告は、新自由主義者のウオルター・リップマンから高い評価を得た。同年夏に開催されたリップマン・シンポジウムに彼は参加していないが国際決済銀行（ＢＩＳ）支配人の弟がベルギーから唯一参加した。そして彼は、シンポジウム後に設立された新自由主義者の国際組織である自由主義刷新国際研究センターのメンバーとなった。まさにヴァンゼーラントは、ベルギーにおける著名な新自由主義者の一人であった。

また、第二次世界大戦が終了すると彼は、経済人によるヨーロッパ統合運動を目的として非政府組織である欧州経済協力連盟（Ligue européenne de coopération économique）の創設者・指導者となったが、この組織は全ヨーロッパにまたがる新自由主義団体であった。連盟は一九四〇年代後半からの欧州運動の主要組織の一つとなり、運動において経済問題を専門とした。

一九四九年にヴァンゼーラントは外相になり連盟の議長職を辞任するが、一九五〇年五月にシューマン・プランが発表されると、外相として欧州石炭鉄鋼共同体（ＥＣＳＣ）交渉に参加しその設立に直接関与することになる。

このように、ヴァンゼーラントは第二次世界大戦前後のベルギーにおける新自由主義を代表する人物の一人であると同時に、戦後に実現されるヨーロッパ統合と新自由主義との関係を考察する上でも注目すべき人物といえる。本章では、ヴァンゼーラントの活動と思想を検討することを通してベルギー新自由主義の一端を明らかにしたい。

第1節　国立銀行副総裁ヴァンゼーラント

ポール・ヴァンゼーラントは、一八九三年一一月にエノー州ソワニー（Soignies）で八人兄弟の七番目の子供として生まれ、一九七三年に他界した。(1)一八九七年六月には、後に国際決済銀行の支配人となる弟のマルセルが生まれたが、他の兄弟は早世している。父親のルイはこの町で唯一の薬屋を経営しており、この事業によって社会的上昇を果たした。世紀末にヴァンゼーラント家は名望家層に加わることになった。

ヴァンゼーラントは一九一二年秋にルーヴァン・カトリック大学（以下、ルーヴァン大学と略記）に入学した。彼は、法学の道に進む準備として最初の二年間に哲学と文学を学び、一九一四年七月に進学の資格を取得した。同時に、彼はルーヴァン大学哲学教授でメッヘレン（ベルギーの首位大司教座）のデジレ・ジョゼフ・メルシエ枢機卿の下でトマス哲学の特別バカロレアも取得した。メルシエの哲学は、近代科学の成果を取り入れ、現代が抱える問題とくに経済問題と社会問題に学生たちの関心を喚起するものだった。メルシエは一八九一年に出された教皇の社会回勅『レールム・ノヴァルム』を出発点とするカトリック社会教説の指導者であり、ヴァンゼーラントもそのグループに参加したことになる。(2) 大学時代の彼の周辺には、後にベルギーの指導層となる人物が多くいた。たとえば、ルーヴァン大学教授となる経済学者のフェルナン・ボードワンもその一人である。

第一次世界大戦後の一九二〇年メッヘレンにメルシエを会長にカトリック社会教説の国際組織である国際社会問題研究協会（Union international d'études sociales）が設立された。(3) 一九二〇年の時点で学生だったヴァンゼーラントたちがこの組織にどのように関与していたかは不明だが、一九三六年の協会員の名簿にはボードワンの名前が載っており、一九四八年の協会員の名簿にはヴァンゼーラントの名前も載っている。(4) このように、ヴァンゼーラントは、法学を志しつつも、カトリック社会教説やトマス哲学を学習した、社会問題に強い関心を持つ世俗のカトリック教徒の学生であった。

ヴァンゼーラントが法学を学ぼうとしていた直前の一九一四年七月第一次世界大戦が勃発した。一九一四年八月四日、ドイツ軍はベルギーに侵攻し、ヴァンゼーラントは直ちに従軍することになった。ところが、彼は、すぐにドイツ軍の捕虜となってしまい、捕虜生活が終わり帰国できたのは一九一九年一月初めのことであった。しかも、兵役期間は帰国後も続き、除隊したのは同年八月であった。

第一次世界大戦の経験はヴァンゼーラントの人生にとって大きな転機となった。一九一九年秋に復学したヴァンゼーラントは、当初の法学志望を変更し、政治・社会学研究所に登録した。彼にとって戦後再建が最大の関心事となり、そのために経済・金融問題の研究が必要であると考えたからである。この研究において、彼は第一次世界大戦後の世界におけるアメリカの重要性を認識し、アメリカでの研究を希望することになった。

ヴァンゼーラントは一九二〇年秋からベルギー救援委員会（Committee for Relief of Belgium: CRB）の奨学生として米国に留学した。なお、この留学にはCRBのキーマンでありベルギー金融界の指導者だったベルギー・ソシエテ・ジェネラルのエミール・フランキの助力があった。ヴァンゼーラントは、通貨・信用研究の第一人者であるプリンストン大学のエドウィン・ケメラーのもとでアメリカにおける通貨改革を修士論文のテーマとして取り組み、経済学修士号を取得した。

一九二一年に帰国したヴァンゼーラントは、ベルギー国立銀行に入行した。そして、一九二二年には修士論文をもとに『一九一三年から一九二一年におけるアメリカ合衆国の銀行改革』(5)と題する著書を出版した。本書にはケメラーによる序文が寄せられた。ケメラーは「アメリカの銀行についての、申し分なく良識ある批判的な報告である」(6)と本書を高く評価した。ヴァンゼーラントは同書において、アメリカの銀行改革についての分析をもとに、政治が金融に介入することを批判し、金融の独立性を支持した。(7)

第一次世界大戦後、アメリカは唯一の債権国となり、一九一九年にはいち早く金本位制に復帰した。このため、ドルに対する信用は世界的に高まり、アメリカの通貨システムに関する知識はヨーロッパ各国で必要とされた。この問題に精通するヴァンゼーラントは、一九二二年以降、ジェノヴァ会議をはじめとする国際経済会議のベルギー代表団に加わることになった。

ヴァンゼーラントが国立銀行で所属した経済研究局では、一九二五年になると財務省と密接な連絡を取りながら金本位制復帰に向けて研究を行っていた。同局には、レオン・デュプリエ、ロベール・ルモワンなど若手の優秀なエコノミストが所属していた。一九二六年、ベルギーは通貨価値の安定化に成功し、金本位制に復帰した。

そして、同年一二月ヴァンゼーラントは、三三歳という異例の若さで国立銀行の理事に任命された。国立銀行総裁のルイ・フランクは法律家であり、通貨理論の専門家であるヴァンゼーラントが事実上、中央銀行政策を執行することになった(8)。ベルギー国立銀行理事として、ヴァンゼーラントは数々の国際会議に参加し、アメリカ、イギリス、ドイツなどで指導者層に向けて講演することも多かった。そして、バーデン・バーデンでの国際決済銀行の創設準備作業にヴァンゼーラントは参加し、一九三〇年の同行設立に大きく関与した。

国際決済銀行の支配人には弟のマルセル・ヴァンゼーラントが就任した。マルセルはルーヴァン大学で法学を学んだ後、アメリカの巨大商業銀行であるナショナル・シティ銀行のブリュッセル支店で副支店長を務めていたが、兄の推薦を受けて国際決済銀行の役員（支配人）となった(9)。また、ポールも国際決済銀行の理事代理を務め、アメリカ留学をするにあたって助力を受けたベルギー・ソシエテ・ジェネラル総帥のフランキも理事に就任した。

一方、ルーヴァン大学では、一九二五年頃からボードワン、デュプリエ、ガストン・エイスケンスらが経済学の研究・教育を行っていた。一九二八年、ヴァンゼーラントはルーヴァン大学で金融分析の講義を担当するとともに、一〇月にルーヴァン大学経済研究所（Institut des Sciences Économiques de l'Université de Louvain）の創設に加わり所長に就任した。研究所は経済学教育と応用経済学の研究を行うことを目的として設立された。研究所は、ベルギー経済に関する情報を収集し、長期・短期の経済動向を分析するとともに経済予測を行い、発行する雑誌に発表した。ヴァンゼーラントは、雑誌の創刊の辞で、これらの研究が実業家とエコノミストの双方にとって有益なものになると述べている(10)。研究所は、ベルギー経済の実証分析で評価を確立しベルギーの代表的経済研究所になるとともに、自由主義的な研究所のスタッフや関係者は、ルーヴァン学派（École de Louvain）と呼ばれるようになった(11)。

一九三四年三月にヴァンゼーラントは国立銀行の副総裁に就任した。彼は、首相に任命される一九三五年四月三〇日までこの職についていた(12)。また、一九三四年六月には無任所の国務大臣として当時のカトリック党=自由党連立政権に加わった(13)。

第2節 『ヨーロッパの概観 一九三二年』の分析

一九二九年一〇月のニューヨーク証券取引所における大暴落を契機とする一九三〇年代の大恐慌は一九三一年になるとヨーロッパにも深刻な影響をもたらし始めた。こうしたヨーロッパにおける経済困難のさなかの一九三三年、ヴァンゼーラントは、大恐慌下のヨーロッパ経済を分析した『ヨーロッパの概観 一九三二年』(14)を出版した。大不況が深刻化するなかで出版された本書は国際的にも注目され、英語訳やオランダ語訳も出版された。

本書において、彼は、経済恐慌に対して各国が関税引き上げや数量制限などの措置をとったことを批判する。恐慌は世界的なものであり、近隣諸国を犠牲にする保護主義的措置は効果がなく、金融面でなされた為替管理、モラトリアム、清算協定も状況を改善するまでには至っていない(15)。一方、国際連盟や国際決済銀行などの国際機関は恐慌に対して有効な対策を打つだけの能力に欠けている(16)、とヴァンゼーラントは指摘した。

ただし、恐慌の中にあっても、いくつかの国際会議が開催され、国際協調を軸に打開を模索する動きに対して彼は期待を示す。特に、一九三二年六月一六日に開催されたローザンヌ会議において国際連盟の呼びかけによる世界通貨会議の開催とその準備作業をアメリカ代表も含む専門家委員会に託すことを決定したことを評価する(17)。また、ヴァンゼーラントが強調するのがヨーロッパ小国による経済協力協定の意義である。一九三〇年一二月二二日にベルギー、ルクセンブルク、オランダ、デンマーク、ノルウェーおよびスウェーデンにより調印されたオスロ協定は、相互の連携を強化することと関税休戦を目的としていた。ヴァンゼーラントは、オスロ協定に自由貿易促進の萌芽を認めて評価した(18)。

一九三二年七月一八日、ベルギー、オランダ、ルクセンブルクによって締結された新しい通商協定であるウーシー協定は、五年間で関税率を五〇％引き下げることと、新規の禁止措置や制限措置を課さず、現行のこれらの措置を速やかに撤廃することを規定した。ウーシー協定は国際的な関税戦争の中で関税引き下げを内容とする建設的な試みであり、世界的に注目されたが批准には至らなかった。その理由は、低地諸国がそれまでに結んでいた通商協定に含まれている最恵国条項を盾に英米がウーシー協定を認めなかったからである。しかし、ヴァンゼーラントは、これらの地域協定が世界的な貿易自由化の種をまいた点を評価し、ロンドン世界経済会議がこの種を成長させることに期待を示した(19)。

こうして、ヴァンゼーラントはまず国際的な自由貿易が世界大不況を克服する唯一の道であると主張する(20)。彼によれば、自由貿易を実現し国際的な秩序を維持するには国際組織が必要であり、その庇護の下で資本や財の自由移動が復活する(21)。地域協定は国際組織実現への第一歩であり、一般的性格の協定の締結を容易にする。このような地域協定を重視する考えは、ヴァンゼーラントが戦後にヨーロッパ統合を推進する際に引き継がれた。

国内の経済政策についてヴァンゼーラントは、自由主義的経済法則が機能していた一九世紀の資本主義は、第一次世界大戦を画期として終わり、今や国家による保護主義や民間におけるカルテルが主流となった、と資本主義の変容を指摘する(22)。しかし、市場法則が貫徹する自由主義的な経済が最も人々に幸福をもたらすと考えられることから、むしろ自由を保障するために公権力の介入が必要とされる、と彼は主張した。

この点に関して、ヴァンゼーラントは、一九三一年に出された教皇ピオ一一世の社会回勅『クアドラジェジモ・アンノ』(Quadragesimo Anno) が指針を示しているとする。彼は、回勅で明確にされた、個人や下位の団体の自立性を尊重しつつ国家の社会的役割を重視する補完性原理にまず注意を喚起する。[23] 次いで、回勅から経済秩序、自由競争および公権力の関係について述べた部分を引用する。[24]

・よく秩序づけられた経済体制の到来を競争の自由な働きに期待することはできない。

・したがって、経済生活を正しく有効な指導原理の支配の下に置き直すことが絶対に必要である。

・しかしながら、われわれの知るところでは、国家が必要かつ十分な援助または扶助にとどまらず、私的意志行為に取って代わるのではないかとひどく恐れているものが全くいないわけではない、と言わなければならない。

・他方、必然的な結果として、この目的（よりよい社会的均衡の確立）は、技術的・職業的・社会的能力の貢献が大きくなればなるほど、より確実に達成されるであろうと信じる。

・合理的で正しい限度のなかにある自由競争とくに経済権力は、公権力に属するすべてのことがらについて、公権力のもとに実際に服従しなければならない。

ヴァンゼーラントによれば、より大きな自由とより大きな秩序に向かう二つの傾向は調和する。ただし、「現在の状況下で完全なレッセ・フェール体制に戻ろうとすることはユートピアである。（中略）われわれが落ちてしまった沼から抜け出すためには、決定的な介入が必要であることに疑問はない」[25]。むしろ、問題となるのは介入の仕方である。すなわち、経済法則を理解し、必要不可欠な場合に限り介入は行われるべきであり、経済法則が十分機能するようにしなければならない。こうした介入こそが、完全な自由にとって不可欠の条件となる。

したがって、経済への介入を行う権力である国家が行うのは、積極的・直接的な経済への介入である「ディリジスム」(指導経済)ではなく、経済政策である。[26] 以上のことからも、彼がカトリック社会教説の影響を受けた新自由主義者であることが分かる。

最後にヴァンゼーラントは、世界経済が直面している問題の解決には、通商障壁の撤廃、資本移動の自由化と再組織化、国際通貨体制の再建の三つが必要であると述べ、次のように提言する。

第一の通商障壁の撤廃のためには、まず数量制限と輸入許可制度の撤廃が必要であり、次に関税障壁の引き下げが必要となる。彼は、国家間の関税削減を内容とする協定の有効性を強調し、ウーシー協定を先行例として挙げた。[27]

第二の資本移動の自由化のためには、大きな障害となっている為替管理や清算協定などを廃止する必要がある。そのためには、大型公共工事、特別基金、中期信用のための機関、保証のための国家支援などの措置が考慮されるべきである。彼は、国際金融における信用面での保証や信用拡大などで国際決済銀行が大きな役割を果たすことができるとして、この各国中央銀行の連合機関の機能拡充に期待を示した。[28]

第三の国際通貨体制の再建について、ヴァンゼーラントは、金本位制に復帰する以外の選択肢はないと確信する。そのためには、現在のような国家主義が拡大することを妨げ、中央銀行間の協力に見られるような、良好な雰囲気が望まれる。国際金本位制への復帰は、世界経済再建の基礎であるとされた。[29]

以上の解決策は、問題が相互に依存しているので、一つだけを行っても効果はなく、全般的計画にもとづいてこれらを一挙に行う必要がある。そこで、ヴァンゼーラントは、一九三二年のローザンヌ会議で開催が決定された世界経済会議に期待を寄せる。これまで消極的な態度しか示してこなかったアメリカが、世界経済会議において積極的で建設的な態度をとるならば、即座にヨーロッパ列強諸国がこれに続き、最終的に多数の国が続くであろう。[30]

ただし、ヴァンゼーラントは、仮に世界経済会議が成功し、景気が回復したとしても世界経済が不安定な状態にあることに変わりはなく、再び恐慌が起こる可能性があると警告する。すなわち、技術進歩と経済発展から生まれた新しい条件のもとで、国際経済の組織化が必要とされているが、現在の政治はこうした根本的問題に適応できていない。したがって、国際経済秩序が国家間の不協和によって転覆させられるのを避ける方策を見つけるためには、政治・経済などすべての面での国際活動の組織化が欧米の良識ある人々の主たる関心事とならなければならないとヴァンゼーラントは主張する。(31)

ヴァンゼーラントは、現代資本主義が自由放任では十分に機能せず、大恐慌を再度引き起こす可能性があることから、国際的な政治・経済の組織化を行った上で、自由な通商や資本取引が出来る世界を作る必要があると考えていたのである。

『ヨーロッパの概観　一九三二年』出版直後の一九三三年六月一二日、大不況対策を検討するためロンドンで国際連盟主催の世界経済会議が開催された。会議には、大不況対策としてとくに貿易、通貨、信用、物価問題などを討議するため六四カ国から専門家が集まった。すでに見たようにヴァンゼーラントは、この会議の成功がアメリカの態度にかかっており、会議において欧米諸国の協調と経済自由化が促進されれば、不況克服の道を開くものと期待していた。

しかし、会議は、最初から対米債務問題や金本位離脱問題で英米仏主要三国が対立し、さらに七月三日のフランクリン・ローズベルト米大統領によるいわゆる「爆弾」宣言があり崩壊した。結局、会議は七月二七日に無期休会を余儀なくされたのである。(32)世界経済のブロック化は、その後、本格的に強化されることになり、国際的な経済協調の動きは頓挫し、ヴァンゼーラントの提言は葬り去られた。

第3節　ヴァンゼーラント政権の実験

ロンドン世界経済会議の挫折後、ベルギーはフランスが主導する金ブロックの一員となっていた。金本位制を維持するためベルギーは、他の金ブロック諸国と同様にデフレ政策をとり、金流出の危機に見舞われることになった。

産業界とりわけ工業家とルーヴァン大学の経済学者たちは、ベルギー・フランの切り下げを主張し、ラジオ、新聞などを通じて平価切り下げの大がかりなキャンペーンを展開した[33]。フラン切り下げを唱えたルーヴァン学派の拠点であるルーヴァン大学経済研究所の主要メンバーはボードワン、ヴァンゼーラント、デュプリエであった[34]。ただし、一九三四年に国務大臣となったヴァンゼーラントはキャンペーンに加わっていない。また、後にエール大学教授となるロバート・トリフィンは彼らに経済学を学び、研究所の助手となってこの問題の研究を行っていた[35]。

一九三五年に入るとベルギーからの金流出が増大し、三月になるとさらに急増した[36]。銀行の資金が外国に流出し、ベルギーの多くの銀行は流動性の高い資産を失って危機に陥った。ジョルジュ・テュニス内閣は金の流出を止めることができず、一九三五年三月一九日ついに内閣は崩壊した。国家的危機に直面した国王レオポルド三世は、一九三五年三月二五日、ベルギー国立銀行副総裁ヴァンゼーラントを首相に任命した。ヴァンゼーラントは、カトリック党、自由党、労働党の三党から信頼を得ている人物として見られており、国王は主要三党による挙国一致内閣によってこの困難を乗り切ることを期待した。

労働党からの入閣者には、アンリ・ドゥマンとポール＝アンリ・スパークがいた。彼らは、マルクス主義を放棄した労働党の新世代の政治家である[37]。一九三二年の総選挙で不況対策を打ち出せなかった労働党は敗北した。この敗北を受け、ドゥマンが作成した労働プラン（Plan du travail）[38]が一九三三年一二月の党大会で採択された。このことは、労働党をそれまで率いてきたエミール・ヴァンデルヴェルデ等の階級闘争を前提とするマルクス主義的政党から労使協調を原則とする計画主義者（プラニスト）が主導する政党への転換を意味した。

労働プランは、国家が「構造改革」を行うことを目的として、労使協調にもとづく政府による経済に対する指導と管理を主な内容とする。具体的には、金融部門と重工業部門を国家が統制し、残りの産業部門は民間のままとするが国家の管理の下におかれる。また、公共事業を積極的に行い、経済を拡大し失業者を吸収する。経済委員会が経済全体を監督するとともに、コーポラティズム的産業組織に経済権限が移譲される。この計画には労働者と社会主義者の広範な支持があった。しかも、キリスト教民主主義者からも支持が寄せられ、後のフランス人民戦線の政策にも影響を与えた[39]。

労働プランにはヴァンゼーラントも強い関心を持った[40]。一九三四年春、ヴァンゼーラントはドゥマンと国立銀行研究部門の有力スタッフであるルモワンの家で初めて会った。この会談で、両者はお互いの考えに類似した点があることを確認した。ドゥマンは、デフレーション政策に懐疑的で平価切り下げを必然と考えていたヴァンゼーラントを次期政権の最良の候補者であると考えた。一九三四年一一月にはドゥマンとヴァンゼーラントの間で政府計画について合意がなされた。両者は一九三五年三月までに新政府の経済政策について詳細に打ち合わせた[41]。その結果、ドゥマンの考えはヴァンゼーラントの考えに接近するようになり、ヴァンゼーラントは社会主義者の協力を得ることに意を強くした[42]。このように、経済恐慌と労働計画を機に、それまで対立関係にあったカトリック党と労働党の一部は急速に接近しており、挙国一致内閣の形成はこうした政党間関係の変化も背景としていた。

労働党との連立にはカトリック党と自由党の内部から批判が出されたが、国王の意向は変わらなかった。第一次ヴァンゼーラント内閣では、ヴァンゼーラントが外相を兼務し、最重要の財務大臣にマックス＝レオ・ジェラール（自由党）、公共事業・失業対策大臣にドゥマン、運輸・通信大臣にスパークが就任した。なお、ヴァンゼーラントとドゥマンを引き合わせた国立銀行のルモワンはドゥマンの官房長官となり、ベルギー経済の改革を研究することとなった[43]。

ヴァンゼーラントは一九三五年三月二九日、ベルギー経済復興のための計画案を議会に提出した。計画は、一年間内閣に特別権限を与えること、フランの安定化、公債の低利な公債への切り替え、大規模公共事業会社による失業者の吸収、銀行信用のコントロール、中央抵当機関の設立および外交面ではソ連の承認を主な内容としていた[44]。採決は三月二九日から三〇日にかけて行われ、下院は政府案を賛成一〇七、反対五四、棄権一二で可決した。政党別では、自由党二二人中一二名、カトリック党七一名中三一名が反対したが、労働党は六九名中六六名が賛成した。また、上院ではカトリック党の指導者が右派の説得に奔走したこともあり、賛成一一〇、反対二〇、棄権一九の圧倒的多数で可決された。労働党は全員が賛成し、カトリック党は七一名中四四名が賛成、一六名が棄権、一一名が反対した。ただし、自由党では二〇名中九名が反対、三名が棄権であり反対派が強かった[45]。

約一年間のフリーハンドを得たヴァンゼーラント内閣は一連の不況対策を実行していく。まず、一九三五年四月一日ベルギー・フランを二八%切り下げ、ベルギーは事実上金ブロックを離脱した。切り下げ率はルーヴァン大学経済研究所の購買力平価を基礎とする綿密な研究をもとに決められた[46]。切り下げの結果、外国に流れていた資金はベルギーに還流し銀行は十分な流動性を確保し、銀行倒産の危機は回避された。輸出は飛躍的に増大し、デフレは終息した[47]。

国家の経済への介入の点で大きく注目されたのが、一九三五年四月一九日の経済復興局（Office de Redressement Economique）の設立だった。経済復興局は、国の経済復興を促進することを目的として政府によって講じられた措置の執行を監督するとともにその準備や調整を行う責任を担った[48]。しかし、経済復興局は独自の予算を持たず、新しいプロジェクトを実施するには資金面で他の省の協力が必要だった。経済復興局は労働プランとは関係はなく、経済再建は国家介入なしには不可能であると信じている人々を満足させるための機関にすぎなかった[49]。

経済復興局に期待を寄せていたドゥマンらのプラニスト達は、経済に対する統制が不十分であると判断して失望した。なぜなら、プラニストが経済の「エタティザシオン」（国家管理）を主張し、とくに公共事業がベルギー経済の苦境を救うと考えていたのに対して、経済復興局が行ったことはせいぜい各種公共事業の執行の具体的方法を研究する程度のことであったからである[50]。失業者の吸収のための公共事業は、カトリック党右派と自由党による激しい抵抗に遭った。彼らは、財政支出の増大とインフレを懸念していた。経済復興局は、一九三九年一一月に活動を停止するまでに二八億六六〇〇万フランの支出を行ったが、その経済に与えた効果はほとんどなかったと評価されている[51]。

財政改革では、五月一一日の法令にもとづき、公債のより低利な公債への切り替えが実施され政府債務の軽減が図られた[52]。また、金融市場における十分な流動性の確保を目的として、一九三五年六月一三日に再割引・保証機構が設立された。同機構は商業銀行が持つ流動的でない資産を有利な条件で割り引き、さらに国立銀行が同機構の署名のある手形を適格手形として割り引くことにより、金融市場に十分な流動性を供給することを目的としていた。ただし、この時期にはすでに平価切り下げによって銀行への圧迫は問題にはなっていなかったから、大きな効果はなかった[53]。

銀行改革においては七月九日の法令にもとづき独立性を持つ銀行委員会が新設され、委員会による銀行統制が導入された。新法によって「銀行」の名称を使うことを許可された銀行はすべて委員会への登録を義務付けられ、銀行は報告書を毎月国立銀行に提出しなければならなかった。銀行委員会は銀行機能の規則を制定し、流動性と準備金の比率を定め、また、利子率の最高限度を定めることができた。委員会は、銀行を監督するとともに証券市場に対する監督を行った。銀行委員会が金融市場を撹乱するとみなした証券の発行に対しては厳しい規制が課せられた。しかし、銀行業への国家の介入はヴァンゼーラントの要望により相当程度緩和されてなされた[54]。ヴァンゼーラントにとり、金融改革の目的は預金者を保護することであり、それ以上の統制は必要なかったからである。

なお、失業対策として、七月二七日には全国職業紹介・失業局が設立された[55]。また、四月二七日からブリュッセルで開催された万国博覧会も景気を後押しした。フランの切り下げは外国からの渡航者にとって有利であり、一一月の閉幕までに外国から数百万人の観光客が訪れた。

ヴァンゼーラント政権下の一年で失業者は三九％減少し、輸出は二倍に増大した。また、デフレは終息したが、物価は恐れていたほど上昇せず物価上昇率は九％にとどまった。(56) ベルギー経済はほぼ一年で回復を遂げた。

経済の着実な回復にもかかわらず一九三六年五月二四日の総選挙では、極右政党と共産党が躍進し与党三党は議席を減らした。下院においてカトリック党は一六議席減の六三議席、自由党は一議席減で二三議席となり、三議席を失ったものの七〇議席となった労働党が第一党になった。しかし、労働党は組閣に失敗し、第二次ヴァンゼーラント内閣が六月一一日に発足した。この内閣においてはドゥマンが財務相、スパークが外相の要職に就いた。(57)

しかし、政権は多難な船出を強いられた。当時、隣国フランスにおいては「パンと平和と自由」をスローガンとする人民戦線が五月三日の選挙で勝利し労働運動が高揚していた。六月七～八日に人民戦線内閣のもとで団体協約や賃上げを内容とするマティニョン協定が結ばれた。このフランスの動きに触発されたベルギー労働者は、同じく「パンと平和と自由」を掲げて激しい労働運動に突入した。六月二日にアントウェルペン港から始まった山猫ストは全国に広がり六月一五日にはゼネストが宣言された。労働者たちは週四〇時間労働や賃上げなどを要求し、参加者は約五〇万人に達した。(58)

ゼネストに直面した政府は、六月一七日に全国労働会議を開催した。会議は経営者団体、労働組合、政府からの代表が参加し、経済・社会改革について議論された。政府は、広範な社会改革を労働者に約束し、まず、賃金引き上げ、年最低六日の有給休暇、過酷あるいは危険な労働が行われる産業における週四〇時間労働などが合意された。(59)

ヴァンゼーラントが六月二四日に議会に提出した政府宣言は、この合意を再確認するとともに他の政策を加えたものだった。それらの主なものは、疾病・廃疾強制保険、集団協約原則の拡大と同数委員会制度の一般化である。また、失業対策として義務教育期間の延長、退職年齢の前倒し、公共事業政策による労働力需要の増進が図られた。さらに、政府は電気、保険会社、軍事産業、信用の各部門における統制を約束した。また、議会の不安定性や機能不全を改善するために、国務院《コンセイユ・デタ》と国家改革研究センターの創設が決められた。政府宣言は上下両院で圧倒的多数で可決された[60]。

このように第二次ヴァンゼーラント政権は、労働党の比重の増加と激化した労働運動に対応するため第一次政権よりも社会的性格を強めた。実際、有給休暇制度や四〇時間労働制などフランスの人民戦線の政策と類似したものも見られる。しかし、銀行の国有化は約束されず、実際の政策においても信用部門に対する管理は緩やかだった。また、大企業に対する管理も行われず、労働プランとは程遠いものだった。

しかし、労働党の協力は必要であり、ヴァンゼーラント自身が経済・社会秩序の再建を必要であると認識していた。第二次ヴァンゼーラント政権の下で各種の重要問題を研究する王立委員会を設置したのもこうした理由からである。王立委員会は、一九三六年一〇月から三七年五月までの間に、行政改革、税務簡素化、失業問題研究、中産階級・職人・商人、大都市問題、軍事物資・武器・軍用品の製造と貿易の統制、保険および年金の分野で設置され報告書が提出された[61]。

ヴァンゼーラント政権の経済政策は、ほぼ『ヨーロッパの概観　一九三二年』における提言に沿ったものであり、新自由主義的な政策であった。すなわち、政府は経済法則が十分に機能するために経済に介入するが、それは自由競争が行われる枠組みを作るためである。したがって、彼はプラニストの支持を得ながらも、労働プランが主張するように企業や銀行の活動に直接介入し統制することは避けた。ただし、経済の円滑な運営には労使協調は欠かせないと考え、両者の声が反映されるような経済復興局や銀行委員会など各種の政府機関を設置したのである。

ポール・ヴァンゼーラントの弟のマルセル・ヴァンゼーラントは、一九四〇年に『ベルギーにおけるヴァンゼーラントの実験[62]』というタイトルでヴァンゼーラント政権の実績を評価する書物を出版した。この本にはポール・ヴァンゼーラント自身による序文が付されており、本書の内容に彼が基本的に同意していることを示している。以下、本書の主張を見てみよう。

一九世紀以来の自由主義は独占の形成に見られるように自由競争の基本的条件を破壊した。もはやマンチェスター学派の原理の適用は、貧困者の犠牲の上に経済的均衡の回復の基礎を置くこととなり、受け入れがたいものになっている。[63] こうしたことから、社会的政府の設立が要請される。これは、経済変動の結果に対して諸個人を保護する方向で介入を行う。ただし、政府の介入は、有用で効果的である一定の限度内で行われる。また、この政府は自由主義の不足と消極性を補うものであるため、強力な政府であらねばならない。[64]

上記のような特徴を持つヴァンゼーラントの政府は、私的イニシャチブを低下させることのない範囲で人間活動の結果の再配分に修正を加えた。また、ヴァンゼーラントは階級闘争の仮定を拒否し、企業において労働者と資本家が相互理解に基づいて協力することを容易とする政策を採った。さらに、ヴァンゼーラントは、職能団体の結成を勧めることによって、既存グループを公的に再組織化し、諮問機関の母体を形成した。[65]

本書によれば、結局、ヴァンゼーラントの政策は経済的「エタティスム」（国家管理主義）を目指すものではなく、企業の再分散化と再個性化を提案するものであり、国家の手に経済的権力を集中することによって、独占的自由主義の行き過ぎに反対して戦うものであった。[66]

第4節　ヴァンゼーラント報告――自由主義的国際経済秩序の提案――

ヴァンゼーラント内閣によるベルギー経済の建て直しがほぼ成功した一九三六年のヨーロッパ情勢は緊迫の度を増していた。すなわち、三月にドイツがライン非武装地帯に進駐し、五月にイタリアがエチオピアを併合、七月にはスペイン内戦の勃発により民主主義陣営とファシズム陣営との対立が先鋭化した。こうした状況の中で、民主主義陣営は二重の課題に直面した。第一は、大不況で不安定となった国内の社会的・経済的安定であり、第二は、国外におけるファシズムの脅威への対応である。この二重の課題を解決するためには、国際的な緊張を緩和し国際経済秩序を回復することによって、国内の経済発展を図ることが必要であると考えられた。この民主主義諸国の試みは一九三六年後半から一九三八年前半までの経済宥和政策として遂行された(67)。

国際経済秩序再建の最初の成果は、一九三六年九月二五日に英米仏三カ国によって発表された共同宣言（三国通貨協定）である(68)。これは通貨、経済、通商協力に道を開き、一九三三年のロンドン世界経済会議を葬ったアメリカの孤立政策の終了を告げるものだった。協定は、三国が国際経済の再建と平和の確保に寄与する意思を明確に示し、フランス・フランの切り下げを歓迎した。そして、国際貿易の発展がこれらの目的にとって重要であるとの立場から輸入割当と為替管理の撤廃を目指して、これらを緩和する措置が遅滞なく取られることを最重要の課題とした。また、本協定への他の国の協力も呼びかけられた。

フランスはこれを受けて一〇月二日ついにフラン切り下げに踏み切った。また、協力の呼びかけに応じて、九月二六日にベルギーが、一一月二一日はスイスとオランダが、同協定への参加を表明した。しかし、三国通貨協定は具体化するための規程が存在しない大雑把なものであった。この協定の具体化がヴァンゼーラントに託されることになる。

一方、ドイツもまた三国通貨協定に協力する意志があることを表明し、国際連盟の枠外での国際会議の開催を提案していた。こうして、一九三六年秋には、イギリス政府主席経済顧問フレデリック・リース＝ロス、フランスの金融問題専門の高官ジャック・リュエフ、ドイツ経済相ヒャルマル・シャハトの間で通貨・金融を巡る駆け引きが展開されたのである。

一九三六年一〇月一四日にベルギーは、第一次世界大戦直後に結んだフランスとの秘密同盟を破棄し中立政策に復帰することを発表した。翌年一月になるとヴァンゼーラントはリース＝ロスに対して、ベルギーが「新経済イニシャチブ」の準備研究を行うことを伝え、三国通貨協定を活用し新しい国際経済秩序を作るための研究を開始すべきであるとの提案を行った。リース＝ロスはリュエフとともにヴァンゼーラントの提案を受け入れて、彼にその研究を委嘱する方向で英仏両政府間の調整を行った(69)。

イギリス、フランス両政府は、一九三七年四月三日、ベルギー首相ヴァンゼーラントに三国共同宣言を有効にするために国際貿易における障壁を除去し貿易を拡大させる可能性についての研究を正式に依頼した。英仏両国政府がヴァンゼーラントに依頼した意図としては、彼が国際的に著名な経済学者でありベルギー経済の危機を克服した政治家であることに加えて、ベルギーが発展した工業国であり英仏などと類似した経済を持つ国であること、さらに中立国ベルギーの提案をドイツが受け入れる可能性があったことが考えられる。

ヴァンゼーラントは、国際交渉の経験が豊富な経済官僚モーリス・フレールを協力者として英仏からの委嘱研究を行った。二人は欧米各国を訪問し有力政治家やエコノミストと会談するとともに、国際商業会議所や国際連盟の各種委員会でも情報を収集した。報告の完成は、ヴァンゼーラントが国内問題に忙殺され関係各国との調整に時間がかかったことから予想よりもかなり遅れた。報告は一九三八年一月二六日付で完成され、二八日に公表された(70)。

ヴァンゼーラント報告は、全三部構成で第一部「序文」、第二部「国際貿易における直接的障壁とその緩和措置」、第三部「成功に必要な一般的条件」となっている。第一部では、アウタルキーを批判し、国際貿易の発展こそが国内における経済的繁栄をもたらす道であると主張する。ここで述べられているアウタルキーに対する批判は『ヨーロッパの概観　一九三二年』とほぼ同様の内容である。

ヴァンゼーラントは、国際貿易の障壁を緩和するという一般原則については各国とも受け入れるが、それに向けての具体的解決については極めて慎重となってしまう点を問題の根源にあると指摘した。ただし、報告は国際機関による全般的解決に向けてのイニシャチブに期待を示す。すなわち、一九三七年六～九月に開催された国際連盟経済委員会、国際商業会議所のベルリン大会（六～七月）、そして、国際連盟原料問題調査委員会が国際連盟経済委員会に九月に提出した報告書である。ヴァンゼーラントは本報告の見解が国際連盟の経済委員会や原料問題調査委員会、国際商業会議所の立場と一致している点を強調する。そして、こうした国際協調の方向で行動を試みることは可能であり、成功の見込みはあると述べる。[71]

第二部では、国際貿易を阻害する要因が大きく経済領域と金融領域とに存在しているとして、「A．経済分野」と「B．金融分野」に分けて論じる。「A．経済分野」では関税、間接的保護、輸入割当制について詳細に検討し、自由貿易への回帰を主張する。

関税については、現行の関税率はこれ以上引き上げるべきではないこと、例外的に高い関税については政府間協定によって互恵的に引き下げられるべきであることが提案された。報告では、最恵国条項に基づく互恵通商協定によってその効果が拡大されなければならないとされ、さらに、最恵国条項を含む地域的・集団的協定が提唱された。そして、貿易障壁の緩和を目的とする地域協定は最恵国条項に対する例外措置として認められるべきであると主張する。これは、ウーシー協定が互恵条項が障害となって実現しなかった経験やオスログループの拡大を視野に入れたものと思われるが、戦後のヨーロッパ統合にもつながる提案である。

間接的保護には、行政による制限的慣行、関税表の極端な細分化やダンピングなどがある。これらに対しては、問題処理のための手続きと仲裁機関が必要とされる。報告は一九三二年の国連理事会の決議によって設置された「国家間経済紛争調停手続き」(Procedure for friendly settlement between States of differences of an economic character) と国際商業会議所の仲裁裁判所を間接的保護によって生じた国家間の紛争処理に利用することを提案する。[72] また、関税品目についてはジュネーヴ関税表で示された細目を超えないことを勧告した。

輸入割当制について、報告は、国際貿易の発展に対する最大の障害であり、近年ますます濫用される傾向にあると厳しく批判した。農産物も工業製品も輸入割当制は撤廃あるいは緩和されるべきであり、新たな輸入割当や既存の割当の強化を行わないことを内容とする協定が締結されなければならないと報告は提案した。ただし、報告は「輸入割当の廃止は、国際カルテルの撤廃を決して意味しない」[73]、と述べる。むしろ一般的利益に合致する国際カルテルの活動を確保するのに必要な場合には、割当制度の維持を図ることがあるとした。第二次世界大戦後とちがい戦前はカルテルの効用が国際連盟などでも認められており、報告もこうした考えを共有していた[74]。

「B．金融分野」では、まず、国際貿易の障害の中で通貨の混乱から生じるものと資本の移転あるいは商業支払いの移転に対する制限から生じるものほど有害で恐ろしいものはない、とこの問題の重大さを強調する[75]。そして、現状において為替管理と清算協定が国際貿易の発展にとって最大の障害になっていると指摘した。

通貨問題について、最善策は国際金本位制の再建であるが、これは経済・金融面での国際均衡が回復した時にのみ実現可能であり、現在は時期尚早である。したがって、現在できることは、経済と金融の両面での国際協定を実施し長期間運用し、その結果として根本的解決を実現することである。

ヴァンゼーラントは、一九三五年の三国通貨協定を国際取引において通貨保障を提供するものであり、一つの中間的解決策であると評価した。さらに、この協定を現状に適用できるよう改訂し、すべての国が参加できるようにすることによって通貨の安定を実現し貿易の拡大を図ることを提案する。すなわち、参加国は相互の平価を定め一定範囲内に変動を維持することを約束する。商業活動を通貨変動リスクから開放するため、期間は一年の長期とする。そして、いったん国際流通が再建されれば、一連の困難とくにクレジットに関する困難は私的イニシャチブが正常に作用するようになるため即座に解決されるとの見通しを示した。

次に、報告は市場間での資金移動に対する制限について考察する。制限の中心は為替管理制度と清算協定であり、これらの段階的撤廃が提案された。まず、債権国は為替管理を撤廃し、資本移動を認めるべきである。この措置によって、債権国からの資本輸出が可能になる。この結果、国家間の不均衡は均衡に向かうが、均衡を危険にさらす資金移動を制限するために、債務国では一時的な資本移動管理措置は維持される。ただし、債務国においても貿易金融における為替管理は廃止されるべきである。また、債務国の商品輸入を容易にするために、過去の債務の清算は協定によって長期間をかけて行われる。すなわち、未払い金は長期間に小額ずつ支払われ、一方、当座の貿易決算は遅滞なく行われるものとされた。

さらに、報告は、為替管理が漸進的に廃止される再調整期間における貿易金融を容易にするために、クレジットを与えることを提案した。これは、最近国際決済銀行によって設立された相互的クレジットの方法を協定によって拡大することによって可能となる。具体的には、各国発券銀行が国際決済銀行を通じて自国通貨でクレジットを開始する。このクレジットは相互の商品貿易を賄うために利用され、国際決済銀行は多角的決済の清算所となる。

さらに報告は、貿易取引の金融を容易にするために、すべての参加国の出資による共同基金の創設を提案した。これは戦後の国際通貨基金（ＩＭＦ）を先取りする構想であるが、報告は基金を管理する国際機関として国際決済銀行が適当であるとした[76]。このように、ヴァンゼーラントは国際決済銀行に新しい時代の国際金融において新たな役割を担わせることを考えていた。

ただし、報告は以上のような例外措置は、早晩、必要なくなると述べる。すなわち、国際経済が活力と柔軟性を回復すれば、民間機関がすばやく適応し、国際金融の困難は解消されるからである。ヴァンゼーラントは、このように市場の自動調整メカニズムを基本的には信頼しており、それが回復するまでの経過措置として、国家間協力による例外措置と国際決済銀行の活用を提言したのである。

最後の第三部では、国際貿易の障害を取り除き貿易を拡大するための具体的な解決策が示される。報告は、国際貿易が直面している困難の背景として、関税政策、為替管理、資本移動、通貨問題、割当制度などを挙げる。そして、これらが相互に密接に関係していることから、包括的な解決策がとられなければならないと述べる。また、各国に保護措置を放棄させるには、新しい制度が現在よりも大きな利益をもたらし、新制度への移行が危険をもたらすものではないように準備しなければならない。そのためには、国際経済関係を健全な基礎の上に行うという政治的意思の存在が重要であることを報告は強調する。

最後にヴァンゼーラントは、報告で提示した解決策を促進する新しい方法として、国際的な「経済協力協定」による貿易障壁の緩和を図る枠組み作りを提案した。協定はなるべく多くの国を包摂し、いかなる場合にもすべての国に開かれているものとする。協定の目的は加盟国国民の生活水準の引き上げにあり、それを実現するために参加各国の共同の利益に反する慣行を自制し、相互の経済関係から生ずる問題と困難を相互の理解と援助の精神において検討する。さらに、この一般的協定のもとで、またその精神に則り別のより詳細な取り決めを締結する。(77)

この協定は、国連の経済委員会と金融委員会、国際決済銀行、国際商業会議所および国際農業機関などの専門機関の協力によって実現が容易になる。また、この計画を実現するためには経済大国の支持が欠かせず、少なくともフランス、イギリス、アメリカ、ドイツおよびイタリアによる準備会合を開催し、金融機関や信用が戦争目的に使用されないよう保障を取り付ける必要がある。準備会合での各国の姿勢が建設的で希望の持てるものであれば、本報告を土台に建設的な行動計画が起草され、協定が調印されるべきである。(78) ここで提案された計画は、戦後のGATT（関税と貿易に関する一般協定）の原型といえるものであった。

以上に見てきたとおり、ヴァンゼーラント報告は、国際協調を漸次的にでも実現し、国際貿易における障壁を緩和することを通して貿易を拡大し、平和裏に各国に繁栄をもたらすことを意図したものだった。また、報告は国際協調のための機関として国際連盟の役割に一応期待を示すが、しかし、ドイツ、イタリア両国が国際連盟から脱退していた状況にかんがみ、大国が定期的に会合できる唯一の国際機関である国際決済銀行の役割がきわめて重要であることを強調した。

以上のような内容を持つヴァンゼーラント報告は、依頼国である英仏両大国の意向を尊重せざるを得なかった点があるとはいえ、小国ベルギーの当時の対外経済政策に沿ったものでもあった。すなわち、保護措置の段階的緩和や関税休戦はウーシー協定やオスロ協定の路線を世界に拡大するものであり、対外依存度の高いヨーロッパ小国の利害に合致していた。

ヴァンゼーラント報告が公表されると、欧米各国政府は好意的な反応を示した。また、アメリカの著名なコラムニストのウオルター・リップマンは、一月二九日のニューヨーク・ヘラルド・トリビューンでこれを高く評価した(79)。リップマンは、ヴァンゼーラント報告の背景として、ベルギーが中立国で民主主義国の信頼を得ているうえにドイツとの関係が良好であり、小国といえどもヨーロッパの外交と通商において重要な国家である点を挙げる。次に、首相のヴァンゼーラントが「不況に対処した政治家のなかでおそらくは最も有能で、最も困惑することなく、最も確固としていた(80)」と称賛する。

また、ヴァンゼーラントが英仏両政府の要請を受け入れた理由として、リップマンは、世界がより繁栄することによって、戦争や革命の危険を取り除くことができると考えたからであると述べる。そして、報告は「自由主義的綱領」(a liberal program)であり、ローズベルト大統領やコーデル・ハル国務長官が関税・為替面で進めている政策を促進し、米英仏、スカンジナビア諸国およびオランダ、ベルギーなど中立国の国民が望む経済世界であると評価する。したがって、ドイツ、イタリアが報告の提案を受け入れ自由体制に両国を招き入れることが望ましいが、仮に両国政府が受け入れないとしても世界の他の部分がこれらの原則を受け入れるならば多くの人々は豊かになり、自由機構は強化されより密接に結び付けられるのであるから、アメリカ政府がこの報告書で提案された政策をリードすべきであると主張した。

しかし、ヴァンゼーラント報告に対する欧米諸国の世論の評価は、概ね低いものであった。報告に対しては、多くの経済問題において悲観的であるため提案は慎重すぎ、一方、ファシスト独裁政権との協調の可能性については楽観的であるとの批判が多かった。事実、報告の発表後一週間しないうちにベルリンで穏健派を追放する事件があり、欧米の世論は報告の内容を非現実的なものと捉えた[81]。また、社会主義者からは資本主義の基本原則の多くを受け入れた不適切で時代遅れの「銀行家の報告書」と批判された[82]。ヨーロッパでヴァンゼーラント報告を歓迎したのは、各国政府を除いては、ドイツとの戦争を回避したいと願っていた平和主義者たちなど少数に限られていた[83]。

従来の研究においても、ヴァンゼーラント報告はあまり評価されてこなかった。第二次世界大戦中にイギリス王立国際問題研究所に設置された戦後経済再建委員会によって作成された報告において、著者のハインツ・アーントはヴァンゼーラント報告を、「国際的な経済協力の基盤を見出そうとした最後の試みのなかで、最も野心的なもの」であり、「これは国際連盟のさまざまな委員会やその他によって以前行われたほとんどの自由主義的提案を、包括的な国際的な経済協力計画の基礎として現実の条件に適合させようとした、良心的な試みであった」と一応評価する。しかし、アーントも、この報告の「勧告は政治的条件から挫折せざるをえなかった[84]」と認める。

さらに、経済学者のチャールズ・キンドルバーガーは有名な大不況研究において、ヴァンゼーラント報告を非実際的であったと厳しい評価をしている。キンドルバーガーによればその理由の一つは、迫りくる戦争と再軍備という国際情勢であり、また、同報告の貿易障壁の軽減についての提案は「アメリカの参加による強力な支持が得られて初めて、それは実行されうるものであった」が、アメリカには世界経済再建のために指導性を発揮する意図はなかったからである[85]。

たしかに、報告の提案は当時の世界においては実現困難なことであったが、しかし戦後体制を先取りした側面を持った点が注目されるべきである。一九七二年に出版された報告の復刻版の序文でデイビッド・ルコビッツは、ヴァンゼーラント報告はヨーロッパ統合の実現に貢献したきわめて重要な文書であると見ることができると述べている。[86]

また、ヴァンゼーラント報告の作成過程を研究したミッシェル・デュムランも、ヴァンゼーラント報告を、当時の宥和外交の好例であると同時に、ヨーロッパ建設と大西洋同盟の歴史に属するものであると評価する。[87] 第二次世界大戦後における自由主義的国際経済秩序の再編や欧州統合の文脈において、ヴァンゼーラント報告は歴史的にきわめて重要な意味を持っていた。

おわりに

ヴァンゼーラント報告が発表された一九三八年の八月にパリでウオルター・リップマン・シンポジウムが開催された。同シンポジウムは、近年の歴史研究により新自由主義の起点として注目されている。[88] 本書第一章で詳述されているように、リップマン・シンポジウムはアメリカ人リップマンの『よい社会』[89]がフランスで高い評価を得たことから、リップマンのヨーロッパ訪問を機会に開催された。

このシンポジウムには、フリードリヒ・フォン・ハイエク、ルートヴィヒ・フォン・ミーゼス、ヴィルヘルム・レプケ、リュエフといった当時の著名な自由主義の学者を中心に二六名が参加した。ベルギーからの参加者は一名であり、それはポール・ヴァンゼーラントの弟で国際決済銀行支配人であったマルセル・ヴァンゼーラントである。[90] なお、シンポジウムには国際決済銀行総支配人のロジェ・オーボワンも参加しており、シンポジウムと国際決済銀行との間には密接な関係があったことがうかがえる。

リップマン・シンポジウムの成果として、一九三九年に自由主義刷新国際研究センターがパリに設立された。同センターの定款第四条には構成メンバーの名前が載っている。[91] この名簿には、ベルギーからポールとマルセルのヴァンゼーラント兄弟に加え、ヴァンゼーラント報告の協力者であるフレールやルーヴァン大学の同僚ボードワンとデュプリエが名を連ねている。また、ヴァンゼーラント内閣で財務大臣を務めその後ブリュッセル銀行の頭取になったジェラールも会員であった。まさに彼らは、ベルギーにおけるリップマン・シンポジウムを出発点とする新自由主義者であった。

ベルギーにおける新自由主義の特徴を確認しておこう。すでにみたように、ポール・ヴァンゼーラントは第一次世界大戦を転機として、戦後再建策と大不況克服策を検討する中で新自由主義的な考えを形成していった。とくに、『ヨーロッパの概観　一九三二年』において、ヴァンゼーラントが大恐慌下のヨーロッパ情勢を分析し、自由を保障するために政府の介入が必要になること、国際協調とりわけヨーロッパ諸国間の協調と貿易の自由化により不況を乗り切ることを提案していた点は重要である。

また、ヴァンゼーラントが学び教鞭をとったルーヴァン大学はベルギー新自由主義の有力な拠点となった。一九二八年にヴァンゼーラントを所長として設立されたルーヴァン大学経済研究所には、新自由主義の経済学者ボードワン、デュプリエが所属し、発行する雑誌にはマルセル・ヴァンゼーラントや経済省高官のジャン＝シャルル・スノア・エ・ドッピュースらの論文が掲載された。(92)

さらに、ベルギーの新自由主義者にはカトリック社会教説の影響を受けている人物が多くいる点も注目される。メッヘレンに一九二〇年に設立された国際的なカトリック社会教説の団体である国際社会問題研究協会には、ヴァンゼーラントとボードワンが会員として名を連ねている。『ヨーロッパの概観　一九三二年』で教皇の社会回勅が引用されているように、彼らの新自由主義にはカトリック社会教説の強い影響を見ることができる。

なお、新自由主義の評論家リップマンも一時期、カトリックの教義に強くひきつけられていた。リップマンの評伝を書いたロナルド・スティールによれば彼はカトリックの階層性と秩序観念に、ナチズムや共産主義にみられる道徳的荒廃に無感覚な世俗主義に対する解毒剤を見出したからである。リップマンにとってカトリックの魅力は、一時的な大多数の移り気や独裁者の命令を超越して、道徳的次元での交流の伝達感覚にあった。リップマンはカトリック教会に入ることも真剣に考えていたが、厳格なカトリック教育を受けたために、かえってカトリックに反感を抱いていた妻ヘレンの存在により、彼がカトリック教会に入ることはなかった。(93)

他方、ヴァンゼーラント兄弟に見られるように、彼らが国内外の金融界と密接な関係を持っていた点も注目される。ヴァンゼーラント報告が、当時の厳しい国際情勢のなかでも国際協調とりわけヨーロッパ協調を訴えた背景には、国際決済銀行を結節点とするヨーロッパ金融界との関係も影響していたものと考えられる。

ヴァンゼーラントは、報告作成のさなかの一九三七年一〇月二五日に政権内の動揺などにより首相を辞任した。(94)議員としては一九三九年四月の総選挙までとどまったが、選挙を機に政界からいったん退いた。

ヴァンゼーラントは、第二次世界大戦中ロンドンにあったベルギー亡命政府の戦後経済研究委員会（ＣＥＰＡＧ）の委員長を務めて、戦後再建構想を作成した。この委員会は、ヴァンゼーラント報告をもとに研究を行い、政府に対してヨーロッパ統合や大西洋同盟を支持するいくつかの報告書を提出し、戦後における国際協調と欧州統合への道を準備した。(95)

第二次世界大戦が終了するとヴァンゼーラントは一九四六年ポーランド人ジョセフ・レチンガーと欧州経済協力連盟(96)を設立した。この組織のメンバーは銀行家が中心だが、工業経営者、大商業経営者さらに労働組合指導者をも結集した欧州統合を推進する圧力団体だった。欧州経済協力連盟の主要メンバーは、ヴァンゼーラントをはじめとする新自由主義者であり、研究成果の公刊や政治家への圧力を通じて新自由主義的統合運動の主体となった。

一九四九年にヴァンゼーラントは外相に就任した。ヴァンゼーラントは外相として一九五〇年五月のシューマン・プラン発表に始まる欧州石炭鉄鋼共同体（ＥＣＳＣ）設立交渉、ヨーロッパ防衛共同体・ヨーロッパ政治共同体交渉に直接参加し、一九五四年に外相を辞めるまで政治家としてヨーロッパ統合を推進した[97]。

最後に、第二次世界大戦後に誕生したモンペルラン協会とこれまで検討してきたヴァンゼーラントを中心とするベルギー新自由主義者との関係を見ておこう。彼らはモンペルラン協会の設立には参加しなかった。しかし、一九六四年の会員名簿[98]には、ルーヴァン大学経済社会研究所[99]のボードワンとデュプリエやルーヴァン大学出身で経済省事務局長を務め、戦後のヨーロッパ統合を推進したスノアの名前が載っている。しかし、戦前の自由主義刷新国際研究センターに加盟していたヴァンゼーラント兄弟の名前はない。おそらく、兄弟の考えとモンペルラン協会との間には（社会問題などをめぐって）断絶があり、入会を見送ったものと思われる。

このように、ルーヴァン学派にはモンペルラン協会の設立時からの会員はいなかったが、後に会員になった者が少なからずいた。本書「総括」で考察されているように、新自由主義のなかにも幾つかの潮流がある。ベルギー新自由主義が一枚岩でなかったとしても不思議ではない。むしろ、彼らのほとんどが戦前の自由主義刷新国際研究センターの会員であり、また、ルーヴァン大学を中心とする人的交流とカトリック社会教説という社会観など多くの共通性を有していた点がベルギー新自由主義の特徴といえるだろう。

注

（1）ヴァンゼーラントの生涯についての一次資料にもとづく信頼のおける評伝としては、V. Dujardin et M. Dumoulin, *Paul van Zeeland 1893-1973*, Bruxelles: Racin, 1997. があり、本章の記述においても適宜参照した。

（2）メルシエについて詳しくは、D. A. Boileau, *Cardinal Mercier: A Memoire*, Louvain: Peeters, 1996; G. Georges, *Cardinal Mercier*, London: Longmans, 1926. を参照。

（3）Boileau, *op. cit.*, p. 185.

（4）L'Union Internationale d'Etudes Sociales, *Code Social: Esquisse d'une synthèse sociale chatholique*, Deuxième édition, Spes. Paris. 1936; do., *Code Social: Esquisse de la doctrine sociale catholique, nouvelle synthèse*, 3. éd., Bruxelles-Paris, 1948.（久保

正幡監修『社会綱領』有信堂、一九五九年）。なお、一九四八年の名簿には初の日本人会員として、東京大学教授の田中耕太郎の名が載っている。

(5) P. van Zeeland, *La réforme bancaire aux États-Unis d'Amérique de 1913 à 1921: Le système de la Réserve Fédérale,* Bruxelles-Paris: Emile Bruylant, 1922.

(6) E. W. Kemmere, "Introduction", *ibid.,* p. XI.

(7) *Ibid.,* p. 270.

(8) H. Van der Wee et K. Tavernier, *La Banque nationale de Belgique et l'histoire monétaire entre les deux guerres mondiales,* Bruxelles, 1975, pp. 358-359.

(9) Dujardin et Dumoulin, *op. cit.* p. 28: G・トレップ／駒込雄治・佐藤夕美訳『国際決済銀行の戦争責任』日本経済評論社、二〇〇〇年、四八頁。

(10) Paul van Zeeland, "Editorial", *Bulletin de l'Institut des Sciences Économiques,* Première Année, No. 1, Décembre 1929, Université catholique de Louvain, p. 7.

(11) F. Baudhuin, *Histoire économique de la Belgique 1914-1939,* Tome Premier, pp. 328-329, Tome Second, pp. 352-354, Bruxelles: Emile Bruylant, 1946.

(12) Van der Wee et Tavernier, *op. cit.,* p. 359.

(13) Dujardin et Dumoulin, *op. cit..,* pp. 38-39.

(14) P. van Zeeland, *Regards sur l'europe 1932: Essai d'interprétation de certaines manifestations du nationalisme économique,* Bruxelles: Office de publicité, 1933; do., *A View of Europe, 1932,* Baltimore: The Johns Hopkins University, 1933; do., *Beschouwingen over Europa,* 1932, Traduction de M. Henri van Criekinge, Brussel: N. V. Standaard Boekhandel, 1933.

(15) *Regards sur l'europe 1932,* pp. 35-76.

(16) *Ibid.,* pp. 86-96.

(17) *Ibid.,* pp. 99-105.

(18) *Ibid.,* pp. 123-124.

(19) *Ibid.,* pp. 129-130. オスロ協定とウーシー協定について詳しくは、G. van Roon, *Small states in years of depression,* Assen,

Maastricht: Van Gorcum, 1989, pp. 3-71. および拙稿「ヨーロッパ統合の中核」渡辺尚編著『ヨーロッパの発見』有斐閣、二〇〇〇年、一二一～一二三頁、を参照。

(20) Van Zeeland, *op. cit.*, pp. 133-139.

(21) *Ibid.*, pp. 139-141.

(22) *Ibid.*, pp. 146-148.

(23) *Ibid.*, pp. 155-158. 補完性原理については、とりあえず、拙稿「ベルギーにおける連邦制の成立過程」『経済学季報』(立正大学) 第五四巻第三・四号、一二三～一二四頁、を参照。『クアドラジェジモ・アンノ』は、レオ一三世が一八九一年に発表しカトリック社会教説の起点となった『レールム・ノヴァルム』(Rerum Novarum) 発布四〇周年を記念して出された回勅である。

(24) Van Zeeland, *op. cit.*, pp. 157-158. なお、翻訳において、「クアドラジェジモ・アンノ」『教会の社会教書』中央出版社、一九九一年を参考にした。

(25) *Ibid.*, p. 160.

(26) *Ibid.*, pp. 169-170.

(27) *Ibid.*, pp. 237-238.

(28) *Ibid.*, pp. 238-240.

(29) *Ibid.*, pp. 240-242.

(30) *Ibid.*, pp. 244-246.

(31) *Ibid.*, pp. 248-249.

(32) ロンドン世界経済会議については、藤瀬浩司編『世界大不況と国際連盟』名古屋大学出版会、一九九四年、を参照。

(33) フラン切り下げキャンペーンについて詳しくは Van der Wee et Tavernier, *op. cit.*, pp. 268-283. を参照。

(34) Baudhuin, *op. cit.*, pp. 328-329. ボードワンの平価切り下げ論については、F. Baudhuin, *La dévaluation de franc belge,* Bruxelles: Édition Universelle, 1935. に詳しい。

(35) *Robert Triffin donseiller princes: Témoignage et documents,* Bruxelles: Ciaco, 1990, p. 16; C. P. Kindleberger, *The World in Depression 1929-1939,* London: Allen Lane The Penguin Press, 1973, pp. 251-252 (石崎昭彦・木村一朗訳『大不況下の

世界　一九二九―一九三九』東京大学出版会、一九八二年、二二四頁)。

(36) G.-H. Dumont, *Histoire des belges,* Tome III, Bruxelles: Charles Desssart, 1956, p. 249.

(37) ドゥマンの思想については、桜井哲夫『知識人の運命』三一書房、一九八三年、「第五章　ヘンドリック・ド・マン」を参照。

(38) 労働プランについては、Henri de Man, *Après coup,* Bruxelles: Toison d'or, 1941, pp. 203-247. を参照。

(39) A. Mommen, *The Belgian Economy in the Twentieth Century,* London: Routledge, 1994, p. 30; 廣田功『現代フランスの史的形成』東京大学出版会、一九九四年、「第五章　フランス人民戦線の政策論」を参照。

(40) Bernard Cook, *Belgium: A History,* Berne: Peter Lang, 2004, p. 117.

(41) De Man, *op. cit.,* pp. 242-244.

(42) Dujardin et Dumoulin, *op. cit.,* p. 45.

(43) ルモワンはブリュッセル自由大学出身であり、同大学の助手と国立銀行の研究員とを兼務していた。*Ibid.*

(44) Dujardin et Dumoulin, *op. cit.,* p. 48.

(45) Dujardin et Dumoulin, *op. cit.,* p. 49.

(46) Robert Triffin, "La théorie de la surévaluation monétaire et la dévaluation belge", in *Bulletin de l'institut des Recherches Économiques de l'Université de Louvain,* IX, No. 1, novembre 1937; Baudhuin, *Histoire économique de la Belgique 1914-1939.* Tome second, Bruxelles: Emile Bruylant, 1946, p. 352.

(47) 「国際決済銀行第六次年次報告」(平田喜彦訳)『国際決済銀行年次報告書　第三巻』日本経済評論社、一九八〇年、四〇～四一頁。

(48) Baudhuin, *op. cit.,* t. I, p. 343.

(49) Fernand Baudhuin, *Belgique 1900-1960: Explication économique de notre temps,* Bruxelles, 1961, p. 169.

(50) Dujardin et Dumoulin, *op. cit.,* p. 51.

(51) Mommen, *op. cit.,* p. 31; Baudhuin, *op. cit.,* 1961, p. 169.

(52) Dujardin et Dumoulin, *op. cit.,* p. 51; Baudhuin, *op. cit.,* 1961, p. 168.

(53) Mommen, *op. cit.,* pp. 31-32;「国際決済銀行第六次年次報告」前掲書、九〇～九一頁。

(54) Dujardin et Dumoulin, *op. cit.*, p. 51; Baudhuin, *op. cit.*, t. I, p. 346.

(55) Dujardin et Dumoulin, *op. cit.*, p. 52.

(56) Baudhuin, *op. cit.*, 1961, p. 170.

(57) [Marcel van Zeeland], *L'expérience van Zeeland en Belgique*, Lausanne; Librairie Payot, 1940, pp. 170-172; Dujardin et Dumoulin, *op. cit.*, pp. 59-61.

(58) Marie-Thérèse Bitsch, *Histoire de la Belgique*, Hatier, 1992, p. 193; Dujardin et Dumoulin, *op. cit.*, pp. 63-64.

(59) Mommen, *op. cit.*, p. 31.

(60) Dujardin et Dumoulin, *op. cit.*, pp. 64-65.

(61) *L'expérience van Zeeland en Belgique*, pp. 223-224; Baudhuin, *op. cit.*, 1961, p. 171.

(62) [Marcel van Zeeland], *L'expérience van Zeeland en Belgique*, Lausanne; Librairie Payot, 1940. 本書の英訳も出版された。*The van Zeeland Experiment*, New York: The Moretus Press, 1943. なお、本書には著者名が明記されていないが、著者の別の著作としてマルセルの複数の著作が同書のなかで掲げられているため著者をマルセルと断定できる。

(63) *L'expérience van Zeeland en Belgique*, pp. 283-284. なお、この点に関して著者はルイ・ルージエの著書 L. Rougier, *Les Mystiques économiques*, Libraire de Médicis, Paris, 1938. を参照するよう指示している。

(64) *L'expérience van Zeeland en Belgique*, p. 285.

(65) *Ibid.*, pp. 286-287.

(66) *Ibid.*, p. 287.

(67) M. Dumoulin, "La mission van Zeeland: Essai de clearing diplomatique de l'appeasement (1937-1938)", in *Relations internationales*, n° 39, 1984, pp. 356-357.

(68) 「三国通貨協定」については、須藤功『アメリカ巨大企業体制の成立と銀行』名古屋大学出版会、一九九七年、「第8章 世界大不況下の国際通貨協調とアメリカ」および山本栄治『基軸通貨の交替とドル』有斐閣、一九八八年、「第4章 一九三六年三国通貨協定とドル」を参照。

(69) Dumoulin, *op. cit.*, pp. 358-359.

(70) P. van Zeeland, Report presented by M. van Zeeland to governments of the United Kingdom and France on the possibili-

ty of obstaining a general reduction of the obstacles to International Trade, January 1938. 本報告はリップマンのヘラルドトリビューンでのコメントも付されて一九三八年に出版され、さらに一九七二年に David C. Lukowitz による新たな序文も付されて復刻された。本稿では次の復刻版を用いる。*International Economic Reconstruction by Paul Van Zeeland with a comment by Walter Lippman*, New York-London: Garland, 1972（以下、*van Zeeland Report* と略記）。

（71） *Van Zeeland Report*, pp. 83-86.

（72） *Van Zeeland Report*, pp. 90-91.

（73） *Van Zeeland Report*, p. 92.

（74） 当時の国際カルテルを巡る議論については、拙稿「国際工業カルテルと国際連盟」藤瀬浩司編、前掲書、一九九四年、を参照。

（75） *Van Zeeland Report*, p. 93.

（76） *Van Zeeland Report*, pp. 94-99.

（77） *Van Zeeland Report*, pp. 106-107.

（78） *Van Zeeland Report*, pp. 108-109.

（79） W. Lippman, "The van Zeeland Report", *New York Herald Tribune* January 29, 1938. この記事は、*van Zeeland Report*, pp. 110-113 に再録されている。

（80） Lippman, *op. cit.*, p. 110.

（81） Dumoulin, *op. cit.*, p. 371.

（82） David C. Lukowitz, "Introduction", *van Zeeland Report*, p. 9.

（83） *Ibid.*, pp. 10-11.

（84） H. W. Arndt, *The Economic Lessons of the Nineteen-thirties*, Hampshire: Gregg House, 1993（First 1944）, p. 248（小沢健二ほか訳『世界大不況の教訓』東洋経済新報社、一九七八年、三一五～三一六頁）。

（85） Kindleberger, *op. cit.*, pp. 280-290.（邦訳、前掲書、二六一～二六二頁）。

（86） Lukowitz, *op. cit.*, p. 12.

（87） Dumoulin, *op. cit.*, p. 372.

(88) リップマン・シンポジウムと新自由主義の関係については、権上康男「新自由主義の歴史的起源と戦後フランス資本主義（一九三八―七三年）」、『歴史と経済』第一八一号、二〇〇三年、がわが国における最初の歴史研究である。

(89) W. Lippman, *The Good Society*, Boston: Littre, Brown, 1937.

(90) 権上康男、前掲論文、二一～二二頁、を参照。

(91) Centre international d'études pour la rénovation du libéralisme, Statuts, 21/4/39, p. 2.（本資料については権上康男氏からご教示いただいた）；権上康男、前掲論文、二五頁、も参照。

(92) スノアについては、とりあえず拙稿、前掲論文、渡辺尚編著、前掲書、一二八頁、を参照。

(93) Ronald Steel, *Walter Lippmann and the American Century*, Boston: Little, Brown and Company, 1980, pp. 491–492.（浅野輔訳『現代史の目撃者――リップマンとアメリカの世紀(下)』ティービーエス・ブリタニカ、一九八二年、二五八～二五九頁）。

(94) Dujardin et Dumoulin, *op. cit.*, p. 71.

(95) 拙稿「ベネルクス経済同盟の形成」『経済学季報』（立正大学）第五四巻第一号、二〇〇四年、八～九頁、を参照。

(96) M. Dumoulin et A.-M. Dutrieue, *La Ligue européenne de coopération économique (1946–1981): Un groupe d'étude et de pression dans la construction européenne*, Berne/ Paris: Peter Lang, 1993. 連盟は設立当初、ヨーロッパ協力独立連盟（Ligue indépendante de coopération européenne）という名称であった。Ligue indépendante de coopération européenne (Préamble et Mémorandum Préliminaire), Bruxelles, le 15 février 1947, Papiers Paul van Zeeland, No. 1301, Archives Université catholique de Louvain-la-Neuve.

(97) ヴァンゼーラント外相の下での欧州統合政策については、以下の拙稿を参照。「ヨーロッパ石炭鉄鋼共同体の誕生――ベルギーの対応を中心にして」『土地制度史学』一三四号、一九九二年；「一九五〇年代前半西ヨーロッパにおける共同市場構想――ヨーロッパ政治共同体設立計画を中心に」『修道商学』（広島修道大学）第三五巻第二号、一九九五年。

(98) List of Members (September 1st, 1964), "The Mont Pelerin Society", Nov. 1964, Fiedrich A. von Hayek Papers, Box 71, Folder 3, Hoover Institution, Stanford University.

(99) ルーヴァン大学経済研究所は、ルーヴァン大学経済社会研究所（Institut de Recherches Economiques et Sociales de Louvain: IRES）と名称を変更し、戦後もベルギーの有力経済研究所の一つである。F. Baudhuin, *Historie Économique de la*

Belgique 1945–1956, Bruxelles: Etablissements Émile Bruylant, 1958, pp. 253–256.

第Ⅱ部　新自由主義と戦後資本主義

第6章　戦後西ドイツにおける新自由主義と社会民主主義
――社会的市場経済／社会主義的市場経済と一九五七年「年金改革」――

福澤直樹

はじめに

本章では戦後西ドイツの社会給付改革、とりわけ社会保険をめぐる議論を軸に当時の新自由主義ならびに社会民主主義の思潮の影響を析出する。具体的には以下のとおりである。

戦後間もなく、社会給付の基軸として戦前来の社会保険システムが再建された。もちろん戦時期を経た後、保険機関の資産の減耗は著しく、また戦後の混迷の中で充分な社会給付はほとんど不可能であったが、各地方レベルで社会保険の再建の動きはともかくも始まった。他方、一九四六年には連合国管理理事会において、これらの社会保険を「統一型保険」のかたちで再編し、強力に推進していこうとする動きが起こった。統一型保険とは、従来別個であった年金保険や疾病保険、失業保険などの各保険部門を一つの統一的社会保険にまとめ、またそれぞれの保険分野（とりわけ疾病保険）における多種多様な個別保険機関を廃止して、統一の保険制度下の単一保険機構に一本化するもの

表6－1　戦後西ドイツの社会保険再建の沿革

1946	連合国管理理事会労働力部による新社会保険法案立案＝統一型保険方式
1947	ソ連占領地域のみで施行：西側占領地域では後に廃案（旧来型社会保険の継続）
	（参考、同年：エアハルト、米英占領地区経済担当責任者就任）
	（参考、1948年：通貨改革）
1949	西側占領地域で社会保険調整法
同年	ドイツ連邦共和国成立
1950	連邦援護法（戦争犠牲者援護）
1952	負担調整法（被追放民、避難民、戦争関連被害、損害補填）
	（上記二法は社会保険給付と一体化）
同年	SPD連邦議会議員団、社会調査委員会設置要求（→否決）
	（参考、同年：マッケンロート講演、SPD「社会総プラン」策定）
1953	連邦議会第Ⅱ期発足、アデナウアー首相所信演説にて社会新法確約
1955	ローテンフェルス建議書公刊（←アデナウアーの諮問、実現せず）
1957	年金保険改正法：賦課方式、動態年金化（世代間契約、高負担高給付体制へ）

であった(1)。この統一型保険方式の社会保険はソ連占領地域（後、東ドイツ）では実現されたが、西側では結局実現を見ず、そこでは旧来通りの多元的な社会保険システムが再建された。統一型保険方式の社会保険は実は社会民主党（ＳＰＤ）の戦前来の主張でもあった。そしてこの主張に合致するようなかたちで戦後連合国軍政が社会保険再編案を提示したにもかかわらず、西側占領地域ではそのプランは潰えたのである。このことはＳＰＤの統一型保険への主張に対し新自由主義の思潮が優越したことの証左としてとらえられる傾向があるが、それは果たして妥当するのか。本章では最初にこの点について若干の考察を行なう。

旧来型の社会保険システムは、しかしながら、決してスムースに再建されたわけではなかった。資金的制約の下で給付条件は厳しく、保険機関ごとの格差や地域的格差も著しかった。それに加え、通貨改革以後のインフレの中、実質給付額減耗に対し彌縫策的な下支え措置が数次にわたってとられた（例えば一九四九年の社会保険調整法など。戦後西ドイツの社会保険再建の沿革については表6－1を参照）。さらに連邦援護法や負担調整法などに代表される戦後処理のための諸立法が加わり、これらの給付は社会保険給付と一体化されて支給された（表6－1参照）。そして実際の給付規定は適用地域や支給根拠要件によって細分化されていたため、社会給付制度の総体は異なる幾多の給付規定が複雑に錯綜するかたちで形成された著しく複雑なものとなった。さらに不充分な給付に対し、いわば泥縄式に補完規定を追加していくことにより、給付制度は一層複雑かつバランスを欠くようになり、相当の公的資金が投入されていたにもかかわらず、その効果はいたって疑わしいものであった。このような給付制度のあり方は五〇年代前半から問題にされ、制度の総体を一貫性と透明性をもった体系に構築し直すべきだという議論が展開されていた。こうした議論はまずSPDの側から提起され、またコンラート・アデナウアー首班のキリスト教民主同盟／社会同盟（CDU／CSU）、自由民主党（FDP）、ドイツ党（DP）連立政府（以下、CDU／CSU政府と略記）においても同様の検討がなされていた。(2) その議論が紆余曲折を経て部分的に結実し、立法に反映されたのが、一九五七年の年金改革であった。この年金改革を機に財政方式が積立方式から賦課方式に転換され、給付は現役世代の賃金水準の上昇に連動して引き上げられるかたちとなった。同時に拠出率も引き上げられ、総じて社会給付への国民の負担率は上昇した。年金給付が賃金代替機能をもつようになったということは、ある意味積極的に評価し得ることであるが、自由主義志向の社会的市場経済秩序が優勢であったとされるにもかかわらず、社会給付への国民の負担率を相応に引き上げる年金改革のような立法がなぜ成立したのかは一つの疑問である。先取り的に言えば保守、革新こぞって市場経済路線に傾倒している中で、結果的に高福祉路線が定着したことになるのだが、それがなぜかを問う、とくにそれをオルド自由主義をはじめとする社会的市場経済論者、さらには社会民主主義者らの社会秩序、社会政策に対する考え方を実際の社会給付改革論争に即して検討し、もって社会保障の一局面における戦後西ドイツの新自由主義のあり方や担い手、およびその秩序思考的背景を明らかにしていくことが、本章のもっとも中心的な課題となる。

第1節　ドイツにおける旧来型社会保険の再建と新自由主義、社会民主主義

(1)　統一型社会保険法案の策定とその不成立

戦後連合国軍政の社会保険再建プランはSPDや共産党（KPD）などの従前からの要求に合致した統一型保険を基礎とするものであった[3]。しかし自由主義者らの反対や個別利害集団による抵抗などがある中で統一型の保険は西側三軍占領地域では実施されず、旧来型の社会保険が存続した。こうした流れの根拠については、旧い職業身分単位に立脚した在来型の社会保険システムに代えて新たに国民保険制度を創設する「新秩序」の格好の機会がブルジョワ勢力とアメリカ軍政の結託の下で阻害されたという、いわゆる「阻害された新秩序（verhinderte Neuordnung）」テーゼなどを援用した説明が一時なされたが[4]、ドイツ人自身の選択の余地ないしその影響力を重視する諸論者の反論を直ちに受けることになった[5]。とりわけH・G・ホッケルツは在来型社会保険の継続をドイツ人のマジョリティーによる自由主義路線の選択の結果だと位置付け、SPDも来る統一保険における給付改悪を懸念してそれに同調したとする[6]。

そもそも、連合国管理理事会労働力部によって一九四六年末に公式に起草された統一型社会保険法案は、その時点では西側三軍も含んだ連合国軍政の総意によるものであり、またドイツ人側においても、社会保険の統一保険化はKPD系やSPD系の人物によって占められていた終戦後初期のアメリカ軍占領地域（以下、米ゾーン）各州行政責任者らの意に適うものであった。ただ法案で想定されていた保険財政の緊縮、ひいては給付内容の改悪は問題として意識されており、軍政とドイツ人行政担当者の関係が米ゾーンと比較してより上意下達的であったといわれるイギリス軍占領地域（以下、英ゾーン）では明瞭に反対の意が示され、元来統一保険化歓迎の立場であった労働組合連合（D

ＧＢ）からも、英ゾーンにおいては管理理事会案をそのままのかたちで受け容れることはできない旨の意が表明された。つまり元来統一型保険を求めていた左翼系、とりわけＳＰＤやＤＧＢにおいてすら、管理理事会法案に対するアンビバレンスが生じていたのである。ホッケルツによるこの間の経過に関する記述から推察する限り、その根源は法案における統一保険化と給付引き下げの、いわば「抱き合わせ」であったと考えられる(7)。つまり社会保険の機構を根本的に改編すると同時に国家補助を廃し、そのためには給付の大幅引き下げも厭わぬという法案の指針に対し、ＳＰＤやＤＧＢの少なからぬ部分がその受諾を強くためらうことになったのである。ＫＰＤやＳＰＤなどの左派政党やＤＧＢなどは統一保険化には賛成であるが、彼らとて給付引き下げには当然反対である。それゆえ統一保険化という指針の下での国家補助を伴った給付の維持を主張するが、英米軍政はあくまで当初指針の一括受諾をせまったという。これによってドイツ側は大きなジレンマに陥ったのであった。こうした中、ＫＰＤ系の所管行政担当者らは、給付引き下げは問題であるがまずは新しい統一型の保険機構を構築することを第一義に優先しようと考えた。ＳＰＤやＤＧＢなどの労組はなおアンビバレントであったという。

一九四六年五月末にすでに新法案は米ゾーンの諸州評議会社会政策委員会（メンバーは各州労相）で議論され、そのまま通過するように思われていた。しかしバイエルン州労相でＳＰＤのアルベルト・ロスハウプターが法案に待ったをかけた。議会的プロセスを経ずしてこのような大きな決定を強行するわけにはいかないというのがその趣旨であった。これをきっかけに米ゾーン各州労相会議のレベルを超えて問題は広がり、反対派の声が高まるようになった。諸州蔵相会議でも反対が表明され、諸州評議会理事会も同事案に対してより慎重な態度をとるようになり、専門家や各利害集団代表からなるワーキング・グループを設けつつ法案の再検討に入った。そうした中で統一保険の諸問題が次々と洗い出され、各州首相も留保的態度を示すようになったという。

もとより、より広い国民的範囲をとれば、誰もが統一型保険に積極的であったわけではない。確かにＫＰＤやＳＰ

Dのような左派政党、またDGBのような有力な労働組合連合は基本的に社会保険の統一保険化に賛成であった。しかしSPD内部においてもヴァイマール期に当該問題を所管したルドルフ・ヴィッセルのように、従来型の保険機構の機能に一定の信頼を寄せ、他方でにわか作りの統一保険機構の能力ないし機能可能性に大きな疑念を寄せる論者も存在した。(8) 自由主義者、あるいは伝統的な社会関係を支持する集団、政党でいえばCDU／CSU、FDP、DPなどはそもそも統一型に反対であり、医師団体のような関係諸団体も反対、独立の中産階級、あるいは農業経営者、手工業者、商店主、自由業者などの職域団体も押し並べて反対を表明していた。雇用主団体や関連業界団体（金融・保険業界等）もこぞって反対し、統一型保険化がインフレをもたらす旨の議論も展開された。旧来型の保険機構の維持そのものが有意であるという官僚層の主張も存在した。このような中で社会保険の新構築に関する管理理事会法案が給付の引き下げを予見させるものになったのであるから、上述のようなジレンマに揺れつつ、本来は多数が統一型保険歓迎であった左派政党や労働組合連合等ですら、同法案の無条件受諾に躊躇するようになったのである。結果、左派であっても英ゾーンのDGBのようについに明確に法案反対に回る集団も現れ、SPDもその足並みがそろわず、先述のロスハウプターのような動きを招き、最終的にドイツの世論そのものが管理理事会法案に対し懐疑的となったのである。

他方、当初西側軍政はドイツの統一的再建に向けた占領四カ国の共同歩調を重視し、ソ連軍政に一定の配慮を示していたが、東西の亀裂が深まり、統一型社会保険導入に関してソ連軍政がソ連占領地域（以下、ソ連ゾーン）において独断先行する中で、英米軍政は将来の社会保険の再建のあり方はドイツ人自身が決めるべきものとして決定を諸州評議会に委ねようとし、さらに米ゾーン、英ゾーンの経済的、政治的一体化が進んで英米双ゾーン（Bizone：以下ビツォーネ）が成立し、経済審議会（Wirtschaftsrat der Bizone）というほぼ議会の体裁をとった機関が整った後、一九四八年六月には両軍政は公式に法案を同審議会に付託した。結局、法案は公式にはドイツ人自身の判断の下、保留（事実上の廃案）となり、従来型の社会保険が継続することになったのである。また、ホッケルツはさらに立ち入って次のような点も指摘する。まず米軍政責任者のルシアス・D・クレイ将軍は、もともと、東西の対立を意識するより以前から、社会保険を新たな形態で構築し直すことに反対であった[9]。ゆえに当初はソ連軍政のイニシアティヴに従いつつも、四カ国の歩調を揃えることが難しくなった時点ですでに法案の実現に熱意を注がなくなったというのである[10]。

以上の諸点に基づき、ホッケルツは戦後の経済秩序ならびに社会政策のあり方についての選択は実態的にもドイツ人自身の決定に基づいていたとし、新自由主義的西ドイツの成立を、またより個別的には統一型社会保険の廃案を「阻害された新秩序」論的に理解するのは適切ではないと論じている[11]。

これに対し本章の論考は、「阻害された新秩序」というような考え方をそのまま受け容れるものではなく、またそれについての議論を深めていくことを意図するものでもないが、ホッケルツの反論に疑問がないわけではない。トルーマンドクトリン以後の冷戦の影響は無視し得ぬものであり、また米軍政の反資本主義的構造改革に対する反発や反統制経済的立場も明瞭であった。もともとクレイや英軍政のロバートソンも統一保険を心底推進していく意志はなかったというホッケルツの叙述自体がまさにこのことを反映しているといえるだろう[12]。もとより「ドイツ人自身の選択」の背景は多面的であり、元来アメリカのイニシアティヴによるものであった通貨改革やマーシャルプランとも関わらせつつ考慮されるべきである。つまり戦前から連綿と続く新自由主義的思潮は確かにあったにせよ、アメリカ軍政の動きとの相関関係、通貨改革やマーシャルプランの影響も含んだ社会・経済的状況の変化などの総合的な把握が必要であると考えられるのである。「ドイツ人自身の選択」という事実はある。しかし以上のような背景の中でこそ新自由主義的な考え方が社会に浸透する土壌は醸成されたのであり、さらに、新自由主義論者が政治的に影響力をもてるようになったのは四八年以後であって、それ以前は彼らではなく主にＳＰＤやＫＰＤなどの関係者が西側被占領地域の行政担当に任用されていた。それが転換するのが四八年初頭であり、またそのような行政担当者の入れ替えには西側軍政が大きく関わっていた。さらに、米英両軍政は今後の社会保険のあり方に関する決定を実際にドイツ人による経済評議会に委ねたのだが、法案の基本線の変更を認めずに受諾か否かの二者択一をせまり、そのような中で決定を委ねればまず潰れるであろうことが予見できる状況でそれを行ったということは、実質的に法案を葬る意図があったといっても過言ではあるまい。社会保険の再建に関する「ドイツ人自身の決定」、或いはドイツ人のマジョリティーの意向の反映というのが形式的に事実であっても、そのことは一定の留保をもって把握されるべきであろう。

さらに加えて留意されるべきは左派、とりわけSPDの統一型社会保険構築断念、さらには自由主義派への同調の根拠である。それはホッケルツが説明するように単に給付水準引き下げを懸念しつつ自由主義に追随したに留まるのか。またSPDのみが来るべき経済秩序は西ドイツが正式な国家形態を整えてから議論されるべきだという先行決定禁止の申し合わせに踊らされ、戦略的に負けた、さらには将来国民は必ず社会民主主義を支持するという非常に楽観的な見通しに基づき、聊か軽々に先行決定禁止の申し合わせに従ったともいわれるが[13]、そうした見方は妥当なのであろうか。本章では戦後に展開されていくSPDの自由主義経済ないし市場経済に対する態度をみれば必ずしもそれは妥当しないとの立場にたつ。このSPD独自の経済秩序、本章の具体的テーマに即していえば社会給付のあり方に関する思考については、次項で引き続き言及していく。

(2) 連邦共和国成立期における社会民主党の社会政策論と社会保険

ここではまず、クルト・シューマッハーに率いられたSPD中央レベルでの政策路線基調の変遷を時系列で見てみよう。シューマッハーは一九四五年一〇月の段階では（キールでの演説）、大所有者の生産手段の社会化、利潤原理に対する国民経済に必要な計画原理の優位とそれに基づく全経済の誘導、資本主義の無政府状態批判、その維持不可能性などについて述べていた。そこでは共同経済の観点に基づき運営される「公共経済」の必要性が説かれ、社会化を要する産業部門のカタログも提示された。ただし私的所有が否定されているわけではなく、また戦前の時期の経験を踏まえた反独占、社会的公正の実現という目標は、新自由主義と争うものではなかった[14]。さらに翌四六年一月の演説「共産主義者との差異」では、ソ連型ボルシェビズムへの対抗姿勢が明瞭に示され、大衆が権力によって支配されるような社会主義は論外であることが強調された[15]。また党大会レベルでのSPDの要求は一層、即現実的であった。同年五月のハノーファー大会で掲げられた課題の主たるものは、まず衣食住の保障、次いで労働機会の保障であり、そして非就労者の扶養であった。この大会でも一応、社会化決議がなされるが、力点はやはり戦後の当面の窮状打開に置かれていた。現実問題を優先するがゆえというべきか、あるいはシューマッハー同様にソ連型ボルシェビズムやソ連ゾーンでの政策（いうところの「指令的兵営社会主義」）への反発からというべきか、国有化は決してすべての経済問題の万能薬ではないという考えが強く押し出され、シェーマ的な国有化を控える態度が示された[16]。新自由主義ならずとも、SPD自身が「画一的適用」を自戒し、単一形態に拘泥すべからずという立場を明確にしていたのである[17]。社会保険に関しても、SPDは社会的公正や彼らのいう「人格の経済的解放」などの観点から、従来型保険制度の問題を強く意識し、基本的に統一型社会保険歓迎の態度をとってきた。しかし原則論に対するアンビバレンスがあるのも事実であった。つまり一元的管理、あるいは集中管理、集権構造などに対しいたって懐疑的であり、統一型社会保険を導入するとしても十分に注意を払うべしという態度がSPDの側からも示されていたのである。

このようにSPD自身、統一型社会保険の利点は認めつつも、是が非でもそれに拘泥するような立場は敢えてとらず、経済秩序においても、社会化や経済計画という考え方は維持しつつも、ソ連型の社会主義と自らの主唱するそれとを明確に分ち、中でも政治・経済の集権構造、統制的経済への反発は新自由主義の指向と変わるものではなかった。新自由主義者が統一型社会保険に反対し、SPDが本来の主張と裏腹にプラグマティックにそれに追随したような理解がなされるが、経済秩序や社会保険のあり方に関する彼らの考え方については新自由主義と共通する部分がむしろ顕著であった。社会保険に関しても、現下のものは戦後の混乱期の過渡的なものであり、しかもその運用は戦後処理のための種々の措置も重なって非常に混乱した状況なので、制度を正規に再建していくのはまだこれからという認識であった。つまりこの件も未だ開かれたままの問題として捉えられていたのであり、旧来型の社会保険がそのまま維持されたからといって、あるいは統一型の社会保険にならなかったからといって、彼らは本来の主張を曲げたという認識ではなかったはずである。現に統一型保険が潰えつつある時、是が非でもその路線を守ろうとする態度はSPDの側にも見られなかった。

この時期の経済秩序をめぐるSPDの議論は、同党の関係者の言及を見る限り、新自由主義とかなり重なるところが大きく、また「社会主義」的な部分についてもシェーマ的、ないし画一的であってはならないというところに力点がおかれていた。このことを論じる前にまずは一九四九年夏、総選挙で敗れた後のデュルクハイム条項で示された経済秩序や社会政策に関わる原則を見てみよう(18)。ここではまだ表面的に新自由主義との差異が比較的明確に表現されている。最初に完全雇用政策、購買力増強、これ以上の物価上昇の阻止が課題として挙げられ、次いで（利潤原理とは独立した）計画と管理に基づく信用供与と原料供給が挙げられる。課税方式も資産収益に対する課税ではなく資産そのものに対する課税とすることを通じて社会的負担の公正化が図られるべしとされる。ここまで見ると、物価上昇の阻止以外は新自由主義の方向とは相対する。しかし続いて挙げられる公的住宅建設や難民、戦傷者援助、彼らに対する社会保険、扶助などの給付改善は、CDU／CSU政府も積極的であった事項である。この時点ではまだ社会化を主張しているが、しかし「原料産業と基幹産業の」という限定が付され、シューマッハーがかつて挙げたカタログに比してその範囲はかなり限定されている。形式的には大所有者、大企業経営者からの政治的、経済的権力の剥奪が目的だと述べられているが、トーンとしては新自由主義が掲げる「反独占」と同等の意味合いが強い。中間層援助を挙げているところはＳＰＤとしては新しい状況に即応した一つの脱皮といえようか。いずれにせよ、以上は公式に掲げられた原則であるため、従前に比してドラスティックに変化を遂げているとはいえない。それでも、いささかのトーンの変化は見てとれるだろう。だが、たてまえ的なところをはずれた議論の方が、実はより一層、この時期のＳＰＤの指向を如実に表しているのである。

例えば一九五〇年に、元来は「工業立地論」で名高いアルフレート・ヴェーバーが、„Das Sozialistische Jahrhundert" 誌と、„Gewerkschaftliche Montshefte" 誌で、「社会主義的市場経済」論を発表している。[19] 彼をして社会民主主義者を代表させ得るかについては異論もあろうが、ともかくここでも「自由社会主義」(freier Sozialismus あるいは freiheitlicher Sozialismus) の考えが明確に出されている。もとより「自由」の含意、いかなる状態をして「自由」とするかの基準は異なるものの、それに至高の位置付けが与えられている点では彼らのいう「社会主義」も新自由主義も変わらない。「あらゆる自由の痕跡を消費に至るまで排除する共産主義」との間に明確な一線を画し、「そもそも市場経済は資本主義経済に特殊な経済関係ではない」として、市場経済をむしろ積極的に評価しつつ、「社会主義にこそ市場経済が不可欠である」とまで言明している点が従来型の「社会主義」の議論と大きく異なるところである。[20] ただし「可能な限り自由な市場での企業の競争とそこで投資される資本のよりスムースな可動性を前提とした上でなんとか均衡が成り立つような経済の循環は、今や独占的巨大企業などの出現により、昔のようにあるがままに放任しておくことが出来なくなった」としてその制御の必要性を説く。[21] しかし経済過程の制御が必要だというこの主張も、本質的には新自由主義の秩序政策的介入の議論とさほど趣旨を異にするものではない。新自由主義とても、独占が市場機能を阻害するものであり、その機能を維持するためにはその解体を図らねばならない、その他の市場機能を阻害する諸要因に対してもそれを除去するための措置が必要である、つまり政策的介入が必要であるとしているのである。ヴェーバーにいわせれば、「そもそも制御の必要を最初に言い出したのはネオリベラル（原文のまま）であった」[22]のであり、「昔のように利子率調整だけで経済の安定を期する、ひいては完全雇用を達成することが無理であることは、ネオリベラルであろうが、社会主義者であろうが異存がないところだ」ということになる。ただしこの市場経済を円滑に機能させるための介入の度合いを、ヴェーバーら、社会（民主）主義者の方がより大きく捉え、また経済の経過にもより深く関わっていくかたちのものを想定していたといってよい。[23]このことを彼らの「制御せよ」という言葉が表している。つまり彼らは市場経済をまずベースとした上で、その前提を整えつつその機能を補完していくとともに、社会的見地から必要な介入を行い、経済を望ましい方向に誘導していく必要があるという考え方に立っていた。ヴェーバーにいわせれば、彼ら社会（民主）主義者の提示するこうしたかたちでの市場経済こそが「社会的」な市場経済なのであり、政策指針を表す語としての「社会的市場経済」の名称を新自由主義者（ヴェーバーの言葉ではネオリベラル）らに先取りされてしまったことには忸怩たる思いを感じていたようである。そして自らの政策指針をさしあたり「社会主義的市場経済」と称しつつ、「『社会的市場経済』を僭称するネオリベラルが、その実なんと反『社会的』なことをやっているか」を強調する。[24]すなわち、大きな独占利潤の容認、完全雇用政策放棄による失業の放置、そしてその政策秩序の下での就労者の実質購買力の異常な低下、等々、つまりはネオリベラルの政策は「社会的」たること自体を放棄しているというのである。そして、それゆえにこそ経済循環の制御、投資の誘導、妥当な賃金政策、反独占、完全雇用、住宅建設などが枢要な政策課題だというのである。

もちろんヴェーバーの議論だけでは当時の社会民主主義の柔軟姿勢、市場経済擁護の姿勢を語ったことにはなるまい。そこでここでさらにSPD党幹部会の社会政策専門家として知られるルートヴィッヒ・プレラーの同時期一九五〇年頃の考え方を、彼の講演等での発言から見てみよう。彼も総体的には「市場経済」を認めつつ、しかしそこで「非ドグマ化」（Entdogmatisierung）という条件を加える。つまり自由市場経済がもたらすイニシアティヴの問題にまで立ち入り、それを重視する姿勢を一方で示しつつ、しかし自由市場経済の純粋な、ないし「ドグマ的」な援用がそのまま社会的厚生をもたらすという考え方を一貫して否定する。プレラーは自由市場経済のベースとなる個人原則とともに、社会原則の観念を併置し、それに基づいた経済の誘導は必要だとする。ただし、この社会原則とて、決して「ドグマ的」であってはならないのであり、純粋な中央管理経済もまた否定される。つまり個人原則に基づいた個人のイニシアティヴを促す自由市場経済と、社会原則に基づいた経済への介入ないし経済の誘導の双方が、国民経済の必要に応じておのおの「ドグマ的でない」かたちで混合されるのが望ましいとするのである[25]。ここでいわれる「ドグマ的でない」というのは、戦後西側SPDの指向としてこれまで述べてきた、「シェーマ的でない」こと、「画一的でない」こと、集権体制による硬直性から免れていること、などと同義である。ゆえにプレラーも市場経済を受容し、社会保険に関してももはや統一型保険に必ずしも拘泥していない。そしてこのような柔軟姿勢、市場経済および個人原則受容の姿勢は、戦後西ドイツ「社会的市場経済」型新自由主義と、現実政策の指向において多くを共有できることを一面で意味する。ただし相違点も明確であり、プレラーら社会民主主義者はまず完全雇用政策を不可欠のものとする。さらに五〇年頃のこの当時は「総体的計画」「誘導」「調整」などをもって国が経済過程に介入することが不可欠のこととして位置付けられ、また社会、経済秩序の軸心をなす一つの重要な枠組みとして労使の共同決定の重要性が論じられていたことは明言しておかなければなるまい[26]。

このように連邦共和国成立前後の時期のSPDの社会政策論とそのバックグラウンドをなす社会経済秩序に関する立場は、上述のごとく自由の価値、個人のイニシアティヴ、調整様式としての市場経済の価値を高く認めており、その限りで新自由主義と重なる部分も決して小さくない。確かにこの時点では、政策主導の、経済の「計画」「誘導」「調整」などもまた、不可欠のエレメントとみなされていたが、プレラーの言葉でいう「非ドグマ的である」こと、すなわちそれらをシェーマ的、画一的に適用することを避ける姿勢、そして一元的、集中的管理や集権構造への懐疑の姿勢は社会民主主義の中にも浸透しており、その兆しは連合国管理理事会の統一型社会保険法案が撤回された時期にすでに現れていた。それゆえ元来統一型社会保険を求めてきたSPD自身がそれに対し慎重な態度を取るに至った点も見逃せないであろう。同法案の廃案の根拠として、主に従来の説に従いつつ、ドイツ側（とりわけ新自由主義）の社会保険体系根本改訂に対する反発を先に挙げたが、以上の理由により、元来統一型社会保険支持のSPDの方が敢えて性急に統一型保険の構築を要求しなかったこともまた、その重要な要因として数え上げてよいのではないだろうか。

新生連邦共和国ではかくして従来型の社会保険体系が維持されたが、直ちに種々の問題に逢着し、その対策が問題となる。次節ではこの給付システムの混乱と五〇年代初頭におけるその改革議論を問題にし、それが五七年の年金改革に結びついていく経過における、それぞれの立場での経済秩序ないし社会政策原理にかかわる認識を展望していく。

第2節　一九五〇年代の社会給付システム改革論と年金改革への途

(1)　一九五〇年代の社会給付システム改革に向けての動き——その概観——

一九五〇年代前半、社会給付システムの混乱と非体系性を是正すべき旨の議論は本格化した。前節で述べたように、旧来の多元的給付制度・機構の存続に加えてインフレ対応の社会保険調整法や戦後処理立法などに基づく諸給付が一括支給されるようになって以来、給付体系の複雑化は一層深刻となり、一方でその統一性、保険部門相互間の連携および明瞭性の欠如が、また他方で相当額にのぼる国家財政からの補助にもかかわらず給付が依然として社会的ニーズに対応しきれていないことなどが、問題になっていた。そして給付システム総体の抜本的整序および不充分な給付への対処の必要性が、与野党双方から指摘されるようになった。

こうした社会給付改革議論については、まずSPDが先行した。一九五二年にSPDは連邦議会において社会給付の総体的改革を視野に入れた社会調査委員会設置を要求した。しかしそれは否決され、代わってCDU／CSU政府主導で「社会給付制度全面改革のための労働省内専門家審議会」が設置されたが、実質的活動は当面ないままに終わった。SPDへの対抗上、社会給付改革のイニシアティヴを自らの下に維持しようとしたのだが、当時のCDU／CSU政府はその場その場でどうにか給付を維持するのに精一杯であり、給付体系全体の抜本的整序の必要性は意識しつつも、現実にはとても手がつけられる状態ではなかったといわれる(27)。しかし混乱の中にあってなお、連邦や地方の財政を思い切ってつぎ込みつつ一応の給付を維持し、とりわけ五〇年連邦援護法、五二年負担調整法などで、戦争被害者援護や、避難民、被追放民対策にもどうにか手を着けているため、CDU／CSU政府に対する評価は相応に高かった。しかもこれらの諸措置の対象となる人々は一大政治勢力を形成しており、アデナウアーらはそうした層を選挙対策として意識的に取り込んだため、五三年の第二期連邦議会総選挙でもCDU／CSU側の再勝利につながったといわれる。

いささか割りを食った観のある社会民主主義側のその間の活動としては、一九五二年四月のベルリンでの社会政策学会特別大会におけるゲルハルト・マッケンロート講演「ドイツ社会プランによる社会政策改革」がもっとも著名なものの一つとして位置付けられるだろう(28)。そこでは「すべての社会保障給付の財源はその年に形成された国民所得以外にない」といういわゆる「マッケンロート・テーゼ」が示された。それは「年金は須らく集められたファンドの中から支弁されなければならない」というドグマからの解放を意味し、年金などの賦課方式の可能性／合理性を示唆するもので、後に年金の動態化にあたってアデナウアーの諮問に応えたヴィルフリート・シュライバーにも影響を与えたといわれる(29)。彼は複数の補助的給付制度が時に重複しつつ複雑に錯綜している現行制度の問題を実態調査に基づき明らかにし、そこから限定された予算での社会給付の効率化の必要性を指摘した。そして「社会的予算を体系的にし、社会給付をカテゴリー付けし、ニードの優先順位をつけて緊急度に応じた資金配分をすべき」として「社会予算」(Sozialbudget)の構想を提示し、その際、給付体系を因果原則(Kausalprinzip)から結果原則(Finalprinzip)に切り替えて整序すべき旨の指針をうち立てた[30]。

社会民主主義に与するマッケンロートが示した社会給付のあるべき指針をさらに述べるならば、市場整合性(Marktkonformität)が尊重されるべきとされ、社会給付の財源として保険拠出が選好され、社会給付を拡大する手だてとして再分配はあまり好ましくないという旨が述べられた[31]。そして国民生産の拡大が最良の途であるとして社会政策と経済政策の密接なリンケージの必要性が説かれ、業績原則(Leistungsprinzip)を重視することにより各個人のイニシアティヴやインセンティヴが削がれないよう配慮する必要性が強調された。具体的には、社会給付は階層化された構造であるべきであり、給付水準は必ず賃金の下方に位置すべきであるというのである[32]。新自由主義論者の議論と酷似している観を受ける。しかしマッケンロートの議論をさらに追っていくと、社会予算構想は単なる社会給付の合理化を求めたものに留まらないことがうかがえる。つまり社会保険を中心にとは言いつつも、拠出給付均衡原則から大きく逸脱した制度的再分配をインプリシットに要求していることが見て取れるのであるが、この点は後に詳述する。ともあれ大衆の拠出能力がまだ安定しない中で必要な給付を実現しようとするならば、極めて大掛かりな再分配機能を暗黙のうちに想定せざるを得ないことになり、また一般会計からの基礎年金構想も示されていた。ここまでくると、マッケンロートの議論も新自由主義の立場からは到底受け容れられないものとなってくる。しかしその影響はSPDはもとより、自由主義者シュライバーの動態年金構想、さらには今日まで残る「社会予算」にも及んだのである。

以上、マッケンロートの議論について述べたが、彼の議論がそのままSPDの公式の立場であったわけではない。同じ一九五二年、社会民主党幹部会はその作業を党の社会政策専門家であるプレラーやヴァルター・アウエルバッハらに委嘱しつつ、「社会民主党の社会的総プランの基礎：社会保障に向けての我々の要求」（いわゆる「52年の社会プラン」）を公表した。[33] それは混乱する現下の社会給付のあり方や、その部分的機能不全に対するCDU／CSU政府の無策を批判し、対案として独自の社会プラン起草したものであった。「社会保障が自由の前提条件」であるとして社会保障体系の整序と改善、充実をうったえつつ、具体的には以下の諸点を主張していた。①完全雇用政策の必要、②包括的な健康維持、回復サービスの必要、③経済的存在の保障の必要、④公的扶助改善の必要性、⑤家族給付の必要性、⑥費用膨張を伴わぬ社会給付改善の余地、⑦社会保障政策への当事者の積極的関与の必要性、⑧社会保障を通じた人々の自由の実現、以上である。内容については後の項で再度詳述する。

これに対し連立政府側は、労働省内審議会の表看板である「社会給付制度全面改革」には実際に着手できる状態になく、既存制度の下で当面の彌縫策に終始していた。それでも先述のように、五三年の連邦議会第Ⅱ期総選挙に与党側は再度勝利をおさめ、これをして社会的市場経済の勝利といわれることもある。しかし彼らは、本来は新自由主義的な観点から社会給付、とりわけ保険ではない租税財源による給付に対して抑制的な態度で臨むべきところを、かなり大幅な連邦財政補助を投入しつつ社会給付を維持していたのであり、それとともに戦争犠牲者遺族、避難民、被追放民などの社会層をうまく取り込みつつ選挙戦を有利に戦ったのであって、社会的市場経済の勝利とはこの時点では到底言い難いのが実状であった。

社会給付の混乱やその低水準の問題にはアデナウアー政府も意識的であった。SPDへの対抗の必要性がどの程度重きをもったかは定かでないが、連邦議会第Ⅱ期初頭の政府所信演説において、包括的かつ根本的な社会改革が公約された。しかしアデナウアー首相の改革意思は閣内不統一のもとで頓挫した。その根拠としては政府部内の三つ巴の省庁間対立があったことが指摘される。[34] 首相の改革意図とは裏腹に、大蔵省、経済省は保険主義的受給権を困窮度調査を伴った扶助に切り替えようとするなど、極力給付の切り崩しを図ってくる。対し労働省はこれを防御し、現状を維持するために敢えて（戦略的に）根本的改革に消極的態度をとる。そのため連邦政府としては、全体改革を欠くままSPDの提示する給付改善法案に対抗しつつ、ごく部分的な改革を漸次行なうに終始し、自ら主体的に社会給付政策を構築できないという閉塞状態が生じてきたのである。こうした中、一九五五年、アデナウアーは業を煮やして彼個人のイニシアティヴで四人の社会科学者に社会保障システムの新秩序に関する総コンセプト案出を委嘱し、その答申は、„Neuordnung der sozialen Leistungen"（通称ローテンフェルス建議書）として公刊された(35)。そこでは当時の社会経済的状況認識（旧い社会からの変化）をベースに、あるべき給付の諸原則、社会政策と経済政策の統合の必要性がまず説かれ、ライフサイクルの三フェーズ、すなわち若年期、現役就労時期、老齢期のそれぞれを考慮した社会給付の具体的あり方や管轄すべき機関の構成が検討され、さらにこれらを踏まえた包括的な社会法典の編纂が提言された。新自由主義的コンセプトに導かれつつ、四〇年代後半に案出された統一型保険とは一線を画しながらも、全体として一つのシステマティックな社会給付体系を作ろうとする一つのプランであった。

その詳細には次項で再度触れるが、本建議書は連邦首相のイニシアティヴで出されたものであるにもかかわらず政府部内で受け容れられず、その構想は実現に至らなかった。同建議書に対して、いわゆる「三教授意見書(36)」による批判が提起されたことはよく知られているが、これには現状維持を望む労働省の建議書に対する妨害意図があったといわれる(37)。結局社会給付体系を包括的に改革しようとする計画は実現せず、その一方でSPDが社会給付改善のプランを積極的に提示する中、連邦政府としてこれ以上無策でいるわけにはいかなかった。そこでアデナウアーは包括的改革を断念し、年金改革という「部分改革」を進める決断をした。時に一九五六年初頭のことであり、年金改革法は翌五七年に成立する（ただし少なからぬ自由主義者の一群は年金改革、特に年金保険の動態化には反対だったため、連立与党連合内の紛糾は当分の間継続した）。

他方SPD側では自由主義、競争秩序の路線が時を追うごとにより前面に押し出されるようになってきた。もちろんすべての党員がそれを快く受け容れていたわけではなく、また常任党幹部会のレベルにおいても決してそれが奨励されていたわけではなかった[38]。しかし一九五四年のベルリン党大会で五二年のドルトムント綱領の一部が修正・増補された折、カール・シラーの有名な定式「可能な限りの競争と、必要な限りの計画を」が織り込まれた。そして従前に比してかなり柔軟なかたちで社会給付の改善を提言し、与党に圧力を与えていくことになった。しかしこれによってSPDの唱道する社会主義（実態として社会民主主義）のあり方が漠としてしまい混乱を惹起するという面も否めず、社会主義における市場秩序、あるいは社会主義と競争秩序の関係のあり方などについて、悩ましい議論が展開されたのも事実である。

後世の我々の視点から見ると、この頃SPDにおいては①包括的社会改革路線、②プラグマティックな部分改革路線の二つの志向がせめぎ合っており、現実の経過としては後者が前面に出た。そしてアデナウアーが年金改革に踏み切る前に、指針を年金改革に絞ってアクションを起こし、年金改革法案を与党連合に先んじて五六年四月に連邦議会に提出した。結果的には与党原案をベースとして年金改革の法案審議は進むのだが、SPDはそれに積極的にコミットし、逆に与党連合側がこの案件については内部分裂をきたした[39]。つまり年金改革に結実する五〇年代の社会給付改革の背景や基本志向を理解するためには社会民主主義的ないし社会主義的市場経済の影響も勘案する必要があるのである。五七年の年金改革法は良くも悪くも高負担高福祉の路線が定着する端緒となった。以後七〇年代まで続く福祉増強局面の最初の大きな改革であったといえる。既述のように賦課方式へ財政方式が転換され年金が動態化されることにより、従来の積立方式では現実的でなかった程にまで給付率（対従前所得比）が引き上げられる。所得比例年金に転換されるために年金保険の財政スケールそのものが非常に大きくなる。低所得層の一部には、低額年金回避のための最低みなし所得が設けられ、これが実質的な最低年金制度として機能することになる。ここから生じる特別の負担は国庫から支弁され、これは税金として国民全体が負担することになり、総じて高負担高給付体制ができあがる。

このような性格の年金改革法がCDU／CSUとSPDの賛成によって、そして与党の連立パートナーであるFDPの反対を押し切って、一九五七年一月に可決されたのである。以上が五七年の年金改革にいたる五〇年代社会給付システム改革に向けての動きの概略である。これを踏まえて新自由主義および社会民主主義の社会給付システム論を次項以降でさらに検討する。

(2) 新自由主義の社会給付システム論

本書はしがきでも述べられているとおり、ここで新自由主義というのは一九八〇年代にいくつかの先進諸国の政策基調変化のベースとなった自由主義のことではない。両大戦間期から第二次大戦後にかけて自由放任主義にも国家統制にも反対し、自由市場経済の展開の基盤を守るための一定の範囲での自由主義的（あるいは市場整合的）国家介入を前提とした経済・社会秩序をめざして学術／政治活動を展開した人々が主唱する自由主義である。その新自由主義者として本章のここで採り上げるのは主にヴァルター・オイケン、アレクサンダー・リュストウ、ヴィルヘルム・レプケ、アルフレート・ミュラー＝アルマック、また政治家としてはルートヴィッヒ・エアハルトであり、またアデナウアー首相の考え方にも言及する。新自由主義といってもオイケンに代表されるオルド自由主義からミュラー＝アルマック、あるいはレプケなどの社会学的新自由主義に基づいた社会的市場経済論まで、その内実は論者ごとに微妙に異なるため、必要に応じてそのそれぞれを分けつつ論じることにする。(40)

五〇年代ドイツの新自由主義の経済・社会政策基調には二つの側面があった。一つは一九世紀的自由主義が念頭に置かれた反レッセ・フェール（自由放任）であり、もう一つは反統制経済、反中央管理経済である。言うまでもなくこれは反ナチス的全体主義であり、反ボルシェビズム的統制でもある。前者の反自由放任に関しては、先に挙げた新自由主義者たちの立場は次のように説明される。自由放任は独占をまねく。国家が自由競争の監視を怠ると、つまり国家の競争政策を欠くと、市場の勢力化が起こり、独占が進行する。すると市場参入の自由・営業の自由が妨げられ、市場秩序が危機に陥る。またリュストウはある講演で次のように語った。一九世紀の社会経済的発展は、個人的自由、人間的尊厳、労働者の自律性を、かつてないほどまでに劣悪にした。これらは生産性における進歩、効率性の上昇の背後に押しやられた。[41] そして彼はオイケンとともに「自由主義的介入」を主張することになる。さらにミュラー＝アルマックは、一九世紀的市場経済は社会問題、とくに景気変動に伴う失業や、貧困・貧富の格差をなくせなかった、つまり市場経済にはもとより社会問題を解決する能力がないとまでいう。そして市場経済が社会、国家、宗教の制約から解放され、暴走しているので、もう一度社会に囲い込む必要があるという。[42] つまり「市場の暴走→社会問題→かえって自由を制限する」という悪循環を止めるべきだというのである。レプケは経済支配、物質優先、人間疎外の深刻化が進む状況に関してとりわけ次のようにいう。現代経済社会における過小統合が進む中で自己喪失、他者依存の精神状況が生まれ、その反動で一転して人は今度は過剰統合に流れる。強い国家を求め、集団的生活保障を求め、自律性を放棄して国家にすべてを委ねる傾向が生まれ、統制主義や全体主義に土壌を用意することになる。[43] これがレプケのいう「プロレタリア化」であり、伝統社会機能の解体と個人のミクロ化、過小統合による「マス化」がその前提となる。[44] 放任主義は究極的にこのような危険性をはらみ、こうした「マス化」「プロレタリア化」などが克服されるべき問題として措定されるのである。オイケンがいう「自由放任主義は市場経済の中央管理経済への転化への傾向を内包する」というのもこのことを表している。[45] レプケも曰く、（効率上からも、社会倫理上からも好ましい）競争的市場経済は「極めて傷つき易い工芸品」であって、「常に保護と監視」を必要とする。[46] レプケやミュラー＝アルマックらはさらに加えて「社会的安全」というポイントをオイケンらオルド派よりも一層強調し、社会的安全（ないし社会保障）と経済的自由の結合という課題を追求したという。[47] 以上のように、全面的経済統制のような事態を避け、自由主義的経済秩序を維持するための公的介入は必要であり、レッセ・フェールでもなく、ナチズムの統制経済のごとくのものでもない、「第三の干渉方式」（ミュラー＝アルマック）「第三の道」（レプケ）が求められたのである。

さて、新自由主義の経済・社会政策観から派生する政策指針の最大公約数的なところは、国家介入の「秩序政策」への限定および「経過政策」の否定である。共にオイケンに由来する言葉だが、秩序政策とは自由主義競争経済秩序を維持するために「介入」する政策で、具体的には市場参入・退出の自由、市場競争・市場取引の自由に関するルールの制定、反独占政策（競争維持政策）、通貨安定のための政策、スタート条件の平等（機会均等）、自立的中間層の育成などが挙げられる。市場の失敗への対処もこの中に含まれる。競争秩序がもたらす分配の不公平への対処も必要とされ、この点はもっとも純粋な自由主義に近いオイケンですら積極的に指摘して、累進課税制等による調整の必要を述べている。競争秩序下でも生じうる公害、環境破壊、悪労働条件等への対処も課題とされ、社会保障もまた対象となる。上述の個々の論者の言及としては明白には見られないのだが、各種市場における情報の非対称性を排除したり、価格適応性の制約を排除したり、生産要素の可動性の制約を排除したりするために積極的に国家なり公的な「手」が加えられていくべきだということも、論理的には政策目標に含められることになろう。

他方、経過政策とは、経済過程における生産の選択、量、価格形成などに直接手を加えていくものである。この経過政策に対しては、新自由主義者たちは押し並べて否定的であった。なぜならばそれは本来あるべき市場のバランスを破壊してしまうと考えられたからである。そして彼らは計画経済に反対であるのみならず、ケインズ主義的総体的誘導にも否定的であった。ただしミュラー＝アルマックなどの一部の論者は景気循環に対する経過政策的介入の可能性を承認している。彼は「生活の安定化」基準のために失業対策（景気対策）、最低賃金制などまでをあるべき政策カタログに含めている。こうしたところは新自由主義の中でも割れるところといえようか。(48)

さて、ここで問題になる「社会保障」は、「やってよい」ことに入る。ただし、社会給付などの社会的介入に際しては、守られるべきいくつかのノルム（基準）が示される。何よりもまず「市場整合性」に力点が置かれるべきとされる。さらに補完主義（Subsidiaritätsprinzip）が徹底されるべきこと、扶養国家的給付制度には反対であること、そして個人の自助能力の育成が最優先されるべきことなどが掲げられ、資産形成促進などには積極的である一方、事後的な給付や連帯主義（Solidaritätsprinzip）については、否定しないまでも個人のイニシアティヴ、インセンティヴに最大限配慮が払われるべきであるとされる。

ところが実際に五〇年代前半にCDU／CSU政府主導で行なわれた社会給付に関しては、こうした「原則」はあまり活かされてはいなかった。連邦政府の公式の立場は、ベヴァリッジプランとも、SPDの社会プランとも距離をおき、自己イニシアティヴ、自己責任を強調し、国家介入を狭く限定しつつ、扶養的な租税財源でなく、保険的な目的対応拠出財政に重点を置こうとするものであった。賃金対応の拠出・給付は市場における一次分配の結果の反映だから尊重すべきであり、国家における市民たることが受給の要件となるのでなく、市場経済的に拠出による権利化が給付の根拠とされるべきである、そして最低所得保障は扶助の任務であるべきであるとされ、これが同時にSPD社会プラン排除の根拠ともなっていた。ところが現実にはかなりのプラグマティックな対応が余儀なくされ、実態として租税財源から多くの支出を伴いつつ、その場その場で当座の必要（窮乏状況）に対応していかざるを得なかったのである。

もとより社会給付所管当局の長である労相アントン・シュトルヒは決して自由主義的路線を志向していたわけではなかった。彼の選出母体はキリスト教労働組合であり、CDU／CSU政府の一翼を担いながらも、そのキリスト教社会主義路線は新自由主義的「社会的市場経済」とは一線を画していた。野田昌吾氏によれば彼らむしろ意図的に「社会的市場経済」の社会的たる部分を拡張解釈していたという。(49) そして、混乱の中で連邦財政補助を大胆に援用しつつ維持されていた五〇年代前半の社会給付に対し大蔵省や経済省から給付抑制（保険主義的受給権の困窮度調査を伴った扶助への切り替え）圧力がかかる中で、労働省は抵抗をしていたという。つまり、前項で述べたように、現行制度を敢えて変えずに実践の中でじりじりと給付の拡大を図っていこうとする労働省、社会給付体系を根本的に改革していこうとする連邦首相府、逆に給付抑制圧力をかける大蔵省・経済省のいわば三つ巴の状態があったのである。(50) このような状況の中で閣内統一がとれなくなり、全体改革を欠くままSPDの提示する給付改善法案に対抗しつつ、政府側としてはごく部分的な改革を漸次的に行なうに終始したというのが実情であった。このような閉塞状態の中でアデナウアーは一九五五年、ハンス・アヒンガーをはじめとする四教授に諮問し、ローテンフェルス建議書を提出させたのであった。

この建議書は当時の社会経済的状況（旧い社会からの変化）についての認識やライフサイクルのフェーズについての考慮を基礎とし、全体としてシステマティックな一つの社会給付体系を作ろうとする新自由主義的思考の一類型であったことは既に述べたとおりであるが、その特徴をさらに述べると次のようになる。自由主義原則に則った国家の影響の制約を主張し、キリスト教社会教義に従った補完性原則を優先させるべきであるとする。つまり社会的措置の優先順序としての「本人（自助）＞家族・親族＞地域コミュニティー＞企業＞社会保険共同体＞国家」が明示され、通例どおり国家の出番は最後ということになる。(51) 国家の任務には自由主義発展の前提条件の創出、つまり青少年に対する機会均等の創出、地域間格差の是正などが含まれるが、(52)「労働する権利」実現のための積極的な景気政策や労働市場政策なども一応国家の任務に組み入れられている。(53) この点は新自由主義には一般的には見られないところであるが、本建議書では機会均等や、労働する権利などは、伝統的保険手法では技術的に対応できないため国家的措置において対処することが必要と認められているのである。自助の限界にも触れ、連帯原則と補完原則の調和を謳うが、全体としては強烈に補完原則に嚮導されて全給付体系が構成されるべく構想されていた。他方、因果原則から結果原則への転換を謳うところはむしろSPDプランと近い。(54) 統一的給付体系を目指す一方で旧来と同様に制度、機関の多元性を支持しており、(55) この点は一種の自家撞着に陥っている。また選別的であり過ぎてもならず、普遍的であり過ぎてもならないとされ、ここも論理的にいささか苦しいところではある。疾病保険に関しては部分的自己負担を導入すべきとされ、普遍主義型給付には反対であり、反扶養国家的立場も明確にし、いわゆる「北欧型」福祉国家を批判する。そして上述のように保険機関を多元的にし、保険料率や給付の内容も選択式にすべきとしているのである。高所得者と低所得者間の過度の調整にも反対し、行き過ぎた諸リスクの混合・調整は補完原則にも反し好ましくないとしている。完全に社会的調整の余地を排除していないところも特徴的であり、この答申も当時の数ある新自由主義の一つの型を体現したものであったといえる。

ところが本建議書は、アデナウアー首相のイニシアティヴで出されたものであるにもかかわらず、政府部内で受け容れられず、改革は当面は年金改革という「部分改革」に収束した。先述のようにSPDサイドが積極的に社会給付改革案を提示する中で連邦政府も無策ではいられず、かつ政府部内での社会給付の新秩序に関する同意が得られない中、アデナウアーはやむを得ず一九五六年初頭、部分改革に踏み切ったのである。アデナウアーはまずシュライバーを登用して、賦課方式財源の動態年金プランを練った。銀行、保険会社、種々の雇用主団体から反対圧力はあったものの、キリスト教労働組合や労働省などからの追い風を受けて年金改革への動きは前進した。だがFDPやDPなどを含んだ連立与党連合は、内部に対立の芽を抱えることになる。エアハルトなどの原則論的自由主義者などの立場は微妙であったが、とりあえず業績原則が活かされていることで、合意が形成されたといわれる(56)。そしてSPD議員団との協力関係のもと、その具体化が急ピッチで進められ、先述のような社会政策的意義をもつ年金改革法が一九五七年一月に連邦議会で可決されたのである。

(3)　社会民主主義の社会給付システム論

本項では社会主義的市場経済路線から五〇年代社会給付改革、さらには年金改革審議過程にいたるSPDの立場を見る。先述のように一九五〇年頃にすでにSPDでは市場経済を受容する立場が大きく前に出るようになり、それを本章では、あまり一般化した語ではないがA・ヴェーバーに倣い社会主義的市場経済と表現した。プレラー講演に見られる（社会主義の）「脱ドグマ化」もその主要な特徴であり、[57]社会保険についても単一保険に拘泥しない立場が明瞭であった。ただし不可欠の前提として、完全雇用政策支持、社会給付システムの合理化、総体的計画、誘導、調整の体制整備、投資偏在および過剰投資の調整の必要、投資の人口（とくに避難民）集中地域への誘導などが挙げられていたことはすでに述べたとおりである。

ここで一九五二年のマッケンロート講演を再度見てみよう。マッケンロートの議論内容には二つの面がある。社会民主主義者であるマッケンロートが示す社会給付のあるべき指針は一面で「市場整合性」である。社会給付の財源として保険拠出を選好し、社会給付を拡大する手だてとして再分配はあまり好ましくないという。国民生産の拡大が最良の途として社会政策と経済政策の密接なリンケージの必要性を説き、業績原則を重視し、イニシアティヴ、インセンティヴを削がぬよう配慮が必要であるという。そのためにも社会給付は階層化された構造であるべきで、給付水準は必ず賃金の下方に位置すべきだというのである。この限りでは彼の議論が新自由主義論者の議論と酷似していたことは前々項でも述べたとおりである。他方、もう一方の面においてマッケンロートは社会予算構想のもと、ニードに応じた給付体系を提唱する。すなわち給付体系を因果原則から結果原則に切り替えて整序すべきということなのだが、これは単なる社会給付の合理化のみを含意したものではなく、社会保険を中心にとは言いつつも拠出給付均衡原則から大きく逸脱した制度的再分配をインプリシットに要求していることになるように思われる。彼の「すべての社会保障給付のソースは、時々の国民所得以外にない」という発言と、「緊急度に応じて社会給付の配分を行なうべし」という発言、そして「社会保険、社会扶養、社会扶助を峻別する意味はない。どれもが社会支出なのだ」という発言を併せて考えるならば、応能原則で集められるだけ資金を集め、必要原則で配分していくことを意味し、ここに極めて大掛かりな再分配機能が予見されていることになるのではないか[58]。彼の一般会計からの基礎年金構想も同様の脈絡から理解することができよう。

次に一九五二年の社会民主党の社会プランを見てみよう。「社会保障が自由の前提条件」とされ、二三三頁の①〜⑧の諸点が主張されていたのだが、このうちの②はイギリスのウィリアム・ベヴァリッジの構想の影響とも考えられよう。③についてはマッケンロート同様に一般会計（租税財源）からの基礎年金構想ないし普遍的「国民給付」の要求が含意されていると考えられる。ちなみに「普遍」はベヴァリッジ構想と合致するが、租税財源基礎年金はベヴァリッジ構想と異質のものであり、これはＳＰＤならではの自由の含意から着想されたものである。ＳＰＤの議論をしてベヴァリッジ流の議論という言い方がよくなされるが、この差異は留意されるべきであろう。さて、自由の含意であるが、新自由主義における自由においては経済活動の自由がまずは起点となる。対し社会民主主義における自由においては基本的生活ニーズの充足、教育、就労の機会均等が自由の前提ないし起点となる[59]（この点は⑧にも反映されている）。彼らの「社会主義的」自由主義においては、副次的には給付のディスインセンティヴ効果や過剰干渉の弊害にも配慮しなければならず、そのための市場整合性への配慮も不可欠であり、新自由主義と同様の悩ましさをかかえるとはいえ、一般会計によるナショナルミニマム保障に迷いなく、年金に関しては公的資金による基礎年金が構想されることになる。そして自由市場の原理に合致することが望ましいとしつつも、社会的観点からのそこからの逸脱には吝かではない。曰く、「因果原則に拘泥するあまり制度、組織の分立が放置されることがあってはならない」のである。制度、機関の分立は適正に統合されるべきとされ、旧来の組織形態を支持する議論は、集団エゴイズムとして論難される。つまり因果原則から離れ、結果原則で即現実的にあらゆる資金を動員して格段の負担の増大なしに社会保障機能を維持する制度的枠組みを実質的に要求していることになる（⑥の含意）。そして国民所得と給付の相関を重視し、シュライバーら自由主義者らに先んじて動態年金を要求した。しかし新自由主義と相争わない点も顕著である。従前所得対応の差別化された給付設定はドイツの伝統的な社会保険の型を反映するかたちになるのだが、これを容認し、もはや平準化された給付を絶対的に要求する姿勢は見られない。このことはドイツ型の伝統の尊重、職員等の利害への対応、あるいは選挙対策もあるという捉え方がされるが、このことはむしろ市場原理の受容とともに、個人のイニシアティヴ、インセンティヴ効果の問題を社会民主主義者らの方がきわめて重く受けとめていたことの証左として理解することはできないだろうか。またここにおけるさらなる強調点は、「我々は『ごった煮保険（Eintopf-versicherung)』を目指しているのではない」(60)ということである。個々の状況を配慮することなく、すべての社会層、リスクを混合し、広範囲なリスク調整をして平準化を行なう意思はないことを表明し、「官僚主義的国家扶養をめざすものだ」という非難に対してもそれを否定しつつ非集中的自主管理の原則を強調し、「計画」は大きな位置をしめるが、それは合理的調整であって集中的管理ではないとされる。つまりここでも、新自由主義と重なる面、社会民主主義ならではの面の両面が看取されるのである。

また、あらためて強調しておきたいのは、ベヴァリッジ構想との差異であり、それは①ヴァリッジ構想における「一元的行政責任に基づく均一拠出、均一給付の統一型保険」構想に対し、非集中的管理、非混合保険、既存職域団体の枠尊重をめざし、不均一給付を想定していたこと、②ベヴァリッジ構想の国民保険では垂直的再分配要素きわめて薄いのに対し、西ドイツSPDの構想では、結果原則に基づく合理的資金配分のため再分配に吝かでなかったことである。ベヴァリッジの構想をドイツの新自由主義は拒絶していたわけだが、実はベヴァリッジの構想は至って新自由主義的であり、かつSPD構想における社会保険は決して型どおりのベヴァリッジ構想型ではなく、またそれこそが新自由主義と一線を画す部分でもあったということを確認しておきたい。

ともあれ五〇年代のSPDの議論には市場経済や競争秩序に親和的な面と社会民主主義ならではの留保ポイントの双方が色濃く表れているのであり、これがまさに独特の悩ましさに結びついていた。市場整合性重視と反扶養国家的立場は明確に表明してしまっている。時に五三年、党内ではカルロ・シュミートが「党は過去を清算すべき――イデオロギーの残滓を投げ捨てるべき――[61]」という発言をし、激しい議論を喚起していた。当初のエアハルトの経済政策への批判も時とともに希薄化し、計画と誘導のエレメントは背景に、また競争や私的所有のエレメントは前面に押し出されるようになり、五四年には「可能な限り競争を、必要な限り計画を」というシラー起草の一節が登場する。経済の順調な上昇、共同決定システムの定着、実質賃金の上昇などの外部環境変化によって、社会民主主義を支えてきた諸勢力そのものの志向が変化してきたこともその背景にあるのかもしれない。しかし党内ではまだなお、市場経済や競争の秩序を社会主義の中でどう位置付けるのかということが深刻に議論されていたのである。

これに関連してシラーは、最初に「社会主義にとっての競争」の問題、「中央管理経済や計画経済の可能性」の問題に取り組んだのはむしろブルジョワ経済学者（ウィーザー、パレート、バローネら、オーストリア限界効用学派、ローザンヌ学派）であるとし、彼らを積極的に評価するとともに、現実から遊離してシェーマ的思考に拘泥したマルクス主義理論家を批判した。そして中央における価値計算を容易ならしめる、経済計算の負担を緩和する手段として競争を位置づけ、競争と社会主義の本質的親和性、一体性の指摘を行った[62]。シラーは所与の現実としての市場経済と計画経済の混合的経済秩序を認識し、社会主義の含意を生産手段の共同所有や中央計画経済に限定することなく、その両者とも考えうる選択オプションの一部として捉えた。しかしこうなると、社会主義とは何かを問うたとき、それはすでに具体性を失い、追求すべき課題を表象する「理念」に昇華してしまっているようにも思われる。だがシラーは社会主義の課題の追求のために敢えてプラグマティックな途をとることを推奨する。そうして出て来た混合的経済秩序から、意図せざるものであったにせよ、現に完全雇用政策、福祉国家という方向性がでてきたことを彼はいう。

シラーはバローネの競争社会主義のいくつかのモデルを具体的に吟味した。所得（分配）を規制し、生産手段は共同所有とし、消費財市場のみ競争経済的に組織した場合〔モデル一〕、労働市場を欠き、国家による労働力の需要独占がある中では、財の私的所有の意義も競争の意義も活かされない。物的生産手段は共同所有で、生産財流通を規制・管理し、個人所得の中央規制は行わず、消費財価格も自由に設定する場合〔モデル二〕、最終的には経済の総循環に歪みが生じ、管理経済的拡張へ偏向していく。物的生産手段の共同所有は維持し、所得や価格の規制なくした場合〔モデル三〕でも、仔細な説明は省くが、結局のところ競争社会主義は機能しない。つまり特定モデルによる一括解決は不可能という結論に達したのであり、それは東側社会主義批判につながっていった。その文脈で彼は、部分的措置の個別ケースに即した援用、社会主義思考の中でのプラグマティズム、そして混合経済を指向するようになり、結果的に「脱ドグマ化」とも通じる考え方を提示するようになった。競争と計画のドグマ的でない結合が可能となる条件は何かといえば、彼においても市場整合的国家介入であった。ただしネオリベラルの市場整合性規準が完全競争均衡モデルから派生するのに対し、シラーのそれは均衡の存在しない過渡的市場を前提していた。その考え方の背景は、不断の成果競争や創造的破壊などの動態的過程を想定していたことである。現下の経済では実態として、局面や部門によって競争、計画、規制、自由がいろいろなかたちで同時に存在し、公経済領域と自由経済領域が混在し、また多様な企業形態が存在すること、そこでは多数の人為的措置が残存する上、市場経済自体も厳密な意味での公平性を欠いていることから、市場経済原則を一般的拘束性をもって適用することの現実における不適切性を彼は指摘したのである。ゆえに彼は市場経済はまだなお部分的手段であり、市場経済路線を認めることによって新自由主義と手を携えるところがあるとしつつも、完全競争モデルは非現実的であると言う。種々の市場阻害要因の存在を指摘し、永続的均衡を欠く動態的市場形態における、規制の（場合によるが）妥当性を強調する。彼においては、いわば誘導された市場経済が政策として求められる市場経済の方向であり、計画の世界と価格メカニズムの世界の統合が求められるのだという。そして彼において「社会主義」とは何かといえば、ノルム（規準）の提供であった。そのノルムに沿いつつ、SPDは社会・経済秩序の面において、市場経済、競争秩序を容認するのみならず、それを社会主義に本質的なものとして積極的に取り込んでいく姿勢をとるようになってきた。もちろん社会民主主義的留保ポイントあるのであって、マクロレベルでの枠計画、競争的秩序を阻害しないような雇用・構造政策、福祉経済政策などが想定され、また厳格な条件下に限定された中での管理経済的手法すら（本来的には好ましくないとされつつも）容認されていた。いずれにせよ、旧いシェーマに拘泥することなく、あらゆる手段を援用しつつ、「社会主義的」なる目的に向かう用意が一方においてはあった。ただしＳＰＤ党員層ないし社会民主主義支持層における「社会主義」理解はまだなお多様であり、新志向派のみならず伝統的「社会主義」路線の信奉者も決して少数ではなかったことにも留意しておく必要がある。

さて、ＳＰＤサイドの社会給付の具体的あり方について、アウエルバッハの議論を通してさらに検証してみよう。[63]ＳＰＤは必要な社会給付に関して、社会全体の「総体」としての対応義務の観念をまず提示し、また「最低基準を満たすべき社会保障」以上のものを要求した。他方でとりわけ枢要とされたのは：個人の自由、自助、労働意欲、生産性、非集中化、反官僚制的管理であり、「ユートピア的な理想を求めるのでなく、実現可能な事柄へリソースを集約すべし」というのが強調点であった。彼は社会保障がこれらを阻害する旨の議論、すなわち「個性を押しつぶす福祉国家」論に反駁し、補完主義への拘泥に警鐘を鳴らしつつ、市場整合性に反対はしないが、保険原則の縛りからの社会給付体系の解放を求めた（ただしこの時期のＳＰＤの主流は保険主義であり、アウエルバッハの見解が基準になるわけではない。むしろこのことはＳＰＤ側においても路線の一本化がなされ得ていなかったことの一つの証左となるだろう）。また、全体計画を旨としつつも、多様な社会保障の施行主体、財源などを認める方向性を打ち出し、全体改革を進めない連邦政府を批判した。むろん現行年金制度の問題も主要な批判点の一つであり、また基礎年金支持の姿勢も当初は明確であった。

ただし、ＳＰＤの新志向派の中も割れていて、五四年段階からＳＰＤの要求（議会動議、質問等）は常に二つの方向性をもってきた。一つは五二年のSPD総社会プランの流れをくんだ包括的社会保障への指向、もう一つはプラグマティックに手のつくところから改善を行なっていこうとする年金改革単独先行への指向であった。五六年頃以降は、後者の流れが前者を圧倒し、総体的改革よりもまず年金改革が課題に上がるようになった。つまりローテンフェルス建議書が実現しなかったのと同様、SPD総社会プランも貫徹され得なかったのである。そして以後の議論は、与野党双方において年金改革に集約されることになる。

おわりに――五七年の年金改革プランの具体化と新自由主義および社会民主主義――

一九五六年四月、SPDはCDU／CSU政府に先駆けて年金改革法案を提出し、その後六月に政府法案も出揃った後、本格的な法案審議に入った。異例の速さで委員会審議が行われた後、一九五七年一月の連邦議会本会議、第二読会、第三読会を経て、年金改革法は成立した（労働者年金改革法および職員年金改革法：Gesetz zur Neuregelung der Arbeiterrenten- und Angestelltenversicherung）。結果的に高負担、高福祉体質をもたらすことになるこの法案は、先述のようにCDU／CSUとSPDの賛成をもって可決され、従来の年金とは異なり賃金代替機能をもつものへとその性格を変えた。

このような性格をもつ本立法成立の根拠として、「相対的社会的地位の保障」の方が「繁栄する社会」に適合的である[64]、新生自由主義民主国家の内的スタビリティーの前提条件の必要性、CDU／CSU政府内部の政策指向のスペクトラムの幅の広さ、とりわけ「『社会的市場経済』の同床異夢性[65]」などが挙げられるが、本稿ではさらに立法の合意基盤としての社会的市場経済と社会主義的市場経済（ないし社会民主主義的市場経済）、両者併せてのプレゼンスを挙げたい。新自由主義、社会民主主義、双方でそれぞれに「脱ドグマ化」が求められてきた経過は見たとおりである。新自由主義では一定の指針に基づき社会保障、さらには再分配、非市場的調整が容認され、それが年金改革に内包された。ＳＰＤも基本的には業績主義的、自由主義的指向をもつ年金改革立法に同意し、その形成に積極的に協力してきた。その筆頭に立っていたのが、この時期党内社会政策問題に関しリーダーシップを獲得した「議員団」派のシェレンベルクであった。本会議において労相シュトルヒの与党法案説明に対し、シェレンベルクが批判をするが、その内容は枝葉末節の問題に限られ、むしろ以後の審議の協力が確約された。そしてこのＳＰＤの行動は、いわゆる現実政策（Realpolitik）として戦略的意味合いで理解されることが多いが、本章でより枢要であると位置付けるのは、むしろこれまで見てきたようなＳＰＤが自発的かつ積極的に旧いコンセプトを揚棄してきたこと、およびその過程と論理なのである。

かくして西ドイツでは、自由主義と社会主義（社会民主主義）が真っ向から対立するのではなく、保守、革新こぞって新自由主義の方向に大きく歩を進めることになったのだが、このようなＣＤＵ／ＣＳＵとＳＰＤの協力の中においてまさに、新自由主義および「社会的市場経済」は、その本来の力点が市場経済にあるにもかかわらず、その社会的部面を顕著に拡大させ、それが市場整合性を求めつつも結果的に高福祉路線に緒を開くかたちでの年金改革の実現につながってきたのである。[66]

注

（1）例えば疾病保険については、既存の経営疾病金庫、イヌンク疾病金庫、農業疾病金庫、職員代用金庫などを一切廃し、一般地域疾病金庫（Allgemeine Ortskrankenkasse: AOK）に一元化する、老齢・障害年金についても労働者保険、職員保険の別をなくし、均一基礎年金を設けるといったことが想定されていた。Hockerts, Hans Günter, *Sozialpolitische Entscheidungen im Nachkriegsdeutschland. Alliierte und deutsche Sozialversicherungspolitik 1945 bis 1957*, Stuttgart 1980, S. 26.

（2）一九五〇年代の社会保険改革をめぐる連邦政府サイドの論争については、Hockerts, *a. a. O.*, 1980. および戸原四郎「西ドイツにおける社会保障の展開」東京大学社会科学研究所編『福祉国家2：福祉国家の展開〔1〕』東京大学出版会、一九八五年（第二章）、五九～一一二頁が詳細に論じている。

（3）これはソ連軍政だけでなく、アメリカ軍政の方針でもあった。一九四六年段階までアメリカ占領地域でも、バイエルンではＳＰＤ系の、ヴュルテンベルク、ヘッセンではＫＰＤ系の社会政策実務者が共同して統一型保険プランの策定にあたっていた。この間の経過については Schieckel, *Gegenwartsprobleme der Sozialversicherung*, München 1947, S. 76-127；シーッケルはＳＰＤ系のバイエルン労働省社会保険部長。

（4）例えば Hartwich, Hans-Hermann, *Sozialstaatspostulat und gesellschaftlicher status quo*, 3. Aufl., Wiesbaden 1978. もっとも代表的なものとしてはシュミットの論考が挙げられるが（Schmidt, Eberhard, *Die Verhinderte Neuordnung 1945-1952. Zur Auseinandersetzung um die Demokratisierung der Wirtschaft in den westlichen Besatzungszonen und in der Bundesrepublik Deutschland*, Frankfurt 1970.）、この論考は社会保険改革に直接触れているわけではない。

（5）この論争については野田昌吾『ドイツ戦後政治経済秩序の形成』有斐閣、一九九八年、二〇九～二二二頁参照。

（6）Hockerts, *a. a. O.*, 1980; Hockerts, Deutsche Nachkriegssozialpolitik vor dem Hintergrund des Beveridge-Plans. Einige Beobachtungen zur Vorbereitung einer vergleichenden Analyse, in: Mommsen, Wolfgang J., *Die Entstehung des Wohlfahrtsstaates in Großbritannien und Deutschland 1850-1950*, Stuttgart 1982, S. 325-350.

（7）本節第1項で論じるこの時期の経過については、Hockerts, *a. a. O.*, 1980, S. 21-85 を参考にしている。

（8）ヴィッセルについては、Hockerts, *a. a. O.*, 1980, S. 49.

（9）*Ebenda*, S. 81-82.

（10）*Ebenda*, S. 79-84. ホッケルツによれば、クレイは一九四七年一月の時点ですでに当該問題をドイツ側の諸州評議会に委ねる意向を示していたという。*Ebenda*, S. 72.

（11）*Ebenda*, S. 84-85.

（12）*Ebenda*, S. 79.

（13）野田昌吾、前掲書、二一二、二一五頁参照。

（14）クルト・シューマッハー「社会民主党員は何を求めるか。再生でなく新生を」（一九四五年一〇月二七日、キールでの演説）、ズザンヌ・ミラー／河野裕康訳『戦後ドイツ社会民主党史――ゴーデスベルク前後のＳＰＤ』ありえす書房、一九八六年、資料編。

(15) クルト・シューマッハー「共産主義との差異」(一九四六年一月三~四日のハノーファー会議におけるSPDイギリス占領地区決議への解説)、ミラー(河野訳)、前掲書、資料編。

(16) Nemitz, Kurt, *Sozialistische Marktwirtschaft*, 1960, S. 27–28. 当時の議論では「国有化を過大評価してはならない」(オットー・ズール)という旨の発言が相次いだという。

(17) ただし社会主義を混合秩序として開いていくスタンスはこの時に始まったものでなく、戦間期のハイマンやヒルファディングなどの議論にすでに見られたものであった。

(18) 「社会民主党デュルクハイム条項」、ミラー(河野訳)、前掲書、資料編。

(19) Weber, Alfred, Sozialistische Marktwirtschaft, in: *Gewerkschaftliche Monatshefte*, 1. Jg. (1950), H. 9, S. 393–401; ders., Sozialistische Marktwirtschaft, in: *Das Sozialistische Jahrhundert*, 4., Berlin 1950.

(20) Ders., a. a. O., in: *Gewerkschaftliche Monatshefte*, 1950, S. 393.

(21) *Ebenda*, S. 394.

(22) *Ebenda*. 同様の趣旨の言及はK・シラーにもみられる:Schiller, Karl, Sozialismus und Wettbewerb, in: ders., *Der Ökonomen und die Gesellschaft. Das freiheitliche und das soziale Element in der modernen Wirtschaftspolitik* (Vorträge und Aufsätze), Stuttgart 1964, S. 15–16. (原典は一九五四年)。

(23) もちろん「市場経済」のインプリケーションが両者の間で微妙に異なるため、その機能を円滑にするための「介入」の性格も微妙に異なってくる。

(24) Weber, A., a. a. O., in: *Gewerkschaftliche Monatshefte*, 1950, S. 394.

(25) Preller, Ludwig, *Der Weg zum Sozialen Staat* (Vortrag im Institut für Sozialpolitik und Arbeitsrecht am 20. Okt. 1950 in München). 非ドグマ的混合についてはS. 16.

(26) *Ebenda*. (とくにS. 15–19)。

(27) Hockerts, *a. a. O.*, 1980, S. 430.

(28) Mackenroth, Gerhard, Die Reform der Sozialpolitik durch einen deutschen Sozialplan, in: Albrecht, Gerhard (hrsg.), *Verhandlungen auf der Sondertagung (des Vereins für Sozialpolitik) in Berlin, 18. und 19. April 1952*, Berlin 1952, S. 39–76

(Aussprache und Schlußwort: S. 76–89).

(29) シュライバーの構想については：Schreiber, Wilfried, *Existenzsicherheit in der industriellen Gesellschaft,* 1955 Köln.

(30) Mackenroth, a. a. O., S. 43–45.

(31) Ebenda, S. 69.

(32) Ebenda, S.50–1. ただしそこから導かれるのは、本来の所得を上げるべきだという議論である。これはつまり給付水準が賃金に近付くことにより労働意欲が萎えるのではなく、賃金が決して高水準とはいえない給付水準に近くなるほど低いために労働意欲が萎えるのだという考え方である。

(33) Vorstand der SPD (hrsg.), *Die Grundlagen des sozialen Gesamtplans der SPD. Unsere Forderung auf soziale Sicherung,* Regensburg 1953.

(34) 詳細は戸原四郎、前掲論文、八二～八七頁および Hockerts, *a. a. O.*, 1980, S. 336–352 を参照。ここではごく大まかに述べるにとどめる。

(35) Achinger, Hans/ Höffner, Joseph/ Muthesius, Hans/ Neundörfer, Ludwig, *Neuordnung der sozialen Leistungen,* Köln 1955.（以下、*Rothenfelser* と記す）。

(36) Rohrbeck, Walter/ Roehrbein, Erich/ Meyrich, Carl, *Zum Problem der Realisierbarkeit der Vorschläge der Rothenfelser Denkschrift über „Die Neuordnung der sozialen Leistungen"*, Berlin 1955.

(37) 戸原四郎、前掲論文、八一頁。

(38) 安野正明『戦後ドイツ社会民主党研究序説――組織改革とゴーデスベルク綱領への道――』ミネルヴァ書房、二〇〇四年。伝統主義者対改革派の議論については、特に第四章、一五三頁以降参照。

(39) 野田昌吾、前掲書、参照。

(40) 戦後西ドイツ新自由主義経済秩序観に関する分析はすでに活発に行われている。ここでは原資料のほか、足立正樹『現代ドイツの社会保障』法律文化社、一九九五年（特に第四章「新自由主義と社会問題」六七～八六頁）、野尻武敏編著『現代の経済体制思想』新評論、一九七六年、高橋弦「ドイツ社会的市場経済への途――ヒルファディングとオイケン――」『名城論叢』第二巻第三号、二〇〇二年、福田敏浩「社会的市場経済の原像――ドイツ経済政策の思想的源流――」『彦根論叢』（滋賀大学）第三二〇号、一九九九年 a、福田敏浩「社会的市場経済の秩序像――オイケンとミュラー＝アルマック

──」『滋賀大学経済学部研究年報』第六号、一九九九年b、福田敏浩「社会的市場経済の理論的源流──ヴィルヘルム・レプケの経済ヒューマニズム──」『彦根論叢』（滋賀大学）第三二五号、二〇〇〇年、藤本健夫「西ドイツにおける戦後経済秩序の形成(1)(2)──W・レプケの社会・経済思想(上)・(下)──」『甲南経済学論集』第二九巻第一号（第一六三号）、一九八八年、第二九巻第二号（第一六四号）、一九八八年、丸谷冷史「ドイツ新自由主義の経済政策思想」『國民經濟雜誌』（神戸大学）第一六九巻第五号、一九九四年、などを参考にしている。

(41) Rüstow, Alexander, Sozialpolitik diesseits und jenseits der Klassenkampfes, in: Külp, Bernhard/ Schreiber, Wilfried (hrsg.), *Soziale Sicherheit*, Köln/ Berlin 1971, S. 19. 原典は *Sinnvolle und sinnwidrige Sozialpolitik. Vorträge und Diskussionen der 12. Arbeitstagung der Aktionsgemeinschaft Soziale Marktwirtschaft am 22. und 23. Januar 1959 in Bad Godesberg*, Ludwigsburg 1959, S. 11–21.

(42) 福田敏浩、前掲論文、一九九九年a、一〇頁、一九九九年b、一二～一三頁。

(43) 足立正樹、前掲論文、七八～七九頁、足立正樹「社会的市場経済と社会政策」『國民經濟雜誌』（神戸大学）第一五八巻第三号、九〇～九一頁。

(44) 「マス化」、「プロレタリア化」については、Röpke, Wilhelm, *Civitas humana, Grundfragen der Gesellschafts- und Wirtschaftsreform*, 4. Aufl. 1979 Berne, S. 243–267.

(45) 福田敏浩、前掲論文、一九九九年b、六頁。

(46) 藤本健夫、前掲論文(2)、六七頁。

(47) 福田敏晴、前掲論文、一九九九年a、九～一〇頁、一九九九年b、一二～一三頁。

(48) ミュラー＝アルマックの社会的市場経済論の論理的一貫性の欠如の問題を批判的に示した論考として、福田敏晴、前掲論文、一九九九年b、特に一六～一九頁。

(49) 野田昌吾、前掲書（特に一七三～一八三頁）。

(50) 注（34）参照。

(51) *Rothenfelser*, S. 23–30.

(52) *Ebenda*, S. 50–7.

(53) *Ebenda*, S. 124 ff.

(54) 連帯原則と補完原則のあり方については *Ebenda*, S. 21-23.

(55) *Ebenda*, S. 65ff, 115.

(56) 他方でレプケをはじめとする新自由主義者らの反年金改革運動も顕著であったという。戸原四郎、前掲論文、八七頁。

(57) Preller, Ludwig, *Der Weg zum Sozialen Staat*（Vortrag im Institut für Sozialpolitik und Arbeitsrecht am 20. Okt. 1950 in München）. 非ドグマ的混合についてはS. 16. ちなみに、プレラーなどは「脱ドグマ化」と言って脱ドグマ的社会主義を主唱していたのだが、ミュラー＝アルマックも「脱ドグマ化」ということを言っていた。ただしこちらの方は脱ドグマ的自由主義であり、ここでドグマにあたるのは一九世紀的自由主義である。

(58) 引用の順に Mackenroth, a. a. O., S. 41, 43, 41.

(59) Vorstand der SPD, *a. a. O.*, 1953, S. 7.

(60) Preller, *a. a. O.*, 1953, S. 10-1; Vorstand der SPD, *a. a. O.*, 1953, S. 7.

(61) ミラー、前掲書、四一～四二頁。

(62) Schiller, Karl, Sozialismus und Wettbewerb, in: Schmid, Carlo/ Schiller, Karl/ Potthof, Erich, *Grundfragen moderner Wirtschaftspolitik*, Frankfurt a. M. 1957, S. 227-65.（一九五四年一一月一六日のスイス・ザンクトギャレン商科大学での講演）。

(63) Auerbach, Walter, *Mut zur sozialen Sicherheit. Die drei Möglichkeiten einer Sozialreform*, Köln 1955.

(64) Hockerts, *a. a. O.*, S. 422 ff.

(65) 野田昌吾、前掲書、一七三～一八三、二〇三頁。

(66) ＳＰＤが選挙対策上、ご都合主義的に持説を曲げて与党の議論にコミットしたという理解が流布しているためか、年金改革に際してのＳＰＤ側の議論はほとんど分析されていないが、ここにはまだなお多分に考究の余地が残されているのである。

第7章　一九五〇年代西ドイツにおける内外経済不均衡
――「社会的市場経済」のジレンマ――

石坂綾子

はじめに

第二次世界大戦後、ドイツ連邦共和国（以下、ドイツと省略する）の経済復興・経済成長政策は「社会的市場経済」（Soziale Marktwirtschaft）と称される。連邦経済相ルートヴィヒ・エアハルトとこの政策理念の提唱者であるアルフレート・ミュラー＝アルマックは、ともにモンペルラン協会（Mont Pelerin Society）の一員であった。この政策理念は、ドイツにおける新自由主義の中心的存在である「オルド自由主義」との共通性が指摘され、ミュラー＝アルマック自身もヴァルター・オイケン、フランツ・ベーム、フリードリヒ・フォン・ハイエク、ヴィルヘルム・レプケ、アレクサンダー・リュストウなどによる理論的貢献を認めている。ミュラー＝アルマックによれば「社会的市場経済とは、自由放任主義経済の再建を意図するものではない。〔全社会の調整者としての――引用者、以下同〕国家によって競争機能が十分に確保され、競争機能の発揮を通じて、社会的課題をも解決するような秩序のフレームワーク（Ordnungsrahmen）が設定され、維持されるもの」であった。(1) この競争機能の維持のために国家によって自律的な機関が設立されたが、事実上の中央銀行として機能してきたドイツ・レンダーバンク（Bank deutscher Länder：以下、レンダーバンクと省略）およびドイツ・ブンデスバンク（Deutsche Bundesbank：以下、ブンデスバンクと省略）は、「社会的市場経済」の成否を握る存在であった。(2)「市場経済の競争秩序を確保し、『社会的市場経済』を促進するためには通貨価値の安定が不可欠である」。(3) このような見解は、エアハルトのみならず歴代の中央銀行総裁に共有されてきた。

しかし、この政策路線は与党キリスト教民主／社会同盟（以下、CDU／CSUと省略）内においても論争があり、五〇年代初頭に早くも重大な危機を迎えた。五〇年夏、朝鮮戦争の勃発による原材料の投機的買い溜めにより、ドイツの貿易収支は急激に悪化した。ドイツは国際決済銀行（Bank for International Settlements：BIS）のペル・ヤコブソンとヨーロッパ経済協力機構（Organization for European Economic Cooperation：OEEC）のアレクサンダー・ケアンクロスによる経済再建プログラムの実施を条件に、ヨーロッパ決済同盟（European Payments Union：EPU）から一億二〇〇〇万ドルの特別信用を受け取った。五一年二月にはOEEC地域に対する輸入自由化の停止にまで追い込まれた。しかし、ドイツの貿易収支は五一年三月を分岐点に劇的に改善し、五二年以降、ドイツはEPUにおける〝極端な〟黒字国となった。貿易収支危機において、レンダーバンクは厳格な金融引き締め政策を実施したが、通貨価値の安定は、収支改善とその後の輸出拡大に大きく貢献した。(4) 輸出拡大は国内の設備投資を誘発し、五五年には年率一二％を超える経済成長を実現した。貿易収支危機の克服は、「社会的市場経済」の方向性を確立するものであった。(5) 五二年一〇月、エアハルトは、ミュラー＝アルマックを連邦経済省に招聘し、政策理念の体系化に協同して実現に努めた。その一方で、EPUやOEECといった西ヨーロッパのフレームワークを通じた輸出拡大が――貿易パートナーが西ヨーロッパ諸国に偏重したことに始まり、ドイツが国際貿易・金融取引に深く組み込まれていくにつれて――新たな対立を引き起こした。

「内外経済不均衡」(Spannungsfeld zwischen innerem und äußerem Gleichgewicht)——ドイツは固定相場制下の国際収支均衡と国内安定を同時に達成できないというジレンマに直面した。貿易収支黒字によって生じた為替流入は、国内に過剰な流動性を発生させ、しだいに通貨価値の安定を脅かすようになった。国内経済情勢に対しては景気過熱を鎮めるために引き締め政策が、対外経済情勢に対しては、収支を均衡させるために拡大政策が要請されるという矛盾が発生した(6)。

本稿では、ドイツにおける内外経済不均衡がどのように発生し、その解消のためにどのような政策が実施されたのかを明らかにする。「社会的市場経済」の維持と内外経済不均衡は矛盾するものであった。「社会的市場経済」の方向性が確立されつつある中で、内外経済不均衡の解消策をめぐっては、連邦政府内での政策対立、国内産業界・銀行業界との利害対立、金融政策をめぐる見解の相違が存在した。さらに内外経済不均衡は、国際的にも議論の対象となっていった。この国際的議論は五〇年代半ばには、ＥＰＵやＯＥＥＣといった西ヨーロッパのフレームワーク内での関係調整からスタートした。五〇年代後半以降には、アメリカの国際収支危機やドルの動揺を背景に、国際通貨基金(International Monetary Fund：ＩＭＦ)をも巻き込んで、大きく広がった。しだいにＩＭＦ体制そのものを揺るがす問題へと発展していく中で、ドイツはどのような経済政策の方向性を選択したのかを明らかにする。

第1節　内外経済不均衡はどのようにして発生したのか

(1)「ユリウスの塔」による過剰流動性の吸収

内外経済不均衡は、五二年以降は水面下で進行し、五五年に入ってから顕在化した。五二年以降、国際的に物価は下落傾向にあった。ドイツ国内においても自由化再開による輸入価格下落の影響を受けて、レンダーバンクが段階的な金融緩和を実施した。この間、貿易収支黒字による外貨準備の蓄積が進んだ。これについて決定的な重要性を持ったのは、連邦の現金残高、通称「ユリウスの塔」(Juliusturm) であった。(7) 連邦財政の現金残高が偶然にも過剰流動性を吸収し、拡大的影響を相殺した。この現金残高は、五三年以降の防衛負担金が連邦予算においてあらかじめ確保されていたにもかかわらず、①連合国駐留軍の分担金が予算見積もりを下回ったこと、②「連邦国防軍」(Bundeswehr) の創設が遅延したことから計画通りに執行されず、支出予定残額が年を追うごとに蓄積されたものである。(8) 連邦大蔵相フリッツ・シェーファーは、防衛費関連の支出を年額九〇億マルクと想定した。防衛負担金は五一年時点で連邦予算全体の四〇％を占めていた。このように巨額の負担を迫られる一方で、連邦の歳入面は十分に確保できる見通しが立たず、その後の経済成長は予想もできないことであった。「均衡財政」に固執するシェーファーにとって、この負担金を確保することは連邦大蔵相として最大の課題であった。しかし、五三年度の支出残額が一八億マルクを超えたように、実際の支出額は平均して六〇億マルクを下回った。それと同時に防衛費の負担も当初の予想に反して大幅に軽減された。防衛負担金の連邦予算に占める割合は減少し、五四年には二三％にまで低下した。(9) これに対し、五五年初頭には現金残高が四〇億マルクの規模に達し、シェーファーは負担金を過大に、税収を過少に見積もったことで、連邦財政のバランスを欠いたと強い非難を受けた。(10)

しかし、五五年に入ると国内景気の過熱により過剰流動性は一気に表面化した。GDP成長率は一二・一％に達し、五四年後半以降、国内物価は上昇し始めた。失業率は五・六％にまで低下し、賃金の上昇圧力が発生した。総時間賃金増加率は五四年の二・六％から五五年には六・八％へと上昇した。その一方で、図7-1のように、経常収支余剰は五四年の四〇億一五〇〇万マルクから五五年の二六億七六〇〇万マルクへと一時的に減少した。

レンダーバンクは、国内需要の抑制を通じて通貨価値の安定に努めたが、この引き締め政策は全く功を奏さなかっ

図7－1　ドイツの経常収支・資本収支（1949～61年）

（単位：百万ドイツマルク）

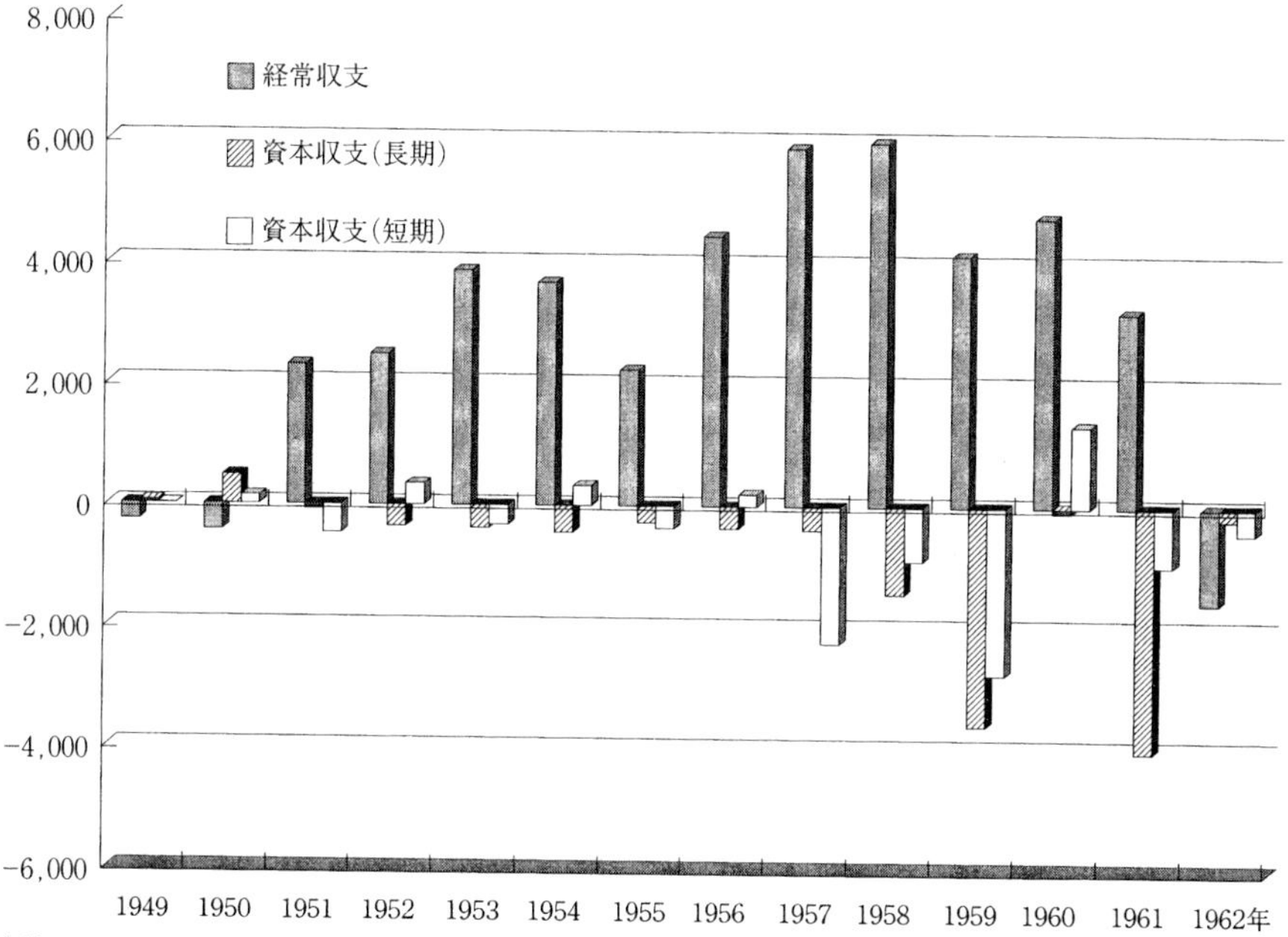

出所：Deutsche Bundesbank (Hrsg.), *50 Jahre Deutsche Mark, Monetäre Statistiken 1948-1997 auf CD-ROM*, München 1998. より作成。

た。この状況はまた、レンダーバンクの金融政策上の決断を弱め、遅らせる原因ともなった。[11] レンダーバンクが国内安定に努めるほど、諸外国との金利差が拡大して資金が流入し、さらに国内流動性の増加を通じてインフレが進行した。五五年五月以降、公開市場操作による介入を行ったものの、流動性流入がその効果を弱めた。輸入増加率は二七％に上ったが、四〇億マルクを超える流動性流入によって相殺された。レンダーバンクは奮闘もむなしく、金融市場へのコントロールを失った。金融機関の信用ボリュームは二三％も増加し、通貨流通量も激増した。金融市場の利子率は公定歩合を大幅に上回った。レンダーバンクは、この金融市場利子率と公定歩合との乖離をなくすために、五六年三月以後、公定歩合を引き上げていったが、公定歩合は金融市場利子率の後方をゆっくりと追って行くに過ぎなかった。

(2) 景気安定化プログラム――エアハルト・シェーファー対アデナウアー・産業界――

連邦経済相エアハルトと連邦大蔵相シェーファーは、レンダーバンクの引き締め政策を支えるために国内経済の安定へ向けて動き出した。エアハルトは、連邦政府が経済政策全般において舵取りをする必要性を痛感した。シェーファーも財政支出を抑制しようとした。[12] 連邦経済省内部では、レンダーバンクは現状では金融政策を発動する上で、対外経済状況に大きな制約を受けており、国内経済状況への十分な対応ができないと認識していた。

「ユリウスの塔」は、五六年九月には七〇億マルクに達し、その年のGDPの三・六%の規模にまで増加した。シェーファーは、この巨額の現金残高が取り崩され、財政支出が増加するならば、景気過熱を煽ることになると恐れていたが、与党CDU/CSUは、五七年連邦議会選挙での勝利に向けて「ユリウスの塔」を、社会改革の有力な財源であるとみなし、取り崩しに期待した。[13]

一九五五年一〇月、このような状況の中で、連邦経済省総合政策局長ミュラー=アルマックは、エアハルトの意向を受けて第一次景気安定化プログラムを策定した。[14] 国内の供給を確保し、過剰な需要を抑制するために、①(労資関係者との対話を通じた)節度ある賃金・物価政策、②輸出促進措置の廃止、③関税引き下げによる輸入拡大、④所得税減税の凍結、⑤公共建設の縮小などが実施された。五六年六月の第二次景気安定化プログラムにおいては、対外収支均衡を目的とした政策措置がさらに前進した。①輸出促進措置の廃止、輸入手続きの簡素化、②関税引き下げ措置の延長(五七年一二月まで)と対象品目の拡大、③ドル地域への貿易自由化率の拡大(五六年九月に九〇%まで)が盛り込まれ、今後の検討課題としてIMF条項の「基礎的不均衡」に対応するために、マルク切り上げが挙げられた。[15]

しかし、このプログラムの実効性には大きな疑問があった。まず第一に、レンダーバンクと連邦経済省・大蔵省の連携が決して強固なものではなかったことである。エアハルトのイニシアティヴによって「景気政策委員会」(Konjunkturpolitisches Gremium）が設置され[16]、レンダーバンク・連邦経済省・連邦大蔵省の政策調整機関が形成されたとはいえ、レンダーバンクは、金融政策の実施がなぜ困難に陥ったのか、その原因を十分に解明できておらず、経済省主導の性急な傾向に強い警戒心を抱いていた。第二に、アデナウアー内閣における、エアハルト・シェーファー両大臣の基盤の弱さである。[17] 閣僚は財政拡大を志向し、〝安定〟よりも〝成長〟を追求した。連邦農業相ハインリヒ・リュプケや連邦住宅建設相ヴィクトル・エマニュエル・プロイスカーは、関税引き下げ措置から例外的に農産物を、公共投資の削減から住宅建設を除外するように求めた。連邦首相コンラート・アデナウアーは自らの許可なくプログラムが策定されたことに対し、強い怒りを表明した。[18] 特に五六年五月にレンダーバンクがエアハルトの賛同を得て、公定歩合を五・五％へと引き上げたことを契機として、アデナウアーとエアハルトの確執は、産業界をも巻き込んで頂点に達した。同月二三日、ドイツ工業連盟（Bundesverband für Deutschen Industrie：ＢＤＩ）の第七回年次総会がケルンで開催された。この総会において、アデナウアーとＢＤＩ会長フリッツ・ベルクは、景気安定化プログラムとレンダーバンクの金融政策を痛烈に批判した。内外経済不均衡は、アデナウアーやベルクには十分に認識されていなかった。アデナウアーは連邦議会選挙を控え、景気後退による与党ＣＤＵ／ＣＳＵへの影響と産業界からの支援が得られなくなることを懸念した。[19] さらにベルクは、産業界の利害を強く代表し、関税引き下げや輸出促進措置の廃止、貿易自由化の拡大が国内市場への競争圧力を強めることに対して、産業の危機を訴えた。[20]

第2節　為替相場をめぐる攻防——エミンガーとエアハルト——

「ドイツの現状は、ＩＭＦ条項の『基礎的不均衡』ではないだろうか」——五六年六月、連邦経済相エアハルトとレンダーバンク理事のオットマール・エミンガーが、固定相場制と物価動向との関係に着目した。[21] 図７‐２のように、

図7-2　インフレーション格差（1950〜62年）

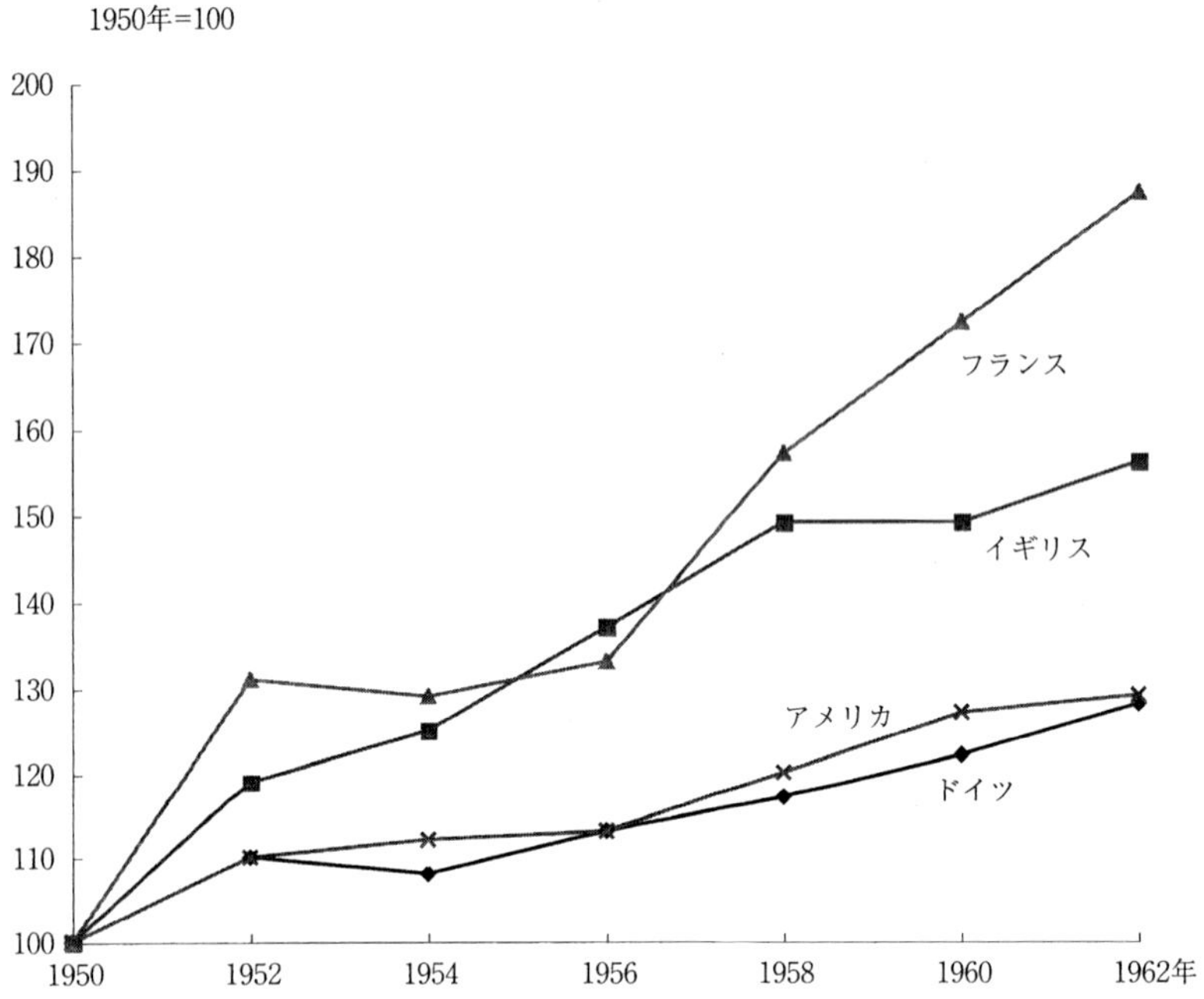

出所：Otmar Emminger, "Deutsche Geld- und Währungspolitik, im Spannungsfeld zwischen innerem und äußerem Gleichgewicht: 1948-1975" in: Deutsche Bundesbank（Hrsg.）, *Währung und Wirtschaft in Deutschland 1876-1975,* Frankfurt/M. 1976, S. 494（ドイツ・ブンデスバンク編『ドイツの通貨と経済1876〜1975年（下）』）東洋経済新報社、1984年、611頁）：Otmar Emminger, *D-Mark, Dollar, Währungskrisen,* Stuttgart, 1986, S. 75より作成。

ドイツの通貨価値が比較的安定しているのに対し、主要な貿易パートナーであるイギリスやフランスでは、インフレが激しく進行していた。しかしIMF体制は、このようなインフレ格差に対応して即時に為替相場を調整するメカニズムを保持していなかった。レンダーバンクはマルク相場を維持するために為替市場に介入しなければならず、収支余剰から発生した為替の供給過剰分を購入した。通貨供給量は意図に反して拡大し、マルクは過小評価のままであった。この状況が続くならば、ドイツの輸出はさらに拡大し、反対にイギリスやフランスは、ポンドやフランが過大評価されているために輸出が伸び悩み、結果として、ドイツに慢性的な貿易収支黒字が発生することになる。(22)この解決のために、エアハルトとエミンガーが提唱した政策路線は、リップマン・シンポジウム、モンペルラン・コンファレンスの流れを汲む新自由主義であった。以下では、エアハルトとエミンガーの考え方とともに、西ヨーロッパ諸国内での為替相場調整の議論について明らかにする。

(1)「輸出には輝かしい役割ばかりがあるのではない」――エミンガーの「輸入インフレ」論――

一九五六年六月六日、エミンガーはミュンヘンのＩＦＯ研究所（IFO-Institut für Wirtschaftsforschung）の研究集会において、ドイツの国際収支余剰が国内物価に与える影響について、率直に大きな不安を語った。(23)「私達は輸出による貿易黒字、外国為替の流入によって、諸外国のインフレーションを輸入しているのではないでしょうか？」この発言は、七日付けの南ドイツ新聞（Süddeutsche Zeitung）の経済面を大きく飾り、これ以後「輸入インフレ」（Importierte Inflation）という概念は広く知られることとなった。(24)それと同時に、輸入インフレへの防御策としてマルク切り上げの可能性について、ドイツ国内外を巻き込んで活発な議論が始まった。エミンガーは、ＩＦＯ研究所での研究集会において、輸入インフレに対する防御策として、資本輸出の促進、債務の早期返済、輸出促進措置の縮小を提案した。エミンガーはレンダーバンク総裁ヴィルヘルム・フォッケにこの防御策を申し出たが、フォッケは国内安定と対外均衡の対立というジレンマの存在を認めていなかった。(25)フォッケは輸入インフレを否定し、エミンガーの主張を正面から受け止めなかった。「輸出が超過した結果、流動性が増加する過程を輸入インフレと称することはできない。むしろ輸入が超過した結果、多額の債務によって生じるように、本来のインフレと同一視されるのではないだろうか」。

エミンガーは、マルク切り上げに早急に取り組むべきであると考えていた。切り上げは黒字国側の調整手段として理論上は有効であるが、後述のように、切り上げをめぐる国内対立、すなわち輸出の主力である産業界や銀行界からの激しい抵抗が予想された。また、IMF体制において、自国の通貨を切り下げた国はすでに存在したが、国内通貨価値の安定を優先し、対外経済による影響から防御するために、自国通貨を切り上げた国は未だに存在していなかった。[26] 国際金融界においては、一九三〇年代の競争的な切り下げの経験から、為替相場は不可侵の領域であるという認識が強く存在していた。為替相場の〝調整可能な〟側面が必要以上に抑制され、〝固定平価〟の側面がより前面に打ち出された。レンダーバンク内部においても、フォッケのみならず多数の幹部がこのような見解を堅持していた。

五六年一一月一〇日、エミンガーは『余剰ポジションと為替相場政策』(Überschußposition und Wechselkurspolitik)という内部文書を作成した。[27] 一一頁にわたるこの文書は、国内通貨の安定が脅かされる状況において、迫りくる危機にどのように対処するべきなのか、その唯一の防御策としてマルクの切り上げを果敢に主張したものであった。文書は以下のように要約できる。①国内の通貨価値の安定のために、遅かれ早かれマルクの切り上げは不可避である。②これ以上の金融政策上の失敗を繰り返さないために、切り上げにできる限り早期に取り組まなければならない。切り上げ幅は六〜八%が適当である。③為替相場の調整には、多くのメリットがある。新しい相場は最終的な平価の変更ではなく、一時的な移行期間を設けることによって決める。例えば、新しいマルク相場に収斂していくまでのマージン(Schwankungsspielraum)の範囲を±六%にする。

五六年一二月一二日、エミンガーの切り上げ提案を討議するために、レンダーバンク役員会会議が極秘に開催された。エミンガー自身が予想していたように、マルク切り上げの主張は袋叩きにあった。役員会会議において、エミンガーには、次のような反論が寄せられた。[28] ①エミンガーは国内均衡と対外均衡とのジレンマをただ単に一時的な現象と捉えている。エミンガーの提案は、最終的な平価の変更ではなく、幅広い変動幅を設定するものである。②レンダーバンクは、マルク単独の切り上げではなく、諸外国との調整を優先するべきである。特に赤字国が切り下げに踏み切るのかどうかが焦点となる。③マルクが切り上げられた場合、西ヨーロッパ諸国内の赤字国、特に債務削減の圧力がかかっているイギリスとフランスの受け止め方が重要である。両国の債務削減のための国内経済政策の実施や、為替相場の調整といった圧力が和らいではならない。④為替相場は確固たる土台である。不可侵の領域を揺さぶるのではなく、対外収支が均衡するような措置を実施するべきである。具体的には輸入促進、輸出促進措置の廃止、資本輸出などである。(29)

エミンガーは、通貨投機を過熱させないように、マルク切り上げの主張を対外的に控えることを約束させられた。エミンガーにとっても、対外収支不均衡の解消には赤字国との連携が大切であり、これらの国々の通貨切り下げが重視されたことは、十分に納得できることであった。エミンガー自身はもともと赤字国は国内均衡を欠いており、初期的には黒字国よりも赤字国に調整の義務があるという持論を保持していた。この黒字国よりも赤字国に調整の義務があるという考え方は、マルク切り上げをめぐる議論の中でたびたび繰り返された。フォッケは、マルクとフランの為替相場に調整が必要だとしても、マルクとドルなど各国通貨との関係は正常であり、マルク単独の切り上げによる混乱を懸念した。事実、ドイツは西ヨーロッパ諸国に対しては貿易黒字であったとはいえ、ドル地域に対しては貿易赤字が続いており、輸入自由化を慎重に進めている最中であった。五三年四月の時点で、OEEC地域からの輸入自由化率がすでに九〇％に達しているのに対し、ドル地域に対しては、五四年二月から五二％の輸入自由化を開始したばかりであった。最終的には西ヨーロッパ諸国に対する黒字によって、ドル地域に対する赤字がカバーされている状態であった。

役員会における議論を通じて、フォッケはエミンガーの提案を独善的に封じ込めた。後述のように、このようなフォッケの姿勢には、IMF専務理事に就任したばかりのヤコブソンの意向が反映されていた。フォッケは、国内均衡と対外均衡の間にジレンマが発生したことにより、国内に過剰流動性が発生し、コントロールが困難になったという認識を全く持っていなかった。したがってマルク切り上げが、このような物価動向へのコントロールに有効であると

図7－3　ドイツの金・外貨準備（1949〜61年）

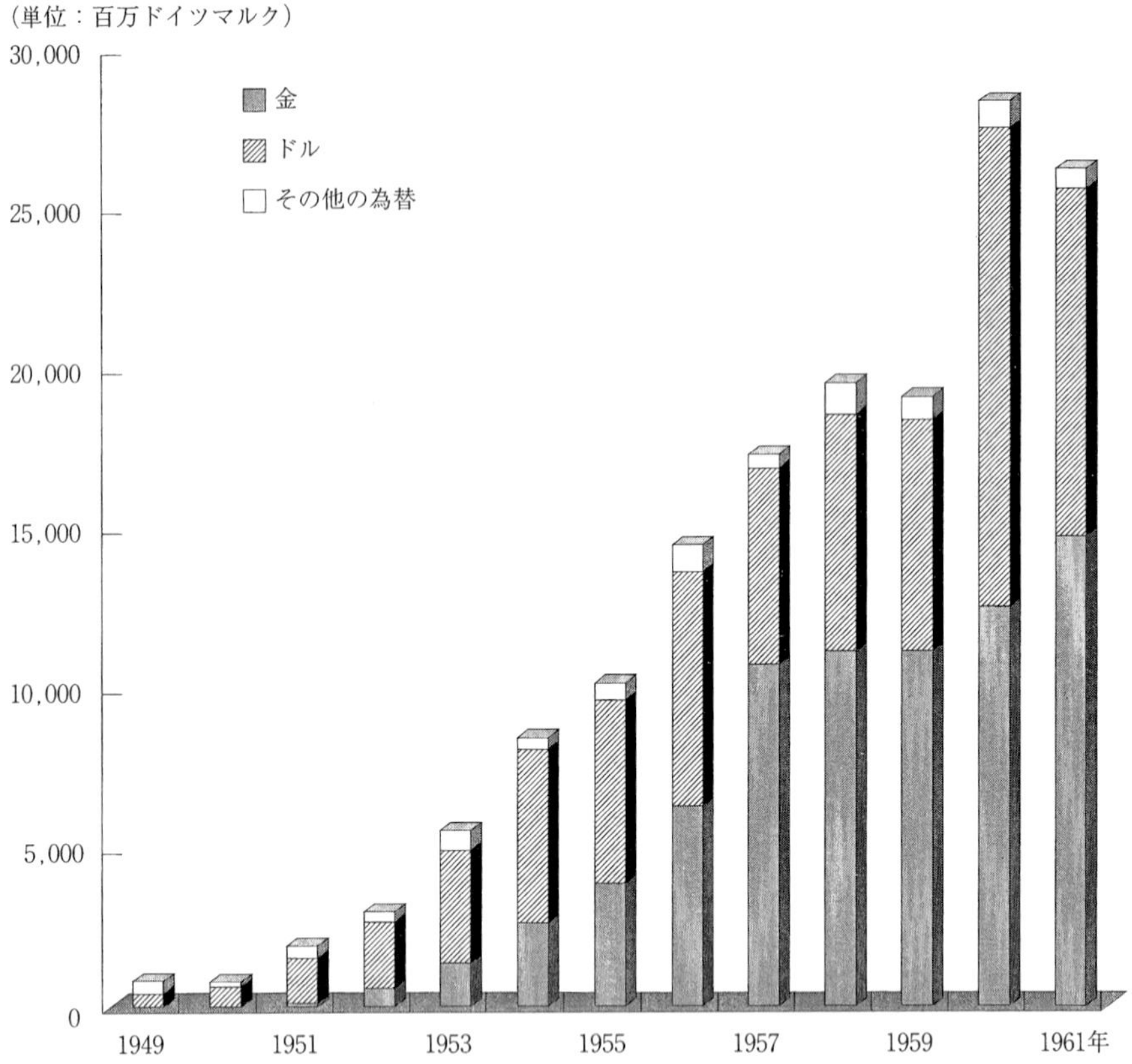

出所：Deutsche Bundesbank（Hrsg.）, *50 Jahre Deutsche Mark, Monetäre Statistiken 1948–1997 auf CD-ROM,* München 1998. より作成。

いうことにも関心がなかった。フォッケにとって、ドイツの物価動向の重点は国内にあり、切り上げによって国内物価や賃金に与える影響は一時的なものであった。エミンガーは激しく抵抗したが、フォッケはドイツの国内経済は、過剰流動性の流入による通貨量の増加や社会改革、賃金高騰、「ユリウスの塔」の取り崩しなどによって拡大すると予想し、その結果、インフレ圧力はなくなっていくだろうと予測していた。後にフォッケは否定したが、このような考え方は、フォッケが対外収支不均衡を調整インフレによって解決しようとしているかのような印象さえ与えたのである。

(2)「EPUを解体し、OEECの地域主義を打破せよ」——エアハルトの「多角的調整」論——

ドイツの貿易収支黒字は、西ヨーロッパ諸国内の貿易不均衡から生じていた。すでに指摘したように、ドイツは西ヨーロッパ諸国に対する黒字によって、ドル地域に対する赤字をカバーしている状態であり、マルク単独の切り上げは、レンダーバンク役員会での議論においても、対ドル地域収支に大きなダメージを与えると懸念された。このようにレンダーバンクは、ドル地域に対する収支状況に細心の注意を払ったが、実際には五〇年代半ばになると、慢性的なドル不足の状況もしだいに変化しつつあった。図7-3に示されるように、ドイツの外貨準備は着実に増加しており、ドイツの国際収支ポジションが、ドル地域に対して一方的な赤字であることは、五〇年代初頭に比べて大きな意味を持たなくなっていた(30)。

図7-4　EPU加盟国の累積ポジション（1950～56年）

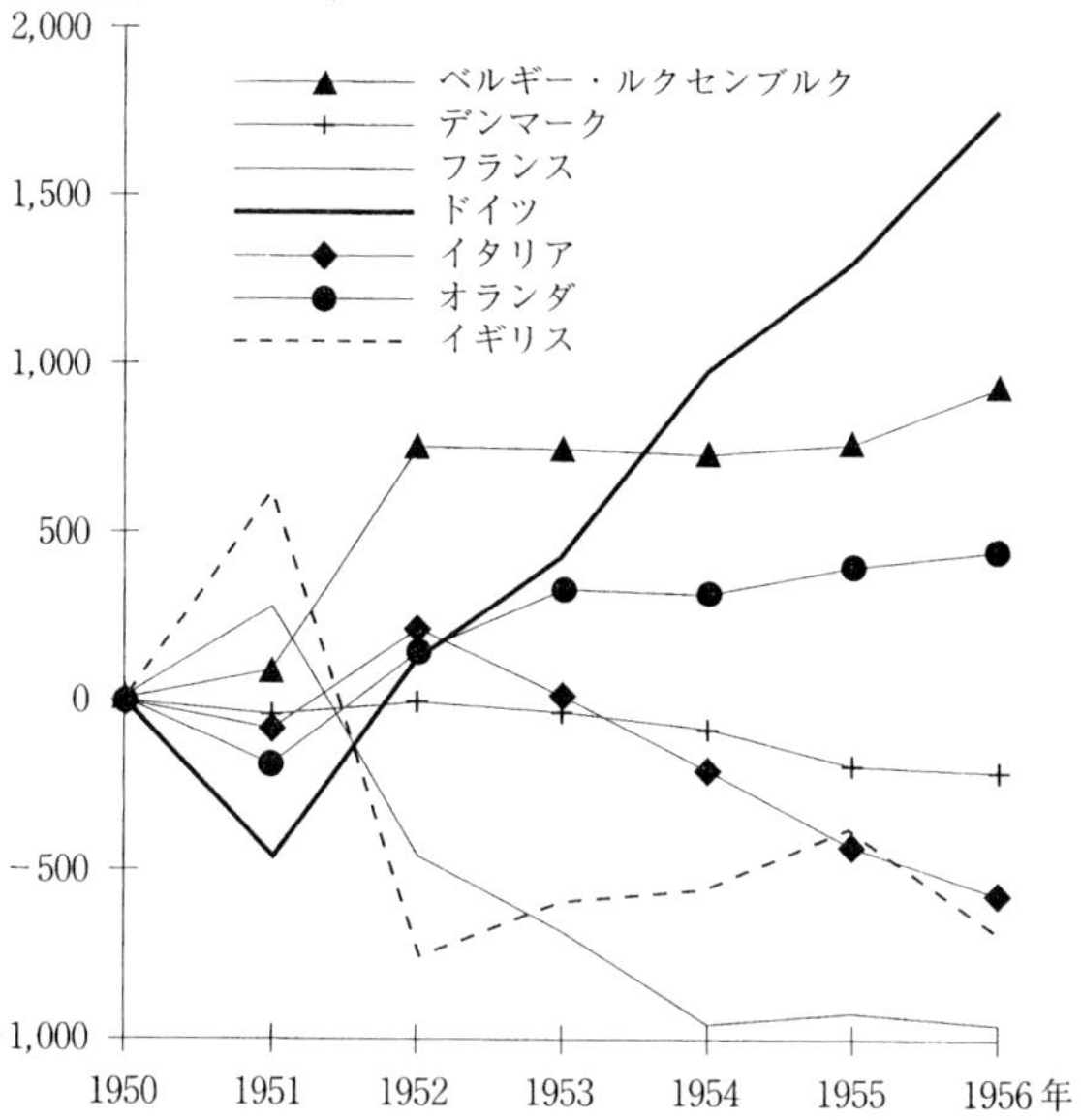

資料：BIS, *Annual Report* 各年度版。
出所：Monika Dickhaus, *Die Bundesbank im westeuropäische Wiederaufbau, Die internationale Währungspolitik der Bundesrepublik Deutschland 1948-1958*, München 1996, S. 119.

図7-4は、一九五〇年から五六年にかけてのEPU加盟国の累積ポジションを示している。ドイツにとってEPU加盟国内で〃極

端な〟黒字国と赤字国に大きく分散する二極化現象が起こっていることは、マルクの交換性回復と関連して緊急の課題であった。ドイツとは対照的に、イギリスやフランスは、対ドル地域への赤字に加えてEPUにおいても赤字を抱えていた。すなわち、両国はドルギャップに加えてマルクギャップが重なり、二重に苦しむこととなった[31]。西ヨーロッパ諸国の二極化現象は、六〇年代以降のIMF体制の危機へとつながる問題が早くも表面化したことを意味していた。

「ドイツの世界市場への復帰」(Deutschlands Rückkehr zum Weltmarkt)――五二年一月以後、エアハルトは堅調な輸出増加を背景に、マルクの交換性回復についてキャンペーンを開始した[32]。エアハルトは、OEECの貿易自由化プログラムは厳格な運用が欠けていると不満を表明し、地域的な決済機能に限定されるEPUの解体に乗り出した。また、五二年末にはEPU加盟国通貨の為替相場の調整を唱え、加盟国通貨の為替相場の変動幅を±五%に設定することを提案したのである[33]。

エアハルトは、ドイツの貿易収支黒字の原因をEPUの地域的な決済機能に求めたが、市場経済を標榜した理念のみが先行した性急な姿勢であるとして、IMFやEPU加盟国のみならず、連邦政府やレンダーバンクからも強い批判を浴びた。エアハルトの意向に反し、EPUの存続はドイツ国内において以下の理由から強い支持を得た[34]。①ドル地域との区別、西ヨーロッパ貿易の安定したフレームワーク、②ドルを獲得し、スターリング地域から原材料を購入するために、EPUを通じた取引で得られた余剰を利用できるというメリットは余りにも大きかった。交換性回復についても、早急に回復を進めるエアハルトと、EPU加盟国の決済能力を高めつつ、緩やかなステップを踏みながら回復を目指すレンダーバンクはことごとく対立した。マルクの交換性については、公式的には他の西ヨーロッパ諸国の状況に合わせて五八年まで回復を待たねばならなかったが、ドイツは五四年四月以後、回復に向けてのステップを次々と進めていった。非居住者に対し完全な自由交換性を与えられたマルク勘定と制限付きの交換性を与えられたマルク勘定（Beko-Mark）が創設され、同年九月には、自由化資本勘定（Libka-Mark）に変換された。

エミンガーやＥＰＵ理事会ドイツ代表ハンス・カール・フォン・マンゴルトは、交換性回復を視野にＥＰＵの強化に乗り出した[35]。黒字国ドイツは、ＥＰＵ内部で信用供与国として決定的な地位にあり、五五年以降、金・ドル決済の比率は発足当初の二五％から七五％へと大幅に増加した。その過程で黒字国ドイツと赤字国イギリスが交換性回復について、それぞれの立場から攻防を繰り広げた[36]。ドイツにとって単独でマルクの交換性を回復することは可能であったが、ドイツはＥＰＵ内に留まってフランスとの決別を回避し、イギリスとの政策調整を選んだのである[37]。

エアハルトは、西ヨーロッパ諸国内の貿易不均衡を是正するために、関係国内での再調整を目指し、再び為替相場問題に取り組んだ。これはマルクの事実上の切り上げ、すなわちポンドとフランの切り下げを意味していた。五六年六月一四日、エアハルトはツァイト紙（Die Zeit）に『景気と経済―対外貿易は一方通路ではない―』（Konjunktur und Wirtschaft. Außenhandel keine Einbahnstraße）を発表した[38]。「物価と為替相場は、対外貿易にとって決定的な意味を持つ。ドイツの貿易収支余剰は、〔他の西ヨーロッパ諸国と比較して〕安定した通貨価値に負うところが大きい。このところドイツの貿易収支黒字が増大していることに、我々の貿易パートナーは大きな不満を持っており、ドイツの極端な黒字ポジションを解消しようという議論があるが、それは我々の責任ではなく、ＥＰＵの決済機能の限界によるものである。……ドイツは関税引き下げによる輸入拡大に取り組んできた。それは国内市場に十分な均衡を生み出し、過剰な流動性の発生を防ぐためにも〔貿易パートナーが望むばかりではなく、国内経済政策上においても〕必要な措置である。我々は貿易パートナーにドイツ市場においてより良い自由な機会を提供し、「良き黒字国政策」（Gute-Gläubiger-Politik）を実施し、貿易パートナーの赤字を減らすように期待されている。……〔西ヨーロッパ各国の物価水準や貿易収支状況には大きな違いがあるにもかかわらず〕為替相場は調整されない。〔ヨーロッパ各国通貨の為替相場を多角的に調整するために〕今こそＯＥＥＣもしくはＩＭＦレベルで国際的な通貨会議を開催するべきである」。このエアハルトの主張は、マルク切り上げを期待した投機を誘発し、ドイツの収支余剰を増加させた[39]。とりわけEPUの決済尻は、五六年五月の八六二〇万単位から、わずか一カ月で一億一四二〇万単位へと増加した。

さらに五六年七月、エアハルトは一七日から開催されるOEEC閣僚会議を見越して、イギリス大蔵相ハロルド・マクミランに書簡を送り、為替相場について新たな調整を提案した[40]。「安定した通貨（＝マルク）は、その平価を維持するべきであり、赤字国の通貨（＝ポンド）は切り下げられるべきである。もし、赤字国の通貨が切り下げられないならば、為替相場の変動幅を±五％まで拡大すべきであろう」。このように、エアハルトはイギリスにポンドの切り下げか一時的な為替相場のフロート化を迫ったのである。イギリスは五五年三月にすでに為替相場に±一〜三％の変動幅を設けることを提案していた。ドイツ側がこの提案を拒否した後であっただけに、エアハルトの独断の行動は驚きをもって受け止められた[41]。イギリス政府は、この〝全く有り難くない〟提案を拒否し、切り下げはポンドに対する投機を誘発し、ドイツに対する為替流入を加速させるとその理由を述べた。マクミランはOEEC閣僚会議において、次のように説明した[42]。「ドイツの国際収支余剰は予想もつかない規模で膨らんでいる。五六年末にはドイツはEPUのすべての債権の八〇％にも劣らないであろう。ドイツはEPU債権の信用比率を引き上げ、債務の期前返済や資本輸出によってこの問題を解決できる。その上、ドイツは若干の調整インフレを容認するならば、利子率を引き下げればよいし、最終的にはマルク切り上げもできる。為替相場の調整を検討しているのは、ドイツだけではないか」。エアハルトは粘り強く反論したが、OEEC閣僚会議において為替相場問題はタブー視され、具体的な議論には至らなかった。

(3)　OEECにおける議論――「良き黒字国政策」の限界――

EPUにおけるドイツの極端な黒字ポジションは、OEEC閣僚会議においても中心的な議題のひとつとなり、

「ドイツのジレンマ」として広く認識されるようになった。ドイツはスターリング地域を除くすべてのEPU加盟国、特にベネルクス三国やスイスに対しても黒字となっていた[43]。エアハルトやミュラー＝アルマックは対外収支の均衡を目指したドイツの取り組みと赤字国側の責任を強く訴えたが、ドイツの極端な黒字ポジションのみならず、「社会的市場経済」も、厳しい非難の対象となった[44]。

一九五六年一一月、エアハルトはOEEC閣僚会議において声明を発表した[45]。エアハルトは冒頭で次のように呼びかけた。「我々は以下のような基本原理を定式化するべきです。高雇用と対外収支均衡、そして何よりもまず金融・財政の安定、つまりインフレーションを阻止するという必要条件の下で、常に均衡した経済成長を確保することである」。続いてエアハルトはドイツの黒字ポジションについても言及した。「ドイツの物価水準は、比較的低位に保たれている。ドイツにもかなりのインフレ圧力があるが、他国ほどは強くない。このことは、ドイツが国内においては資本を必要とし、それに見合う金利水準であるにもかかわらず、強制的に資本を輸出しなければならないことを意味している」。エアハルトはこの解決のために経済・景気・通貨政策における国際的協力が必要であると主張した。これに対し、貿易不均衡の責任は黒字国側にもあるとして、ドイツは黒字を削減するための小規模な手段、すなわち輸入自由化の拡大、関税引き下げ、資本輸出の拡大を求められた。OEECは、ドイツの主張とは裏腹にEPUの貿易不均衡を現状のフレームワークの中で調整し、多面的行動によって解決できる道を探し始めた[46]。

図7-5のように、EPUにおけるドイツの黒字は、五〇年代後半にかけてさらに拡大傾向にあった。五七年五月一四日、エアハルトはOEECの貿易不均衡への対応について改めて不満を表明した[47]。「貿易不均衡の原因は赤字国側にある。ドイツの経済政策〔社会的市場経済〕は引き合いに出される必要はないという点について確認しておきたい。ドイツは良き黒字国政策を通じて収支均衡を目指すことが求められているが、農産物輸入を拡大したからといって不均衡が単純に是正されるわけではないし、資本輸出を強化することも勧められない。資本輸出は作為的な援助で

図7－5　EPU加盟国の累積ポジション（1955～59年）

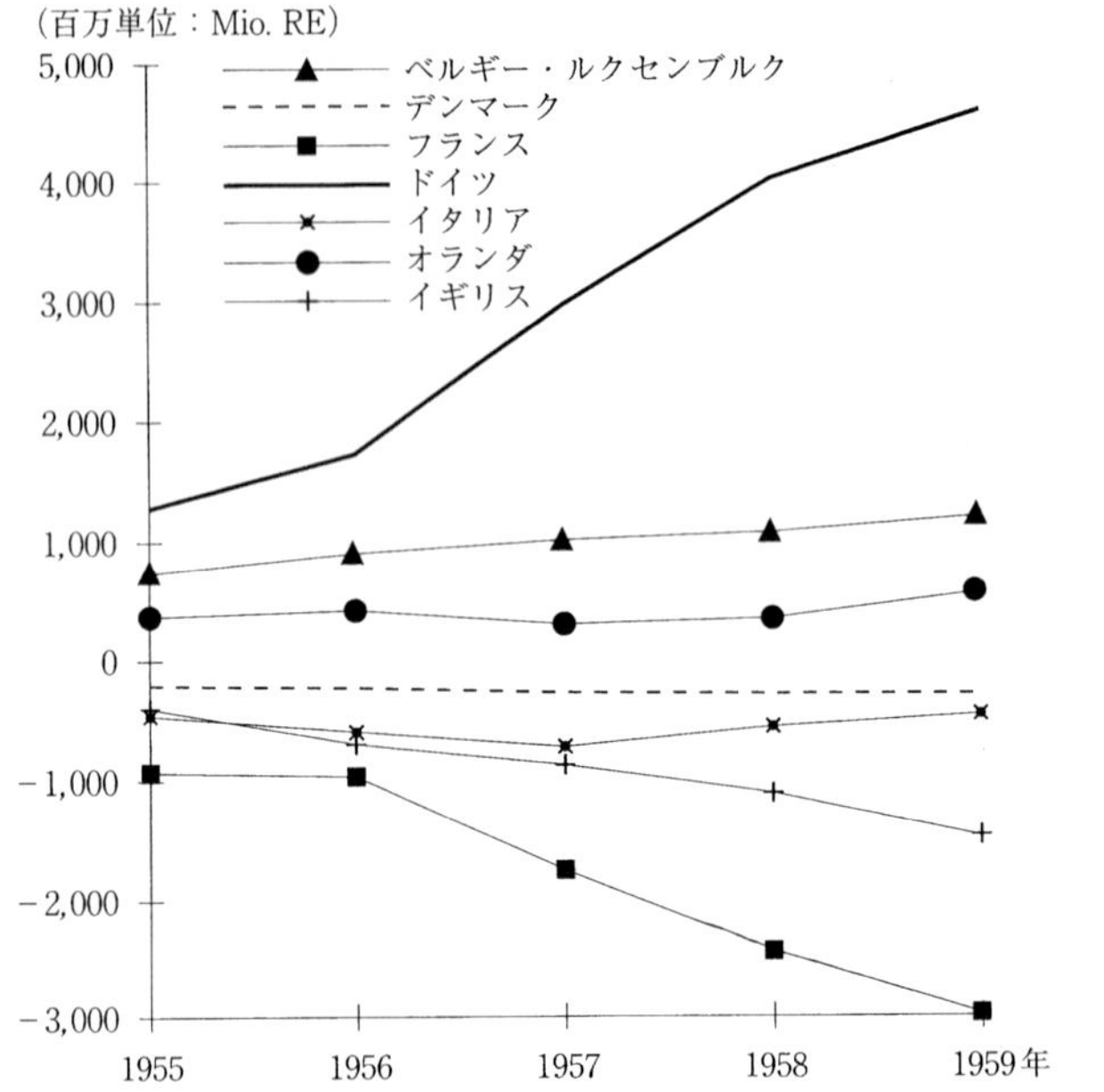

資料：BIS, *Annual Report* 各年度版。
出所：Monika Dickhaus, *Die Bundesbank im westeuropäische Wiederaufbau,* München 1996, S. 199.

あり、国内にインフレをもたらすだけである。だからこそ、私は歪んだ為替相場が気になっている。資本は近いうちに再び我々のもとに戻ってきて、改めて為替ポジションを高めるはずだ(48)」。

　このようなエアハルトの不満は、五七年六月一七・一八日に予定されているOEECの財政安定会議（第一九ワーキンググループ）を意識してのことであった。この会議においてEPUの貿易不均衡についての議論はピークを迎えた。この会議には、連邦経済省総合政策局とエミンガーが参加した。総合政策局での準備作業においてミュラー＝アルマックは次のように述べた。

「ドイツの黒字は赤字国の強いインフレ傾向から生じるものであり、ドイツには共同責任はない。この態度は、五七年秋より前にドイツがマルク切り上げに踏み切らない限り保持されなくてはならない。小規模な手段はやり尽くしたことが明白である。輸出業者またはレンダーバンクのマルク支払い制限による輸出抑制は期待できない。そのため為替相場の調整が解決策としては有効である(49)。資本輸出の促進は、ドイツの経済政策的基礎から適当ではないと思われる。ドイツの資本市場の状況と金利水準、資本調達の困難だけではなく、インフレが進行する赤字国が基本的に経済政策を一八〇度転換しない限り、この不均衡は根本的には解決できない。むしろ問題がさらに悪化することも予想される。……ドイツの需要は不十分ではないし、デフレ的傾向にもない。ドイツはインフレを伴うことなく国内需要が急激に拡大するのを抑え、それによって輸入を大幅に拡大することができた。ドイツはさまざまな初期的困難にもかかわらず、他国よりもインフレ圧力を抑えることに成功したと言える。……ドイツの黒字ポジションの解消には、極端な赤字国が国内的措置によって需要を抑制しなければならないと考える。赤字国は、貿易収支において雇用や経済成長を犠牲にせずに十分な均衡を回復することは難しいだろう。そして為替相場を調整しなければならない。我々は実際に貿易不均衡を是正するためにやれるだけのことをやってきた。平均二五％の関税引き下げ、輸入自由化、輸入手続きの簡素化、輸出特権の廃止、債務の期前返済などである。しかし、これらの小規模な手段の効果を過大に評価できない。極端な黒字ポジションの決定的解決には、〔赤字国の〕国内経済政策が必要である。……赤字国は経済政策上の措置によって過剰な需要を抑制し、必要であれば為替相場の調整によって克服するのである。黒字国の支援は、できる限り輸入自由化を拡大し、国内においてデフレ傾向を発生させないことである。この分野においてドイツは明らかに貢献したはずである」[50]。

ＯＥＥＣの財政安定会議では、フランスが一七日夜に輸入自由化を停止し、新たな経済再建プログラムを提出できなかったため、西ヨーロッパ諸国から改めてドイツに対し厳しい批判が寄せられた。ベルギーやイタリアからは、ドイツは国内安定においてより良い政策を実施し、うらやむべき結果を出したと賞賛する発言もあったが、赤字国に限らず黒字国もドイツを非難する側に回った[51]。イギリスとスカンジナヴィア諸国は、ドイツの一貫した姿勢を激しく攻撃した。「ドイツは不均衡を是正し、緩和するような措置を十分に実施しておらず、国内の消費や投資を増加させようとしていない」。イギリスは、ＥＰＵの中でマルクを稀少通貨扱いにし、ドイツの輸出に対する差別を宣言するほど激しく非難した。このような発言は、スイスやベルギーのような黒字国からも支持された。エミンガーは、個別に接触した感触から、スイス・ベルギー・オランダがドイツを非難した理由として、以下を挙げている。[52] ①ドイツにおけるドル準備の増加、他の西ヨーロッパ諸国のドル不足が続くことで、西ヨーロッパの決済システムが脅かされること、②通貨価値の安定を志向するドイツの経済政策〔社会的市場経済〕そのものを否定してはいないが、西ヨーロッパの決済システムを危機にさらすことは、国際的信用を失いかねない、③ドイツと距離を置き、責任をかぶせた方が得策である。

「ドイツによる不均衡是正措置は不十分である」とする非難は、程度の差こそあれ西ヨーロッパ諸国に共通するものであった。しかし、ドイツに要求された手段のすべてが即座に対応を求められるものではなかった。意識的に物価を上昇させるべきだとする指摘は別として、為替相場の調整がこれに該当した。この時点で為替相場の調整が貿易不均衡を是正する上で有効であるという考え方は、広く認識された。マルク切り上げはドイツ自身の判断に委ねられた。そして、ドイツだけが常に上昇する物価に固執するならば、ドイツの物価は無条件に安定的に保たれ、同時に為替相場が不変である限り、必然的に巨額の黒字が発生するということも指摘されたのである。[53]

第3節　一九六一年三月のマルク切り上げ

(1)「病んだ通貨のために健康な通貨が手術を受ける必要はない」

一九五七年に入ると、内外経済不均衡はさらに悪化した。この不均衡は、マルクの事実上の交換性回復が進んだことにもよるが、投機的な通貨流入によってさらに拡大した。国際的な通貨投機は、マルクの切り上げとポンドやフランの切り下げ思惑によるものであった。ドイツはマルクを切り上げるべきなのか——確かにマルクを切り上げれば、対外収支を均衡できるはずであった。しかし、マルク切り上げは国内において大きな抵抗に遭遇した。連邦政府閣僚はレンダーバンクとともに、切り上げに強く反対していた。エアハルトは、為替相場調整の必要性を感じていた唯一の閣僚であった。切り上げを全面的に支持したのは、レンダーバンクのエミンガー、経済省の学識経験者、貯蓄銀行組合（Deutscher Sparkassen-und Giroverband）など、ごく少数であった。エアハルト自身も、西ヨーロッパ諸国との議論やアデナウアー、OEECドイツ代表、副首相フランツ・ブリュヒャーの反対が強いという状況を受けて、しだいに切り上げ支持の意向を抑えざるを得なかった(54)。「病んだ通貨のために健康な通貨が手術を受ける必要はない」という考え方が、切り上げをめぐる議論の中で繰り返された。

マルク切り上げに強く反対したのは、輸出市場での競争力低下を憂慮する産業界、輸出製造業と密接な関わりを持つ銀行業界あった。この議論をリードしたのは、ドイツ銀行（Deutsche Bank）のヘルマン・ヨーゼフ・アプス(55)、BDI会長のベルク、CDU所属の連邦議会議員で民間銀行協会会長ローベルト・フェルトメンゲス(56)の三者であり、いずれもアデナウアーの有力なアドバイザーであった。アデナウアーが切り上げに反対したのは、この三者の影響によるものでもあった(57)。三者は次の理由から切り上げに反対した(58)。①目前に迫った連邦議会選挙において、アデナウアー政権を維持するためには、安定的な基盤が必要である。マルクの切り上げは、国民の通貨価値安定への信頼感を崩すことになる。②西ヨーロッパ諸国との政治的・経済的関係を良好に維持していくために、ドイツ側からの積極的な行動は控えるべきである。③景気変動の観点から景気後退時の状況も考慮すべきである。マルク切り上げは、ドイツの輸出産業に大きな打撃を与え、輸出産業の破壊へとつながることであった(59)。マルクの過小評価は、輸出産業にとっては補助金、輸入代替産業にとっては保護関税と同一の効果があった(60)。

一九五七年七月、レンダーバンクは西ヨーロッパ諸国との金利格差を縮小するために、公定歩合引き下げを検討した。レンダーバンク理事・統計局長エードゥアルト・ヴォルフとバーデン・ヴュルテンベルク州中央銀行総裁オット－・プフライデラーが、引き下げの効果について意見を交換した[61]。

プフライデラー　貿易収支黒字は最大の問題です。……交易条件などの変化から資本の投機的流入は、引き下げによってスローペースになるでしょうか。

ヴォルフ　重要なのはドイツの公定歩合の水準ではなく、諸外国との格差です。諸外国の引き下げによって、最近ではその格差は縮小しています。

プフライデラー　ドイツの外貨準備はどのような方法で投資されているのでしょうか。この投資方法によって諸外国、特にアメリカの金利は低位になっているのではありませんか。ドルの流入はアメリカから引き出されているのではなく、アメリカの金融機関に預金の形で、あるいは財務省証券の形で存在しているのです。これは金融政策によって修正できないのではありませんか。

プフライデラーは、アメリカの金利はドイツがEPU加盟国から得られた黒字をアメリカで投資することで低位に保たれており、ドイツと西ヨーロッパ諸国との金利格差ではなく、アメリカとの格差に注目すべきだと述べた。そして金の保有比率を引き上げるように提案した。第7-3図から明らかなように、EPUの決済メカニズム強化とロンドンでの金価格下落の影響を受けて、金保有額は五六年の六二億三〇〇〇万マルクから五七年には一〇六億マルクへと急増し、前年比で七一％も上昇した[62]。

レンダーバンクは、同時に金利政策とは反する流動性政策を展開し始めた。これはレンダーバンクが見い出した新たな戦略であった。五六年九月以来、公定歩合の引き下げが行われてきたが、一方で公開市場操作を実施し、流動性の吸収を目指した。さらに五七年四月には最低準備率を引き上げた。そしてレンダーバンクは、切り上げ実施を全面的に否定するプレス発表をリリースした。「レンダーバンク理事会は、五七年七月一〇日の会議において、マルク切り上げについての態度を明確にする。〔レンダーバンクの切り上げについての見解は〕エアハルト経済相と一致しており、切り上げの風説は根拠がないものである」(63)。八月二〇日には連邦政府も公式に宣言し、切り上げを否定した(64)。「マルクの対外的な通貨価値は、他の多くの通貨と同様にドルとの関係によって決まる。マルクのドルに対する関係は、すべての経済事情に基づいて何の調整も必要としていない。マルクの切り上げが意図されているという風説は根拠がないものである。連邦政府とブンデスバンクは、内外において引き続き高く評価されるような安定の確保に努める」。

ドイツ・イギリス両国は五七年九月に開催されたIMF年次総会において、為替相場の現状維持を高らかに宣言した。五七年夏、外国為替市場はマルクの切り上げとフランの切り下げを期待した激しい通貨投機に見舞われ、この動きがポンドにも強い圧力をかけた。総会前のこの現象は、IMF設立以来初めてのことであった。IMFは五六年のスエズ危機による金融支援以後、活動を活発化させており(65)、国際金融界では、この投機的状況から為替相場の調整についての議論は不可避であり、〝四九年以来、最も波乱に富んだ総会になる〟と緊張が高まった(66)。エミンガーもマルク切り上げの気運を高めるべく、為替相場の調整における手続きについて、次のように指摘した(67)。エミンガーの疑問は、実勢に見合う為替相場に調整する場合、加盟国側から個別にイニシアティヴを発揮しなくてはならず、IMF側には主導権がなく、なおかつ総会の場において議論もないことであった。エミンガーは、このような現状から為替相場のフロート化を主張したが、総会はドイツとイギリスの共演により、IMF主導で現状の為替相場への信頼を回復し、マルクとポンドへの投機を根絶するとする〝思いがけなく劇的な〟結果に終わった(68)。この結果には、IMF専務理事ヤコブソンの意向が大きく影響していた。ヤコブソンは、マルク切り上げに断固として反対した。ヤコブソンは五七年春からフォッケに次のような書簡を送り、切り上げの実施を思いとどまらせようとした。「私は切り上げが正しい解決方法だとは思わない。切り上げは国際通貨システムにおいて不確実な要素をもたらす。それはドイツにとってだけではなく、西ヨーロッパ全体にとっても有益ではない。ドイツ国内の景気状況が変化したら、貿易収支のトレンドは反転するかもしれない」。[69]

ＩＭＦ幹部とアイゼンハウアー政権は、総会前にドイツに①総会をマルク相場の現状維持の場として活用すること、②五七年八月に表明したドイツ・イギリス両政府による為替相場維持への熱意を重ねて示すように伝えてきた。[70] イギリスもこの方向で調整しようとドイツに接触した。[71] 両国の合意には、相手国の為替相場に対する新たな不信を招くような調整は避けるべきだとするＩＭＦの姿勢が示されていた。両国の合意が発表されてからも、この合意の価値と信ぴょう性を疑問視する声が挙がった。[72] しかしヤコブソンは、総会直前にフランの切り下げによるポンドへの国際的な投機圧力を撃退するために、ドイツの四・五％から四％への公定歩合の引き下げ（九月一八日）とイギリスの五％から七％への引き上げ（九月一九日）が実施されたという政策協調を引き合いに出しながら、この合意が単なる儀式ではないことを強調した。[73]

内外経済不均衡は、世界的な景気後退による影響を受けて消滅した。赤字国のインフレ収束と需要の縮小によって、ドイツの輸出拡大のテンポが緩やかになり、対外収支均衡に大きく貢献した。内外経済不均衡は本当に「一過性の問題」であったのか――エミンガーは、ＩＭＦドイツ代表理事でありながら総会での合意に確信を持てず、エアハルトに疑問を呈した。「マルク切り上げもせず、インフレ的な物価調整もせず、収支均衡は本当に可能なのでしょうか？儀式的な政府声明に拘束されず、為替相場の調整は遅かれ早かれ避けられないでしょう。私はマルク切り上げを支持しております」。[74] エアハルトに代わってミュラー＝アルマックは次のように返信した。「現状での発言は控えるべきです。さもないと、通貨投機が激しくなり新たな余剰を生み出すばかりではなく、ドイツがあたかも物価上昇を容認したかのような印象を与えてしまうでしょう。『社会的市場経済』が方向転換したものとしてセンセーショナルに取り上げられてしまいます。国内通貨価値の安定は第一の目標です。我々はＩＭＦ総会での合意に拘束されることはありません。我々の為替政策上の自由が侵害されることなどありえません。内外経済不均衡は世界的な景気後退によって短期的に軽減されることはあっても、長期的には解消できないでしょう[75]」。

(2)「健康な通貨が感染するのを防ぐためには、あらゆる対策がとられるべき」

ミュラー＝アルマックが予想したように、内外経済不均衡は、五九年に入り再び表面化した。ドイツ国内では、五〇年代半ばと同様に建設投資が牽引する好景気が始まった。外国需要の急速な拡大と投資活動によって需給が逼迫し、景気の過熱が危惧された。六〇年には、ＧＤＰ成長率は九・〇％となり、失業率は一・三％にまで低下した。超完全雇用状態により、総時間賃金増加率は、五九年の五・四％から六〇年には九・三％へと上昇した。ブンデスバンクは、賃金・物価の上昇と国際収支黒字の増大というジレンマに再び悩むことになった。エミンガーが指摘したように、六〇年代に入っての内外経済不均衡は、五〇年代後半と大きく異なっていた[76]。五〇年代後半の投機的通貨流入は、ポンドやフランといった西ヨーロッパ諸国の通貨であった。公式的なマルクの交換性回復を経てドルの流入が始まった。ドルの動揺に加えて、ドイツの金利はアメリカよりも一％以上も高かったため流入が加速した。また、ドルの投機的流入はアメリカとドイツの対照的な経済状況によるものであった。アメリカは不況にあえぎ、高い失業を抱えていただけではなかった。一九五九年、アメリカの経常収支は一九五三年以来、初めて一三億ドルの赤字となり、六〇年になると赤字への関心が高まり始めた[77]。これに対し、ドイツは景気過熱を繰り返しながら、経常収支は黒字が続いていた。このように再び内外経済不均衡が発生したことで、「一過性の問題」とする見方は完全に打ち消された。「健康な通貨が病んだ通貨に感染するのを防ぐためには、あらゆる対策がとられるべきである」とする考え方が次第に支持を集め、マルク切り上げの可能性が改めて検討されることになった。

一九六〇年一月、エミンガーはブンデスバンク役員会（Direktorium der Deutschen Bundesbank）に問題提起を行った。『通貨政策についての考察』（Betrachtungen zur Währungspolitik）と題する内部文書の中で、エミンガーは、超過需要の持続と労働市場の緊張、忍び寄るインフレなど、これらの問題は長引けば長引くほど物価への影響は重大であり、賃金・物価スパイラルの恐れを指摘した。(78) 文書は以下のように要約できる。①現状の打開において有効なのは、為替相場の調整である。財政政策にフレキシブルな対応は望めない。②引き締め措置による国内景気の抑制は、輸出吸引力を増強させる。結果として為替収支の黒字問題をさらに深刻化させる。③五六〜五七年とは違い、西ヨーロッパ諸国におけるインフレ格差は不均衡の主題とはならない。今回はドイツの黒字に対し、アメリカの赤字を考慮すべきである。「病んだ通貨」は、西ヨーロッパ諸国の通貨と違い基軸通貨のドルである。ドルに切り下げという自発的調整を期待することは意味がない。④調整インフレかマルク切り上げか、今こそ決断の時である。⑤為替相場の多角的調整に期待したいが、現実的にはマルク単独の切り上げになる。⑥マルク切り上げの幅については、国内産業保護の観点から妥協的な数値となり、一ドル＝三・九〇マルク、七・七％の切り上げ幅となる。エミンガーの問題提起は、役員会の中で詳細に検討されたが、五六年一二月のケースと同様に反対に遭遇した。ブンデスバンク総裁カール・ブレッシングは、断固として切り上げに反対した。(79) しかし、ヴォルフのような有力な理事が、内外経済不均衡は一過性の問題ではなかったことを認め始めた。

ブンデスバンクは、諸外国との完全に自由な資本取引の下で、マルクの切り上げを実施することなく、国内安定を実現できるのか——六〇年六月、ブンデスバンク理事会（Zentralbankrat der Deutschen Bundesbank）は、このような関心から「金融政策手段の一斉実施」（Kreditpolitische Breitseite）を発動した。実施された措置は、①公定歩合（四％から五％へ）、ロンバートレート（五％から六％へ）の引き上げ、②最低準備率の引き上げ、再割引枠の縮小、③（外国資金からの防衛措置として）非居住者預金への付利禁止、④ブンデスバンクと金融機関との協定、通称

「ブレッシングの一〇億」（Blessing-Milliarde）であった[80]。五九年秋からの流動性政策は六〇年春に至るまで十分な成果を挙げることはできなかった。流動性準備は通貨流入によってさらに増加しており、この実施に期待が込められた。しかし、このブンデスバンクの最後の賭けは、通貨投機の進行による影響もあるが、ドイツの引き締め政策とアメリカの緩和政策という実施時期の「悲劇的一致」によって失敗に終わった。それまでアメリカは引き締め政策を志向していたが、〇・五％ずつの引き下げを二度実施し、緩和政策へと転じた。ドイツにおいて引き上げが実施されたわずか一週間後に、アメリカが四％から三・五％へと引き下げたため、大きな金利差が生じ、六〇年を通じて純為替流入は八〇億マルクに達した。

アイゼンハウアー政権は、ドイツに対し収支不均衡を改善する手段として①資本輸出の増加、②駐留軍費用への財政的貢献を求めた[81]。ドイツへの要求は、アメリカの危機感から厳しさを増した[82]。内外から圧力がかかる中で、連邦政府はマルク切り上げを回避する手段として途上国援助を実施した。二〇億マルクの援助資金は、連邦・州財政、マーシャルプラン基金、ドイツ産業界からの借款によって用意された。ＢＤＩもこれに同調し、切り上げ阻止に向けて通貨価値の安定に貢献する姿勢を見せた[83]。エアハルトはブンデスバンクの賭けを支えるべく、第三次景気安定化プログラムを公表した。エアハルトは、貿易政策上の手段はすでに広範に使い尽くしたとして、反循環的な財政政策手段を唱え、①賃金上昇を抑制するためのアピール、②財政支出の凍結、③建設事業の凍結、④農産物価格上昇の抑制をプログラムに盛り込んだ[84]。ベルクはこのプログラムに対抗して次のような措置を発表した。①（ＢＤＩに加盟している）企業に対し通貨価値の安定を呼びかけ、②加盟企業による一〇億マルク（後に一五億マルクに増額）の途上国援助を実施、③資本輸出の促進、④ブンデスバンクの下で資本凍結、⑤公共事業の建設計画を延期することであった[85]。

一九六〇年九月のＩＭＦ年次総会においても、マルク切り上げの是非は、ヤコブソンの意向に配慮して具体的に言及されなかった[86]。ヤコブソンは、切り上げは新たな投機的通貨の流入を促すため、為替相場に抵触しない方が得策と判断していた。ドイツの黒字は、IMF総会においても強い批判を浴びた[87]。ドイツは「黒字国の義務」(Richesse oblige) を果たすように強く求められた。ドイツにおける外貨準備の増大は、国際的連帯を引き裂くものであり、資本輸出によって国際的負担の正当な配分がなされるべきだとされた。ヤコブソンは、ドイツに債務の期前返済や途上国援助とともに、国内経済の拡大策を通じてこの問題を解決するように促した。これに対し連邦政府は、アメリカと同等の支出が求められていることに強い反発を覚えた。ドイツは公共投資を継続的に抑制している状況であり、途上国援助のみを増加させるわけにはいかなかった。ヤコブソンが国際市場やアメリカの物価上昇圧力は弱まっており、ドイツは赤字国の立場を考慮して調整インフレを起こすべきとする意向を表明すると、ドイツ国内ではインフレへの妥協を促したとしてヤコブソンに対する批判が広がった[88]。このヤコブソンの意向は、エミンガーにとって大きな逸脱であった[89]。しかし、総会期間中、至るところでヤコブソンの影響が感じ取れる状況であった。IMF総会の前に、すでにアメリカ代表団のみならず西ヨーロッパ諸国の代表団に対しても、ドイツ側にマルク切り上げへの共感を持たせることなく、資本輸出を迫るように拘束がなされていた。エアハルトは、場合によっては為替相場の調整について意見を一致させることができるかもしれないと考え、イギリス・フランス・イタリアとの会談を組織したが、この試みは失敗に終わった[90]。総会の最後にIMFドイツ代表理事ヴィルフリート・グースは、エミンガーの意図に反し、マルク切り上げについての国際的な反応を「切り上げを要求する国はなかった」と総括した[91]。

(3) 切り上げの実施「万策が尽きた最後の手段として」

一九六〇年一〇月、連邦政府はIMF総会での総括を受けて、マルク相場の維持を決定した。「金融政策手段の一斉実施」が失敗したことによって、ブンデスバンクの金融政策がいかに無力であるかが明らかになった[92]。ブンデスバンクはマルク切り上げの可能性が閉ざされている限り、対外収支に適合した緩和政策へと転換せざるを得なかった。

諸外国との金利格差を縮小すること、通貨の流入を阻止することに主眼が置かれた。内外経済不均衡へのブンデスバンクの降伏が意味するものは、ドイツの国内安定政策の敗北であり、調整インフレの進行であった。一一月一〇日、公定歩合が四％に引き下げられ、特別に設定された最低準備率も廃止された。エアハルトと経済省事務次官ミュラー＝アルマックは、マルク切り上げへの対外的な圧力が和らいでしまうために、この緩和の時期と規模に反対した。このブンデスバンクの「降伏宣言」は、連邦政府とブンデスバンクとの間に大きな対立をもたらした。エアハルトと連邦大蔵相フランツ・エッツェルは国内安定に強く固執し、ブンデスバンクと正面から衝突した。そしてこの対立を契機として、ドイツはマルク切り上げを自発的に決断した。エアハルトは、切り上げによって国内安定政策を防護する意図を明確にした(93)。ドイツには通貨価値安定のためには、もはや切り上げ以外に残された方法はなくなったのである。

一九六一年二月二七日、エアハルトとブレッシングが会談した。エアハルトは、ケネディ新政権によるドルの自発的な切り下げと、経済協力開発機構（Organization for Economic Cooperation and Development: OECD）のフレームワークの中で多角的調整を行うことを再度試みる意向を示したが、国際的にもドル防衛の立場が明らかにされており、この実現は絶望的であるとして会談の進展はみられなかった。もはや切り上げ以外に方法はない――翌日のブレッシングを含む閣僚会談で、ついに切り上げが決断された。ブレッシングはこの決断に抵抗し、「なぜ切り上げの替わりに拡大した変動幅を設定しないのでしょうか?」と疑問をぶつけたが、アデナウアーがこれを遮った(94)。一方で切り上げ幅は最小限に抑えられた。エアハルトとエミンガーは、切り上げ幅を七・七％と考えていたが、六一年連邦議会選挙での産業界の支援を期待するアデナウアーの意向が優先され、切り上げ幅は五％に抑えられた。

三月五日、連邦政府とブンデスバンクはマルクの切り上げを共同で宣言した。ブレッシングは演説において、国際収支問題の解決に向けてドイツの貢献をアピールした。他方、この決定がどれほど困難なものであったのかについて、その思いも率直に語った。「ブンデスバンクは、長い間為替相場の調整には反対してきた。皆さまにはどうか理解していただきたい。中央銀行にとって一国の通貨の平価は神聖にして不可侵なものであり、万策が尽きた場合に限り調整が許される最後の手段なのです」[95]。会見に臨んだエアハルトとブレッシングは、切り上げの理由について、以下の五つの点を挙げた[96]。①六〇年秋、景気の後退による物価上昇の弱まりを期待したが、賃上げの要求によってさらに物価上昇が煽られた、②ケネディ政権がドルを含む多角的な為替相場の調整に否定的である、③マルクへの投機が止まらず、金融政策のみならず外国為替市場の混乱を招いた、④マルク切り上げは国際収支問題の解決においてドイツの貢献となる、⑤五九年秋以来、ブンデスバンクの金融政策が〔内外経済不均衡によって〕困難を極めたことであった。エアハルトは特に以下の点を強調した。「連邦政府は、最初から通貨価値の安定を最優先の政策として認めてきた。もしこの約束を実施するならば、そのための決定的措置を実施することに躊躇などしない」[97]。

このマルク切り上げは、ドイツ国内産業への影響を懸念して実施に対する驚きと国際的貢献に対する好意とで受け止められた[98]。ヤコブソンはエミンガーから切り上げ実施の報告を受けて激怒したが、マルク切り上げはＩＭＦ理事会において異議なく承認された。しかし、ＩＭＦ理事会もアメリカ財務省も切り上げ幅自体が余りにも過小であることを指摘した[99]。ＩＭＦの調査部門は少なくとも一〇％、できれば一五％が効果的だと考えていた[100]。ＩＭＦ理事会は、この小幅の切り上げが、一連の切り上げ措置のスタートであるという憶測からマルクへの投機を危惧した[101]。

おわりに

ドイツは「社会的市場経済にとって、通貨価値の安定は不可欠の条件である」とし、それが中長期的な経済成長や雇用促進のための基盤であるとしてきた。事実、ドイツは通貨価値安定において、五〇年代を通じて西ヨーロッパ諸国の中でも常に優位に立っていた。しかし、実際には固定相場制下において、国際収支黒字が累積して国内安定が阻害されたため、強いインフレ圧力に悩まされた。経済成長の牽引力となった輸出拡大が西ヨーロッパ諸国に偏重し、ドイツ一国に貿易黒字が累積した。このように、貿易収支の劇的な改善とその後の黒字の累積、外国為替の流入によって引き起こされた内外経済不均衡は、国内の政策運営を著しく困難にし、国内安定政策に大きな混乱をもたらした。ドイツの貿易収支黒字は、赤字国がその国の通貨を切り下げない限り、自動的にデフレ的な調整圧力をかけ、ドイツにはマルクを切り上げない限り、インフレ的な調整圧力がかかった。ＩＭＦ条項の「基礎的不均衡」と言われる状態が発生しているのか、国内の通貨価値安定を優先するためにマルクを切り上げるべきなのか、それとも対外収支均衡を目指して調整インフレを起こすべきなのかという議論が、国際的に展開された。通貨価値の安定が輸出の促進につながり、有効に機能していたのは五〇年代前半の黒字転換直後であり、国内経済活動への金融政策の影響力は絶大であった。しかし、五〇年代後半以降、国内景気の過熱による賃金・物価の上昇とともに、対外経済の拡大が国内経済に強く跳ね返るようになり、内外経済不均衡は深刻化した。ドイツは貿易自由化政策を積極的に推し進め、マルクの交換性回復を目指したが、自由化による対外開放が進むにつれて跳ね返りも大きくなり、通貨価値の安定は阻害された。この解決のために、連邦経済相エアハルトやレンダーバンク理事のエミンガーは、五〇年代半ばからマルク切り上げを提唱した。しかし、ドイツ国内で輸出産業の負担を甘受しつつ、国内通貨価値の安定を優先し、対外経済による影響から防衛するために、マルクを切り上げるという考え方が浸透するには、長い年月を必要とした。

内外経済不均衡との闘いは、六一年三月のマルク切り上げによって終焉したわけではなかった。五〇年代半ばから六〇年代初頭には、不均衡の発生要因はインフレ格差と需要格差であったが、六〇年代後半には金利格差と投機的通貨の収支状況へと変貌した[102]。連邦政府は六九年一〇月に九・三％のマルク切り上げを実施した。五〇年代半ばに始まる内外経済不均衡との闘いは、「社会的市場経済」の実践において大きな困難を強いることとなった。このような政策運営の困難は、「社会的市場経済」の変容の一因ともなった。六九年一〇月においても、マルク切り上げはドイツの国内通貨価値安定の優先を強調するものであった。[103] ドイツは六六～六七年にかけて本格的な不況を経験し、六七年六月には「経済安定成長促進法」（Gesetz zur Förderung der Stabilität und des Wachstums der Wirtschaft）が制定された。連邦経済相カール・シラーは、切り上げによって景気政策上の裁量の余地が広がり、〝安定〟と〝成長〟の両者を確保できると考えた。「〔市場の〕柔軟性による安定」（Stabilität durch Flexibilität）[104]、「停滞なき安定化」（Stabilisierung ohne Stagnation）[105] ――ドイツでは五〇年代半ば以降、マルク切り上げと並行して為替相場のフロート化と変動相場制の導入が検討されてきたが、この議論が本格化した。[106] このように五〇年代に比べて国内経済への対外的影響がさらに強まる事態にＩＭＦ体制の緊張も加わり、安定政策の意義が激しく論じられたのである。

注

（1） Alfred Müller-Armack, "Soziale Marktwirtschaft", in: Erwin von Beckerath (Hrsg.), *Handwörterbuch der Sozialwissenschaften*, Bd. 9, Stuttgart 1956, S. 390–392; Hans Tietmeyer, *The Social Market Economy and Monetary Stability*, London 1999, pp. 5–8.

（2） ドイツレンダーバンクは一九四八年三月に占領軍政府によって創設され、五七年七月にブンデスバンクに転換された。レンダーバンクの創設とブンデスバンクの成立については、石坂綾子「ドイツ連邦銀行の成立過程（一九四五―一九五七）――中央銀行の独立性と連邦的性格をめぐって――」『土地制度史学』第一五八号、一九九八年一月、一～一七頁を参照。

（3） Helmut Schlesinger, "Vierzig Jahre Währungsreform", in: Peter Hampe (Hrsg.), *Währungsreform und Soziale Marktwirtschaft, Rückblicke und Ausblicke*, München 1988, S. 15-25; Hans Tietmeyer, "Eine stabile Währung als Grundlage für die Soziale Marktwirtschaft", in: Knut W. Nörr/Joachim Starbatty (Hrsg.), *Soll und Haben 50 Jahre Soziale Marktwirtschaft*, Stuttgart 1999, S. 7–16.

（4） ドイツの貿易収支危機と金融政策上の対応については、石坂綾子「復興期ドイツレンダーバンクの金融政策（一九四八―一九五二年）――貿易収支危機への対応をめぐって――」『社会経済史学』第六五巻第三号、一九九九年九月、六三～八三頁を参照。この貿易収支危機は、国際金融史上においても重大な影響を与えた出来事として位置付けられている。トリオノは、この危機がＥＰＵの発足直後に発生しており、ＥＰＵ理事会の協力体制を強化したとする。Gianni Toniolo, *Central Bank Cooperation at the Bank for International Settlements, 1930-1973*, Cambridge 2005, pp. 335-339. さらにジェームズは、経済再建プログラムの作成とＥＰＵによる特別信用の供与は、五〇年代後半期以降のＩＭＦの活動にインスピレーションを与え、コンディショナリティの魅力的な前例になったと評価している。Harold James, "Who owns "ownership"?, The IMF and policy advice", in: Marc Frandreau (ed.), *Money Doctors, The Experience of International financing advicing 1850-2000*, London 2003, pp. 78-102.

（5）このような見解に立つ研究として、以下の文献が挙げられる。Horst Friedlich Wünsche（Hrsg.), *Die Korea Krise als ordnungspolitische Herausforderung der deutschen Wirtschaftspolitik, Texte und Dokumente*, Stuttgart 1986; Monika Dickhaus, *Die Bundesbank im westeuropäischen Wiederaufbau, Die Internationale Währungspolik der Bundesrepublik Deutschland 1948-1958*, München 1996.; Gerhard Fels, "Freier Welthandel und Konvertible Währung: Deutschlands Rückkehr zum Weltmarkt", in: Ludwig-Erhard-Stiftung e. V.(Hrsg.), *Ludwig Erhard 1897-1997, Soziale Marktwirtschaft als Historische Weichenstellung, Bewertungen und Ausblicke*, Düsseldorf 1997, S. 417-440.

（6）Otmar Emminger, "Deutsche Geld- und Währungspolitik im Spannungsfeld zwischen innerem und äußerem Gleichgewicht: 1948-1975", in: Deutsche Bundesbank（Hrsg.), *Währung und Wirtschaft in Deutschland 1876-1975*, Frankfurt/M. 1976, S. 485-552（ドイツ・ブンデスバンク編／呉文二・由良玄太郎監訳、日本銀行金融史研究会訳『ドイツの通貨と経済――一八七六―一九七五年――下』東洋経済新報社、一九八四年、五九七～六八三頁）; Helmut Schlesinger, "Geldpolitik in der Phase des Wiederaufbaus: 1950-1958", in: Deutsche Bundesbank（Hrsg.), *Währung und Wirtschaft in Deutschland 1876-1975*, S. 555-605（ブンデスバンク編『ドイツの通貨と経済』六八五～七四六頁）; Helge Berger, *Konjunkturpolitik im Wirtschaftswunder*, Tübingen 1997; Carl-Ludwig Holtfrerich, "Geldpolitik bei festen Wechselkursen（1948-1970）", in: Deutsche Bundesbank（Hrsg.), *Fünfzig Jahre Deutsche Mark*, München 1998, S. 347-438.

（7）「ユリウスの塔」という呼称は、経済ジャーナリストのクルト・リッヒェベッヒャーによって名付けられた。リッヒェベッヒャーは、ドイツの著名な経済誌 *Der Volkswirt*（一九五四年九月二五日号、一一～一二頁）に掲載された記事において、連邦の現金残高を「かつてのユリウス塔におけるように（……wie einst im Juliusturm）」と表現した。「ユリウスの塔」とは国庫準備金を意味し、一八七一年にフランスからドイツに支払われた戦争賠償金が、一九一四年までベルリンのシュパンダウ要塞塔に保管されていたことに由来する。Bundesministerium der Finanzen（Hrsg.）, *Haushaltreden, Die Ära Schäffer 1949 bis 1957,* Bonn 1992, S. 444; Berger, *Konjunkturpolitik im Wirtschaftswunder,* S. 91-92.

（8） 連邦予算のうち、当該年度内に支出されなかった残額については次年度への転用が認められており、このルールが現金残高を蓄積させる一因にもなった。また一九二四～二五年にも「ユリウスの塔」形成と同じ状況が発生した。二四年のドーズ案承認によって巨額の賠償金がドイツに課せられた。ハイパーインフレが収束し、緊急財政令が発令される中で、ライヒ大蔵省ハンス・ルターとオットー・フォン・シュリーベンは緊縮財政に徹し、現金残高を蓄積した。いずれも敗戦後の賠償金（占領分担金）負担と税収難を予想した緊縮財政が背景にある。Berger, *Konjunkturpolitik im Wirtschaftswunder,* S. 91; Gerhard Stoltenberg, "Fritz Schäffer und Finanzpolitik des Bundes 1949-1957", in: Peter Claus Hartmann/Otto Altendorfer（Hrsg.）, *100 Jahre Fritz Schäffer, Politik in schwierigen Zeiten,* Passau 1988, S. 52-53; Wolfgang Kitterer, "Öffentliche Finanzen und Notenbank", in: Deutsche Bundesbank（Hrsg.）, *Fünfzig Jahre Deutsche Mark,* S. 202-207; Christoph Henzler, *Fritz Schäffer 1945-1967,* München 1994, S. 505-534.

（9） Henzler, *Fritz Schäffer,* S. 505-534; Alfred Grosser, "Die Rolle Fritz Schäffers als Finanzminister", in: Wolfgang J. Mückl（Hrsg.）, *Föderalismus und Finanzpolitik, Gedenkschrift für Fritz Schäffer,* Paderborn 1990, S. 67-80.

（10） 「ユリウスの塔」形成は、シェーファーの政治生命を大きく左右した。アデナウアー内閣の有力な閣僚として、「通貨・信用」部局（Abteilung "Geld und Kredit"）を管轄し、エアハルトの最大のライバルであったが、経済成長の見通しを誤り、現金残高を形成したことは失脚へとつながった。CDU／CSUを中心とした与党議員によって、一八の特別委員会、通称「ケーキ委員会」（Kuchenausschuß）が設置され、「ユリウスの塔」の配分と使途が検討されることとなった。「ユリウスの塔」は五七年夏以降、「社会改革プログラム」を実施するために取り崩された。Bundesministerium der Finanzen（Hrsg.）, *Haushaltreden,* S. 444.

（11） Holtfrerich, "Geldpolitik bei festen Wechselkursen", S. 389.

（12） Berger, *Konjunkturpolitik im Wirtschaftswunder,* S. 212.

（13） Friedlich Karl von Vialon, Der "Juliusturm", Zur Haushaltspolitik der Bundesregierung, in: *Finanzpolitische Mitteilungen des Bundesministerium der Finanzen,* 3. Januar 1956, S. 7-8; Rolf Gocht an Friedlich Karl von Vialon, 9. Januar 1956, BA（Bundesarchiv/Koblenz）/B102（Bundeswirtschaftsministerium）/12604.

(14)　連邦経済省にはフライブルク大学教授オイケンのもとで学んだ官僚が多い。景気安定化プログラムの草案を作成したロルフ・ゴッホトもそのひとりであり、ミュラー＝アルマックが率いる総合政策局に勤務した。Bernhard Löffler, *Soziale Marktwirtschaft und administrative Praxis, Das Bundesministerium unter Ludwig Erhard*, Stuttgart 2002, S. 73.

(15)　Manfred Timmermann, “Konjunkturpolitik von 1949–1963”, in: G. Bombach/K.-B. Netzband/H.-J. Ramser/M. Timmermann (Hrsg.), *Der Keynesianismus IV, Die beschäftigungspolitische Diskussion in der Wachstumsepoche der Bundesrepublik Deutschland, Dokumente und Analysen*, Berlin 1983, S. 301–303; Berger, *Konjunkturpolitik im Wirtschaftswunder*, S. 111–120. 関税については、五五年三月の時点ですでに約七〇〇品目の輸入関税が一〇％から三五％の幅で引き下げられており、既存路線の拡大の意味合いが強かった。

(16)　この「景気政策委員会」は金融政策と財政政策、経済政策の調整機関であった。連邦経済省・連邦大蔵省・レンダーバンクの間で、景気状況の分析、景気政策的措置のために部局長会議（Abteilungsleiterausschuß）が開催された。この会議はミュラー＝アルマック、大蔵省事務次官ハインツ・マリア・エフタリング、レンダーバンク理事・統計局長のヴォルフを中心とした。Berger, *Konjunkturpolitik im Wirtschaftswunder*, S. 222; Holtfrerich, “Geldpolitik bei festen Wechselkursen”, S. 394–395.

(17)　エアハルトとシェーファーは、アデナウアー内閣の発足後、「通貨・信用」部局の管轄をめぐって激しく対立してきた。五二年八月に「通貨・信用」部局は連邦大蔵省から経済省へと移管されたが、両大臣が景気政策的調整をはじめとして共同歩調をとるようになったのは、権限分割が軌道に乗り、成長政策に基づいた減税と資本市場育成のための税制措置が最優先の政治的課題ではなくなったためである。Löffler, *Soziale Marktwirtschaft und administrative Praxis*, S. 387.

(18)　アデナウアーは「この引き上げはドイツの景気に対する激しい攻撃であり、弱者にとっての断頭台である」と述べ、レンダーバンクを公然と批判した。アデナウアーとエアハルトの確執は、「ギュルツェニッヒ事件」（Gürzenich-Affäre）として注目された。Daniel Koerfer, *Kampf ums Kanzleramt, Erhard und Adenauer*, Stuttgart 1988, S. 116–117. Holtfrerich, “Geldpoltik bei festen Wechselkursen”, S. 385.

(19)　Koerfer, *Kampfs ums Kanzleramt*, S. 116–117.

(20)　Holtfrerich, “Geldpoltik bei festen Wechselkursen”, S. 385. 連邦経済省は競争制限禁止法（Gesetz gegen Wettbewerbsbeschränkung）の制定において、ＢＤＩとカルテルの全面禁止原則か乱用禁止原則かをめぐって激しく対立しており、この対立もＢＤＩによるエアハルト批判に拍車をかけた。競争制限禁止法についての最近の研究として、以下の文献が挙げられる。Alfred C. Mierzejewski, "America as Model? U. S. Antitrust Policy and Ludwig Erhard's Struggle against Cartels in West Germany", in: Alan E. Steinweis/Daniel E. Rogers (eds.), *The Impact of Nazism, New Perspectives on the Third Reich and its Legacy*, Lincoln 2003, pp. 213-230; James C. Van Hook, *Rebuilding Germnany, The Creation of the Social Market Economy 1945-1957*, Cambridge 2004, pp. 268-289.

(21) エミンガーは、五〇年代初頭の貿易収支危機において、ＯＥＥＣドイツ代表部経済部長として経済再建プログラムを具体化させた人物であり、これを契機にレンダーバンクに入行し、五三年に理事に就任した。以後、ＩＭＦ理事（一九五三～五九）をはじめとして、ヨーロッパ共同体（ＥＣ）通貨委員会副委員長（一九五八～七五）、一〇カ国蔵相代理会議議長（一九六四～六七）、ＯＥＣＤ国際収支問題ワーキンググループ議長（一九六九～七六）などを歴任し、国際通貨政策においてブンデスバンク（一九五七～）をリードする存在であった。七七年にはブンデスバンク総裁に就任した（～八〇）。

(22) 五〇年代前半に大幅な貿易収支黒字が発生するほど、なぜマルク相場が不適当な水準に定められたのかという疑問が生じるが、エミンガーは、四九年の相場設定時においてマルクは過大評価されており、その後の推移によって初めて過小評価に至ったと結論付けている。最初の設定時において輸出志向の姿勢はなく、その後の好調な発展を予測することは困難であった。四九年九月のポンド切り下げ時（三〇・五％）には、他の西ヨーロッパ諸国はこれに追随したが、マルクは二〇・六％の切り下げ幅にとどまった。なお為替管理については五〇年八月以降、連合国側からドイツ側に移管された。Emminger, "Deutsche Geld- und Währungspolitik", S. 489, 543（ブンデスバンク編『ドイツの通貨と経済』六〇五、六六五頁）。

(23) Währungspolitische Betrachtungen, Vortrag von Dr. O. Emminger in der Mitgliedsversammlung des Ifo-Instituts, München, 6. Juni 1956, HADB (Historisches Archiv der Deutschen Bundesbank)/N2 (Nachlaß Emminger)/2.

(24) "Wir importieren die Inflation des Auslandes... wenn die Aufblähung des Exports weitergeht, meint Notenbank-Direktor Emminger". in: *Süddeutsche Zeitung*, Nr. 136, 7. Juni 1956. エミンガーが最初に輸入インフレの危険性を指摘したのは、五三年一二月のキールで行われた講演においてのことであった。「もしインフレが引き起こされるならば、黒字国に通貨準備が蓄積し、国内の均衡が著しく乱されることになる」。輸入インフレについて、この当時はまだエミンガー自身でさえ深刻に受け止めていなかったが、五六年にはこの議論はもはや不可避であった。Otmar Emminger, *D-Mark, Dollar, Währungskrisen*. Stuttgart 1986, S. 75-79.; Holtfrerich, "Geldpoltik bei festen Wechselkursen", S. 405-406; この輸入インフレについては、レプケも Neuen Zürcher Zeitung において指摘した。Wilhelm Röpke, "Das Dilemma der Importierten Inflation", Nr. 2128 vom 28. Juli 1956, Nr. 2798 vom 7. Oktober 1956; Wilhelm Röpke, *Gegen die Brandung*, Zürich 1959, S. 291–306 に再掲。

(25)　Emminger, *D-Mark, Dollar, Währungskrisen*, S. 78.

(26)　エミンガーによると先行する事例が二つある。スウェーデン・クローネの切り上げ（一九四六年）は、四九年のポンド切り下げによる全般的な為替相場調整において再び切り下げられたので、国際的に注目されなかった。カナダの変動相場制への移行（一九五〇年）は、アメリカの資本流入が国内の安定を脅かすために実施された。しかし、この二つの事例は隣国間の特殊なケースとして受け止められた。Emminger, "Deutsche Geld- und Währungspolitik", S. 552（ブンデスバンク編『ドイツの通貨と経済』六七四頁）。

(27)　Emminger, *D-Mark, Dollar, Währungskrisen*, S. 78ff; Holtfrerich, "Geldpoltik bei festen Wechselkursen", S. 406; Otmar Emminger, Betr. Deutsche Überschußposition und Wechselkurspolitik vom 10. November 1956, HADB /N2/243.

(28)　この役員会会議は、エミンガーがフォッケの反対を押し切って強引に開催させたものであり、会議の状況はエミンガーの回想録においてのみうかがい知れる。Emminger, *D-Mark, Dollar, Währungskrisen*, S. 81.

(29)　ブンデスバンクの外国部門統括担当（Dezernent für den Bereich Ausland）ヨハネス・テュンゲラーもエミンガーに反対した。テュンゲラーは外国為替取引の最前線で陣頭指揮をした叩き上げの行員であり、彼の回想録には六〇年代を中心に実務家としてのエピソードが溢れている。Johannes Tüngeler, *Die D-Mark im internationalen Währungsgefüge, Rückschau auf Leben und Arbeit*, Teil II, Frankfurt/M. 1982.

(30)　Monika Dickhaus, "German Attitudes towards the Postwar Payments Systems, 1947–1958; Costs and Benefits of Regional Payments Cooperation", in: Francis H. Heller/John R. Gillingham (eds.), *The United States and the Integration of Europe. Legacies of the Postwar Era*, London 1996, pp. 199–220; Dickhaus, "Facing the Common Market: The German Central Bank and the Establishment of the EEC, 1955–1958", in: *Journal of European Integration History*, vol. 2 (1996), no. 2, pp. 93–108; Dickhaus, "'It is only the provisional that lasts' : The European Payments Union", in: Richard Griffiths (ed.), *Explorations in OEEC History*, Paris 1997, pp. 183–200; Dickhaus, "The West German central bank and the construction of an international monetary system during the 1950s", in: *Financial History Review*, 5 (1998), pp. 159–178.

(31)　Holtfrerich, "Geldpoltik bei festen Wechselkursen", S. 401.

（32） Dickhaus, *Die Bundesbank im westeuropäischen Wiederaufbau*, S. 130ff.

（33） Dickhausによると、五二年末からエアハルトが為替相場の調整を唱えたことに対し、フォッケとエミンガーは激しい拒絶反応を示した。両者はドイツがＩＭＦに加盟（五二年八月）したばかりであるために、混乱を強く恐れていたとされている。しかし、エミンガー自身は両大戦間期のイギリスの事例を皮切りに、為替相場研究に集中的に取り組んでいた。彼は回想録においても、為替相場の調整可能な側面に強い信頼を寄せており、五〇年代の早い時期からこれをタブー視しなかったことを強調している。Dickhaus, *Die Bundesbank im westeuropäischen Wiederaufbau*, S. 136; Emminger, *D-Mark, Dollar, Währungskrisen*, S. 93-97.

（34） Dickhaus, "German Attitudes towards the Postwar Payments Systems, 1947-1958", pp. 199-220; Dickhaus, "The West German central bank and the construction of an international monetary system", pp. 159-178.

（35） Emminger, *D-Mark, Dollar, Währungskrisen*, S. 95.

（36） ＥＰＵ内部では、交換性回復に向けて二つの異なるアプローチが展開された。イギリスからはCollective Approachが提示された。このアプローチは、貿易の数量制限、変動幅の設定、ポンドが非居住者に対して交換性を回復し、その後イギリスがＥＰＵを脱退するというものであった。これに対し、ドイツを中心にＥＰＵの黒字国からはInstitutional Approachが提示された。ＥＰＵにおける金決済の比率を拡大していくことで、より広い多角的決済システムを実現し、交換性回復につなげることが試みられた。また、エミンガーが一九五〇年代のポンド凋落とマルク台頭の対照性を指摘しているように、ＥＰＵの有用性やその将来像、また交換性回復について、イギリスとドイツの態度は、赤字国と黒字国の利害を大きく反映していた。イギリスは国際金融市場としてのロンドンの地位や準備通貨としてのポンドの位置付けにこだわっていたが、ドイツはフランクフルトを国際金融センターに発展させ、マルクを準備通貨にするような展望は持っていなかった。Dickhaus, "The West German central bank and the construction of an international monetary system, pp. 159-178"; Alan S. Milward, "Motives for Currency Covertibility: The Pound and the Deutsch Mark, 1950-5", in: Carl-Ludwig Holtfrerich (ed.), *Interactions in the World Economy, Perspectives from International Economic History*, New York 1989, pp. 260-284; Werner Bührer, *Westdeutschland in der OEEC, Eingliederung, Krise, Bewährung 1947-1961*, München 1997, S. 314.

（37） Heide-Irene Schmidt, ""The Embarassment of Strength": Die deutsche Position im International Monetary System 1958-1968", in: Ursula Lehmkuhl/Clemens A. Wurm/Hubert Zimmermann (Hrsg.), *Deutschland, Großbritannien, Amerika, Politik,*

Gesellschaft und Internationale Geschichte im 20 Jahrhundert, Stuttgart 2003, S. 155－195.

(38) Ludwig Erhard, “Konjunktur und Wirtschaft, Außenhandel keine Einbahnstraße”, in: *Die Zeit*, 14. Juni 1956, S. 1－2.

(39) Dickhaus, *Die Bundesbank im westeuropäischen Wiederaufbau*, S. 211－212.

(40) Volker Hentschel, *Ludwig Erhard, Ein Politikerleben*, München 1996, S. 276.

(41) レンダーバンクは、イギリスの変動幅を持たせる提案に対し、ＥＰＵの多角的決済が揺らぐため反対を表明した。もしイギリスがＩＭＦから承諾を得た場合、ＥＰＵの決済を固定相場制で行うよう要求することを取り決めた。Zusatzprotokoll zur 189. Sitzung des Zentralbankrats am 16. März 1955, HADB/N2/243.

(42) Hentschel, *Ludwig Erhard, Ein Politikerleben*, S. 276.

(43) Entwurf eines Statement des deutschen Delegierten Professor Müller-Armack, Ministergruppe “Finanzielle Stabilität” am 17. und 18. Juni 1957 in Paris, S. 1, HADB/N2/K520.

(44) Entwurf eines Statement des deutschen Delegierten Professor Müller-Armack, Ministergruppe “Finanzielle Stabilität” am 17. und 18. Juni 1957 in Paris, S. 1, HADB/N2/K520.

(45) Erklärungen Minister Erhards in der ministeriellen Arbeitsgruppe der OEEC, 15. November 1956, S. 1－5, HADB/N2/K520.

(46) Vertretung der Bundesrepublik Deutschland beim Europäischen Wirtschaftsrat (O. E. C. E.), Kurzbericht Nr. 297 über die Sitzung des Wirtschaftspolitischen Ausschusses, 26. März 1957, S. 1－2, HADB/N2/K520.

(47) Bundesminister für Wirtschaft, Betr.: Ungleichgewicht in der europäischen Zahlungsunion, 14. Mai 1957, S. 1－3, HADB/N2/K520.

(48) 「ブーメラン理論」については、Ｌ・アルベルト・ハーンの主張が最も有名であり、長期資本輸出はドイツへの輸出需要を高めるため、国際収支余剰は解消できないと主張した。五八年にはハーンとブンデスバンクとの間で論争が起こっている。Hugo M. Kaufmann, “A Debate Over Germany's Revaluation 1961, A Chapter in Political Economy”, in: *Weltwirtschaftliches Archiv* 103 (1969), p. 196; Holtfrerich, “Geldpoltik bei festen Wechselkursen”, S. 403.

(49) マルク切り上げの理論的支柱となったのは、経済省学識諮問会議における議論であった。学識諮問会議は、五六年六月の意見書でドイツの国際収支余剰は明らかに構造的であり、切り上げが必要であると指摘した。その見解は、エアハルトが好む自由市場経済における解決を体現したものであった。五七年以降、この問題の解決に新鮮な見解を提示した。意見書の内容は以下のように確認できる。①マルク単独の切り上げは望まれず、固定相場制の枠組みの中で、±一〇%の変動幅でヨーロッパ主要通貨の為替相場を再調整する。マルクが単独で切り上げられた場合、これまで均衡していた通貨に対して過大評価となる。最も重要なことは、ドルに対して正しい評価ができるかどうかである。②為替相場は多角的な調整が望ましいが、それでもなお国際収支余剰と通貨価値安定との対立が解消できるならば、マルク単独の切り上げもやむを得ない。現在のドイツの国際的ポジションと輸出拡大の潜在性から、国際収支のバランスがとれる可能性がある。③国際収支問題の解決において、輸出促進措置の廃止や輸入促進措置も有効である。④マルクが過小評価されたままでは、ドイツの国際収支問題は、長期の資本輸出を通じて解決できない。いわゆる「ブーメラン理論」によって、資本輸出は多かれ少なかれ余剰を増加させるだけである。Kaufmann, "A Debate Over Germany's Revaluation 1961", pp. 181–212; Holtfrerich, "Geldpolitik bei festen Wechselkursen", S. 404; Der Wissenschaftliche Beirat beim Bundeswirtschaftsministerium, "Wirtschaftspolitischen Problematik der deutschen Exportüberschusse", 30. April 1957, HADB/N2/245.

(50) Der Bundesminister für Wirtschaft, Betr.: Resortbesprechung zur Vorbereitung der Konferenz der Arbeitgruppe 19 der OEEC (Ministerstellvertreter Finanzielle Stabilität) am 17. und 18. Juni 1957 in Paris, 5. Juni 1957, S. 2–8, HADB/N2/K520.

(51) Otmar Emminger, Der "deutsche Fall" in der Sitzung des Ausschusses der Minister-Stellvertreter der OEEC in Paris am 17. und 18. Juni 1957, 21. Juni 1957, S. 3, HADB/N2/K520.

(52) Emminger, Der "deutsche Fall" in der Sitzung des Ausschusses der Minister-Stellvertreter der OEEC, 21. Juni 1957, S. 3, HADB/N2/K520.

(53) Emminger, Der "deutsche Fall" in der Sitzung des Ausschusses der Minister-Stellvertreter der OEEC, 21. Juni 1957, S. 10–11, HADB/N2/K520.

(54) Hentschel, *Ludwig Erhard, Ein Politikerleben*, S. 276.

(55) アプスはドイツ銀行の有力な幹部であり、復興金融公庫総裁（Vorsitzender des Verwaltungsrates der Kreditanstalt für Wiederaufbau, 1948–52）、南ドイツ銀行役員（Vorstandsmitglied der Süddeutschen Bank AG, München, 1952–57）を務めた。ドイツ銀行は、占領下の集中排除によって州を基盤とする小規模な地方銀行に解体されたが、五七年に全国規模に復元した。アプスの活動については、次の文献を参照。Lother Gall, *Der Bankier, Hermann Josef Abs. Eine Biographie*, München 2004.

(56)　フェルトメンゲスは、一九三一年にケルンの個人銀行（Privatebank Sal. Oppenheim jr. & Cie）の共同出資者となり、四九年からは連邦議会議員、五一年から民間銀行協会会長（Vorsitzender des Bundesverbandes des privaten Bankgewerbes）を歴任した。

(57)　五八年以降、産業界・銀行業界に、農業界も切り上げ反対に加わった。農業界は、ヨーロッパ経済共同体（European Economic Community: EEC）によって新たに打ち立てられる農産物の価格構造の影響と闘わなくてはならなかった。Harold James, *International Monetary Cooperation since Bretton Woods*, Oxford 1996, p. 113.

(58)　Holtfrerich, "Geldpolitik bei festen Wechselkursen", S. 411.

(59)　BDI会長ベルクは、競争制限禁止法のカルテル条項をめぐる対立に加えて、対外収支均衡のために輸入促進措置の実施と輸出促進措置の廃止が予定されていたため、競争力の低下を懸念した。通貨価値安定についてのエアハルトとベルクの議論の中心は、通貨価値安定が望ましい状況にあるかどうかではなく、ドイツにとってインフレが深刻な状態にあるか否かであった。BDIは企業規模の拡大にとって、緩やかで持続的な物価上昇が必要であると考えていた。Kaufmann, "A Debate Over Germany's Revaluation 1961", pp. 205-208.

(60)　アプスはレンダーバンクが過剰な流動性と闘うだけの必要な金融政策手段を保持しており、内外経済不均衡は克服できるとし、輸入が増加し資本輸出が拡大することで、切り上げが自然と不必要になることを望んでいた。同時にアプスは国際的影響を懸念した。「不安定な通貨の国において、インフレと闘う準備をするということは、その国を弱らせるだけであり、それによって結局は国際通貨システム全体が不安定になるであろう。マルク切り上げは自由な国際資本市場の形成を妨げることになろう」と述べた。Kaufmann, "A Debate Over Germany's Revaluation 1961", pp. 202-204; Gall, *Der Bankier, Hermann Josef Abs*, S. 245-246.

(61)　Holtfrerich, "Geldpolitik bei festen Wechselkursen", S. 398-399.

(62)　この金準備の比率の高さには、EPU決済の強化が大きく影響している。当時のロンドンの金価格は、対ドル換算価格を下回った。そのため赤字国はドルではなくロンドンで購入した金でカバーした。これにより黒字国ドイツに金が蓄積し、しだいに基軸通貨としてのドルの役割を弱めることとなった。なお六七年三月、ドルの弱体化が表面化した時に、ブンデスバンク総裁ブレッシングは、ＦＲＢ議長にアメリカ財務省のドルを金に交換しないことを表明したが、これはプフライデラーが提案し、フォッケが実施した政策と正反対のことである。Emminger, *D-Mark, Dollar, Währungskrisen,* S. 95; Holtfrerich, "Geldpolitik bei festen Wechselkursen", S. 400, 421.

(63) Holtfrerich, "Geldpolitik bei festen Wechselkursen", S. 406.

(64) Holtfrerich, "Geldpolitik bei festen Wechselkursen", S. 406.

(65) James, *International Monetary Cooperation since Bretton Woods,* p. 137.

(66) "The Franc- and the Mark", in: *The Economist,* August 17, 1957, pp. 559-561.

(67) Otmar Emminger, "Internationaler Währungsfonds und Wechselkurspolitik", in: *Zeitschrift für das gesamte Kreditwesen,* 18. Heft (September 1957), S. 8-12.

(68) "The Pound and the Mark", in: *New York Times,* September 26, 1957, pp. 23-24.

(69) Per Jacobsson to Wilhelm Vocke, 24. April 1957, HADB/N2/243.

(70) Otmar Emminger, Bericht über die Jahrestagung 1957 des Internationalen Währungsfonds (IWF), 30. Oktober 1957, S. 4, BA/B102/12660.

(71) Aide-Mémoire, Betr.; Beabsichtigte Erklärung des britischen Schatzkanzlers vor dem IMF in Washington, 18. September 1957, BA/B102/12660.

(72) "Europe's Money, Currencies due for widespread revaluing", in: *The Wall Street Journal,* September 25, 1957, pp. 1, 17.

(73) Otmar Emminger, Bericht über die Jahrestagung 1957 des Internationalen Währungsfonds (IWF), 30. Oktober 1957, S. 5, BA/B102/12660.

(74) Otmar Emminger an Ludwig Erhard, Betr.; Konfliktsmöglichkeiten zwischen England und Deutschland in der Währungspolitik, 10. Oktober 1957, S. 1-5, BA/B102/12660.

(75) Prof. Alfred Müller-Armack an Otmar Emminger, Betr.; Schreiben vom 10. Oktober 1957 an Herrn Bundesminister Prof. Ludwig Erhard, 4. November 1957, S. 1-3, BA/B102/12660.

(76) Holtfrerich, "Geldpolitik bei festen Wechselkursen", S. 409.

(77) Allan H. Meltzer, U. S. Policy in the Bretton Woods Era, in: Federal Reserve Bank of St. Louis, *Quarterly Review,* May/

June 1991, p. 56.

(78)　Otmar Emminger, Betrachtungen zur Währungspolitik, 20. Januar 1960, HADB/N2/244; Emminger, *D-Mark, Dollar, Währungskrisen,* S. 106‒108; Holtfrerich, "Geldpolitik bei festen Wechselkursen", S. 409.

(79)　ブンデスバンクの設立にともない、総裁職はフォッケからブレッシングに交代した。フォッケは「インフレーションと切り上げは絶対にあってはならない」(Zwei Dinge würden wir auf keinen Fall machen: Inflation und Aufwertung) とし、解任された理由を切り上げに強固に反対したことだと感じていたが、アデナウアーだけではなくブレッシングも切り上げ反対論者であった。Wilhelm Vocke, *Memorien,* Stuttgart 1973, S. 158.

(80)　この協定により、金融機関は一〇億マルクの「平衡流動化証券」を満期になる二年間保有することを約束した。Emminger, "Deutsche Geld- und Währungspolitik", S. 501.（ブンデスバンク編『ドイツの通貨と経済』六一八～六一九頁）; Emminger, *D-Mark, Dollar, Währungskrisen,* S. 109‒110.

(81)　駐留軍費用についての議論は、以下の文献を参照。Harald Rosenbach, "Der Preis der Freiheit. Die deutsch-amerikanischen Verhandlungen über den Devisenausgleich (1961‒1967)", in: *Vierteljahrshefte für Zeitgeschichte* 46 (1998), S. 709‒746; Hubert Zimmermann, *Money and Security. Troops, Monetary Policy, and West Germany's Relations with the United States and Britain, 1950‒1971,* Cambridge 2002.

(82)　Schmidt, "The Embarassment of Strength", S. 155‒195.

(83)　まるでＢＤＩが経済政策の中心に位置するかのような状況に、エアハルトや連邦経済省の学識経験者は、これを〝ドイツにおいて抑制されずに繁栄する圧力団体のエゴイズム〟と非難した。Kaufmann, "A Debate Over Germany's Revaluation 1961", p. 205.

(84)　Berger , *Konjunkturpolitik im Wirtschaftswunder,* S. 124‒125.

(85)　Emminger, *D-Mark, Dollar, Währungskrisen,* S. 111‒114; Holtfrerich, "Geldpolitik bei festen Wechselkursen", S. 411‒412.

(86)　James, *International Monetary Cooperation since Bretton Woods,* pp. 110‒115.

(87)　James, *International Monetary Cooperation since Bretton Woods,* pp. 110‒115.

(88)　Margarete Wagner-Braun, "Die Aufwertung der D-Mark im Jahre 1961, eine kritische Stellungsnahme zum Währungssystem vom Bretton Woods", in: Rainer Gömmel/Markus A. Denzel (Hrsg.), *Weltwirtschaft und Wirtschaftsordnung. Fest-*

schrift für Jürgen Schneider zum 65. Geburtstag, Stuttgart 2002, S. 339－356.

（89） Emminger, *D-Mark, Dollar, Währungskrisen,* S. 85－88. ヤコブソンはエミンガーを〝野心的ではあるが、少しも賢明ではない〟として批判した。この評価は、国際通貨政策上からではなく、ドイツ国内の政治的利害対立を考慮していないという意味であった。エミンガーは、ドイツの輸出産業は適度な切り上げを克服できると考えており、彼の意志決定に輸出利害は大きな影響を及ぼさなかった。James, *International Monetary Cooperation since Bretton Woods,* p. 113; Dickhaus, *Die Bundesbank im westeuropäischen Wiederaufbau.* S. 212－213.

（90） Wilfried Guth, Bericht über die Jahrestagung 1960 des Internationalen Währungsfonds（IWF）in Washington, D.C. vom 26.-30. September 1960, 20. Oktober 1960, HADB/N2/244.

（91） Wilfried Guth, Bericht über die Jahrestagung 1960 des Internationalen Währungsfonds（IWF）in Washington, D.C. vom 26.－30. September 1960, 20. Oktober 1960, HADB/N2/244.

（92） Emminger, *D-Mark, Dollar, Währungskrisen,* S. 120－122.

（93） Holtfrerich, "Geldpolitik bei festen Wechselkursen", S. 409.

（94） Emminger, *D-Mark, Dollar, Währungskrisen,* S. 124; Holtfrerich, "Geldpolitik bei festen Wechselkursen", S. 412－413.

（95） Karl Blessing, Presskonferenz zur Aufwertung der D-Mark am 5. März 1961 in Bonn, in: Karl Blessing, *Im Kampf um gutes Geld,* Frankfurt/M. 1966, S. 30－34.

（96） Emminger, *D-Mark, Dollar, Währungskrisen,* S. 128.

（97） Emminger, "Deutsche Geld- und Währungspolitik", S. 507（ブンデスバンク編『ドイツの通貨と経済』六二四頁）；Emminger, *D-Mark, Dollar, Währungskrisen,* S. 128.

（98） "Washington überrascht und zufrieden", in: *Frankfurter Allgemeine Zeitung,* 6. März 1961, S. 1；このマルク切り上げに追随してオランダ・ギルダーも五％切り上げられた。ドイツ・オランダ両国による通貨切り上げは、ＥＥＣにおける共通の通貨政策の樹立への動きを加速させた。当時のＥＥＣには、為替相場の調整にかんするルールがなく、この動きが共同市場を創設しようとする方向性を阻害すると懸念されたためである。Hans Tietmeyer, *Herausforderung EURO, Wie es zum Euro kam und was er für Deutschlands zukunft bedeutet,* München 2005, S. 23－24.

（99） IMF: Document of Executive Board Meeting 61/8, March 4, 1961, Par Value-Federal Republic of Germany, pp. 1－9, HADB/

N2/244; U. S. Treasury Department, March 4, 1961, HADB/N2/245.

(100) Holtfrerich, "Geldpolitik bei festen Wechselkursen", S. 412.

(101) IMF: Document of Executive Board Meeting 61/8, March 4, 1961, Par Value-Federal Republic of Germany, pp. 1-9, HADB/N2/244.

(102) Emminger, "Deutsche Geld- und Währungspolitik", S. 515-521.（ブンデスバンク編『ドイツの通貨と経済』六三一～六三九頁）; Holtfrerich, "Geldpolitik bei festen Wechselkursen", S. 421.

(103) "Schiller in Luxemburg: DM-Aufwertung unterstreicht deutschen Vorrang für Preisstabilität", in: *Vereinigte Wirtschaftsdienste*, 27. Oktober 1969, HADB/N2/217.

(104) Herbert Giersch, "Stabilität durch Flexibilität", in: *Frankfurter Allgemeine Zeitung*, 22. März 1969, S. 17, HADB/N2/203.

(105) Karl Schiller, "Stabilisierung ohne Stagnation", in: *Handelsblatt*, 27. Oktober 1969, S. 3, HADB/N2/217.

(106) この議論は学識経験者を中心に展開されており、五六年のレプケに始まり、五七年の経済省学識諮問会議、キール世界経済研究所（IfW: Institut für Weltwirtschaft, an der Universität Kiel）のヘルベルト・ギールシュ、六四年以降の経済諮問委員会（Sachverständigenrat：通称「五賢人委員会」（Fünf-Weise Rat））の答申へと続いた。Herbert Giersch, "Marktintegration, Wechselkurs und Standortstruktur", in: François Bochud (Hrsg.), *Fundamentale Fragen künftiger Währungspolitik*, Tübingen 1965, S. 47-57; Herbert Giersch, *Growth, Cycles, and Exchange rates — The Experience of West Germany*, Stockholm 1970; Stefan Sinn, "Zur Wechselkursdebatte in der Bundesrepublik Deutschland in den sechziger Jahren", in: *Die Weltwirtschaft*, Heft1, 1988, S. 72-86.

第8章　戦後フランスにおける新自由主義の実験（一九五八〜七二年）
——三つのリュエフ・プラン——

権上康男

はじめに

一九三〇年代末のフランスでは、リップマン・シンポジウムを足がかりにして自由主義刷新国際研究センターが創設され、第一次大戦以降衰退しつつあった自由主義が新自由主義として復活した。しかしそれも束の間、第二次大戦の勃発によってこのセンターは活動停止を余儀なくされ、自由主義は再び歴史の表舞台から消える。

一九四五年にはヨーロッパに平和が戻るものの、フランスで自由主義刷新国際研究センターが再建されることはなかった。また、この国における（新）自由主義の復活も遅れた。それには四年にわたるドイツによる国土占領と、ヴィシーの地に樹立された対独協力政権による統治が深く影を落としていた。この例外的な状況のもとで、自由主義者たちは対独政権にたいする協力、あるいは抵抗、さらには国外亡命などさまざまな選択を行うことになり、自由主義の刷新と復活をめざす運動から結集力が失われたからである。とくにルイ・ルージエとエティエンヌ・マントゥーと

いう、国際人脈をもつ自由主義国際研究センターの二人の理事を失ったことは、この運動にとって致命的であった。(1)

しかし、このような人的要因にもまして留意されるべきは戦後フランスの政策課題である。フランス産業における設備更新の遅れはすでに一九三〇年代の不況期から深刻化していたが、ドイツが大戦中に「占領費」の名目で行った各種の収奪によって、戦後解放時における設備の老朽化は憂慮すべき段階にまでたっしていた。かくて戦後政府は設備の更新と近代化を最優先の政策課題とすることになった。しかも、この課題遂行に必要な投資は、投入可能な資源が枯渇していたために、傾斜方式で実施せざるを得なかった。政府は周知のように「国有化」と「計画化」を戦後政策の基本に据えたが、これには、当時のイデオロギー状況もさることながら、上記のようなこの国に特殊な歴史的事情が大きく与かっていたのである。一方、経済・財務官僚の多くは戦後に多かれ少なかれケインズ主義に「改宗」したが、これにも、通貨の安定と財政の均衡を犠牲にしてまでも投資を優先せざるを得なかったという、この国の戦後事情がかかわっていたとみることができる。(2) 戦後にいち早く新自由主義が支配的な流れとなり、新自由主義を理念とする政策が「社会的市場経済」の名のもとに実施されたドイツとの違いはここにあったといえよう。

そうした戦後フランスの特殊な状況を象徴的に物語っているのは、フランス新自由主義の理論的支柱ジャック・リュエフが戦後にうけた処遇である。対独戦争の緒戦で敗退したフランスとドイツのあいだに休戦条約が結ばれるや、リュエフは公職を退いて寒村に引きこもり、年来の貨幣理論研究に専念する。彼は一九四四年にこの研究を大著『社会秩序』(3)として集大成し、卓越した理論家としての評価を不動のものとする。そして一九四五年、大戦の終結とともに、彼は対墺独フランス軍事使節団経済財政部長として公職に復帰する。以後、リュエフは一九五二年に欧州石炭鉄鋼共同体司法裁判所の判事、一九五九年にその後身である欧州経済共同体司法裁判所の判事、次いでその所長を歴任する。(4) それにともない、彼の任地はバーデンバーデン、ブリュッセル、ルクセンブルクへと移っていった。リュエフは大戦の前夜に財務省資金局長(国庫局長の前身)およびフランス銀行副総裁を務めていただけに、大戦後の役職はどうみても役不足の感を否めない。リュエフが財務省時代の同僚たちのように中央銀行や準公的金融機関の総裁職に就かなかったのはなぜか。その理由は明らかでないが、彼の自由主義的言動が「計画化」と「国有化」に足場をおく戦後政府の政策路線にあわなかったことだけははっきりしている。

とはいえ、戦後のフランスにおいて新自由主義ないしは自由主義一般が消滅したわけではない。そもそも国有化の範囲が、左翼諸勢力の構想よりも狭い範囲にとどめられたという事実は、戦後解放期においても自由主義の影響力が抜きがたいものであったことの証といえる。(5) 計画化もしばしば「誘導的」という形容詞つきで呼ばれたように、比較的柔軟なものであった。いわば自由主義は一時的に後退を余儀なくされたのであり、事情の変化によって歴史の表舞台に復活する余地は残されていたのである。

そうした変化の最初の波は、一九五八年にシャルル・ドゴールが政権に復帰したのを機に訪れる。そしてリュエフも、このドゴール政権のもとで再び脚光を浴びる。実際、これ以後のリュエフは、一九七八年に八二年の生涯を終えるまで、さまざまな機会をとらえて大胆な改革提言を行い、その言動は常に政府、中央銀行、それにマスメディアの最大の関心事となった。彼の改革提言は財政、経済、信用の三つの領域にわたっており、いずれも、フランスの戦後経済史に決定的ともいえる影響を及ぼした。

本章では、一九五八年以降にリュエフが行った新自由主義的改革提言の内容を吟味するとともに、戦後フランスにおける新自由主義の実践の歴史をたどることにしたい。

第1節　リュエフ委員会と財政改革（一九五八年）

(1)　リュエフ委員会の設置

一九五八年当時のフランスでは、ヴィシー政権期から戦後解放期にかけて構築された高度に組織化された経済システムの矛盾が、財政危機、インフレ、国際収支危機、通貨危機として噴出していた。そのうえ内政面では、アルジェリア問題が泥沼化し、内戦に発展することすら危惧されていた。一方、ヨーロッパに目を転じれば、ローマ条約（一九五七年）に定められた関税条項の実施が経済危機のゆえに困難視され、フランスのＥＥＣ参加は初発から躓くおそれがあった。さらに世界に目を広げれば、折から通貨の交換性回復が先進諸国のあいだで支配的な潮流となっていたが、フランスはこの動きにも遅れをとっていた。この年の六月一日、国民的英雄ドゴールが第四共和政最後の首相として政権に復帰したのは、こうした全般的で深刻な危機の真っ只中であった。

リュエフは当時欧州石炭鉄鋼共同体司法裁判所（ルクセンブルク）の判事の職にあったが、ドゴールの政権復帰直後の六月一〇日に、財務大臣アントワーヌ・ピネーと会見する。ピネーは首相兼財務大臣時代の一九五二年三月から翌五三年一月かけて安定化政策を実施しており、リュエフはそうしたピネーに「尊敬の念と共感を覚えていた」[6]という。リュエフはこのピネーに、フランスの危機についての自らの診断と対処法を説明するとともに、財務大臣のもとに専門家からなる委員会を設置し、改革のための全体計画――すなわち「プラン」――を策定させるよう進言した。

この会見の折、リュエフは「経済・財政刷新計画概要」[7]と題する一篇の覚書をピネーに手渡した。この文書のなかに展開されていた彼の考えは次のようなものである。

フランスが直面している国際収支危機の原因はインフレにあり、インフレの原因は国庫の政策とフランス銀行の政策の双方にある。国庫の政策で問題なのは、慢性的財政赤字を放置し、それを中央銀行からの借入れで補填するというやりかたをくり返してきていることである。財政赤字の主要な原因は巨額の投資が公的資金によって賄われていること、すなわち投資の「予算化」（budgétisation）にある。この結果、「投資の予算化がインフレ懸念を生み、それが消費を刺激し、わずかに残っていた貯蓄をも市場から奪い、投資金融を妨げる」[8]という悪循環が生じている。それゆえ、投資を予算から外し、その金融を資本市場（貯蓄）に委ねることによってインフレ懸念を払拭する、これが財政面におけるリュエフの改革提言であった。

しかし、財政政策にもましてリュエフが問題視するのは中央銀行の信用政策である。フランス銀行の資産の大半（一九五八年五月二二日時点で資産総額の六五％）は対国家貸付と中期流動化手形によって占められている。なかでも、一九五〇年代をつうじてもっとも大きな伸び率を記録したのは中期流動化手形である。中期流動化手形とは、あらかじめフランス銀行から承認を得たうえで、一般銀行と準公的金融機関が連携して取り組んだ最長五年期限の手形であり、それは、設備金融、住宅建設金融および貿易金融のための資金調達手段の役割を果たしていた。フランス銀行の貸借対照表上に現れた中期流動化手形の額は、同行によるこの手形の割引額を示している。つまり、中期流動化手形の額とは「中央銀行通貨」による投資金融の残高にほかならなかった。リュエフによれば、この中期流動化手形はフランス銀行の資産を硬直化させ、フランスにおけるインフレの最大の原因になっている。それゆえ中期流動化手形の割引を禁止し、投資金融を金融市場に委ねる必要がある[9]。

以上のようなリュエフの覚書はピネーをひどく困惑させることになった。というのは、リュエフが問題にする「投資の予算化」とフランス銀行による中期流動化手形の割引（中期信用制度）は、フランスにおける国家主導の戦後復興・近代化戦略の要に位置していたからである。しかも、大戦中に中期信用制度を考案し、中央銀行、準公的金融機関、財務省の三者の連携にもとづく投資金融システムを構築した中心人物はクレディ・ナショナル総裁時代のヴィルフリット・ボーンガルトネルであったが[10]、一九五八年当時のフランス銀行総裁は、ほかならぬこのボーンガルトネルであった。そのうえ、ボーンガルトネルはリュエフの前任の元財務省資金局長で、リュエフとは「積年のライバル関係[11]」にあった。それだけに問題は複雑であった。ピネーはフランス銀行が強く反発することを恐れて決断を保留した。しかし、覚書はドゴールの官房たち、なかでも財政顧問で元財務省予算局長ロジェール・ゲーツの知るところとなる。ゲーツは覚書に強い関心を示した。というのも、ゲーツ自身の証言によれば、ドゴール政権は未曾有の危機に直面しており、「ドラスティックで一貫性のあるプラン[12]」を必要としていたからである。このゲーツにうながされて、ピネーはようやくリュエフの提案に応じることになる。

九月に入るとピネーはリュエフに休暇をとらせてパリに戻し、同月三〇日、「フランスの財政問題全般」(l'ensemble du problème financier français)を検討するための特別委員会——通称「リュエフ委員会」(comité Rueff)——を設置した。ただし、委員会に付託された「財政問題全般」という課題が示すように、ピネーは特別委員会を設置することは受け入れたものの、この委員会が信用問題に立ち入ることはみとめなかった。また、委員会におけるリュエフの資格も「委員長」ではなく「調整者」にとどめた。いずれも、中央銀行と財務省の反発に配慮してのことであった。リュエフ委員会の委員はリュエフを入れて九人で、全員が経済・財務行政の外部から選任された。裁判所公認会計士・一般公認会計士理事会名誉会長J・アレグザンドル、国務院財政部門部長C・ブラザール、フランス学士院会員C・J・ジヌー、ラザール銀行支配人ジャン・ギィヨー、パリ大学法経学部教授ジャン＝マルセル・ジャヌネー、ソシエテ・ジェネラル総裁M・ロラン、フランス銀行首席副総裁ジャン・サルト、ペシネー社会長R・ヴィトリである[13]。

九月三〇日に発足した委員会は精力的に活動し、発足の当日から一二月八日までに三九回の会合——したがって

「ほぼ連日」[14]――を重ねた。委員たちは会合の早い段階から、リュエフの考えに同調した。これにたいして委員会から喚問をうけた現職の経済・財務官僚たちの方は、国庫局長のピエール＝ポール・シュヴェッツェルを除いて、全員がリュエフの考えに反対したという[15]。リュエフの言葉を借りれば、「彼らはこの一〇年のあいだ、赤字とそのファイナンスに馴れっこになっていた」からであり、「彼らにとって財政技術とは本質的に借金をする技になっていた」[16]からである。あるいはまた、リュエフ委員会の委員の一人ギィヨーの証言によれば、彼らがリュエフの論敵であるケインズの思想の影響をうけていたからである[17]。しかし、委員会は終始リュエフの統率のもとに運営され、一二月八日付で報告書「財政状態に関する報告[18]」を作成し、ピネーに提出した。これがフランスの戦後史上有名な通称「リュエフ・プラン」(plan Rueff) である。

(2)　リュエフ・プラン

大部の報告書の筆を執ったのはリュエフ自身である。そのことを裏書するように、報告書は一九三八年以来リュエフ自身が定式化した「経済介入」と「社会介入」に関する二つの原則によって貫かれていた[19]。一つは「予算で措置された補助金によって価格と市場メカニズムが歪められてはならない」という原則である。いま一つは「財政秩序によって社会政策の有効性を保障する[20]」という原則、すなわち、社会政策は財政均衡と安定通貨の枠内で実施されるものでなければならないという原則である。これらの原則――「自由主義的介入」の原則――に拠りつつ、報告書は財政再建のための施策を勧告している。それは次の四項目に集約できる。第一に、一方の増税と、他方の、国有企業および社会保険等にたいする各種補助金の削減によって、財政均衡を実現する。第二に、財源の裏づけのない国庫による投資金融は財政から切り離し、金融市場に委ねる。とくに、通貨膨張の要因となっている中期信用制度を利用した住宅建設金融は廃止する。第三に、自由化品目を大幅に増やして貿易自由化を促進する。第四に、フランを切り下げる。

ただし、切下げは今回をもって最後とする。[21]

以上のような勧告を根拠づけるべく、報告書には次のようシナリオが示されていた。勧告の実施によってインフレは終息し、海外から資本が還流する。その結果、市場の資金は潤沢になり、国内金利、とりわけ長期金利が下がり、投資が増大する。要するにリュエフ・プランとは、価格メカニズムの復活を軸にした経済社会の再生プランだったのである。

ところで報告書の原稿はリュエフの手ですでに一一月一日から四日にかけて作成されていた。そして一一月一九日、リュエフは首相官邸に出向いてドゴールにその内容を説明している。このときの様子については、リュエフ自身が立ち入った記録を残している。それによれば、リュエフはドゴールに報告書案の内容をパラグラフごとに説明した。これにたいして、説明の場に同席した財務大臣ピネーは、リュエフ委員会による勧告を一部修正した「より穏当で、したがって効果の少ない方式」を代案として提示した。すなわち、その席で用いられた用語を借用すれば、リュエフの「強いプラン」(plan fort) と財務大臣の「弱いプラン」[22] (plan faible) の二つがドゴールに示されたのである。しかしドゴールは勧告のいずれの部分についてもリュエフ案を採り、ピネー案を避けた。

一一月二五日にリュエフは再度首相官邸に呼ばれ、今度は一対一で、ドゴールから委員会勧告案に関する質問をうけている。そして、この会見の終わりにドゴールとのあいだで次のような会話が交わされている。

ドゴール　あなたの勧告はすべてにおいて素晴らしい。しかし、私が〔勧告から〕何も除外することなくすべてを実施するとして、これは国民に大きなショックをあたえるに、本当に値するものなのでしょうか。

リュエフ　プランがすべて実施されるなら、わずか数週間のうちにわが国の国際収支が均衡を回復することを、私はあなたに請けあいます。それについて私は絶対の自信をもっています。将来、あなたが私についてどう思う

かはすべて結果次第である、ということを私は甘んじて受け入れます。[23]（〔 〕内は引用者による補足）

ドゴールはリュエフにたいしてプランの実際上の効果について確証を求め、リュエフは留保なしにそれに応じたのである。

理論レヴェルの問題はともかくとして、プランの効果に不安をいだいたのはドゴール一人にかぎらなかった。リュエフ委員会の委員たちのなかにすら訝る者がいた。委員の一人ジヌーは、リュエフに宛てた一九五八年一二月八日付の書簡で、内心の不安を率直に告白している。ジヌーは、「委員会の結論が理論上は非の打ちどころのないことはいうまでもない」と断ったうえで、「プログラムが成功するための条件が整わないのではないか」と言う。補助金や免税措置が全廃されれば世論が激しく反発すると予想されるが、「ドゴール将軍個人の権威によってこの爆発を抑えられるとみるのは途方もない幻想である」と考えるからである。かくて、ジヌーはこう結論づける――「委員会提案を実行する以外に方策はないと言いつつ、あなた〔リュエフ〕が何度もくり返し行った議論はよく理解できるのですが、私は、これらの勧告が政治的に可能な範囲を超えており、われわれの想定外の結果になるに違いないと思うのです」[24]と。いま一人の委員ジャヌネーも、プランがあまりに大胆なものだったために、「恐怖」と「不安」[25]に怯えていた。そして彼は、報告書が公表されれば厄介な問題が起こると考え、報告書が完成するや休暇をとってパリを離れた、と回想録に記している。[26]

では、リュエフはなぜ自らのプランに「絶対の自信」をもつことができたのか。彼は後年、一九六八年の「五月危機」のあとに、首相に就任して間もないモーリス・クーヴ＝ドゥ＝ミュルヴィルから危機への対処法について助言を求められている。ちなみに、クーヴ＝ドゥ＝ミュルヴィルは元財務官僚で、リュエフが国庫局次長、次いで局長だった一九三〇年代に彼の補佐役を務めていた。リュエフはこのかつての部下に覚書を送り、一九五八年の危機への対応を例に引きながら、次のように答えている。危機に対処するには「電気ショック」が必要で、それにはプランが必要である。「プランというものは、フランスが長期にわたって経済の均衡、それにとりわけ財政の均衡を確保できないなどということは認めることも考えることもできない、という考えにもとづかなければならない。それには、財政赤字を市場にある貯蓄額以下に確実に引き下げることである。一九五八年にはこの貯蓄額は旧フランで六〇〇〇億――現在のフランで六〇億――あり、一九五九年の赤字予測は一兆二〇〇〇億であった。退蔵と資本流出の危機が収まるや、〔赤字補填に〕充当された貯蓄は六〇〇〇億を大幅に上回り、多分その二倍、すなわち現在のフランで一二〇億にたっした」(27)（傍点は引用者）。リュエフは、かつて自由主義刷新国際研究センターにおける報告のなかで、財政支出は「租税や借入れによる諸個人の収入からの控除」によってなされた場合にのみ有効であり、そうでなければインフレになると述べていたが(28)、彼が、財政支出とインフレとのこの理論上の関係を問題の核心ととらえており、その点に絶対の自信をもっていたことがうかがえる。

それはともかくとして、ドゴールはリュエフ・プランをそっくり受け入れ、財務大臣ピネーの抵抗、ならびに元首相で社会党書記長のギィ・モレ以下三人の社会党出身閣僚の職を賭した抵抗を押し切って、ただちに実施することを決めた。こうしてリュエフ・プランは一九五九年度財政法のなかに組み込まれ、フランも一七・四％切り下げられた。新しい政策は効を奏し、早くも一九五九年上半期中にインフレは収束に向かい、国際収支は改善し、外貨準備も急速な回復をみせた。こうして危機は文字通り「奇跡的に」(29)克服された。そして、フランスはこの年の年末にフランの交換性回復を実現し、ＥＥＣ加盟諸国にたいするフランス市場の開放が可能になった。

ところで、政府によるリュエフ・プランの採択が一九五八年一二月末に公表されるや、リュエフのもとには内外の自由主義者たちから賛辞が殺到した。そのなかにはモンペルラン協会の会員も含まれていた。当時ジュネーヴ国際高等研究院に職を得ていたマイケル・ハイルペリンは、「あなたの報告書は、この貧しい世紀において、政府の外にある自由主義経済学者が〔政府に〕大きな影響をあたえた最初の事例です[30]」とリュエフに書き送っている。また、チューリッヒ大学のF・A・ルッツは、「私は貴方の考えに全面的に賛成です。私の考えでは、あなたはこの報告書によって、フランスにたいしてだけでなく全世界にたいしてさえも偉大な貢献をしました[31]」と最大級の賛辞を送っている。

以上のように、新自由主義の原則に立脚したリュエフ・プランは大きな成功を収めたのであるが、この成功の鍵はどこにあったとみるべきか。一九三八年に社会主義者や労働組合指導者たちと行った討論のなかで、リュエフは、法則を追究する「科学」としての「政治経済学」と「政策」（ないしは「政策技術」）とを区別し、「政策」は最終的には国民の「投票行為」によって選択されると述べた[32]。このようなリュエフの立論に即して言えば、リュエフはドゴールという絶対的な政治的権威を介して、「政策」を「政治経済学」に近づけることに成功したということになる。プランの成功の鍵もまさにここにあったといえよう。

第2節　リュエフ‐アルマン委員会と右からの経済構造改革（一九五九〜六〇年）
――第二のリュエフ・プラン――

(1)　リュエフ‐アルマン委員会の設置

一九五九年一月八日、フランスは第四共和政から第五共和政に移行した。これにともなってドゴールは第五共和政初代の大統領に就任する。空席となった首相にはミシェル・ドゥブレが指名され、財務大臣にはピネーが留任した。このように政治体制が変わり、またリュエフ・プランも実施に移されたが、財政政策にたいする財務当局の姿勢に変化はみられなかった。早くも一月のうちに、国庫局は大型国債の発行に着手しようとした。これを知ったリュエフは、自身のプランの原則に反するとして財務大臣と首相に激しく抗議し、かろうじて国債発行を延期させることに成功した。三月に入ると、ピネーが改革に消極的なことがさらにはっきりしたことから、リュエフは直接首相のドゥブレに改革の継続を訴えることになる。そして六月一〇日、彼は任地のルクセンブルクから「必要不可欠な若干の改革に関する覚書」[33]をドゥブレに送り、五項目からなる改革を提案した。以下に記すのが各項目の要点である。

(1)「四〇年にわたるインフレによって徐々にしみついてしまった財政手法」の改革。この改革は複雑な内容のものとなるはずなので、手始めに、専門家たちに検討作業を行わせ、彼らに報告書を作成させる必要がある。

(2) 国際通貨制度改革。前年の一二月にフランの交換性回復が実現し、フランスの国民通貨はドルにリンクすることになった。かくていまや、フランスの物価はアメリカの物価動向に支配されているが、こうした現状を長引かせるべきではない。ドルに繋がれたフランをドルによる支配から解放するには、ドルと金との結びつきを強める以外に方法がない。しかしアメリカの側にこの結びつきを強める意思がないので、フランスが「西側の国際通貨諸制度の再建を率先して方向づける」必要がある。小委員会を設置してこの問題を検討させるべきである。

(3) 税制改革。「財政均衡に制度的性格を付与する」必要があるが、それには税制改革が必要である。税制改革を実施すれば一時的に歳入不足に陥る危険があるので、予備財源の確保に努める必要がある。

(4) 信用改革。リュエフ・プランの実施後に海外から大量の資本が流入したものの、フランスの国内金利は下がっていない。これは、国家信用評議会（CNC）が銀行の貸出金利に「最低率」を設け、銀行部門に「準独占状態」を創り出しているからである。しかしこれも氷山の一角にすぎない。問題は「わが国の信用政策の全構造」にわたっている。市場の実態を洗い出して検討する必要がある。

(5) 行政改革。社会保険、輸送、公共サーヴィスの諸部門の行政実務には深刻な問題が山積している。この領域で改革を進めるには、インフレを引き起こさないように、まず「大規模なプログラム」を策定し、次いで、公的介入の利益を国民全体に均霑するのではなく、それを必要不可欠としている職種の人々に振り向けるようにしなければならない。とくに社会保険の領域では、「すべての人にではなく必要な人にあたえること」を原則にしなければならない。これは「国家の活動の再編成」を意味する。このような原則にもとづいた政策――すなわち、ヴィルヘルム・レプケの言葉を借用すれば「非プロレタリア化」（déprolétarisation）政策(34)――をすべての領域でただちに実施する必要があるが、それには事前に労働組合の代表と話しあい、彼らに改革の意義を理解してもらう必要がある(35)。

以上五項目のうちの(5)を実施するには、リュエフ自身も指摘しているように労働組合の協力が必要である。このため、リュエフは密かに社会党書記長のモレと会談し、彼に協力を求めている。モレは前年、リュエフ・プランに反対して閣僚を辞任したものの、プランが劇的な成功を収めたことからリュエフにたいする評価をあらためていた。彼はこの会談でリュエフに協力を約束したという(36)。

ところが覚書をうけとった首相ドゥブレの方は慎重で、容易に動こうとしなかった。このため、リュエフは八月二〇日、今度はドゴールに直接書簡(37)を送っている。彼はそのなかで現状を次のように説明している。リュエフ・プランの採択から七カ月が経過したが、プランをさらに前進させようとする動きはどこにもみられない。それどころか、「行政は再び因習の世界に戻り、改革への情熱は冷めてしまった」。一九二九〜三三年の大不況期に起源をもつさまざまな規制が依然として残っており、それらが「生産性上昇の妨げとなっている」。物価が安定したおかげで不用になったはずの補助金類にも手がつけられていない。以上のように現状を説明したあとで、リュエフは「労働組合の全国組織、労働総同盟‐労働の力(38)（CGT‐FO）とフランス・キリスト教労働者同盟（CFTC）も協力してくれると確信している」と述べる。そして最後に、覚書をこう結んでいる——「あなたの個人的介入だけが装置を軌道に戻せるのです」と。

リュエフの覚書にドゴールは即座に反応した。九月一日には、大統領から指示をうけたドゥブレがリュエフと会見し、「経済発展の障害の除去」について勧告を行う特別委員会の設置を了承した。これをうけてリュエフは、九月三〇日、一〇月二八日と二度モレと会談している。特別委員会への労働組合代表の参加を実現するために、この左翼の政治指導者の助言と協力を求めるためであった。会談でモレは、リュエフについての「自由主義経済学者という悪い評判」[39]を薄めて労働組合の協力を得やすくするために、首相を特別委員会の（名目上の）委員長とし、副委員長にリュエフとともにフランス国有鉄道（ＳＮＣＦ）総裁のルイ・アルマンを充てるよう助言した。こうして一一月一三日の政令《デクレ》によって設置された特別委員会は、委員長が首相のドゥブレ、副委員長がリュエフとアルマン、委員は雇主代表三人、労働組合代表三人、国有企業代表二人、農業代表二人、銀行代表一人、経済学者三人という構成をとることになった。そして、労働組合代表として管理職総同盟（ＣＧＣ）書記長アンドレ・マルテル、フランス・キリスト教労働者同盟書記長ガストン・テッシエ、労働総同盟‐労働の力代表ガブリエル・ヴァントジョルの三人が参加することになった。通称「リュエフ‐アルマン委員会」（comité Rueff-Armand）の誕生である。

(2) リュエフ‐アルマン報告——「プロメテウス的社会」への構造再編——

一九五九年一一月から活動を開始した特別委員会は九五回の会合を重ねたのち、一九六〇年七月に報告書「経済発展の障害についての報告[40]」をまとめた。「リュエフ‐アルマン報告」（rapport Rueff-Armand）と通称されるこの報告書もまた、リュエフ自身の手で書き下ろされた。したがってそれは、事実上の第二の「リュエフ・プラン」であった。報告書は長大な序論と具体的な勧告の二つの部分からなっている。

序論では、フランス経済の現状と改革の方向性が総括的に示される。この部分にはリュエフの新自由主義の特徴がよく表れているので、やや立ち入って紹介することにしよう。

時間当り賃金購買力をはじめとする各種指標によれば、フランス経済の発展水準はヨーロッパの近隣諸国やアメリカ合衆国に比べて低い。その原因は、一九二〇年代および第二次大戦のインフレ期に進められた借地・借家権のいちじるしい強化と、一九三〇年代の大不況期にさまざまな業種に導入された新規参入制限が、フランス経済の構造を硬直化させていることにある。たしかに第二次大戦後の一五年間にフランス経済は発展をとげたが、それを支えていたのは「インフレ的投資金融」である。それゆえこの国の経済は国際収支面に弱点があり、その発展には大きな限界がある。このように序論はフランス経済の現状を厳しく批判する。

そのうえで序論は、フランスがめざすべきは不断に構造が再編される社会、科学的知識と生産技術の無限の進歩に開かれている社会である、と説く。そしてこのタイプ社会を、天上から火を盗み人間を冒険の道へと引き入れたギリシャ神話の英雄プロメテウスの名をとって「プロメテウス的社会」（sociétés prométhéennes）と呼ぶ。ちなみに、この「プロメテウス的社会」は人間社会の本来の姿であるだけでなく、今日のフランスが選択を余儀なくされている社会でもある。というのは、フランスはEECへの参加を最終的に決断し、EECの域内諸国と同じ土俵で競争せざるを得なくなっているからである。序論を引用しよう――「七〇年以来はじめて、フランス経済は『為替の自由化』によって外国との競争と、そしてとりわけ共同市場をつうじてドイツの活力ある生産と、向きあうことになった。……インフレが収束したこと、そしてまた共同市場を受け入れたことによって、フランスは希望に満ちた、しかし重い義務も課せられた新しい時代に入った。インフレという毒入りの支援を奪われてしまったので、生産を発展させて生活水準の向上を図るには、フランスは実効性のある努力、市場への不断の適応、最高収量の追求をめざすしかなくなっている[41]」。

ところで、フランスの社会が「プロメテウス的社会」に変わり経済発展が常態になるには、経済から硬直要因が除去されなければならない。硬直要因がなくなれば価格メカニズムは正常に機能し、経済構造は価格変動をつうじて不断に調整され再生産されるようになり、結果として経済は順調に発展するはずである。というのは、序論によれば、「構造と価格の変化は発展の結果であると同時に原因でもある」からである。かくて、公権力の手で硬直要因を除去することによって経済の「構造再編」(reconversion)を図るべきである、というのが序論に示された特別委員会の、第一の、核心的な主張である。

ただし、この主張は第二の主張とも言うべき次の二つの留保条件によって補完されている。第一に、経済の構造再編は痛みをともなうので、実施にあたっては「誘導的諸措置」を積極的に講じる必要がある。そうした措置としては、利子補給、低利融資、転換補償、住宅建設、教育研修などが有効である。しかし、インフレを引き起こすことのないよう、それらの措置はあくまでも一九五八年の「財政再建」の枠内、すなわちリュエフ・プランの枠内にとどめられなければならない。第二に、硬直要因を除去するとはいっても、それは公権力が、自由な価格変動をつうじて形成される構造を、低所得者にたいする低家賃住宅の供与のようなやりかたで変更することを禁じるものではない。それゆえ、特別委員会は次のような原則に依拠して勧告を行うことになる。「われわれは価格の真実性(la vérité des prix)を基本と考えるが、その効果が、社会正義と国民に不可欠な任務の遂行に必要な富の再配分によって、必要かつ可能な範囲内で修正されることを望むものである(42)」。

以上二つの留保条件は、いうまでもなく、リップマン・シンポジウムおよび自由主義刷新国際研究センター・セミナーにおける討論の核心をなす「自由主義的介入」論そのものである(43)。

さらに序論で注目を引くのは、経済発展は「一個の全体」として考える必要があるとして、非経済的諸部門における進歩への適応と、そのための構造改革の必要性が説かれている点である。具体的に指摘されているのは行政改革であり、その内容は「縦割り行政」の廃止である。

序論は最後に、経済の構造改革にたいする国民の合意をとりつけるために、国民にたいする広報活動と情報公開を徹底することとの必要性を力説して終わる。というのは、序論は次のような認識に立つからである――「われわれが批判している〔経済発展の障害となっている〕諸措置は、それらのおかげで大変な事態になっていることを国民が完全に理解していたとすれば、長つづきしていなかったであろう」[44]。

報告書の後半をなす勧告の部分では、紙数の大半を割いて、農業からタクシー業にいたるまでの個別の業種について「発展の障害」が洗い出され、個別具体的な解決策が提案される。それらに共通しているのは、(1)「規制緩和」と制度および機構の「柔軟化」（そのなかにはパートタイム労働の導入と拡大も含まれている）、(2)そのための法制度の改編と整備である。そして最後に、非経済領域における三種類の改革が提案される。第一は「情報開発」(développement de l'information）である。すなわち、経済専門家を育成するための教育制度の整備、政府による経済の現状および経済政策に関する広報活動の徹底などである。第二は「教育改革」である。この改革の主眼は、経済情報（民間経済情報および政府の経済政策情報）にもとづいて「進歩」に適応したり「転職転業」したりする能力を人々が身につけられるようにすること、つまり人々の市場適応能力の開発にある。それは、義務教育年限の延長、中等教育への基礎的経済教育の導入、農村住人にたいする教育機会の拡充などからなる。第三は伝統的な縦割り行政の廃止を目的とする「行政改革」である。

要するに、リュエフ＝アルマン報告における政策提言とは、自由な市場機能を高めることを目的とする、経済、社会および国家機構レヴェルにおける構造改革――「プロメテウス的社会」への構造再編――にほかならなかった。改革の対象から外されていたのは、政治が深く絡み、かつ国会事項でもある国有企業部門と、フランス銀行の協力が必要な信用領域だけである。報告に盛り込まれた構造改革は、明らかに、一九三〇年代から戦後解放期にかけて左翼諸勢力が推進した「国有化」と「計画化」を軸とする構造改革の対極に位置している。そうした意味において、この改革は「右からの構造改革」と呼ぶことができよう。

最後に、リュエフ－アルマン報告については、報告の全体[45]――すなわち、新自由主義を理念とする「右からの構造改革」の全体――が、国有企業代表と非共産党系労働組合三団体の代表を含む委員全員によって了承されたという事実を指摘しておこう。なかでもCFTC書記長のテッシエが委員会にたいして示した献身ぶりは、感動的ですらある。テッシエは報告書が完成した直後に他界したが、リュエフは彼について次のように回想している。「［テッシエ］は重態におちいっており、数日後に息をひきとった。彼は私に、『死ぬ前に勧告への自分の同意と勧告の精神への自分の賛意を刻印する必要がある』と知らせてきた。彼は、報告書の準備に充てられたすべての会合に模範的な誠実さをもって出席したのち、死の床で、署名したのである[46]」。フランスにおけるキリスト教系の経済社会改革運動は、一九三〇年代の後半から、軸足をそれまでのコーポラティズムから市場メカニズムを重視する新自由主義へと徐々に移動させていたが、改革運動のこうした進化はリュエフ－アルマン委員会における労働組合代表の姿勢にも反映していたのである[47]。

しかしリュエフ－アルマン報告は、先のリュエフ・プランとは違って経済全般にわたっていたこともあり、ただちに組織的な構造改革の実施に結びつくこともなければ、劇的な経済効果を生じることもなかった。報告内容が完全なかたちで実現するには一九八〇年代を待たなければならない[48]。

第3節　リュエフの信用改革提言と信用構造改革（一九六一～七三年）
――第三のリュエフ・プラン――

(1) 信用改革提言

リュエフ委員会とリュエフ－アルマン委員会が発足する端緒となったのはリュエフの手になる二篇の覚書であったが、そのいずれにも信用改革が重要な課題として明記されていた。しかし、リュエフは信用改革に手を染めることを許されなかった。すでに触れているように、一九四九年からフランス銀行総裁職にあり、一九六〇年には財務大臣に就任するボーンガルトネルが、規制体制維持の立場を崩さなかったからである。リュエフは一九七二年に公刊された自著のなかで、「信用に関しては絶対的な禁止に直面した(49)」と記しており、この問題にたいするフランス銀行と財務省国庫局の抵抗がいかに強固なものであったかがうかがえる(50)。

一九六一年一二月五日、リュエフは、先の二つの特別委員会では扱うことを禁じられた信用問題を、公開講演の場で正面から論じている(51)。同じころ、彼はＩＭＦ体制の非対称性とインフレ体質を批判し、金に実質的な役割を付与すべきだとする主張を展開していた(52)。この国際通貨改革論はリュエフの名を国際的に知らしめたものの具体的な改革には結びつかなかった。挫折した国際通貨改革論とは違って、講演のなかでリュエフが展開した信用改革論は大きな制度改革に道を開くことになる。したがって、たしかにリュエフは信用問題で特別委員会を組織することはなかったものの、彼の信用改革論は第三の「リュエフ・プラン」と呼ぶことができる。

問題の講演は次のような現状認識から始まる。リュエフ・プランが実施された一九五八年末以後も、フランスにおけるインフレ基調は変わっていない。このため、「発展のなかの安定」(la stabilité dans l'expansion) という一九五八年に採用された戦略が破綻しようとしている。これにたいして、当事者であるフランス銀行は、原因が国家財政の歳出超過にあるとする旧態依然の議論をくり返している。しかし、一九五八年以降のインフレは国際通貨事情と国内市場の特殊性に原因があり、国家財政に責任はない。

次いで、リュエフはフランスのインフレを次のように分析する。世界的なドル過剰を背景に、フランスには海外から巨額の資金が流入している。しかしそれにもかかわらず、フランスでは、金利とくに長期金利が下がり投資が促進されるという調整メカニズムが働いていない。このため、余剰資金は市場で吸収されずに購買力となって物価を押し上げている。

では、調整メカニズムはなぜ働かないのか。リュエフによれば理由は二つある。第一に、国家信用評議会とフランス銀行が諸銀行の貸出金利に最低水準を設定しているために、金利の低下が妨げられている。第二に、フランスではインターバンク市場としての「貨幣市場」(marché monétaire. 以下、貨幣市場という用語はこの限定された意味で用いる) がいちじるしく狭隘で、事実上存在しないに等しい。ところで、こうした現実もフランス銀行の政策に原因がある。なぜなら、同行は一九世紀以来、割引歩合を貨幣市場金利の水準以下に設定することによって、国内信用の流動化を一手に引き受けてきているからである。また諸銀行も、このような「中央銀行市場」(marché en banque) を利用しつつ国家保証付中期手形の割引で十分な利益をあげているために、現状を変えようとしない。それゆえリュエフによれば、「フランス銀行が中期手形の保有者にあたえている流動化の便宜は、フランスの通貨を蝕んできた、また蝕みつづけている癌である」[53]。あるいは、「フランスでインフレがつづいているのは、本質的に、わが国の信用政策の信じがたい誤りに原因がある」[54]ということになる。

以上の分析をもとに、リュエフは二つの改革を提案する。第一に、最低金利制度を廃止する。第二に、フランス銀行が割引率を常に貨幣市場金利以上の水準に設定することによって、フランスに「本来の貨幣市場」を創出する。ちなみに、前者はヴィシー政権期以来の「組織化された信用システム」[55]の重要な変更を意味し、後者はフランス銀行の伝統的な信用政策とフランスにおける同じく伝統的な市場構造の全面的な改変を意味する[56]。とくに第二の改革は、フランス銀行と財務省国庫局が貨幣市場の狭隘さを理由に中央銀行市場を存続させてきたという事情もあり、容易なことではない。それだけに、リュエフは予想される抵抗にたいして激しい言葉をなげつけている――それは「親を殺しておいて、自分は孤児であるからといって同情を求める行為[57]」に等しいと。それはともかくとして、二つの提案はつまるところ、信用領域に価格メカニズムを貫徹させ、中央銀行に直接的な信用配分から手を引かせることを意味するものであった。

国家信用評議会とフランス銀行を正面から断罪するこの爆弾発言には、当然のことながら真っ先にフランス銀行が反応した。ボーンガルトネルの後任の総裁ジャック・ブリュネは、講演から一カ月後の一九六二年一月一〇日に、リュエフと会談を行っている。この会談には次席副総裁で前国庫局長のシュヴェッツェル、国庫局長モーリス・ペルーズ、国家信用評議会事務局長ジャン＝マキシム・レベックという、フランスの通貨、信用、財政の最高の実務責任者たちが同席していた。しかし規制体制の維持が必要だとするブリュネと、その廃止こそが必要だとするリュエフの主張は併行線をたどり、会談は何の成果も生まなかった[58]。

リュエフは一九六二年に経済社会審議会（Conseil Économique et Social）の金融・信用・租税部会の評定員に選任されるが、彼はこの独立の国家機関にも、持論を展開した覚書を提出した。こうして一九六三年から六四年にかけて、この部会でリュエフの信用改革提言がとりあげられた。部会にはフランス銀行総裁ブリュネも参考人として呼ばれたが、先の会談におけると同様、総裁は規制体制を維持する必要がある旨の陳述を行った[59]。かくて、ここでも、リュエフの提言は受け入れられるにいたらなかった。経済社会審議会における審議は大統領府にも伝わり、ドゴールの主宰する閣議でもとりあげられている。一九六四年一月一六日付の『フィナンス』誌によれば、閣議では外務大臣のクーヴ＝ドゥ＝ミュルヴィルがリュエフの主張を「公然と」支持し、この外務大臣発言に大統領が「多大の関心をもって耳を傾けた」。しかし、財務大臣のヴァレリー・ジスカールデスタンが「大いなる慎重さ[60]」を求めたために、問題の進展はみられなかったという。

とはいえ、リュエフの信用改革提言の一部は一九六六年から六七年にかけて実現する。それを側面から後押ししたのは第五次計画（一九六六～七一年）[61]である。第三次ジョルジュ・ポンピドゥー内閣の財務大臣ミシェル・ドゥブレが、第五次計画の目標の一つである「競争力の強化」を信用面から支援しようとして、広範な改革に着手したからである。彼は一九六六年から六七年にかけて、「信用手法の近代化」の名のもとに、前世紀以来の信用慣行である手形割引信用の改革（商業債権流動化信用CMCCの創設）、最低金利制度の廃止、銀行による支店開設の自由化、預金銀行と事業銀行との区別の実質的廃止（ユニバーサルバンキング制の導入）、為替・資本取引の部分的自由化、証券取引所改革、等々を矢継ぎ早に実施した。[62]ただし、ドゥブレの改革は広範な信用領域をカヴァーしていたものの、中央銀行固有の領域だけは除かれていた。

(2) マルジョラン報告と貨幣市場改革——静かな金融ビッグバン——

フランスの信用領域における新自由主義は一九七〇年前後に一つの山場を迎える。その契機となったのは一九六八年の「五月危機」とそれにともなうフラン危機である。未だ「五月危機」の余燼燻る七月一〇日、クーヴ＝ドゥ＝ミュルヴィルが首班に指名された。前述したように、彼は就任早々、かつての上司リュエフに助言を求めていた。クーヴ＝ドゥ＝ミュルヴィルは一二月に入って、ロベール・マルジョラン、ジャン・サドラン、オリヴィエ・ヴォルムセルの三人の「賢人《サージュ》」からなる委員会を発足させ、この委員会に貨幣市場改革の検討を委ねた。いうまでもなくこの改革は、リュエフの信用改革提言の核心に位置するものである。三人の賢人のうち最年長のマルジョランは欧州委員会の前副委員長で、リップマン・シンポジウムへの出席者の一人であった。サドランは財務省の元対外金融局長。また、ヴォルムセルは外務省対外経済金融局長、ソ連大使を歴任した現職の外務官僚で、外務省時代のクーヴ＝ドゥ＝ミュルヴィルの片腕であった。三人ともフランスの対外経済金融行政のなかでもとりわけヨーロッパの経済統合に深くかかかわった経歴をもつものの、当時のフランス銀行と財務省にとっては部外者であった。

一九六九年四月八日に提出された報告書[63]——通称「マルジョラン報告[64]」（rapport Marjolin）——は信用領域における「新自由主義マニフェスト」ともいうべきものであった。報告書では、フランスにおける信用問題が次のように分析されている。「フランス市場は、公的・準公的金融諸機関の存在とそれらの機関を利用して実施される政策金利・政策金融によって著しく分節化している。そこには「同一物にたいして一つではなく複数の価格が存在し」、「人が市場と呼べるものではない」。このため、ユーロ市場の出現などによっていちじるしく変貌しつつある国際市場環境に適応できなくなっている。フランスにもアングロサクソン型の、単一で、規模の大きな貨幣市場を創設する必要がある。それには、フランス銀行が自らの割引率を貨幣市場金利よりも常に高い水準に設定することによって割引業務の形骸化を図り、貨幣市場のみに介入するようになる必要がある。要するに、マルジョラン報告の内容は一九六一年のリュエフ提言をほぼそっくりなぞるものであった。なお、報告書は将来における「国庫の回路」の廃止、準公的金融諸機関の特権廃止にも言及しており、リュエフが踏み込むことのできなかった国家機構や準公的金融機関の改革にまで立ち入っている点でも注目される[65]。

マルジョラン報告が提出されたその日に、クーヴ＝ドゥ＝ミュルヴィルはフランス銀行総裁ブリュネを更迭し、後任に「賢人」の一人ヴォルムセルを任命した。翌日の新聞はこの更迭劇を「ヴォルムセル氏とともにジャック・リュエフ氏がフランス銀行に戻ってくる[66]」と報じたが、それは誤りではなかった。新総裁は一九七一年一月、フランス銀行の割引率を貨幣市場金利の水準以上に設定し、以後手形割引業務から基本的に手を引くことを決めた。これによって、創設以来手形割引を通じて信用調節のみならず信用配分にも責任を負ってきたフランス銀行は、以後、市場介入の軸足を貨幣市場に移し、信用配分については市場に委ねることになる。

ヴォルムセルによる改革はこれだけにとどまらなかった。彼はフランス銀行の定款改正にも着手し、これをジョルジュ・ポンピドゥー政権下の一九七三年に実現した。これによって同行の業務は創設以来初めて、しかも全面的に改定され、割引を中心とする信用業務に関する規定が定款からそっくり消えた。同じくこれによって、人民戦線政権下の一九三六年に一般評議会（理事会）に導入されたコーポラティズム型の組織原理が放棄され、同評議会から労働組合代表を含む各界の代表たちが放逐された。一般評議会は以後、金融専門家から構成されることになる。(67)

ところで、フランスの左翼政党と大手労働組合は一九三〇年代から戦後解放期にかけて「国有化」と「計画化」を主導していた。(68) そうした過去があるにもかかわらず、一連の改革にたいするこれら政党および労働組合の反応は鈍かった。フランス銀行の一般評議会では、労働組合出身の評定員（理事）は改革に「慎重さ」を求めるだけであった。定款改正法案の議会審議では、左翼政党は法案を「専門技術的《テクノクラティック》で自由主義的である」(69)と批判したものの、有効な対案を示すことができず、棄権票もしくは反対票を投じた。唯一、強く抵抗したのはフランス銀行の従業員組合（独立系組合）である。新しい体制のもとでは支店・出張所網の大幅削減が不可避なことから、同行の従業員たちは雇用――彼らの言葉を借りれば「フランス銀行の将来」（avenir de la Banque）(70)――に強い不安をいだいたのである。フランス銀行ではヴォルムセルの着任とともに従業員組合による激しい抗議行動が頻発するようになった。しかし、これも改革の方向を左右する力にはならなかった。(71)

かくて一九六六年から七三年にかけて、戦後の「組織された信用システム」はもとより、一九世紀以来の伝統的な信用・市場構造にも根底から変更が加えられたのである。一九六一年のリュエフの講演に起源をもつこの改革は、過去における諸改革とは違って、大規模な社会・政治運動に媒介されていなかった。(72) とはいえ、その意味するところ大きく、まさに「静かな金融ビッグバン」とも評し得るものであった。ただし、厳密を期するなら、この改革も市場の実態を一挙に変えるものではなかった。市場の実態が理念に近づくにはさらに年月が必要であった。(73)

おわりに

フランスにおける新自由主義は、第一級の経済理論家でかつ第一級の実務家でもあるリュエフという類い稀な人物とともに、一九五八年に華々しく復活した。しかし、当時、新自由主義者は未だ少数派でしかなく、新自由主義はあくまでもドゴールという絶対的な政治的権威の保護下にあった。しかし新自由主義は、その後一九七〇年代初頭にいたるまで、リュエフの大胆でかつ粘り強い発言と行動のおかげで、常にフランスの政策当局およびマスメディアの関心をとらえつづけただけでなく、信用改革の歴史が示すように、着実に地歩を固めつつあった。たしかに国有企業、それに経済社会審議会、国家信用評議会など戦後に創設された経済および信用の管理のための各種国家機関には——すなわち、戦後経済体制のいわば「外構《ファサード》」には——手がつけられなかったし、労働組合運動も健在であった。それだけに外部からはうかがいにくかったとはいえ、市場メカニズムの復権と拡大、その反面としての戦後体制の漸進的空洞化というかたちで、現実は着実に進行していた。しかもこれには、社会党や同党に関係の深い労働組合も一定の了解をあたえていたのである。

しかし一九七六年にレイモン・バールが首相兼財務大臣に就任するや、ついに彼の手でフランスの歴史上はじめて新自由主義が政府の公式の政策——いわゆる「バール・プラン」(plan Barre)——として組織的に実施されるようになる。ちなみに、バールはモンペルラン協会の会員で、自他ともにみとめる新自由主義者であった。また、バールを首班に指名した大統領のジスカールデスタンは、この新しい政策を、それが社会問題に配慮した自由主義的政策であるとの理由から、ドイツに倣って「社会的市場経済」(économie sociale de marché)と呼んでいる(74)。かくて、フランスにおける新自由主義は一九八〇年代にはじめて歴史の舞台に登場したわけでもなければ、アングロサクソン諸国の影響をうけて登場したわけでもなかった。それには一九三〇年代以来のフランスにおける長期の一貫した、いわば伏在した前史があったのである。

ところで、フランスにおける新自由主義はリュエフの亡きあとも、彼の名とともに今日まで継承されている。リュエフが没して一八年後の一九九六年に、彼の生誕一〇〇年を記念して開催された「ジャック・リュエフの思想の今日的意義」と題する研究集会(75)が、そのことを物語っている。研究集会を主宰したのは計画庁で、その協賛機関・団体には経済社会審議会とフランス・アカデミーが含まれていた。会場には国民議会議事堂が充てられ、冒頭の基調報告は計画庁長官、総括報告は国民議会議長がそれぞれ担当した。報告者は総勢二三人で、そのなかには現職の財務大臣と中央銀行総裁、それに海外からノーベル経済学賞受賞者ジェイムス・トービン、ロバート・マンデルなど三人のアメリカ合衆国およびカナダの経済学者も含まれていた。

この「準官製」のシンポジウムで登壇した報告者の多くは、ニュアンスの差はあれリュエフの思想と政策提言の今日的意義と有用性を確認している。なかでも本章とのかかわりで興味深いのは、統一通貨ユーロの導入に責任を負う立場にあった財務大臣ジャン・アルテュイの報告である。

アルテュイは、マネタリズムの先駆者(?)(76)としてのリュエフの貨幣理論から出発して次のように説く。リュエフにあっては、貨幣はその保有者たちが貨幣以外の形態でもとうとしない「諸権利の経過的な姿」を意味しており、それは「自由の最上の道具の一つ」をなす。それゆえ彼にとっては、通貨の安定を大きく左右する「財政秩序」こそが「人間の自由の条件」であるということになる、と。そしてアルテュイはこうつづける。財政の安定と安定した単一通貨、それらを保障する単一の政治権力と独立した単一の中央銀行という統合ヨーロッパの構想は、人々に「実質のある権利」――したがってまた「自由」――を保障しようとするものである。それは「ジャック・リュエフによってわれわれに伝えられた主要な知的遺産」であり、この遺産は「ヨーロッパ建設の本質的な基礎の一部をなし、また正当性の根拠となっている」と。さらにアルテュイはこうもつけ加える。「たしかに交易のグローバル化は、多分ジャック・リュエフもすでに知っていたような——ただし、彼はその効果の全体は知らなかった——大きな広がりをみせたが、彼の思想はわれわれの思考とわれわれの行動のなかにますます深く根を下ろしている(77)」。

リュエフにたいする現代フランス政界の評価を示すものとして注目されるのは、国民議会議長フィリップ・セガンによる総括報告である。セガンはリュエフの事績をたどり、リュエフが一九二八年のフラン安定化をはじめとするフランス現代史の決定的な場面で常に的確な政策判断を行い、フランス経済に正しい進路を示したとしてその功績を称える。そしてさらに、セガンはリュエフの人物評をつうじて、シャルル・ドゴールと並び立つ傑出した存在として彼の人物像を描こうとすらしている(78)。なお、研究集会の会場では、リュエフの肖像を刻印した新一フラン硬貨の発行披露も行われている。この硬貨は、統一通貨ユーロの発行を控え、最後の一フラン硬貨となるものであった。また、シャン・ドゥ・マルス公園の中央にはリュエフの名を冠した広場《プラス》も建設された。

グローバル化と規制緩和が世界を席捲し、ヨーロッパでは通貨統合が実現しようとしていたこの時期に、リュエフの思想と政策提言、したがってまたリュエフの新自由主義、それにリュエフ自身も、いわば「聖別」されるにいたったのである。

ただし、リュエフの新自由主義をどのように理解するかをめぐっては、新自由主義者たちのあいだで意見が分かれている。同じ研究集会におけるモーリス・アレの報告にその事実がうかがえる。モンペルラン協会の設立当初からの会員であるアレは、この報告のなかで、一九九六年当時のフランスの危機を次のように診断する。この国が見舞われている産業の空洞化と史上まれにみる高失業率は、一九七四年以来、歴代のフランス政府と欧州共同体が進めてきた「自由貿易主義的グローバル化政策」（une politique mondialiste libre-échangiste）が変動為替相場および資本取引の自由化と結びついたことから生じたものである、と。アレはそのうえで、社会問題に深い関心を払うリュエフの言説を多数引用しつつ、フランスが拠るべきは「合理的で適切な対外保護政策」であるとして、単一通貨の導入に反対する。単一通貨は「フランスの経済主権の全面的放棄」を意味し、そうした保護政策の実施を困難にするからである。このように新自由主義者アレは、いわばリュエフの名においてフランス政府と欧州共同体を断罪したあと、報告を次の言葉で結んでいる。「経済は人間に奉仕しなければならず、人間が経済に奉仕するのではない[79]」。

このフランスで唯一人のノーベル経済学賞受賞者は、先の財務大臣アルテュイとは対立する文脈のなかでリュエフを評価しようとしているのである。第1章でみたようにフランスにおいては、新自由主義は社会問題への対応という関心に導かれて登場したが、この新自由主義が、今日、加速するグローバル化のもとで、社会問題とのかかわりでその内容ないしは性格があらためて問われている――アレ報告はまさにこのことを物語っているといえよう。別の言い方をすれば、リュエフの時代の新自由主義は社会と市場経済を並列的な存在とみなし、「均衡」が損なわれないかぎり市場経済にたいする社会の優位をみとめるというものであったのにたいして、現代の新自由主義においては、社会を市場経済のなかにかぎりなく溶解可能なものとみる傾向の強い点が問題になっているのである。

注

（1） 以上については、本書、第1章第3節を参照。

（2） 戦後フランスの代表的財務官僚ブロック＝レネは後年、自身が関与した国家財政による投資事業の消長（すなわち、一九六〇年代初頭までの増大と以後における減少）について、次のように回顧している。「私の考えでは、〔増大と減少の〕いずれについても、その決定に大きな影響を及ぼしたのは理論的傾向よりも技術的必要であり、財政状況でした」（François Block-Lainé, *Profession: Fonctionnaire*, Paris, 1976, p. 116.）。

（3） Jacques Rueff, *L'ordre social*, Paris, 1945. ただし、リュエフが本書を脱稿したのは一九四四年である。また、そのドイツ語版は一九五二年、スペイン語版は一九六四年に、それぞれ出版されている。

（4） 司法裁判所におけるリュエフは、「経済学の代表」として同裁判所の判事たちのなかでも特別の地位を占めていたという。

Discours de A. M. Donner, 18 mai 1962, cit. par J. Rueff, *De l'aube au crépuscule. Autobiographie*, Paris, 1977, p. 217. 司法裁判所時代のリュエフについては、本書、第9章を参照。

（5） 銀行・信用領域に限定されるが、権上康男『フランス資本主義と中央銀行――フランス銀行近代化の歴史』東京大学出版会、一九九九年、第七章を参照。

（6） J. Rueff, *Combats pour l'ordre financier*, Paris, 1972, p. 153.

（7） "Eléments pour un programme de rénovation économique et financière". Repris dans *ibid.*, pp. 153–163.

（8） *Ibid.*, p. 156.

（9） 以上については、*Ibid.*, pp. 153–163.

（10） この点については、権上、前掲書、四一七～四三二頁を参照。

（11） 元外務大臣モーリス・クーヴ＝ドゥ＝ミルヴィルによる証言。ちなみに、後段で触れるように、クーヴ＝ドゥ＝ミルヴィルは財務省時代のリュエフの直属の部下であった。Institut Charles de Gaulle, *1958. La faillite ou le miracle. Le plan de Gaulle-Rueff* (Actes du colloque tenu le 26 janvier 1958), Paris, 1986, p. 103.

（12） "Exposé de Roger Gaetze", in *De Gaulle en son siècle, 3. Moderniser la France*, Paris, 1992, p. 52.

（13） J. Rueff, *Combats pour l'ordre financier, op. cit.*, p. 174; Jean Guyot, "Les travaux du comité Rueff", in Institut Charles de Gaulle, *1958. La faillite ou le moracle, op. cit.*, pp. 23–25.

（14） J. Rueff, *Combats pour l'ordre financier, op. cit.*, p. 174.

（15） Jean-Marcel Jeanneney, *Une mémoire républicaine. Entretiens avec Jean Lacouture*, Paris, 1997, p. 104.

（16） J. Rueff, *Combats pour l'ordre financier, op. cit.*, p. 260.

（17） J. Guyot, *op. cit.*, p. 26.

（18） "Rapport sur la situation financière (présenté au ministre des Finances en exécution de sa décision du 30 septembre 1958)". Repris dans J. Rueff, *Combats pour l'ordre financier, op. cit.*, pp. 170–248. リュエフ・プランの評価については、Institut Charles de Gaulle, *1958. La faillite ou le miracle, op. cit.* を参照。

（19） 本書、第1章第2節を参照。

（20） "*Rapport sur la situation financière*, doc. cité", in J. Rueff, *Combats pour l'ordre financier, op. cit.*, pp. 196 et 210.

(21) ただし、このフラン切下げは極秘を要するために報告書の本体から切り離され、首相にたいする一二月一五日付の秘密書簡のかたちで勧告された。"Recommendation relative à la monnaie, 15 décembre 1958", lettre signée par Jacques Rueff. Repris dans J. Rueff, *Combats pour l'ordre financier, op. cit.*, p. 247.

(22) 以上、リュエフ－ドゴール会談に関する引用は、すべて、J. Rueff, *Combats pour l'ordre financier, op. cit.*, p. 251. に拠っている。

(23) *Ibid.* 一二月二四日にドゴールは同様の質問を顧問のゲーツにもしていた。「ゲーツ君。多くの人が躊躇しています。このプランが技術的にみて四つのうち三つまで成功するという保障を私にしてください。残りは私の責任です。私はこの責任を引き受けるし、私はそれを実行する決定をしましょう」("L'exposé de Roger Gaetze, *op. cit*"., p. 53.)。

(24) Lettre de C.-J. Gignoux à Jacques Rueff, 8 décembre 1958, cit. par J. Rueff, *Combats pour l'ordre financier, op. cit.*, p. 167.

(25) J.-M. Jeanneney, *op. cit.*, p. 107.

(26) *Ibid.*

(27) AN（Archives Nationales）, 579AP（fonds Jacques Rueff）/161, "Note sur la conversation de Jacques Rueff avec Maurice Couve de Murville au sujet du contrôle des changes", 3 août 1968.

(28) 本書、二〇頁を参照。

(29) 「要するに奇跡か破産か、道は二つしかなかった」――シャルル・ドゴールは当時をこう回想している。Charles de Gaulle, *Mémoires d'espoire. Le Renouveau*, Paris, 1970, p. 146.（ドゴール／朝日新聞外報部訳『希望の回想』朝日新聞社、一九七一年、一九五頁）。

(30) AN, 579AP/ 12, lettre de Michael Heilperin à Rueff, 8 janvier 1959.

(31) AN, 579AP/ 12, lettre de F. A. Lutz à Rueff, 28 janvier 1959.

(32) 本書、三三頁を参照。

(33) "Note sur quelques réformes indispensables", 10 juin 1959. Repris dans J. Rueff, *Combats pour l'ordre financier, op. cit.*, pp. 265–275.

(34) レプケの「非プロレタリア化」については、Wilhelm Röpke, *Civitas Humana: Grundfragen der Gesellschafts-und Wirtschaftsreform*, Zürich, 1944, S. 268–289.（レプケ／喜多村浩訳『ヒューマニズムの経済学』勁草書房、一九五四年、二

五二〜三二三頁）参照。

(35) "Note sur quelques réformes, *op. cit*".

(36) このときモレは、リュエフに向かって、「自分は誤って一九五八年一二月の政策〔リュエフ・プラン〕は失敗すると思ってしまった。この政策は財政的に成功したが、自分はその社会的帰結については批判と留保を維持している」と言明したという。J. Rueff, *Combats pour l'ordre financier*, *op. cit*., p. 282.

(37) Lettre de Jacques Rueff à Charles de Gaulle, 20 août 1959. Repris dans *ibid*., pp. 275-280.

(38) 大戦を境に労働総同盟の内部で少数派に転じた社会党系の組合員たちは、一九四八年に新しい組織「労働総同盟－労働の力」を結成していた。

(39) J. Rueff, *Combats pour l'ordre financier*, *op. cit*., p. 283.

(40) *Rapport sur les obstacles à l'expansion économique* (présenté par le Comité institué par le décret n°. 59-1284 du 13 novembre 1959), 1960. Réédité dans J. Rueff, *Combats pour l'ordre financier*, *op. cit*., pp. 319-448.

(41) *Ibid*., p. 299.

(42) *Ibid*., p. 313.

(43) 本書、第1章を参照。

(44) J. Rueff, Combats pour l'ordre financier, *op. cit*., p. 466.

(45) 厳密にいえば、リュエフが書き下ろした報告書の序論は、委員の一人ヴェッレが「歴代の政府によるインフレ管理〔の失敗〕にたいする批判が含まれている」という理由から強く反対したために、「より中立的で行政文書のスタイルにあった序論」に差し替えられた。しかし、リュエフ自身も後日確認しているように、変更されたのは文章表現のみにとどまり、内容自体に変更はなかった。*Ibid*., pp. 287-288.

(46) *Ibid*., pp. 284-285.

(47) 冨永理恵「フランスにおける社会カトリシスムと経済社会の組織化（一九〇四〜三九年）――『フランス社会週間』の活動を中心にして」（『歴史と経済』第一九四号掲載予定）。

(48) リュエフ生誕一〇〇年記念シンポジウム（後出）で登壇した財務大臣アルテュイは、ジャック・シラク政権のもとで一九八六年に実施された国有企業の民営化はリュエフ－アルマン報告の延長上に位置しているとし、同政権の政策と同報告とを結びつけて理解しようとしている。Commissariat général du Plan, *Jacques Rueff. Leçons pour notre temps*, Actes du colloque pour la commémoration du centenaire de sa naissance, Paris, 1997, p. 64.

（49） J. Rueff, *Combats pour l'ordre financier, op. cit.*, p. 453. リュエフは、クーヴ＝ドゥ＝ミュルヴィルに宛てた書簡のなかでも、「全面的な構造改革の実施は……あなたのご存知の方からの要請で禁じられました」と記している。「あなたのご存知の方」がボーンガルトネルを指すことはいうまでもない。Lettre de Jacques Rueff à Maurice Couve de Murville, 3 août 1968, doc. déjà cité.

（50） J. Rueff, *Combats pour l'ordre financier, op. cit.*, p. 453; id., *Politique économique*, 2, Paris, 1980, p. 429. 戦後のリュエフは、しばしば政府当局者の頭越しに、ドゴールおよびドゴール派の政府高官たちに各種の政策提言を行ったために、財務省の元同僚たちの不信をかっていた。戦後に財務省対外金融局長、フランス銀行副総裁を歴任したラットルは、回想録にこう記している。「一九二六年から一九三九年までの期間に財務省の局長を務めたほとんどすべての財務監察官たちと同様、〔フランス銀行総裁〕ジャック・ブリュネはジャック・リュエフを策謀家とみなし、彼には金融政策の領域でいかなる影響力も行使させないと固く決め込んでいたようにみえる」（André de Lattre, *Servir aux Finances*, Paris, 1999, p. 195.）。

（51） この講演原稿は Jacques Rueff, *Discours sur le crédit*, Paris, 1961.（Repris dans J. Rueff, *Combats pour l'ordre financier, op. cit.*, p. 469.）として公刊された。

（52） リュエフの国際通貨改革論については、Jacques Rueff, *Le péché monétaire de l'Occident*, Paris, 1971.（ジャック・リュエフ／長谷川公昭・村瀬満男訳『ドル体制の崩壊』サイマル出版会、一九七三年）を参照。

（53） J. Rueff, *Combats pour l'ordre financier, op. cit.*, p. 469.

（54） *Ibid.*, p. 454.

（55） 権上、前掲書、三〇六～三三六頁を参照。

（56） フランス銀行の伝統的信用政策と市場構造については、権上、前掲書、一～二八頁を参照。

（57） J. Rueff, *Combats pour l'ordre financier, op. cit.*, p. 470.

（58） Archives de la Banque de France, Procès-verbal du Conseil général de la Banque de France, 11 janvier 1962.

（59） 権上康男「フランスにおける新自由主義と信用改革（一九六一―七三年）――『大貨幣市場』創出への道」『エコノミア』第五四巻第二号、二〇〇三年一一月、六～七頁を参照。

（60）*Finance*, 16 janvier 1964.

（61）*Ve Plan de développement économique et social (1966-1970)*, t. 1, Paris, 1965, p. 13.

（62）Michel Debré, *Mémoires* 4. *Gouverner autrement (1962-1970)*, Paris, 1993, pp. 77-78 et 103-110.

（63）*Rapport sur le marché monétaire et les conduits du crédit* (demandé par décision en date du 6 décembre 1968), Paris, 8 avril 1969.

（64）この通称以外に「ヴォルムセル報告」、あるいは三人の頭文字をとって「ＭＳＷ報告」などの通称が用いられることもある。

（65）以上、マルジョラン報告については、権上、前掲論文、一九～二四頁を参照。

（66）*Le Télégraphe économique*, 9 avril 1969.

（67）権上、前掲論文、二九～三五頁。

（68）権上、前掲書、一〇〇～一二四、一四一～一八五、二六七～三三六頁を参照。

（69）一九七二年一一月二日、上院における法案審議の際に社会党議員アンリ・トゥルナンが用いた表現。*Journal officiel*, Sénat, séance du 2 novembre 1972.

（70）フランス銀行の従業員組合の活動家たちが、ヴォルムセルの改革を批判する際に口にした常套句。

（71）以上、フランス銀行の政策と市場改革をめぐる動きについては、同行の一般評議会議事録をはじめとする内部資料に依拠している。

（72）この国では一九三六年、一九四一年、一九四五年と過去三回、大規模な銀行・信用改革が行われていたが、それぞれの改革には人民戦線政権、ヴィシー政権、戦後解放政権の成立という大きな政治的社会的変動がかかわっていた。権上、前掲書、参照。

（73）この点については、権上、前掲論文、三五～四〇頁を参照。

（74）Valéry Giscard d'Estaing, *Les Français. Réflexions sur le destin d'un peuple*, Paris, 2000, p. 132.

（75）このシンポジウムの報告書は、Commissariat général du Plan, *Jacques Rueff, op. cit.* として公刊されている。

（76）リュエフは一九七二年に、第六次プランの策定に向けた計画庁内の研究会で長大な講演を行い、通貨供給を中央銀行が管理することは不可能であるとして、ミルトン・フリードマンと彼のマネタリズムを批判している。したがって、リュエフをマネタリストに括ることには問題がある。Archives Economiques et Financières, B50525, Commissariat Général du Plan, Groupe de travail: Monnaie, prix et croissance, séance du 11 avril 1972, Exposé de Jacques Rueff.

(77) Commissariat général du Plan, *Jacques Rueff, op. cit.*, pp. 61-66.

(78) *Ibid.*, p. 133.

(79) *Ibid.*, pp. 105-118 et 128-129. を参照。

第9章　ヨーロッパ石炭鉄鋼共同体における新自由主義（一九五三〜六二年）

――リュエフの経済思想と石炭共同市場――

石山幸彦

はじめに

ヨーロッパ統合はその第一歩である一九五二年のヨーロッパ石炭鉄鋼共同体設立から近年の単一通貨ユーロの導入まで半世紀以上にもわたって、紆余曲折を経ながら経済面を中心に進展してきた。この経済統合を進めた政策理念として、様々な統合構想が絡み合っていたことは、これまでの歴史研究でも解明されているところである。

ヨーロッパ統合構想のなかでも、二〇世紀において最初に国際的反響を呼んだのは、オーストリアのリヒャルト・クーデンホフ＝カレルギーが一九二三年に発表した「パン・ヨーロッパ」構想であった。この構想は第一次世界大戦への反省とヨーロッパ諸国の衰退への対応を動機として、ヨーロッパ統一を掲げていた。さらに、経済活動はすでに国民国家の範囲を超えており、政治もそれに応じた規模で再編成されるべきだと主張した。そこには、従来の国家主権を制限ないし否定し、国民国家を超えた統一ヨーロッパの創設を内包していたのである(1)。

この構想の発表を契機として、一九二〇年代には、政治家に加えて文学者、科学者など様々な文化人もヨーロッパ統一に共鳴した。さらに、この構想の具体化に向けて、フランス首相のアリスティード・ブリアンやドイツ外相のグスタフ・シュトレーゼマンらを中心に国際連盟などにおいて、ヨーロッパ諸国による検討が開始されていたことは、周知の事実である。しかし、この当時の諸議論では、国家主権を制限することまでは、必ずしも受け入れられてはいなかった。なぜなら、この時期に国際政治の舞台で検討された構想は国民国家の存在を前提としており、国家主権を最高の権力とみなす世界観が払拭されてはいなかったからである。

だが、第二次世界大戦が終了すると各国レジスタンスなどから、戦争を引き起こした国民国家の存在について懐疑的な見解が出現する。そして、ヨーロッパ統合運動が市民レヴェルでの高まりをみせるなか、ヨーロッパ諸国を一体化させ、国民国家を超える「ヨーロッパ連邦」ないし「ヨーロッパ合衆国」の建設をめざすいわゆる「連邦主義」にもとづくヨーロッパ統合論が一定の市民権をえた。この連邦主義は、従来の国際組織のような国家主権を最高権力とみなす政府間協力とは異なり、国家主権を超える権限を備えた超国家機関の創設をめざすものである。

しかし、第二次世界大戦後のヨーロッパでも、ただちに連邦主義の信奉者が多数派を占めたわけではなかった。当時のヨーロッパ統合運動が高揚するなかで、ヨーロッパでは様々な統合構想が存在し、依然として国民国家の存在を前提とするものも少なくなかったのである。

そうした状況下で、アメリカ政府によるマーシャル援助が戦後の連邦主義的ヨーロッパ統合運動を外部から後押しした。冷戦の深化を背景として、アメリカは一九四七年にマーシャル・プランを発表したが、援助の前提条件として被援助諸国による共同復興計画の作成をヨーロッパ諸国に要求した。結局、アメリカの意向に沿う共同復興計画は策定されることはなく、一九四九年に結成されたヨーロッパ経済協力機構（ＯＥＥＣ）は、連邦主義的統合につながる国際組織にはなりえなかった。(2)

上記のような統合運動の積み重ねを経て、連邦主義的な統合の出発点となったのは、ジャン・モネを長官とするフランス計画庁（Commissariat général au plan）で立案されたシューマン・プラン（Plan Schuman）である。一九五〇年にフランス政府が提案した同プランは、一九五二年にヨーロッパ石炭鉄鋼共同体結成というかたちに結実したが、そこにはモネのヨーロッパ統合構想が色濃く投影されていた。アメリカの歴史家ジョン・ギリンガムが「モネティズム」（Monetism）と呼ぶモネの構想は、同共同体の以下のような特徴に反映されている。

まず第一に、モネは連邦主義にもとづく統合をめざしていた。共同体の政策決定・執行機関である最高機関は、各加盟国政府から独立した九名のメンバーからなり、石炭・鉄鋼業に関する行政管理権を各政府から付託された超国家的な組織であった。すなわち、特定産業部門に限られるとはいえ、国民国家を超える権限を備えた、連邦主義にもとづく国際機関であった。第二に、石炭、鉄鋼という特定の産業部門の統合から着手された。これは、ヨーロッパ諸国の政治・経済にわたる連邦主義的な統合の実現が戦前から困難を極め、マーシャル援助の受け入れをめぐる経済統合の実現も成果をあげることができなかったことを考慮して、部分的な経済統合から実現することを志向したものである。したがって、石炭鉄鋼共同体はあくまでもヨーロッパ統合の第一歩であり、これに続く他の部門統合が漸進的に進められ、全産業の統合（＝経済統合）が完成された後に政治統合を実現することが、最終的な目標であった。

だが、一九五七年のローマ条約締結によって、ヨーロッパ経済共同体（ＥＥＣ）が設立されると、現実のヨーロッパ統合は、モネがめざしたヨーロッパ連邦形成への路線からはずれていくことになる。なぜなら、ＥＥＣは当初から全産業を含む共同市場の創設をめざしており、部門統合路線は事実上棚上げされた。さらに、ＥＥＣ委員会は石炭鉄鋼共同体の最高機関よりも権限が縮小され、超国家的性格を薄められた。したがって、ヨーロッパ連邦形成については、事実上後退したと評価することができるからである。(3)

このような現実の統合の進展を反映して、戦後から今日にいたるまで統合をめぐる様々な政治理論が提示されてきたことは、従来の諸研究によって明らかにされている[4]。では、戦後ヨーロッパ統合運動の展開過程で、経済学はどのように関わってきたのだろうか。戦後においては、閉鎖的な孤立主義を主張する経済学者は少なく、各国市場を国外に開放し、国際的な経済関係を緊密化させることの重要性は、多くの西側欧米諸国の経済学者が認めるところであった。ただし、ヨーロッパ諸国の経済統合をどのように捉え、どのような方法で進めるべきかについては見解が分かれていた。

例えば、同時代のフランス人経済学者アンドレ・マルシャルは、以下のように分類している。第一に、ヨーロッパ統合は関税などの貿易制限を撤廃することで達成でき、参加国の生産や流通に関する法規制や、財政制度、経済政策の調整などは必要ないとする見解である。それは、ヴィルヘルム・レプケ、モーリス・アレなどの新自由主義経済学者の主張である。第二には、ヨーロッパのような地域的な経済関係にはこだわらず、世界的な経済関係の緊密化をめざすべきだとする主張である。これを唱えた代表的経済学者は、フランソワ・ペルーであり、彼はヨーロッパ統合のような地域的な経済統合には否定的であった。これらの見解に対し、マルシャル自身は、統合にはそれを管轄する国際機関を創設し、同機関による国民国家間の制度的または政策的調整が必要であり、さらに、ヨーロッパにおける地域的統合をめざすのが妥当であると考えていた。すなわち、マルシャル自身は現実に進展しているヨーロッパ統合を原則的に支持していたのである[5]。

このように戦後に現実化したヨーロッパ統合については、同時代の理論経済学者の間で見解は分かれていた。では、新自由主義者は実際のヨーロッパ統合にいかに関わったのだろうか。これまでの歴史研究では、理論経済学と現実のヨーロッパ統合が直接的にどう関わってきたのかを分析しているものは少なく、なかでも新自由主義者との関係については、わずかに存在するのみである[6]。そこで本章ではまず、モンペルラン協会の創設に尽力したフリードリヒ・ハイエクの国際経済観と、リップマン・シンポジウムの中心的な参加者であったジャック・リュエフのヨーロッパ統合に関する見解を紹介する。リュエフは実務家としても、フランス財務官僚を務めた後に、ヨーロッパ石炭鉄鋼共同体とヨーロッパ経済共同体（ＥＥＣ）の司法裁判所判事も歴任している。次いで、ヨーロッパ石炭鉄鋼共同体によって開設された石炭共同市場に生じていた問題について西ドイツを中心に分析し、その解決に関わったリュエフの理論と実践との関係を検証する。

第1節　新自由主義者のヨーロッパ統合観

(1)　ハイエクの国家間連邦

すでに触れたように、ヨーロッパ統合構想は第二次世界大戦前から存在し、国際連盟でも一九二〇年代末にはヨーロッパ統一が議題として取り上げられていた。こうした状況を踏まえて、後にモンペルラン協会創設の中心人物になるハイエクは第二次世界大戦前から直後にかけて、ヨーロッパ統合をめぐる彼の見解を発表していた(7)。以下では、ハイエクの著作をもとに彼のヨーロッパ統合観を概観する。

ハイエクは一九三九年九月一日付で発表した論考「国家間連邦主義の経済条件」（The Economic Conditions of Interstate Federalism）や、一九四四年に公刊された『隷属への道』（*The Road to Serfdom*）において、国際政治・経済のあるべき姿を論じている(8)。まず彼は、市場における自由な競争を重視する立場から、国家レヴェルでの多様な経済計画（市場介入）が採用されると、経済的な害悪をもたらすとともに、深刻な国際摩擦を発生させると述べている。こうした国際摩擦は、国家間の交渉によって解決することは不可能であり、国家間交渉は結局のところ力比べになってしまうとハイエクは説明する。すなわち、国家は国内法より上位の国際ルールに従う必要がないため、強力な

軍事力を持った国家間の闘争を引き起こしてしまう。(9)

こうした彼の議論は、世界的な不況下で全体主義が台頭し、経済のブロック化が進行して、第二次世界大戦が勃発・激化した当時の時代状況を反映していたことは明白である。そこで経済活動は、力に訴えることなく対立を解決すべく、市場における諸個人間の競争に任せるべきだ、とハイエクは主張する。すなわちハイエクは、国際摩擦を未然に防ぎ、平和的関係を樹立するためには、資源や販路獲得などの問題は市場における自由競争に委ねるべきだという結論に到達する。その際に、国際的な自由競争の前提条件であり、人、財、資本が国家間を自由に移動する大規模な経済圏の創出は、はかり知れないほどの大きな物質的利益をもたらす、とも述べている。

ただし、こうした経済圏の創出は、同時に個々の国家の役割を限定することになる。例えば、国家はその政策を通じて物価に影響を与えることは不可能になり、独立した金融政策も遂行できないことはいうまでもない。さらに、財政収入の増大をはかる方法にも制約を課されることになる。また、民間部門においても、労働組合、カルテルなど一国単位の組織は独占的地位を失うことも明白である。(10)

その結果、国家を超えた国際的当局が国家の役割を引き継ぐことになるが、そこでは国際規模での経済政策はいかに多くの問題を引き起こす。例えば、ある国の国民が、自国の特定産業を援助したり、自国民の生活を一定水準以下に落ち込ませないために犠牲を払うことは十分に受け入れられる。だが、生活習慣や価値観が異なる他国民の所得配分や労働条件を改善するために、何らかの犠牲を払うことが受け入れられる可能性は低い。ハイエクは「西ヨーロッパという比較的狭い地域でさえ、」「そういった犠牲を可能にするような道徳的基礎などまったく存在しないことがわかるだろう」として、具体的に次のように記している。

ポルトガルの仲間を助けるためにノルウェーの漁師が経済的利益を放棄することに合意したり、コヴェントリーの機械工を助けるためにオランダの労働者が自転車を買うのにより高い代金を支払ったり、イタリアの産業発展のためにフランスの農民がより多くの税金を支払ったりすることを可能にするような分配の正義の理想が、そこに存在していると誰が想像できるだろうか(11)。

すなわちハイエクの議論によれば、誰もが別の政策であればもっと良い結果が得られたのではないかと感じたり、自分が不当な立場に立たされていると感じることは十分に予想される。したがって、共通の思想と共通の価値観をもたない国際的規模での経済政策は、全体の合意を獲得することは困難であり、国際的当局の経済的役割は限定的にならざるをえないと結論づける。さらに、このような国際規模での経済介入は、諸国民に上記のような不満をもたらし、国際紛争の原因にもなる。それを強行するには、大国による力の支配が前提となる、とハイエクは述べている。すなわち、大国はどのような国際的当局にも従属することはないが、小国に自国の意志を強要するときは国際的当局を利用することが考えられる。

そこで、ハイエクは必要とされる国際的当局の形態について、諸国家間に連邦を形成することを提案し、その連邦の役割に関して次のように著している。第二次世界大戦終了後の世界では、各国が主権を回復しても、他国や国際機関から制約を受けなければ、平和が保たれないことは、多くの人々に共通の認識になっている。ただし、これは一国規模でさえも理知的に行使できなかった巨大な権力を、新しい国際的当局に与えなければならない、といっているのではない。ただ単に、世界の各国が他の諸国に危害を加えることを制御できる権力が存在しなければならない、ということを意味している。すなわち、期待される国際的当局は、経済的利害対立を抑制する能力をもち、経済的な利害の衝突が生じた場合には、一定のルールに従って公平な裁定を下す権限を備えている。したがって、この点では各国より上位の強力な政治的権力をもち、ある国の国民が他の国の国民に危害を与えることを抑止できる権力を備えていなければならない。すなわち、国際的当局は国内法より上位の国際法を施行する権力をもち、国家の暴政から個人を保護すると同時に、大国の圧政から各国の共同体、国民を守る組織でもある。ただし、このような国際平和を守るために不可欠な最低限の権力は、経済的には自由主義の原則にもとづいて行使されるものであり、「法の支配」によって厳格に制限される必要がある。

したがって、戦前の国際連盟よりも強い権力をもった国際機関が戦後必要になるが、世界規模での「世界連邦」をつくることは困難である。そこでとりあえず、西欧諸国やイギリス、北米諸国などで連邦を形成することが考えられる。(12) 以上の検討にもとづきハイエクは、このように厳密に規定された権力が国際的当局に委譲され、各国内の諸問題については当該政府が責任をもつシステムとして、連邦制という形態を推奨する。そして、「連邦制こそ諸国民の独立への正当な要求を妨げることなく、確固とした国際秩序を創出できる唯一の方法」として位置づける。

連邦制は、世界の異なる国々を単一の中央集権化された国家へと融合させていこうという、最も非現実的な理念（そもそもこんなことが望ましいかどうかは、全く明らかではない）とは全く違って、国際法の理念を実現できる唯一の道である。(13)

以上のように、ハイエクの提唱する連邦制は、各国市場の解放、すなわち貿易や資本移動の自由化によって自動的に国際経済関係が緊密化し、経済的繁栄も実現されるという国際経済観に立脚するものである。したがって、そうした経済関係緊密化の結果生じる利害の対立や国際紛争を回避し、大国による小国の支配を抑止するための存在として、国家間連邦を想定している。また、紛争解決の方法や判断基準として国内法に優越する国際法を想定しており、連邦は国際法の理念を実現するための組織なのである。このようにハイエクは国家間連邦の機能や役割を厳格に限定し、既存の国家はもとより、連邦による経済への介入も否定的に捉えていたのである。[14]
こうしたハイエクの国家間連邦構想は、モネが想定するヨーロッパ連邦とは、必ずしも一致するものではなかった。モネが主張する超国家機関としてのヨーロッパ連邦の形成は、既存の国民国家の権限を連邦に委譲することを意図していた。そして、単なる市場メカニズムによる統合ではなく、組織的・政策的統合があって、その結果として経済統合が実現可能となる。具体的には、統合実現への第一歩として結成されたヨーロッパ石炭鉄鋼共同体の結成条約には、すでに最高機関による共同体諸国の石炭、鉄鋼業の育成など、ハイエクが排除している経済への介入、換言すれば組織的、政策的統合が同共同体の役割に盛り込まれていた。さらに、その規模は各国政府が実施していたものには遠く及ばないものの、共同体による経済介入は実施されていたのである。[15] ハイエクは元来政府による経済過程への介入については慎重な姿勢を示しており、すでにみたように国際機関による経済介入はより困難であることを述べている。だが、モネらが構想し、実際に設立された共同体は、ハイエクの構想を超えて、経済政策にも着手していたのである。

(2)　リュエフのヨーロッパ統合論

すでに触れたように、リュエフは戦前にフランス財務省高官の職を歴任した後、戦後には一九五二年に設立されたヨーロッパ石炭鉄鋼共同体司法裁判所の判事、さらにEECの判事としても、ヨーロッパの共同体組織において重要な役職を果たしている。さらにリュエフは、新自由主義を唱える経済理論家としても有名であり、一九三八年のウォルター・リップマン・シンポジウムの中心人物で、モンペルラン協会にも設立当初から参加している新自由主義の代表的な理論家のひとりでもあった。すなわち、戦後の代表的な新自由主義者であり、同時に実務家として戦後のヨーロッパ統合にも参画していた人物である。[16] したがって、リュエフの共同体裁判所判事としての活動は、彼の新自由主義者としてのヨーロッパ統合観が何らかの形で投影されたはずである。そうした意味で、ハイエクなど純粋理論家の議論とリュエフのそれとを比較しながら、ヨーロッパ石炭鉄鋼共同体の統合政策の実態を検証することは、重要な意義があると考えられる。リュエフのヨーロッパ統合観と共同体による統合政策については、当時の講演や論文のなかでリュエフ自身が語っている。以下では、そこでの議論をもとに彼のヨーロッパ統合観を分析する。

まず、リュエフの経済思想の根底にある市場についての以下のような時代認識が、ヨーロッパ統合に対する彼の考え方を規定していた。それは、二〇世紀の社会が、一八世紀の自由主義経済学が成立した時代とは、大きく異なっているという認識である。すなわち、リュエフは一八世紀の不特定多数の供給者と需要者によって成り立っていた市場を、「マンチェスター学派型市場」(marché manchestérien) と呼び、二〇世紀の市場構造と区別している。具体的には、二〇世紀の資本主義社会ではいわゆる独占市場が形成されており、いくつかの有力な大企業が供給者として存在している。その結果として、市場における競争も性格を変えているのである。

このような二〇世紀の市場をリュエフは「制度的市場」(marché institutional) と呼び、次のように定義している。制度的市場において適用されるのは、レッセ・フェール (自由放任 laisser faire) ではなく、レッセ・パッセ (laisser passer) である。すなわち、古典的な自由主義においては、自由は自然に与えられたものであり、その存在は自明のものである。だが、レッセ・フェールは私的利害に支配された企業に市場のあり方を委ねることになり、カルテルなどによって企業の都合の良いように市場が利用され、その機能が損なわれることになりかねない。したがって、制度的市場においては、国家の介入によって自由競争を政策的に確保するレッセ・パッセの適用が必要になるのである。

こうした市場認識は、人間社会の発展に関する以下のようなリュエフの見解に立脚していた。旧来の自由主義者の見方では、自由は人間に与えられた自然な状態である。もし、失われた自由を回復させたければ、それを奪った障害を除去すればよい。だが、現実の自由は、長年の苦い経験にもとづいて、宗教、道徳、政治などが社会に干渉し、諸制度が改革されたことによって獲得された成果であり、常に喪失の脅威にさらされている。大多数の人間は束縛のなかに生まれ、諸制度の進歩のみが束縛からの解放を可能にし、なお解放は部分的にしか実現していない。すなわち、自由主義者とリュエフら新自由主義者は自由の恩恵については同様の理解を示している。しかし、前者は自由の自然発生的な展開を待ち、それを妨げないことだけが必要であると考えているのに対して、後者は人為的に自由を生成、発展させ、それを阻む企業や団体の活動を抑制することが不可欠と考えている。(17)

したがって、リュエフは国家のあり方についても、古典的な自由主義によって想定されていたような経済に介入しない国家像を改める。すなわち、価格メカニズムとの両立や財政の均衡を条件として、国家は自由競争を確保するために経済に介入することが必要であると主張する。(18)こうした国家介入に関する問題は、戦前のリップマン・シンポジウムでも主要な議題となっており、多くの新自由主義者も国家による市場介入を容認することが共通認識となっていた。(19)

以上のような市場認識は、国際市場やヨーロッパ統合についても適用される。国際市場において経済交流を活性化し、自由競争を実現するには、単に関税障壁を撤廃するだけでは不十分である。すなわち、それまで分断されていた市場を統合するには、市場に参加する個人や団体の行動を意図的に導く必要がある。この点について、リュエフは以下のように述べている。

個人、企業、諸団体、あるいは議会、政府の経済的行動様式は、動かしがたい現実であり、彼らは変革をもたらす努力には並外れた抵抗を示す。共同市場を創設するためには、これら全ての行動様式が同時に改められることが必要であり、その方策に関する後の分析のなかで、石炭、鉄鋼の共同市場の開設にそれが不可欠であることを明らかにする。それは、当事者全ての行動様式が調和して変更される必要性であり、経済構造を修正する全ての改革に付随する困難な課題である。

これまでのところ、必要な変更を調和して同時に達成する唯一の方法は、まさに制度的手法である。

さらに続けて、石炭鉄鋼共同体において、加盟諸国の政府、企業、個人の行動様式を調整する制度について次のように述べている。

条約の意味からして、〔ヨーロッパ石炭鉄鋼――引用者、以下同〕共同体の諸制度は、条約が課している法規定を適用する道具である。ところで全ての規定は、要するにそれが適用される対象である国家、企業、企業連合に対して、共同市場を確立するであろう行動様式を強制することを目的としている。[20]

以上のように、リュエフは経済統合の実現には、それに参加する個人、企業、政府の行動を調整し、一体化させるための法制度が必要であり、それを施行する国際機関、共同体組織の存在も必要であると考えていたのである。こうしたリュエフの認識は、国際的な連邦組織の必要性を肯定しながらも、その役割を紛争の防止、安全の確保に限定したハイエクの考え方を大きく踏み越えるものであった。

第2節　石炭共同市場におけるルール石炭カルテル規制（一九五三～六二年）

(1)　石炭不足と石炭カルテル問題（一九五三～五四年）

上記のようなヨーロッパ統合と市場に関する原則的理解にもとづいて、すでに触れたようにリュエフは創設期のヨーロッパ石炭鉄鋼共同体司法裁判所の判事としての職を務めていた。以下では、リュエフが在職中の一九五〇年代から一九六〇年代はじめに、同裁判所で彼が扱った具体的問題のなかから、西ドイツ・ルール石炭業界のカルテル規制問題について、最高機関の議事録や同機関のメンバーであったディルク・スピーレンブルクらの著書などをもとに分析する。この問題は、後に詳述する講演の中でリュエフ自身が直接言及し、その意義を説明している案件である。自国フランスの問題ではないだけに、リュエフが比較的容易に言及できたことも推測されるが、共同市場における競争確保という点で、新自由主義の理念とも関わる重要問題でもあった。

ヨーロッパ石炭鉄鋼共同体における共同市場のあり方については、共同体結成条約（パリ条約）によって制定されており、なかでも独占規制については、同第六〇条と第六五条、第六六条において規定されている。そこには、市場における正常な競争を妨げるカルテル（第六五条）や企業合同（第六六条）の禁止が明記されている[21]。それらは、同共同体の石炭・鉄鋼市場開設が、関税などの貿易制限が撤廃された単なる自由貿易市場ではなく、独占を排除した自由競争市場の創設を意図していることを示している[22]。

この規定にのっとって、最高機関は一九五三年二月一〇日に石炭共同市場を開設したが、その具体的方法については、二日後の一二日付けの決定（décision）3-53号、4-53号と5-53号によって定めている[23]。だが、その際には当時の石炭供給が十分に需要に応えられなかったことから、最高機関は石炭共同市場に自由競争を導入することは見送らざるをえなかった。まず、石炭価格を統制して、価格高騰を防ぐことにした。すなわち、三月一日から翌年一九五四年四月一日までの臨時措置として、加盟各国がそれまでに設定していた石炭最高価格の存続を認めざるをえなかったのである[24]。さらに、共同体参加諸国には石炭取引を管理する様々な組織が存在したが、これらの解体、再編にも手をつけることができなかった。

こうした組織には、ベルギーの石炭共同販売機関である、ベルギー石炭コントワール（Comptoire belge des charbons：ＣＯＢＥＣＨＡＲ）、フランスの石炭輸入を一手に独占する石炭輸入技術協会（Association technique de l' importation charbonnière：ＡＴＩＣ）、西ドイツ、ロレーヌなどの石炭生産者が南ドイツへの石炭販売を管理するライン川上流地域石炭同盟（Oberrheinische Kohlenunion：ＯＫＵ）などである。これらの組織のなかでも、共同体最大の石炭販売組織は、ルール石炭業の六つの石炭共同販売会社（アンゲリカ Angelika、フィネフラウ Finefrau、ゾンネンシャイン Sonnenschein、プレジデント Präsident、マウゼガット Mausegatt、ガイトリンク Geitling）とルール石炭共同機関（Gemainschaftsorganisation Ruhrkohle：ＧＥＯＲＧ）であった。これらの組織は、戦後創設されたドイツ石炭販売（Deutscher Kohlen-Verkauf：ＤＫＶ）とドイツ炭鉱管理部（Deutsche Kohlenbergbau-Leitung：ＤＫＢＬ）を引き継ぐかたちで、一九五三年四月一日に設立された。その機能は名目的には、ＤＫＶが独占していた石炭販売を六つの共同販売会社に分割して、六社による競争が展開されることになっていた。ＧＥＯＲＧは中央機関として、調査、研究、輸送問題の解決などにあたることが主な業務とされた。だが、実態としては、ＧＥＯＲＧを通じて共販会社六社の営業は調整され、ルール石炭業の生産、販売はコントロールされた。さらに、ＧＥＯＲＧは生産性の低い炭鉱には補償金を支給していた。したがって、こうした機能をもつルール地方の石炭販売組織は石炭共同市場における競争を阻み、条約に違反することは明白であった。(25)

実際に、最高機関においても、こうした組織は条約に違反するカルテルと認識され、その存在が問題視されていた。イタリアから最高機関に参加しているアルベルト・コッペやオランダのスピーレンブルクは、最高価格の設定やＧＥＯＲＧなどの存在を認めることには、自由競争の導入をうたっている条約の原理原則に反するとして、反対の立場をとっている。

だが、西ドイツ政府やルールの石炭業界は、石炭販売組織を解体することも、その活動に規制を加えることも承諾しなかった。同政府、ルール産業界、労働組合は、自由競争の導入が石炭企業の利潤減少と失業者の増大、さらには全産業部門に及ぶ市場の混乱を招くことなどを懸念していた。すなわち、彼らは競争的な市場よりも安定的な市場を求めたのである。そして、西ドイツ首相のコンラッド・アデナウアーは、ルールの石炭カルテル問題が一九五二年に調印されたヨーロッパ防衛共同体（Communauté européenne de defénse）結成に悪影響を与えることになるとモネに警告したのである。[26]

このヨーロッパ防衛共同体は、西側資本主義陣営を強化するために、アメリカ政府がドイツ再軍備を要求したことに対するヨーロッパ大陸諸国の対応策として、フランス政府によって提案されたものである。この構想では、創設されるヨーロッパ軍の指揮下にドイツ人部隊を編成することを企画していた。すなわち、西ドイツ政府が指揮権を持つ軍隊の復活を阻止しようとしたのである。さらに、モネにとって防衛共同体の創設は、ヨーロッパ石炭鉄鋼共同体に続くヨーロッパ連邦の形成を目指すヨーロッパ統合の第二弾としても重要な意味をもち、その結成に腐心していた。[27]

したがって、モネは最高機関のドイツ人メンバーであるフランツ・エツェルと協調して、石炭カルテル問題を一時棚上げし、防衛共同体結成のためにアデナウアーの協力をとりつけることを選択したのである。その結果、最高機関内部では、フランスと西ドイツのメンバーを中心とする現状維持派と、それ以外の諸国からの競争導入派との対立関係ができあがっていた。そして、モネを中心とする前者のグループが主導権を握る最高機関は、石炭カルテル問題を棚上げし、最高価格設定の延長を決定したのである。[28]

(2)　石炭カルテル改革の停滞（一九五五〜五八年）

だが、ヨーロッパ防衛共同体結成条約の批准が一九五四年にフランス議会で否決されると、モネは任期が切れる一九五五年二月一〇をもって最高機関を退くことになった。[29]その結果、一九五四年末から一九五五年になると、ルール石炭カルテルの改編問題が再燃することは必然であった。[30] そして、この問題の解決が他地域の石炭販売組織改廃への前提条件となり、競争状態とは程遠い石炭共同市場を再編するための最重要課題であることは明白であった。一九五五年にモネに代わる新議長にフランス人のルネ・マイエルを迎えた最高機関は、この問題に引き続き取り組むことになる。[31]

同年一〇月からの最高機関を代表するエツェル、コッペ、スピーレンブルクとルールの代表者との直接会談で最高機関側がルール石炭カルテルの改組を求める意向であることを伝えた。これを皮切りに、翌年にかけて最高機関とルール石炭業界との間でこの問題に関する交渉が続けられた。そこでルール側が提案したのは、共同販売機関を六社から二社に減らすことと、共同販売機関との取引条件を緩和することの二点であった。まず、共同販売会社を減らし、一社あたりの規模を拡大することは、一部の大規模生産者によって共販会社が支配されることを防止する効果があると主張された。次いで、共販会社との取引条件を緩和することは、閉鎖的であった共販会社の取引を多くの業者に開放することを意図するものと説明された。

当時ルール炭を共販会社から購入する業者には、直接購入する大口需要者の他に、小口需要者と共販会社との間を仲介する卸売業者が存在し、卸売業者がルール炭の四〇%を売買していた。ただし、卸売業者が共販会社と取引するためには、年間四万八〇〇〇トン以上のルール炭を販売するという厳しい条件が課されており、取引卸売業者を限定する共販会社の姿勢が最高機関でも問題視されていた。そこで、ルール石炭業界は共同市場を一〇カ所の「販売ゾーン」に分割することを前提に、共販会社が取引する条件として次の三つの基準を提案した。①共同市場内での共同体諸国産石炭の年間取引量一〇万トン以上、②販売ゾーン内の共同体諸国産石炭の年間取引量五万トン以上、③販売ゾーン内で共販会社からの購入する石炭年間一万二五〇〇トン以上、である。

しかし、最高機関は共同販売会社を統括する共同事務所の権限を問題にし、この点に論議を集中させた。すなわち、共同事務所を廃止して、六社であれ二社であれ共販会社を実質的にも独立した存在とし、各共販会社間で競争が展開される状況をつくりだすことを求めたのである。これに対してルール側は共同事務所の存続を一貫して譲らず、交渉は同事務所の権限の縮小に焦点が絞られたのである[32]。

一九五六年二月まで続けられた交渉の結果、最高機関とルール石炭業界は以下のような条件で合意に達した。共販会社は六社から二社ではなく三社に減らして、ルール地方五二炭鉱の製品を三社（プレジデント Präsident、マウゼカット Mausegatt、ガイトリンク Geitling）が販売することになり、共同事務所は維持されることになった。ただし、共同事務所の業務については第三国向けの輸出と年間五万トンを超える大口消費者への販売を管理することに限定された。さらに、これら共同事務所による販売調整については、最高機関はその調整計画を差し止める権限も獲得した。

販売ゾーンは一〇カ所から七カ所に減らされ、卸売業者間の競争をより促進する意図が込められた。共販会社と取引可能な卸売業者の条件は、①共同市場内での共同体諸国産石炭の年間取引量七万五〇〇〇トン以上、②販売ゾーン内での共同体諸国産石炭の年間取引四万トン以上に引き下げられ、③販売ゾーン内の共販会社から購入する石炭、年間一万二五〇〇トン以上の条件は維持された[33]。

以上のような条件で、ルール石炭業界から最高機関にカルテル組織の許可申請が提出され、二月一五日に最高機関は大筋では全会一致でこれを承認し、三共同販売機関について規定した決定6-56号、7-56号、8-56号と共同事務所に関する8-56号を制定した。ただし、ベルギー人のポール・フィネだけは共同事務所の存続には反対している。このように、ルール石炭業界の申請に対して最高機関が許可を与えるという形式的手続きを経て、一九五六年の四月一日から一九五九年三月末までの三年間の期限で、ルール炭の販売システムが決定されたのである。

この決定では、最高機関は三社の共販会社間に競争関係が存在すること、したがって、この三社の競争を介して、ルールの石炭会社にも三つのグループ間で競争が展開されることを期待していた。さらに、共販会社と取引可能な卸売業者が増え、小口の石炭需要者にも、多数の卸売業者が石炭を供給する状況を作り出し、単一あるいは少数の卸売り業者がある地域の石炭供給を独占することを防止しようとしたのである。したがってこれは、完全自由競争市場を構築するには及ばないとしても、共同市場におけるルール炭の流通に競争的要素を持ち込もうとした、最高機関によるカルテル規制であった。(34)

だが、こうした最高機関の期待は早くも裏切られたことが判明する。それは、規制実施わずか二カ月後に、スピーレンブルグが地元のオランダでのルール炭の供給が一社に独占されていることを報告したからである。オランダにおいてルールの共販会社との取引が認められていたのは、石材石炭取引組合（Steenkolen-Handelsvereeniging: SHV）のみであり、ルール石炭業界は他の業者にはオランダ向け石炭の販売を拒否していたのである。さらに、一九五七年九月には三共販会社の石炭価格を同一の方法で同時に引き上げることを発表し、三社が実質的に単一のカルテルとして機能していることを示したのである。したがって、最高機関は一九五六年四月の規制実施後もルール石炭産業が競争を回避し、石炭供給を独占的に管理し続けていることを認めざるをえなかった。(35)

(3) 石炭カルテル改革と石炭危機の到来（一九五八～六二年）

三共販会社の営業許可が翌年三月末に期限を迎えるのを前に、一九五八年一二月には最高機関ではルールの石炭共販会社の将来像について検討が開始された。この一九五八年二月に新たに最高機関議長の席についていたフィネは、競争導入に協力することについて、それまではルールの石炭業者を過信してきたと考えていた。こうした失望感は最高機関メンバーに一定程度共有されていた。だが、現行システムの許可期限が切れた後、どのような改革がなされるべきかについては、最高機関内部でも議論が分かれていた。

スピーレンブルクは、西ドイツ政府もルール石炭業界もカルテル規制に協力しないわけだから、現存のシステムを廃止する以外にないと主張した。すなわち、三つの共販会社の解体を二年以内に行い、共同事務所も六カ月以内に廃止することを提案したのである。議長フィネの他に、コッペ、エンツォ・ジアッケロ（イタリア）、レオン・ドーム（フランス）、フランツ・ブリュッヒャー（ドイツ）はスピーレンブルクを支持したが、ハインツ・ポトホフ（ドイツ）とロジェール・レイノー（フランス）は反対した。ポトホフは現行のルール炭販売システムは合理的であり、一部手直しして対応すべきだと主張した。レイノーは最高機関の監視下にある新たな競争的組織を作ることを主張した。また、アルベルト・ウェーラー（ルクセンブルク）はスピーレンブルクの議論に大筋で理解を示しながらも、ルクセンブルグの鉄鋼業界は現状に満足していると発言し、共販会社の解体に賛同しなかった(36)。

以上のように、最高機関内では必ずしも意見が統一されてはいなかったが、共販会社を二年以内に解散させ、共同事務所を半年以内に廃止することを骨子とする基本方針が、一二月はじめに採用（賛成六、反対二、保留一）された。その際に最高機関は、販売方法は画一的なものにせず、生産者ごとに決定すること、労働者の雇用の継続と賃金維持の方法については最高機関が検討することを基本方針の中に盛り込んでいる。これに対し、西ドイツ政府のエアハルトは共販会社の存続が一時的に延長されたことには好意を示したが、将来のルール炭販売システムについては具体的な言及は避けている(37)。上記の基本原則にもとづいて、最高機関は翌一九五九年二月一八日付けで「決定」17-59号を全会一致で採択し、三共販会社を含む現行システムの一年間の存続延長を許可した(38)。

だが、この一九五〇年代末には、エネルギー市場はそれまでとは状況を一変させていた。すなわち、戦後のヨーロッパ諸国においては、エネルギー不足・石炭不足から、石炭過剰供給へと需給関係は逆転し、西ドイツでも「石炭危機」と呼ばれるような状況が出現したのである。西ドイツにおける石炭危機はまず、図9-1にみられるように、一九五八年に販売不振、在庫の積み増しという形であらわれ、石炭採炭量は表9-1のように一九五七年から減少し始めていた。

図9－1　西ドイツにおける石炭、石炭ブリケット、コークス在庫

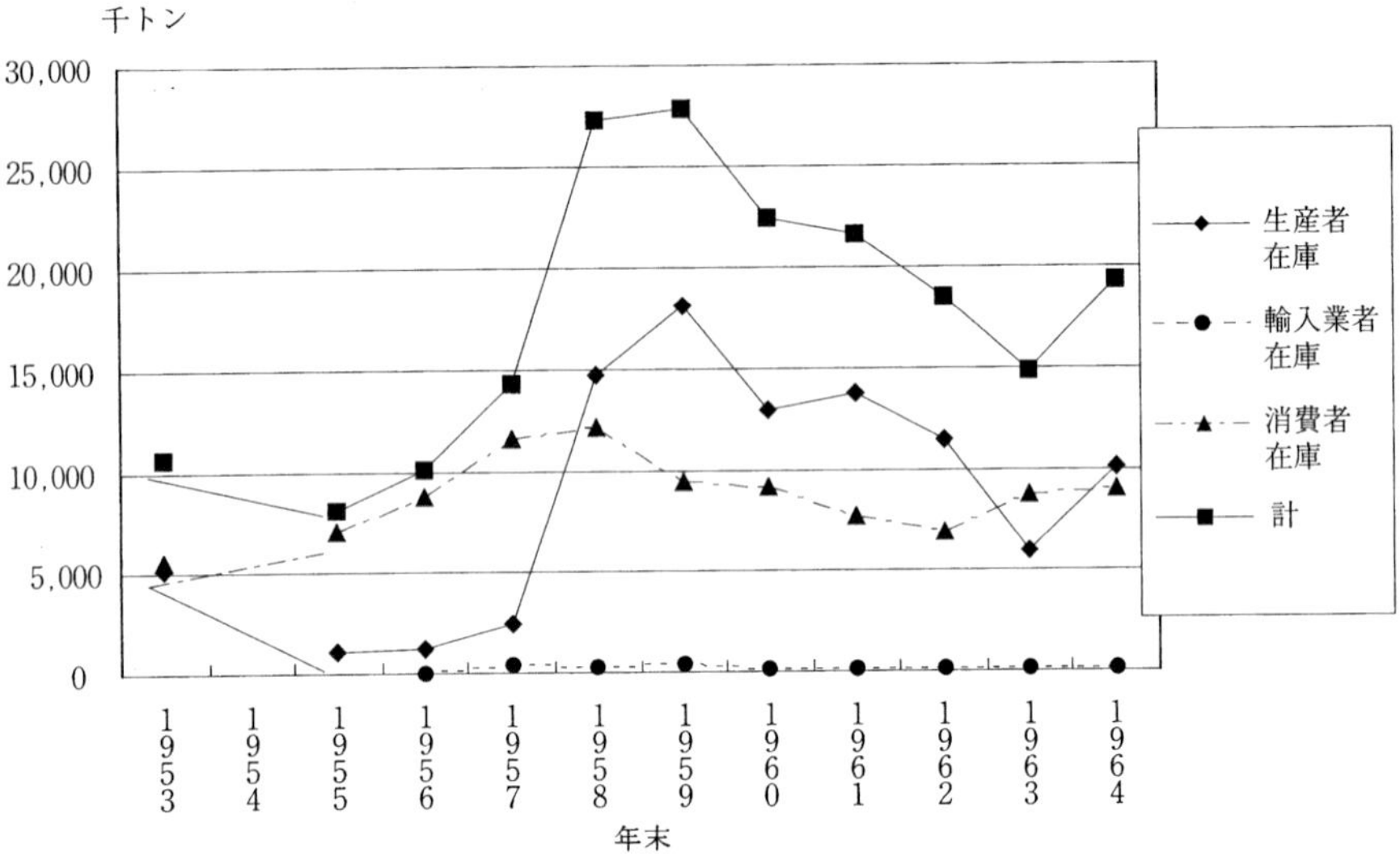

出所：Statistik der Kohlenwirtschaft e. V., *Die Kohlenwirtschaft der Bundesrepublik im Jahre 1965*, SS. 130-131より作成。

このような石炭危機を招いた要因としては、次の三点を指摘することができる。まず、アメリカを中心とする共同市場外からの石炭輸入の急増である。エネルギー資源の不足時から、割高なアメリカ炭は、共同体最高機関や西ドイツ政府の奨励もあって長期契約によって輸入され、一九五五年には急増した。さらに、一九五七年に海上運賃が急落するとルール炭に対するアメリカ炭の価格競争力は大幅に強化され、アメリカ炭の輸入は一層増加した。第二には、石油産業の発展にともなう石炭から石油へのエネルギーの転換であり、これが石炭危機を加速し、その主たる原因となった。スエズ危機以降の世界的な原油過剰を背景として、原油価格は急激に下落し、図9-2に見られるように、一九五八年を境としてエネルギー消費に占める石油の比重は飛躍的に高まったのである。第三には、石炭消費産業において、生産の合理化と新技術の導入による燃料消費の節約が進行し、それら産業の生産増加に比べて石炭消費を相対的に減少させたことである。特に、鉄鋼業におけるコークス節約のための合理化努力、火力発電における石炭の節約、鉄道の電

化・ディーゼル化などが石炭消費の相対的減少をもたらした[39]。

　このように石炭業界が販売不振に陥るなか、一九五九年一二月に、ルールの石炭共販会社三社は翌一九六〇年一月一日からの一律値上げを発表した。最高機関はまたも競争導入への期待を裏切られることとなり、スピーレングルクは強く抗議して、ルール石炭業界に説明を求めている。これに対しルール側は、逆に単一共販会社設立許可を最高機関に求めた。すなわち、共販会社三社を合併して、ルール炭販売のより厳格なコントロールを認めるよう最高機関に要求したのである。それまでは、最高機関の競争導入政策に対して、その先延ばしを求めてきたルール石炭業界が、ついに正面から対立する意志を示したのである。こうしたルール石炭業界の態度の変化には、石炭危機が背景にあることはいうまでもない[40]。

表9-1　西ドイツ、ベルギー、フランス、オランダにおける石炭生産と在庫

（単位：1,000トン）

年	西ドイツ		ベルギー		フランス		オランダ	
	生産	在庫	生産	在庫	生産	在庫	生産	在庫
1945	36,696	5,677	15,833	20	33,313		5,097	195
1946	55,260	661	22,852	132	47,155		8,314	6
1947	72,534		24,436	402	45,230		10,104	3
1948	88,594	424	26,691	964	43,290		11,032	44
1949	103,200	98	27,854	763	51,204	701	11,705	4
1950	125,700	112	27,321	821	50,835	1,263	12,247	7
1951	135,100		29,651	1,457	52,973	1,351	12,424	11
1952	139,514	927	30,384	1,398	55,365	2,706	12,532	97
1953	140,889	1,377	30,060	3,077	52,588	1,388	12,297	24
1954	144,853	1,475	29,249	2,815	54,405	7,838	12,071	287
1955	148,058	800	29,978	371	55,335	5,983	11,895	292
1956	151,497	802	29,555	179	55,129	4,524	11,836	259
1957	146,612	916	29,086	1,413	56,795	4,583	11,376	312
1958	149,005	9,463	27,062	6,928	57,721	7,380	11,880	746
1959	141,833	11,766	22,757	7,496	57,606	10,955	11,978	864
1960	142,287	7,148	22,465	6,565	55,961	13,202	12,498	655

出所：R. Perron, *Le Marché du charbon, un enjeu entre l'Europe et les États-Unis de 1945 à 1958,* Publications de la Sorbone, 1996, pp. 314-315.

　ルールからの許可申請を受けた最高機関は、この申請への対応を検討し、一九六〇年二月一〇日には、申請却下を決定する。だが、それまでの経緯からみて当然ともいえるこの決定をめぐっても、最高機関内部の意見は一つにまとまっていたわけではない。例えば、ドイツのフリッツ・ヘルヴィヒは、共同体設立当初とは石炭市場に構造的変化が生じており、

図９－２　西ドイツの第一次エネルギー消費に占める石炭・石油の割合

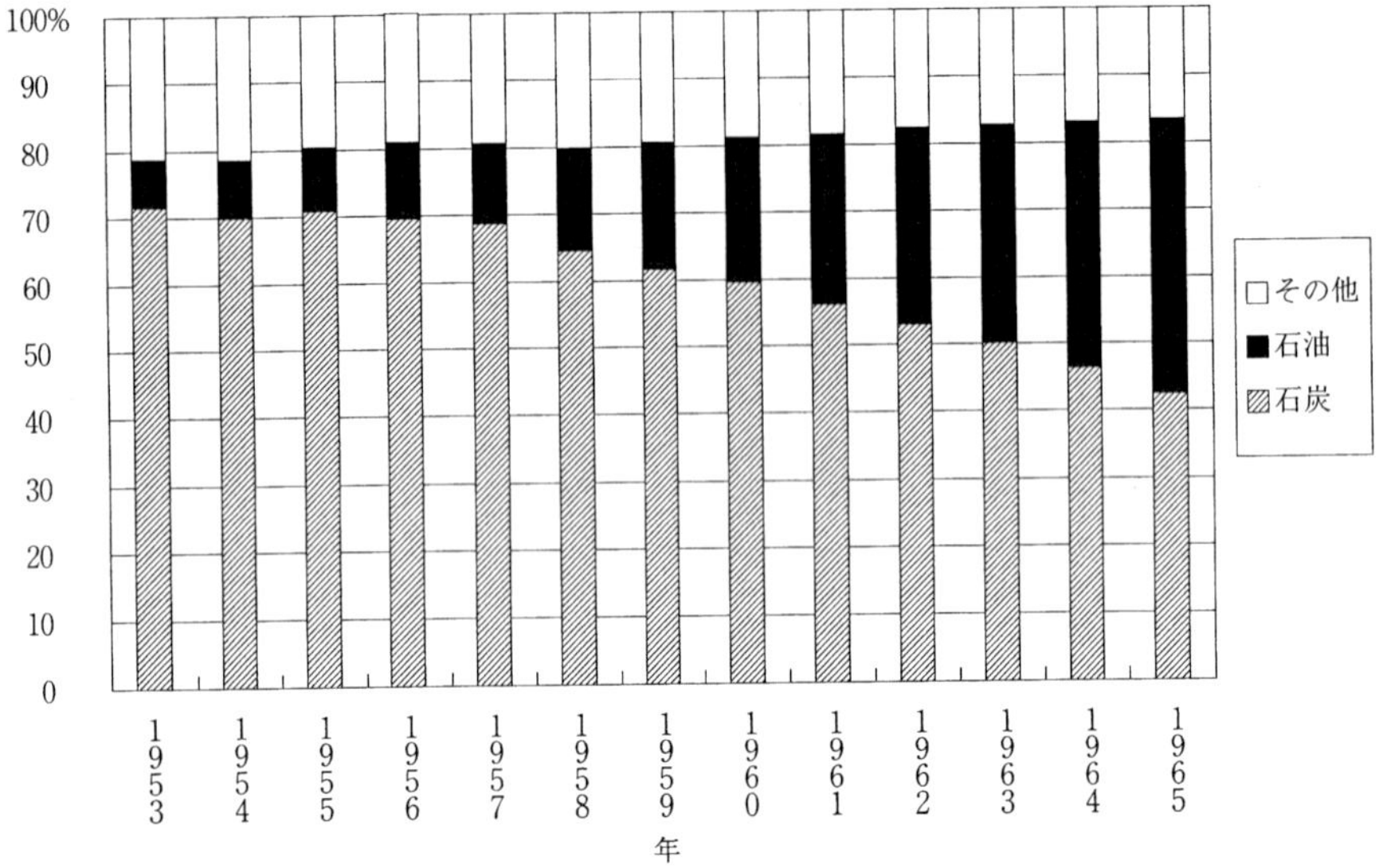

1955年よりザール・西ベルリンを含む。
出所：Statistik der Kohlenwirtschaft e. V., *a. a. O.*, S. 138より作成。

カルテルを規制するパリ条約第六五条の改正によって共販会社統一を認めることが可能になると主張した。さらに、フランス人のレイノーやピエール＝オリビエ・ラピーは、石炭と他のエネルギー源との競争が石炭産業にとって危機的な状況をもたらしていることを理由に、ルールの要求に一定の理解を示した。だが、フィネ、コッペ、スピーレンブルクなどは、共販会社合併に激しく反対した。結局、共販会社統一はパリ条約に違反するという理由で、許可申請は却下されることになったが、この決定に対しては、九名の最高機関メンバーのうちポトホフのみが反対した(41)。その後ルールから再度同様の許可申請が出されたが、その時も最高機関は、共販会社統一は条約に違反することを理由に、同じ年の六月二二日付けで申請を却下している。だが、この時は、六名のメンバーが却下に賛成したのに対し、ポトホフとヘルヴィヒは反対し、レイノーは態度を保留した(42)。

以上のように、最高機関とルール石炭業界との対立は解決の糸口を見出せないまま、三共販会社の存続許可の期限を同年末まで再延長せざるをえなかった。そこで最高機関は、自らの諮問機関であり、各国政府の閣僚で構成される閣僚理事会と合同委員会を結成して、この問題について検討することを七月二五日に同理事会に提案した。その際、パリ条約の見直しも検討の対象とし、特に独占規制について規定した第六〇条、第六五条と第六六条を取り上げることが提案された。閣僚理事会は、一〇月にようやくこの提案を受け入れ、一一月から検討作業を開始した(43)。

そこでの論議では、オランダ、ベルギー両国政府は共販会社統一に反対したが、フランス政府はカルテルを規制したパリ条約第六五条に例外措置を設けて、最高機関の監督下に共販会社統一を認めることを提案した。だが、西ドイツ政府はルール側の主張を支持して、単一共販会社の結成を要求し、最高機関の監視には反対した。これに対し最高機関は、パリ条約第六五条見直しを前提に、共販会社統一を一定期間現行条約のもとでも認める。さらに危機に対応するためのルール石炭産業健全化計画を作成、実行することを提案した。すなわち、この時に最高機関もカルテルによる市場コントロールを容認する方向に方針を転換したのである。

こうした論戦の後、一九六一年六月二一日にようやく閣僚理事会は第六五条の改正を受け入れ、七月一八日にオランダ政府のみが意見を保留するなかで、共販会社の統一と健全化計画立案を承認した。そして七月末に最高機関と閣僚理事会はヨーロッパ石炭鉄鋼共同体司法裁判所に第六五条改正についての意見を求めたのである(44)。

だが同裁判所は、パリ条約第四条が規定する自由で公正な市場の開設という共同体の一般原則に矛盾することを理由に、同年一二月一三日に条約の見直しを却下した。その際に、同条約改正案は許容されるべきカルテルについて、明確に規定していない点も問題視された。これによって、同裁判所は第六五条の改正という条約の部分的手直しで、ルールの共同販売会社統一を認めることが妥当でないことを示したのである。

さらに司法裁判所は、一九六二年五月一八日にルール側が提出した最高機関による共販会社合併申請却下の不当性を主張する訴えも退けた。したがって、同裁判所は一連の裁定（arrêt）によって、パリ条約の抜本的改正なしに、ルールの石炭業界が単一共販会社を組織することは認められないと宣告したのである。[45]

第3節　共同体司法裁判所の判決とリュエフの経済思想

これまで検討したように、一九五〇年代末からヨーロッパの石炭産業が経営危機を迎え、ヨーロッパ石炭鉄鋼共同体最高機関と各国政府を代表する閣僚理事会とは石炭産業への競争導入を断念しようとした。だが、同共同体司法裁判所はパリ条約の規定を尊重し、そうした政策転換を容認しなかった。以下では、この件で司法裁判所の報告裁判官(juge-rapporteur)を務め「この訴訟の性格は司法裁判所における私の存在を正当化するものであった」[46]とまで自ら述べているリュエフの議論を分析し、ヨーロッパ統合初期の石炭共同市場の構築に彼の経済思想がどのように反映されたのかを検証する。

一九六一年のパリ条約第六五条改正と一九六二年のルール石炭業界の訴えに対する司法裁判所の判断について、リュエフは次のように説明している。まず、第六五条改正については、パリ条約の基本原則を定めた第二条、第三条、第四条とカルテル規制に関する第六五条が矛盾しないことが必要である。第二条と第三条では、共同体が共同市場における合理的な資源配分を保障し、加盟国の経済発展と住民の生活水準の改善をめざすことがうたわれている。続く第四条では、政府による関税などの貿易制限や補助金と企業による取引相手の差別など、市場における商品の流通を制限したり、歪めたりする措置を禁止している。したがって、カルテル禁止について規定している第六五条を改定することは、第四条の規定に矛盾すると司法裁判所が却下した理由を説明している。[47]

さらに、共販会社三社の合併申請を却下した最高機関の決定を不服とするルール石炭業界からの訴えを、同裁判所が退けたことについて、リュエフは不可欠な競争を維持するために下された判断であると述べている。すなわち、わずか三社であってもそこには競争関係が存在するのであり、一社が供給を独占して競争が消滅する事態は避けなければならないと説明している。

以上のルールの石炭供給システムに関する一連の判決には、報告裁判官であるリュエフの市場に関する以下のような認識が反映されていた。当時の石炭をはじめとするエネルギー産業や鉄鋼業などの重化学工業部門では、少数の大企業のみが存在する寡占的市場（marché oligopolistique）が確立されており、企業の行動は直接に市場価格に影響するほどであった。特にリュエフは、価格形成過程に注目し、ある市場参入者の行動が価格形成に影響を与え、その参入者は他の参入者の行動も予測したうえで、自らの行動を決定している、と分析する。すなわち、寡占市場では「ゲーム理論」が現実に機能し、少数の参入者が価格形成に大きく関わっていた。したがって、現実には不特定多数の供給者と需要者が存在する「原子的市場」（marché atomistique）が形成される状況にはなく、完全自由競争が展開されることは期待できなかった。

そこで、司法裁判所は「不可欠な競争の割合」（dose de concurrence indispensable）という概念を初めて導入した、とリュエフは説明する。それは、パリ条約のすべての要請を同時に満たし、ある程度矛盾した条約の諸規定を尊重するためである。すなわち、「不可欠な競争の割合」は、寡占化が進んだ市場において、国際競争力のある企業を育成し、経済発展を実現すると同時に、独占を排除して競争を維持する、というパリ条約が掲げた矛盾した課題に応えるために、司法裁判所が創出した概念である。そして「不可欠な競争の割合」を維持するためには、カルテル規制をうたった第六五条は必要であったし、ルールの石炭共販会社は一社ではなく三社必要だと判断されたのである。(48)

このように、リュエフは石炭・鉄鋼市場では完全自由競争は実現不可能になっていることを認識しながらも、一定の「不可欠な競争」が展開されることに固執した。そのためには、複数の競合する石炭販売会社が必要であったし、その複数企業間の競争によって、価格や供給量などが決定されるべきだと考えていたのである。しかし、すでに検討したように、最高機関はそれまでの三社によるルール炭の供給体制でも、競争が成立していないことを認識していた。それは、実態としては三社間で連携をとって販売していたことを承知していたからである。さらに、共販会社三社との取引が可能な卸売業者が非常に限定されていたことも、最高機関は問題視していた。したがって、リュエフや司法裁判所が重視した「不可欠な競争の割合」は、ルールの石炭供給システムついては実態のないものである。

だが、リュエフや司法裁判所の判事たちの全員が、こうした実情を認識していなかったとは考えにくい。さらに当時西ドイツ経済大臣の地位にあったエアハルトは、ルール石炭業界を支持してカルテルの維持・強化を主張していた。[49]すなわち、リュエフやエアハルトのようなモンペルラン協会の有力メンバーである指導的な新自由主義者でも、ルール石炭業界のような現実の問題に直面して、彼らの主張する競争原理を導入することが困難であることは黙認せざるをえなかった。したがって、司法裁判所も石炭共同市場における競争の実現が困難であることを公には認めることはできず、共同市場が一定の競争状態にあることを前提として、裁定を下さざるをえなかった。

換言すれば、戦後ヨーロッパの石炭市場は需給関係が極めて不安定であり、終戦後から続いた石炭不足、超過需要の状況と、西ドイツでは一九五八年から顕在化した石油利用の増加に伴う石炭の過剰供給、石炭危機という状況が相次いで生じていた。そのため、競争によって需給関係が円滑に調整され、安定した市場価格が形成されることは期待できなかった。したがって、西ドイツ政府はルールの石炭カルテルによる市場コントロールを容認したし、最高機関もそれを阻止することは、断念せざるをえなかった。その結果、パリ条約に規定された独占禁止の条項は事実上反故にされたのである。

上記のようなリュエフの苦しい立場に関して、彼自身の次のような共同体と加盟国政府の関係についての認識が、その理由を暗黙のうちに説明している。すでに指摘したように、リュエフは市場統合が貿易の自由化によって、自然発生的に成し遂げられ、国際的な競争市場が形成されるとは考えていなかった。したがって、ヨーロッパ統合を進めるためにはそれを担う行政組織が必要であり、行政が経済に介入することで共同市場が形成される。共同市場形成の仕事は、現在のヨーロッパにはアメリカのような連邦権力（pouvoir fédéral）が存在しない以上、共同体組織（institutions communautaires）が担うことになる。

だが、この共同体と連邦とをリュエフは厳格に区別する。共同体は連邦と比較して、加盟国政府に対する権限が脆弱であり、連邦政府のように主導権を発揮することが困難である。したがって、共同体は加盟国政府の主権を尊重しつつ、共同市場の形成を進めなければならない。すなわち、「それ〔共同体組織〕は国家主権による経済プログラムと共同市場との両立を保障する」ものである(50)。

ただし、当初から連邦制導入を企画しては、加盟諸国から到底受け入れられなかったため、共同体という組織形態が採用された。リュエフによれば、ヨーロッパ石炭鉄鋼共同体結成は、現実的選択であった。したがって、独占規制も共同体組織が各政府と協力しながら実施し、共同市場での競争状態も確保されることになる。さらに、石炭鉄鋼共同体によって実現されたのは、経済の部門統合に過ぎず、参加各国政府が実施する一般的経済政策との整合性を確保することも必要であった。そのため、同共同体の採りうる政策は、各国政府が採用する政策の枠内に限定されざるをえない、ともリュエフは認識していたのである(51)。

おわりに

ヨーロッパ石炭鉄鋼共同体が一九五二年に結成されて以来、一九五八年にはＥＥＣの結成が実現するなど、一九五〇年代から六〇年代にかけてヨーロッパ統合は一定の進展をみせてきた。その過程で両共同体の司法裁判所で判事を務めていたリュエフは、これまで検討してきたように、ヨーロッパ統合に具体的に関わった新自由主義者の一人であった。こうした立場を反映して、彼は新自由主義者のなかでも、統合に対して特徴ある認識をもっていた。以下では、これまで検討してきたリュエフのヨーロッパ統合観と彼の現実問題への対応を総括し、その後のヨーロッパ統合の進展とEUの現状との関連を展望しよう。

まず、各国経済の国際化を促進する意味で、ハイエクなど他の新自由主義の理論家達と同様に、リュエフもヨーロッパ統合を支持していた。だが、実際の統合を進めるにあたっては、彼は国際機関の役割を重視していた。すなわち、経済統合は関税障壁などの貿易制限を廃した関税同盟のみでは十分に進展することはなく、参加諸国間の経済制度や経済政策を調整する国際機関の存在が必要だと考えていた。こうした発想の基盤にあったのは、当時の市場はすでに一定の寡占化が進み、完全な自由競争は実現しえないという現実認識であった。これは、一国内においても政府による諸規制や経済・社会政策による市場介入が必要であると捉えるヨーロッパの新自由主義者の認識を国際レヴェルにも拡大して適用するものであった。ただし、この点では国際紛争を未然に防ぐための国家間連邦の必要性をとなえたハイエクの認識とは対象的であった。ハイエクは連邦による経済介入は国民国家同様に最小限に抑制されるべきだと論じていたのである。

リュエフの統合論の特徴は、これにとどまらず、実際に彼が司法裁判所判事として勤務していた共同体に関する認識にもあった。それは、実際に統合の進展を担っている国際機関はあくまでも共同体であり、連邦と区別していることである。リュエフの評価によれば、共同体は連邦と異なって超国家機関とはいえず、参加国政府の同意や協力をとりつけることが常に必要であった。これは、ルールの石炭問題でもみられたように、最高機関が西ドイツ政府の政策を拒絶できなかった実態を反映した評価である。すなわち、リュエフは新自由主義者としてのヨーロッパ統合論と実態との矛盾を認め、その原因を加盟国政府の権限に従属せざるをえないヨーロッパ石炭鉄鋼共同体最高機関の政府間協調的性格に求めていたのである。これは、理論家であると同時に実務家でもあるリュエフが、理想と現実の矛盾に直面した苦しい立場を物語るものである。

ところで、リュエフがこのように現実をとらえていたことは、市場原理を尊重するヨーロッパ統合の基本理念が、新自由主義の経済思想とも合致しうることを示している。もっとも、石炭鉄鋼共同体に投影されたモネティズムは、最高機関が採用する政策いかんによっては、ケインズ主義など他の経済思想も受け入れる柔軟性を備えていた。すなわち、最高機関が関連産業の振興や、景気対策に積極的であれば、ケインズ主義的な共同体も存在しえたし、モネ自身はそうした共同体を視野に入れていた。しかし、現実には共同体組織が十分な財政基盤をもつことはなく、実現しえたのは、関税など貿易制限の撤廃の他は、労働環境の改善などであり、リュエフなど新自由主義の理念に合致するものも少なくなかった。(52)

したがって、関税同盟としての性格を強めたEEC設立後のヨーロッパ統合過程においても、新自由主義者が統合に直接参加することは、十分に可能であった。さらに、一九八〇年代以降の欧米諸国において、新自由主義が経済思想の主流を占めるのに応じて、単一市場の形成、反インフレ的な原則にもとづく通貨統合など、彼らの主張に合致する政策が次々に実施されている。

だが、現在のヨーロッパ連合は通貨統合を実現したとはいえ、いまだにヨーロッパ連邦の形成にはいたっていない。その点からいえば、EUもリュエフのいう「共同体組織」にとどまっている。だが、通貨統合を経て各国経済政策の統合が完成に近づいている現在、政治統合が具体的な検討対象とされ、共同体から連邦への移行がEUの直面する課題となっている。

注

（1）Richard Coudenhove-Kalergi, *Pan-Europa*, Wien, 1923, 鹿島守之助訳「パン・ヨーロッパ」『クーデンホフ＝カレルギー全

集1』鹿島研究所出版会、一九七〇年。

（2）戦後のヨーロッパ統合運動については、数多くの研究が内外で発表されている。とりあえず、石山幸彦「戦後西ヨーロッパの再建と経済統合の進展（一九四五―一九五八年）――連邦主義の理想と現実――」『土地制度史学』第一五九号、一九九八年四月、四二〜五一頁などを参照。アメリカ政府が国務省を中心に連邦主義にもとづくヨーロッパ統合を推進していた点については、ルンデスタッド『ヨーロッパの統合とアメリカの戦略　統合による「帝国」への道』NTT出版、二〇〇五年（Geir Lundestad, *"Empire" by integration: The United States and European Integration, 1945-1997*, Oxford University Press, 1998）などを参照。

（3）J. Gillingham, *European Integration 1950-2003 Superstate or New Market Economy?*, Cambridge University Press, 2003, pp. 16-33；石山幸彦「前傾論文」五〇頁。

（4）例えば、鴨武彦『国際統合理論の研究』早稲田大学出版部、一九八五年。

（5）A. Marchal, *L'Europe solidaire*, Cujas, 1964.（赤羽裕・水上萬里夫訳『統合ヨーロッパへの道』岩波書店、一九六九年）。戦前から一九四〇年代後半のフランスにおける経済学者のヨーロッパ統合論については、廣田功「ヨーロッパ統合構想の展開とフランス経済学（一九二〇―四〇年代）」廣田功編『現代ヨーロッパの社会経済学――その形成と展開』日本経済評論社、二〇〇六年。

（6）新自由主義者とヨーロッパ統合との関わりに関しては、以下の研究がエアハルトとミュラー＝アルマックについて扱っている。Matthias Schulz, Ludwig Erhard, "ordolibéralisme" et l'intégration européenne; du plan Schuman au Kennedy Round, Michel Catala (dir.), *Histoire de la construction européenne Cinquante ans après la déclaration Schuman*, Ouest Editions, 2001, pp. 397-410; Patricia Commun, La contribution d'Alfred Müller-Armack à l'invitation d'un ordre économique liberal en Europe de 1958 à 1963, Marie-Thérèse Bitsch, *Le couple France-Allemagne et les institutions européenne*, Bruylant, 2001, pp. 171-190.

（7）J. Gillingham, *op. cit.*, pp. 6-15.

（8）F. A. Hayek, The Economic Conditions of Interstate Federalism, *New Commonwealth Quarterly*, V. No. 2, September, 1939, reprinted in F. A. Hayek, *Individualism and Economic Order*, University of Chicago Press, 1980. 嘉治元郎・嘉治佐代訳『ハイエク全集3　個人主義と経済秩序』春秋社、一九九〇年；F. A. Hayek, *The Road to Serfdom*, University of Chicago Press, 1944. 西山千明訳『隷属への道』春秋社、一九九二年。

（9） F. A. Hayek, *The Road* ..., pp. 220-222.

（10） F. A. Hayek, *Individualism...*, pp. 255-261.

（11） F. A. Hayek, *The Road* ..., p. 223.

（12） *Ibid.*, pp. 229-234.

（13） *Ibid.*, p. 234.

（14） ハイエクがフライブルク滞在中に親交のあったレプケも国際経済について同様の見解をもっていた。J. Gillingham, *op. cit.*, pp. 12-13；古賀勝次郎『ハイエクと新自由主義』行人社、一九八三年、二九九〜三〇四頁。

（15） D. Spierenburg et R. Poidvin, *Histoire de la Haute Autorité de la Communauté européenne du charbon et de l'acier Une expérience supranationale*, Bruylant, 1993; W. Diebold, *The Schuman Plan A Study in Economic Cooperation 1950-1959*, Frederick A. Praeger, 1959；石山幸彦「前傾論文」などを参照。

（16） 権上康男「新自由主義と戦後フランス資本主義（一九三八—七三年）」『歴史と経済』第一八一号、二〇〇三年一〇月、二〇〜三七頁、同「フランスにおける新自由主義と信用改革（一九六一—七三年）——『大貨幣市場』創出への道——」『エコノミア』第五四巻第二号、二〇〇三年一一月、三〜七頁。

（17） J. Rueff, *Œuvres complètes de Jacques Rueff III Politiques économiques*, v. 1, Plon, 1979, pp. 350-354.

（18） *Ibid.*, pp. 351-352.

（19） 権上康男「新自由主義と…」二〇〜二八頁、雨宮昭彦「ナチス期ドイツにおける『課題としての競争』」『土地制度史学 20世紀資本主義——歴史と方法の再検討——』別冊創立五〇周年記念大会報告集、一九九九年九月、一八〜二七頁。

（20） J. Rueff, *op. cit.*, pp. 319-320.

（21） Ministère des affaires étrangères, *Rapport de la délégation française sur le traité et la convention signés à Paris le 18 avril 1951*, Paris, 1951.

（22） 詳しくは、石山幸彦「シューマン・プランとフランス鉄鋼業界（一九五〇—一九五二年）——ヨーロッパ石炭鉄鋼共同体の創設——」『土地制度史学』第一四〇号、一九九三年七月、一〜一六頁；同「ヨーロッパ石炭鉄鋼共同によるカルテル規制（一九五二—一九五四年）——フランス鉄鋼業界の事例を中心に——」『土地制度史学』第一四八号、一九九五年七月、二〇～三六頁を参照。

(23) Communauté européenne des archives Bruxelles, CEAB, Les dossiers de la Haute Autorité de la Communauté européenne du charbon et l'acier（ヨーロッパ石炭鉄鋼共同体最高機関文書集成、以下ＣＥＡＢと省略する）2, n. 714/1, Procès-verbaux de la Haute Autorité du 29 janvier 1953 et du 5 février 1953; CEAB 2, n. 1177/1, Décisions de la Haute Autorité du 12 février 1953.

(24) D. Spierenburg et R. Poidevin, *op. cit.*, pp. 102-108.

(25) ルール地方の石炭カルテルとしては、一八九三年に設立されたライン・ヴェストファーレン石炭シンジケート（Rheinisch-Westfälische Kohlensyndikat：ＲＷＫＳ）が同地域産出の石炭の大部分を独占的に販売していた。二度の大戦ごとに組織形態は変更され、第二次世界大戦中は国家統制に移行していた。戦後は、イギリス軍政府の管理下に入ったが、一九四七年一一月一七日に西ドイツ側に移され、ルール石炭産業の中央機関としてＤＫＢＬ、販売機関としてＤＫＶが設立された。Diebold, *op. cit.*, pp. 380-381：我国でもこれら共同販売機関については、以下の研究で紹介されている。佐々木建「西ドイツ炭鉱業における独占体支配構造の再編成(下)――ＥＣＳＣ炭鉱業危機の一断面(6)――」『経営研究』（大阪市大商学部）第一二五号、一九七三年五月、一～六頁：島田悦子『欧州鉄鋼業の集中と独占』新評論、一九七〇年、一〇〇～一一九頁：新評論、同『欧州石炭鉄鋼共同体　ＥＵ統合の原点』日本経済評論社、二〇〇四年、八五～八九頁。

(26) CEAB4, n. 342/1, Service juridique, La Haute Autorité peut-elle intervenir contre les six sociétés de ventes des mines de la Ruhr en vertu de l'article 66 § 7 du Traité ?, le 19 février 1954; D. Spierenburg et R. Poidevin, *op. cit.*, p. 119.

(27) ドイツ再軍備問題とヨーロッパ防衛共同体について扱った研究は、政治史・国際関係史の領域を中心に内外で数多く存在する。例えば、細谷雄一『戦後国際秩序とイギリス外交　戦後ヨーロッパの形成　一九四五年～一九五一年』創文社、一八八～二四六頁：小島健「一九五〇年代前半西ヨーロッパにおける共同市場構想――ヨーロッパ政治共同体設立計画を中心に――」『修道商学』第三五巻第二号、一九九五年三月。

(28) CEAB2, n. 720/1, Procès-vervaux de la Haute Autorité du 24 février 1954, du 27 février 1954 et du 9 mars 1954; D. Spierenburg et R. Poidevin, *op. cit.*, pp. 116-123.

(29) 最高機関議長辞任の理由については、モネは一九五四年一一月九日に自身の辞任を発表した席で、一組織に拘束されることなく、より自由な立場からヨーロッパ統合全般に貢献するためと説明している。その後モネは、一九五五年に民間組織である「欧州統合実行委員会」を結成し、ローマ条約締結交渉などヨーロッパ統合に影響を与えていくことになる。J. Monnet, *Mémoires*, Fayard, 1976, pp. 586–591, etc.

(30) CEAB4, n. 338, Note pour la préparation du point de vue à adopter par la Haute Autorité lors des entretiens avec les délégues de la Ruhr, le 26 octobre 1954.

(31) マイエル新議長就任後、最高機関では一九五五年七月末の会議で、石炭不足と第三国からの石炭の輸入問題とともに、ルールの石炭カルテル問題について取り組むことが確認されている。CEAB2, n. 727/1, Procès-verval de la Haute Autorité du 27 juillet 1955.

(32) CEAB4, n. 339/2, Service juridique, Problèmes relatifs à la réglementation des ventes de charbon, le 15 octobre 1955; CEAB2, n. 727/3, Procès-verbal de la Haute Autorité du 26 octobre 1955 et CEAB2, n. 728/1 Procès-verbal de la Haute Autorité du 19 novembre 1955; D. Spierenburg et R. Poidvin, *op. cit.*, pp. 353–356.

(33) D. Spierenburg et R. Poidevin, *op cit.*, pp. 356–357.

(34) CEAB2, n. 730/1, Procès-verval de la Haute Autorité du 15 février 1956; CEAB2, n. 1182/1, Décision n. 5/56 du 15 février 1956; CEAB2, n. 1182/2, Décisions n. 6/56, n. 7/56 et n/8/56 du 15 février 1956; D. Spierenburg et R. Poidevin, *op. cit.*, pp. 357–358.

(35) D. Spierenburg et R. Poidevin, *op. cit.*, pp. 358–359.

(36) CEAB2, n. 1308/3, Procès-verbal de la Haute Autorité du 5 décembre 1958.

(37) この基本方針は、フランス計画庁時代からモネの理解者で、ヨーロッパ統合にも尽力しているユリ（Pierre Uri）によってまとめられたものである。CEAB2, n. 1308/3, Procès-verbal de la Haute Autorité du 17 décembre 1958; D. Spierenburg et R. Poidvin, *op. cit.*, p. 595.

(38) CEAB2, 1309/1, Procès-verbal de la Haute Autorité du 28 janvier 1959; Spierenburg et R. Poidvin, *op. cit.*, pp. 593–597.

(39) R. Perron, *Le Marché du charbon, un enjeu entre l'Europe et les Etat-Unis de 1945 à 1958*, Publication de la Sorbonne, 1996, pp. 151–285；佐々木建「西ドイツにおける『石炭危機』の開始とその契機――ＥＣＳＣ炭鉱業危機の一断面(1)――」『経済論叢』（京都大学）第一〇二巻第六号、一九六八年一二月。

(40) CEAB2, n. 1311/4 et n. 1311/5, Procès-verbal de la Haute Autorité du 23 décembre 1959.

(41) CEAB2, n. 1312/1, Procès-verbal de la Haute Autorité du 20 janvier 1960, n. 1312/3 et n. 1312/4, Procès-verbal de la Haute Autorité du 3 février 1960, n. 1312/4, Procès-verbaux de la Haute Autorité du 10 février 1960 et du 17 février 1960, n. 1312/5, Procès-verbal de la Haute Autorité du 24 février 1960.

(42) CEAB2, n. 1313/4, Procès-verbaux de la Haute Autorité du 15 juin 1960 et 23 juin 1960; D. Spierenbur et R. Poidevin, *op. cit.*, pp. 680-687.

(43) CEAB2, n. 1716/2, Délégation de la Haute Autorité à la commission mixte, aide-mémoire, Luxembourg, le 8 novembre 1960; CEAB2, n. 1716/3, Délégation allemande à la commission mixte Haute Autorité–Conseil, Luxembourg, le 18 novembre 1960.

(44) CEAB2, 1316/17, Procès-verbal de la Haute Autorité du 12 juillet 1961 et n. 1316/18, Procès-verbal de la Haute Autorité du 19 juillet 1961.

(45) D. Spierenburg et R. Poidvin, *op. cit.*, pp. 687-691.

(46) J. Rueff, *op. cit.*, p. 372..

(47) Ministère des affaires étrangères, *op. cit.*, ; J. Rueff, *op. cit.*, p. 371 et p. 374.

(48) J. Rueff, *op. cit.*, p. 374.

(49) M. Schulz, op. cit., pp. 397-410.

(50) J. Rueff, *op. cit.*, p. 377.

(51) *Ibid.*, pp. 377-378.

(52) 石山幸彦「戦後西ヨーロッパにおける…」など。

第10章　ユーロ・カレンシー市場と国際決済銀行

——一九五〇〜六〇年代の新自由主義と国際金融市場——

矢後和彦

はじめに——新自由主義の国際通貨・金融システム論——

新自由主義者は[1]、貨幣や信用について、どのようなことをかんがえてきたのだろうか。本章がとりあげる問題の所在をあきらかにするために、かれら新自由主義者の貨幣・信用論を、まず整理してみよう。

新自由主義の貨幣・信用論は以下の骨格をもっている。インフレを忌避し、自由・公正な競争を標榜する新自由主義は、とかく高率の金準備によって銀行券発行を制約しようとする。「一〇〇％準備」とよばれる完全準備通貨の提言や、「商品準備通貨」などの貨幣単位の構想は、その好例である[2]。しかし、新自由主義者がみずから述べているように、こうした素朴な貨幣論は、信用論への展開を欠き、銀行制度論が弱い。「自由主義的伝統の弱点は、貨幣の領域において最も際立っている」（アーロン・ディレクター）[3]。

新自由主義の貨幣・信用論の特徴は、むしろ、市場の公正な尺度としての貨幣が機能するにはどのような「条件」

が必要か、という論点を提示したことにある。たとえば、フランスの新自由主義の代表格であるジャック・リュエフは、「経済組織は均衡状態になければ存続できない」という「経済法則の絶対性」を唱え、その均衡は価格メカニズムによって実現されるとした。リュエフ理論で重要なことは、この価格メカニズムについて「価格の原因に作用する介入」をみとめている点である。(4) たとえば、第二次大戦後の国際通貨体制について、リュエフは「交換性の回復」などの市場再建を急ぐ議論は維持しながらも、ＩＭＦによる固定相場再建をやむをえない措置としてみとめており、「国際的な交換のための有効な計画化」の余地をも肯定している。(5)

他方で新自由主義者は、古典的な金本位の自動調節機能は、二〇世紀にはもはやうしなわれたとみていた。(6) そして、自動調節機能に頼れないのであれば、なにによって通貨の安定を確保すべきか、という論点にすすむ。この点では、新自由主義のなかでも意見の分岐がみられた。一方では、よく知られたミルトン・フリードマンによる「通貨供給量管理」の主張——のちにマネタリズムに展開する学説——がある。他方では、ライオネル・ロビンズのように、いわゆるセイ法則を否定し、宿敵ジョン・メイナード・ケインズとほぼ同一の立場をとるものも出ている。この両極のあいだに、完全雇用と公共投資のありかたをめぐるさまざまな見解が分布していた。(7) 新自由主義の総帥フリードリッヒ・フォン・ハイエクも、通貨・金融政策は「競争的秩序の前提」であると述べて、国家の一定の関与の必要性を示唆している。(8) このように、新自由主義は——その内部に重要な差異をふくみながらも——一九世紀的な自由放任論からは一定の距離をおき、国家の関与のもとでインフレを忌避し、財政の均衡をめざす、という貨幣・信用論を構築していた。かれらの理想は、むきだしの競争が支配する「ジャングル」(jungle) と、統制と計画にしばられた「牢獄」(jail) の、その両端の中間にあったのである。(9)

ところが、新自由主義の貨幣・信用論は、一国の政策論をこえて国際的な領域に拡張されると、そこに独特な矛盾を抱えこむことになる。国際的な市場のあるべき姿は、「ジャングル」か、それとも「牢獄」か。来るべき新自由主義の政府は、国際的な自由化に賛成するのか、反対するのか。国内で「規制緩和」をいう勢力は、貿易自由化や外資の参入を歓迎するのか、拒否するのか——。実際、さきにあげたロビンズは、「システム全体のために作動する自動的な安定化装置（automatic stabilizer）を発見すること」は「自由主義の将来にのこされた未解決の問題」であると指摘しており、ベルトラン・ド・ジュヴネルも「現在の世界には、もはや国際的な交換の手段は存在しない」と述べている。(10) 他方で「自由主義が国際的な展望を持っていることを認識しないのは大きな誤り」（モーリス・アレ）だとする声もあるが、その国際体制論の内実は、超国家的な主権とは区別された、ゆるやかな政体を指向する連邦主義（federalism）であり、議論の対象も欧州にかぎられていたようである。(11) この「連邦」にかんするかぎりでは、一九三九年にハイエクが「連邦においてももちろん存在しつづけるであろうと思われる」政策のカテゴリーとして、植民地政策とならんで「金融政策」をあげているが、ハイエクもまた超国家的な政体には否定的であった。(12) 超国家的な権力が存在しない以上、国際領域、とりわけ国際通貨の領域には、国家権力に比肩しうるような権力はおよばないことになり、均衡達成への条件も、おのずと国内のそれとはことならざるをえないだろう。

以上の貨幣・信用論は、主としてモンペルラン協会が戦後まもない時期にひらいたシンポジウムで展開されたものである。すなわちそれは、金本位制の再建と崩壊、ブレトン・ウッズ条約を基礎とする固定相場制の導入、という歴史的状況を前提としていたわけである。では、これらの前提がくずれてくる時代、すなわち欧州通貨の交換性回復から変動相場制へと向かうブレトン・ウッズ体制の変動期には、かれらの主張はどのように展開していくのだろうか——。

本章は、この疑問から出発して、新自由主義の貨幣・信用論が国際領域において抱えこんだアポリアの諸相とその帰結とをあきらかにする。この課題は、敷衍していえば、こういうことである。周知のとおり、一九五八年前後から欧州諸国の通貨は交換性を回復し、「金・ドル本位制」とよばれる固定相場制を基礎とした国際通貨体制が成立した。

同時に、資本移動にかかわるそれまでの規制が徐々に緩和され、その間隙をぬって外貨建ての短期預金市場、いわゆるユーロ・カレンシー市場（Euro-currency market）がロンドンなどにあらわれてきた。国内体制としては、それまでの統制・規制が徐々に終わりを告げ、新自由主義の理想が近づいたかにみえたこの時代に、国際体制はどうするのか、という問いが投げかけられたわけである。同時代の新自由主義者や、かれらの近くにあった政策担当者らは、この問いにどのように答えたのだろうか――この点をときあかすことが本章の主題となる。

ところで本章では、こうした新自由主義の国際体制をめぐる議論がおこなわれた「場」として、国際決済銀行（Bank for International Settlements：ＢＩＳ）を対象に据える。ＢＩＳは、一九三〇年の創設以来、「中央銀行の銀行」「クラブ」として機能してきた。[13] ユーロ・カレンシー市場についてもＢＩＳは、中立的な「フォーラム」としてはもちろん、資金運用をおこなう市場当事者としても、積極的に関与と提言をおこなった。また、ＢＩＳの政策立案担当者には新自由主義者たちが名をつらねており、[14] 直接に新自由主義の陣営にくわわらなくとも、欧州を主要な活動領域とするＢＩＳには、しばしば、新自由主義者たちと知的な土壌や価値観を共有し、またかれらと直接・間接に交錯する位置にあるものたちが出入りしていた。[15] 筆者は、このＢＩＳに焦点をあてることで、新自由主義の国際体制論の展開を――かれらの思想と歴史具体的な政策論をつなぐようにして――あきらかにすることを意図している。

以下、第1節では、ユーロ・カレンシー市場の生成期におけるＢＩＳの対応を検討し、第2節では、一九六〇年代の国際資本移動をめぐる論争をあつかう。第3節ではポンド危機に際してＢＩＳの対応が転回する局面を俎上にのせ、第4節ではドル危機直前の状況を展望する。

第1節　ユーロ・カレンシー市場の生成――ＢＩＳによる認識――

そもそもユーロ・カレンシー市場とはなんだろうか。同時代のBIS当局者の定義にしたがえば、ユーロ・カレンシー市場における最も重要な通貨、すなわちユーロ・ダラーとは、「合衆国の外にある銀行もしくは金融機関に、（通常は合衆国の国外の居住者である）保有者によって、短期または要求払いで置かれている通常のドル」[16]ということになる。こうした預金通貨は戦前にも存在していたが、この時代にあらわれたユーロ・カレンシー市場のあたらしさは、この市場が「貸し手から借り手へと、国境をこえて流動的な資金を流しこむことをたすける、巨大な銀行間市場」[17]としてあらわれた点にあった。

ユーロ・カレンシー市場の起源は、一九五〇年代末におけるイギリスの民間銀行の行動にあるといわれる。すなわち、当時のイギリスで施行されていた資本移動規制にたいして、ミドランド銀行などの株式銀行が、外貨（このばあいはドル）で受け入れた預金を、邦貨（ポンド）に転換せずに、外貨のままで運用をはじめたのである[18]。

では、このユーロ・カレンシー市場の生成をBISはどのように認識したか。この問いには、実は、BISそのものの二面的性格に由来する、ふたつの問題がふくまれている。すなわち第一に、BISは、国際市場の「監督者」として、いつこのユーロ・カレンシー市場を認識したか、ということであり、第二に、それ自体がひとつの「商業銀行」でもあるBISが、この市場に際会してどのように行動したか、ということである。

(1)　市場認識の遅れと国際機構への接近

第一の点からみよう。ユーロ・カレンシー市場をめぐって、BISでひらかれた最初の会合は、一九六一年五月六日にBISが招集した外国為替担当者の会合である。各国中央銀行の実務担当者をバーゼルにあつめたこの会合では、市場にかんする情報交換がなされたにとどまった[19]。

BISが、この市場について専門的にあつかう組織――ユーロ・カレンシー市場専門家会議――を公式にたちあげたのは、一九六二年になってからである。この専門家会議は、ＢＩＳにて月例でひらかれる中央銀行総裁会議にあわせて定期的に開催されることとなり、ユーロ・カレンシー市場についての情報交換と政策提言をおこなう場に発展していく。[20] ちなみに、ＢＩＳにおいてこうした調査研究と政策提言の任にあたった部署が、金融経済局（Monetary and Economic Department）である。

当初、この専門家会議では、ユーロ・ダラーの性格規定をめぐる議論がかわされるにとどまり、具体的な統計収集や情報分析はおこなわれなかった。[21] ここまでの対応をみるかぎり、ユーロ・カレンシー市場の生成にたいするＢＩＳの対応は、かなり出遅れていたといえよう。

他方、ＢＩＳは、国際的な通貨外交の舞台では機敏にうごいた。この局面でＢＩＳにとって重要な意味をもったのは、経済協力開発機構（ＯＥＣＤ）の第三作業部会（Working Party 3：ＷＰ3）への参加である。ＢＩＳは、自他共に「中央銀行のクラブ」を任じており、政府・財政当局が大きな権限をもつＯＥＣＤには参加してこなかった。ところが一九六三年にＢＩＳは、国際金融市場にかんする情報を提供するオブザーバーとしてＷＰ3に参加することになったのである。[22]

ＢＩＳが、それまでの「中央銀行のクラブ」としてのありかたから一歩出て、国際的なネットワークに参加するようになったことには、以下のような重要な意義があった。第一に、一九五〇年代のＢＩＳは、欧州決済同盟（European Payments Union：ＥＰＵ）の執行機関として、欧州域内決済の実務を担当していたが、ＥＰＵの解散（一九五八年）にともなって、欧州における業務の一部をうしなっていた。[23] ＢＩＳにとっては、あらたな業務と活動の領域を得るためにも、国際機構への参加が必要とされたのである。第二に、ユーロ・カレンシー市場の生成を契機にしたＢＩＳとＯＥＣＤの接近は、のちの「先進一〇カ国蔵相・中央銀行総裁会議」、いわゆるＧ10の成立を準備することになる。[24] Ｇ10は、工業諸国の財政当局と中央銀行とが一堂に会して国際通貨問題などを協議する場である。各国における財政当局と中央銀行の関係は、第二次大戦の前後には齟齬がみられ、とりわけアメリカ財務省とＢＩＳのあいだでは、ナチスの金問題などをめぐって関係が緊迫した局面もあった[25]。新自由主義とのかかわりでいえば、中央銀行、それも欧州の中央銀行のサークルのほうが、新自由主義に親和的であり、他方で、財政当局、とりわけ「ニューディーラー」の強い影響下にあったアメリカ財務省は、新自由主義と対抗する位置にあったのである。こうしたいきさつを超えて、各国の財政当局と中央銀行・ＢＩＳが密接に協調していく契機になったのが、ここでのＷＰ３へのＢＩＳの参加である。

(2)　ＢＩＳのスワップ業務

ＢＩＳの市場行動のほうはどうだろうか。そもそもＢＩＳは、第一次大戦のドイツ賠償問題を経済的に処理する目的をもって設立された株式銀行である。したがって、ＩＭＦなどの基金・機構とはことなり、預金を収集して、信用創造をおこなう商業銀行としての側面をもっている。この側面は、同行の営業局（Banking Department）が担っている。ユーロ・カレンシー市場の生成についても、ＢＩＳは、調査・研究や国際機関との情報交換をおこなう一方で、みずから市場参加者として行動をおこすことになった。その手段となったのが、「スワップ」業務である[26]。

スワップとは、複数の当事者――中央銀行や民間の銀行、ＢＩＳなどの国際機関――のあいだで、手持ちの通貨を、所定の条件のもとで交換（swap）する取決めである。実際にこの取決めを発動するかどうかは当事者間の合意によるが、発動がなくとも、スワップ取決めは、市場にたいして投機を抑止するメッセージとして機能した。また、スワップは簿外の取決めであることから、監査当局や株主等の意向によることなく、機動的に締結・発動できるという利点があった。

ＢＩＳによるスワップ業務は、管見のかぎり一九四〇年代の末からみとめられる。フランスの事例にそくしていえば、一九四九年八月には、フランス銀行とBISのあいだで「スワップ」という用語がもちいられ、実質的な取決めがむすばれている。[27] 一九五〇年代の初頭からは、BISは、主としてイングランド銀行を相手にスワップ取決めをむすぶようになる。取決めの内容は、BISがドルを提供し、イングランド銀行のポンドを受け取るというものである。[28]

このスワップ業務は、BIS営業局からみると、ふたつの側面を有していた。すなわち、第一に、BIS加盟諸国の通貨危機を回避するための急場の支援措置、しかしまた第二に、BIS自身が利益を獲得する手段、である。BISのスワップ業務は、これらふたつの側面がからみあって展開された。イギリスの事例をみよう。一九五〇年代に締結されたイングランド銀行とのスワップ取決めでは、BISは、ポンドを受け取ったら、これを英国の大蔵省証券(Treasury Bills)に投資する手はずになっていた。しかしBISの内部では、この大蔵省証券への投資を利益が少ないものと批判する意見があった。[29] そのため、かわりの投資先としてBISは、ロンドンの市中銀行に特定の口座を開設していた。ドル換算で五〇〇〇万ドルにのぼる限度額まで、BISはこれらの銀行に預金を置くことができた[30]――。ここにみられるように、ポンド危機への対応としてのBISのスワップ取決めは、同時に営業局の独自の収益動機にも根ざしていたのである。ちなみに、この時点ではユーロ・カレンシー市場の存在を意識していなかったBISは、のちにみずからのスワップ操作の額をユーロ・カレンシーの構成要素として統計に掲載するようになる。[31]

BISによるスワップは、ユーロ・カレンシー市場の発展にともなって、市場にたいする規制と調整の手段として――すなわち上述した支援措置として――用いられるようになる。すなわち、一九六一年にあいついで締結された国際的な通貨調整の取決め――「バーゼル合意」(一九六一年三月)および「金プール協定」(同年一〇月)――において、スワップは通貨調整の重要な役割を担うことになったのである。[32] さらに、一九六三年一二月には、BIS営業局長のハンス・マンデルが、中央銀行間で「金・為替スワップ」と呼ばれる多角的スワップ網を締結することを提唱した。提案者の営業局長マンデルによれば、一九五〇年代末における欧州諸通貨の交換性回復は、ドルへの依存のゆえに「不完全」なものであった。マンデルは、欧州諸国が、BISを拠点として金と各国通貨のスワップ網を築くことで、ありうべきドル危機に対処することを構想したのである[33]。この構想は実現にはいたらなかったが、ユーロ・カレンシー市場とスワップ網の発展のうちに、BIS自身が、ドルの危機をみとおしていたことを物語っている。

第2節　国際資本移動をめぐる論争――規制か、放任か――

前節でみたように、一九六〇年代前半には、BISはユーロ・カレンシー市場の存在を認識しており、またスワップを通じて実際に市場にも関与するようになっていた。この局面であらわれたのが、そもそもこのユーロ・カレンシー市場を規制するべきか、それとも成長するに任せておくべきか、という論争である。

(1)　論争の端緒――一九六四年一月の中央銀行総裁会議――

論争は、一九六三年一二月にBISではじまった。このときBISの金融経済局長の任にあったミルトン・ギルバートは、BISの主要加盟国の中央銀行総裁に宛てて、ユーロ・カレンシー市場をどうあつかうべきか、質問状を送った。質問状は、翌年一月に開催する月例の中央銀行総裁会議の議題整理のための意見集約も求めていた。

書簡への返信がBISにあつまってくると、公式の議論がはじまる前から、舞台裏の論争がはじまった。その最初のきっかけをなしたのは、フランスの返信である。フランス銀行外事総局長の名で返ってきた返信には、以下のようなユーロ・カレンシー市場にたいする警告が並んだ。「短期預金をより長期の貸付に利用することの危険性は、過小評価されてはならない」。フランス銀行の当局者は、ユーロ・カレンシー市場における資金の借り手の倒産という事例も引いてBISの対応にも注文をつけ、BIS金融経済局の報告書がこれらユーロ・カレンシー市場の危険性を

「より詳細な仕方で」記述するよう要求している。[34]

フランスの返信を受け取った金融経済局長ギルバートは、ただちにフランス側に反応した。ギルバートは、さきにみたG10で同席したフランス財務省対外金融局長アンドレ・ド・ラットルに宛てて、以下のように述べている。「現行制度の長所をなくさないように注意すべきである」。フランスのユーロ・カレンシー市場批判は「馬が走り去ってから厩の戸締りをするがごときもの」である。倒産事件については、「危険な状況の再発はないだろう」、なぜなら「合衆国からの過剰ドルの流出のゆえに」各国中央銀行は、十分な外貨準備をたくわえているからである。[35] この文面にみられるとおり、金融経済局長ギルバートは、ドルの過剰をユーロ・カレンシー市場におけるシステミック・リスクを回避する資源とみる楽観論に立っている。その論理構造は、折しも同時期に「金・為替スワップ」を提唱した営業局長マンデルのそれと、まったくことなるものである。

ここで新自由主義とのかかわりで重要なことは、ギルバートの楽観論も、マンデルの「金・為替スワップ」構想も、どちらもが新自由主義の原理から演繹可能だという点である。国内の規制緩和を、そのまま国際領域に延長する楽観論も、国内の自由化を推進するためにこそ、国際領域は適正に管理されるべきだとする規制論も、どちらもが――「ジャングル」と「牢獄」のあいだのどこかで――市場メカニズムに信を置いていたのである。

さて、以上の準備段階をふまえて、一九六四年一月一三日にバーゼルにて中央銀行総裁会議がひらかれた。BIS頭取マリウス・ホルトロップの司会ではじまった会議は、放任論と規制論の二極がユーロ・カレンシー市場をめぐってはげしくぶつかりあう場となった。

会議では、英米それに西独の中央銀行代表が、それぞれユーロ・カレンシー市場にたいする楽観論を開陳した。ニューヨーク連銀の総裁アルフレッド・ヘイズは、この市場の利点を以下のように強調した。ユーロ・カレンシー市場は「短期資本の配分について、いっそうの効率性をもたらし」「金利の平準化を容易にした」。イングランド銀行総裁のジョージ・クローマーは、以下のように述べた。「ロンドンのユーロ・ダラー市場については、心配はしていない。英国の銀行にたいしては、外貨での預金について規制はないが、外国為替の直物・先物のポジションについては、いくつかの上限を設けている」。ニューヨーク市場で損失が発生した際にも、「結局は重大な困難はおこらず、銀行は冷静に行動していた」。また、ブンデスバンクの総裁カール・ブレッシングは、「幾人かの論者がユーロ・ダラー市場の現状を一九三〇年代初頭におこったことと対比しようとこころみている」としたうえで、「そのような比較には根拠がない」と論難している。(36)

これにたいしてフランス銀行総裁のジャック・ブリュネは、慎重論を展開した。ブリュネは「この市場が良いか悪いか」には言及しなかったが、「各国中央銀行は、若干の懐疑をもってこの市場に対処するのが正当である」と述べている。ブリュネはまた、「フランス当局は、ユーロ・ダラーをフランス・フランに転換することは許可しない」という重要な発言ものこしている。(37)

このように中央銀行間の対立は鮮明になったが、他方でコンセンサスも生まれていた。ニューヨーク連銀のヘイズは「ひとつないしは若干の借り手にたいする過剰な貸付、そして借り手の信認にかんする諸国間のチェックが不適切なこと」に危険があることをみとめた。イングランド銀行のクローマーも「銀行がユーロ・ダラーの業務をおこなう際は、かれらが融資をおこなっているのか、それとも外国為替取引をおこなっているのか、明確にしておくべきだ」と論じた。慎重論者のフランス銀行・ブリュネの側では「厳格な統制の必要はない」とし、「資本移動については、若干の柔軟性はのこしておくべきだ」とも述べている。会議を司会したＢＩＳ頭取ホルトロップは、議論をまとめて「ユーロ・ダラー市場には問題があるかもしれないが、それは、国際短期資本移動一般にみられる問題と本質的にことなるわけではない」と締めくくった。(38)

この中央銀行総裁会議でとりあげられたユーロ・カレンシー市場の問題点とは、具体的には、当局の規制をはなれたユーロ・カレンシー資金が、実態が不明朗な貸付に使われて、市場全体の信認が危うくなる事態であり、当時すでにいくつかの事例が報告されている。たとえば、イングランド銀行では、一九六三年五月に——さきの総裁会議の半年ほど前——ユーロ・ダラーの不正常な利用実態について、覚書を行内で回覧している。「ある銀行家（アメリカ人）が今日、語ったところによると、ミュンヘンのある抵当貸付業者にたいして、短期で借り入れられたユーロ・ダラーが、長期の抵当貸に貸し出すために使われている事案がある」。覚書の筆者は、こう述べて通信文をむすんでいる。「危険信号を発すべきケースではないか」[39]。この不安は、一九六三年一一月に——さきの総裁会議の一カ月前——的中する。ニューヨークの食用油精製企業の商品取扱スキャンダルに発した連鎖的な信用危機が、ロンドンの銀行などもまきこみながら、最後には、ニューヨークの著名なブローカーであったイラ・ハウプト社の倒産にみちびいたのである[40]。

中央銀行総裁会議の直前にまきおこったこれらの不祥事と対比すると、一九六四年一月の総裁会議の基調は、いかにも楽観的である。この時点では、ＢＩＳ金融経済局も、ユーロ・カレンシー市場に規制をくわえることには消極的だった。しかしながら、その後の議論の焦点は、ユーロ・カレンシー市場における銀行監督の問題にうつり、あらたな対抗軸が形づくられることとなる。

(2) 銀行監督をめぐる論争

一九六四年には、ユーロ・カレンシー市場はさらに成長した（表10-1）。前述したユーロ・カレンシー市場を舞台にした倒産事件のあと、一九六三年末から六四年初頭にかけては、市場の拡大は一頓挫をきたしたが、その後、市場の規模はふたたびひろがりをみせる。一九六四年末になると市場に参加している銀行数は四〇〇行、参加銀行の国籍は二五から三五にのぼった。ＢＩＳの報告書によると、一九六四年の三月から九月の六カ月のあいだに、ユーロ・

カレンシー市場について情報を報告している諸国のドル・ポジションは「一一三億四〇〇〇万ドルから一二七億八〇〇〇万ドルへ、総資産で一三％の増加をみせた」。このBIS報告書は「市場の拡大の背後にある主要な要因は、英国の銀行制度における対外債務増にある」[41]と分析している。

さて、こうしたユーロ・カレンシー市場の成長に際会して、BISと主要加盟国の中央銀行は、市場に参加している民間銀行の監督について検討をはじめた。検討の主導権を最初にとったのはBISである。まず一九六四年一一月八日に、市場の動向を相互に監視する「多角的サーベイランス」の実施方法が中央銀行総裁会議で議論された。この「多角的サーベイランス」は、BISが収集・配布する各国市場の統計に依拠しており、この統計は「各国が〔国際収支の――引用者、以下同〕黒字と赤字とをファイナンスするためにもちいている手段について、概観を提供する」[42]ものであった。

しかしながら、さきにみた倒産・市場危機を予防するためには、ユーロ・カレンシー資金の最終的な使用目的を追跡したデータが必要であった。ここで動いたのが、フランス銀行出身のBIS総支配人ガブリエル・フェラスである[43]。総支配人フェラスは、各国の中央銀行総裁に書簡を送り、「BISの肝いりで、一種の国際的な銀行リスク部局」[44]を設置することを提唱した。結局、若干の根回しを経て[45]、一九六五年四月に、バーゼルで各国中央銀行の専門家があつまって銀行監督の問題を検討することになった。以下、この専門家会議の内容を立ち入って検討しよう。

専門家会議の目的は「非居住者にたいする銀行信用の情報を、国際的なレベルで集約するための具体的な可能性」を検討することであった。会議には九カ国から一九人の専門家が参加し、「ふたつの可能な方式」について議論がかわされた。第一の方式は――フランスが提案したものである――「本来の国際的リスク部局の創設」である。第二の方式は、「対外的な銀行信用についての包括的なデータの集約」である[46]。まる一日の議論を経て、結局、第二の方式が採用されることとなった。

表10-1　ユーロ・ダラー市場の推定規模（1964～69年）

（単位：10億米ドル、各暦年末残高）

		1964年	1965年		1966年	1967年	1968年	1969年
資金源	アメリカ	0.7	0.8		1.1	1.7	3.2	3.8
	その他諸国	4.0	4.2	カナダ	0.6	0.9	1.3	2.9
				西ヨーロッパ（報告地域外）	1.1	1.4	1.9	2.7
				日本		0.1	0.1	0.4
				東ヨーロッパ	0.4	0.4	0.6	1.0
	西ヨーロッパ（報告地域内）	3.3	5.0		8.4	9.6	13.2	18.6
				その他	2.9	3.4	4.7	8.1
	合計	8.0	10.0		14.5	17.5	25.0	37.5
資金利用	アメリカ	1.5	1.8		4.4	5.2	9.5	16.5
	その他諸国	2.2	3.2	カナダ	0.6	0.7	0.9	1.3
				西ヨーロッパ（報告地域外）	0.9	1.2	1.5	1.6
				日本	0.6	1.0	1.7	1.5
				東ヨーロッパ	0.7	0.8	0.9	1.0
	西ヨーロッパ（報告地域内）	4.3	5.0		6.3	6.9	7.9	11.7
				その他	1.0	1.7	2.6	3.9
	合計	8.0	10.0		14.5	17.5	25.0	37.5
ネット	アメリカ	0.8	1.0		3.3	3.5	6.3	12.7
	その他諸国	−1.8	−1.0	カナダ	0.0	−0.2	−0.4	−1.6
				西ヨーロッパ（報告地域外）	−0.2	−0.2	−0.4	−1.1
				日本	0.6	0.9	1.6	1.1
				東ヨーロッパ	0.3	0.4	0.3	0.0
	西ヨーロッパ（報告地域内）	1.0	0.0		−2.1	−2.7	−5.3	−6.9
				その他	−1.9	−1.7	−2.1	−4.2

出所：『世界金融経済年報　第37次国際決済銀行年次報告　1966-1967』東京銀行調査部訳、十一房出版、1968年、188頁；『世界金融経済年報　第40次国際決済銀行年次報告　1969-1970』東京銀行調査部訳、十一房出版、1970年、206頁、より作成。

注：(1)1966年から集計方式が変わっている。

(2)「ネット」は「資金源」と「資金利用」の差であり、－符号はユーロ・ダラーのネットの供給、符号のないものはネットの利用を示す。

では、議論の過程はどのようなものだったろうか。問題の焦点は、各国における国内の銀行監督のありかたの違いにあった。フランス、イタリア、西独は、国内に「完全に機能する銀行監督部局」を有していた。ベルギーにも「部分的に発展した部局」があった。他方、英国の事情はおおきくことなっていた。英国法のもとでは「国内のリスク部局をうごかすための情報を収集するのはほぼ不可能」であった。オランダ、スウェーデンの代表も英国と同様の見通しを示した。また、アメリカの代表は「連邦準備制度は多くの情報を得ているが、個々の借り手についてではない」と述べている(47)。

最終的な結論は、BIS当局者のまとめにしたがった。BIS案は、主要な中央銀行にたいして、ユーロ・カレンシー統計の場合と同様に、各国の「商業銀行による非居住者向け貸付の総額を、定期的にBISに報告」させることとした。BIS案が要求したデータは、「外貨建て信用だけでなく、邦貨建てもふくむ」とされた。この提案は、「すべての参加者によってただちに好意的に受け入れられた」が、フランス代表がつぎのような留保を唱えた。BIS案は、フランスの原案にたいする修正案となるべきではない。今後、構築されるあたらしい制度は、国際リスク部局という当初案の「方向に半分はすすむ」("that would go half-way in that direction") ものでなくてはならない――。しかし、このフランスの留保は、各国の法制上の相違のゆえに、参加者から十分な理解は得られなかった(48)。

ここまでのBISを舞台にしたユーロ・カレンシー市場をめぐる議論は、全体として、楽観論に彩られていた。ユーロ・カレンシー市場の拡大への楽観的なみとおしが語られ――一部の不祥事はあれ、厳しい規制はおこなわない――、銀行監督も比較的包括的なものにとどまった――リスク部局のような情報収集機関は設けない――。こうした議論の基調は、おもにアングロ・サクソン系諸国によって主張され、BISの当局者も――フランス出身の総支配人フェラスの根回しもむなしく――全体として、こうした楽観論に「乗る」構えをとりつづけた。新自由主義の国際通貨論としては、楽観論も、規制論も、どちらもが新自由主義から展開できるものであったが、さしあたりは「ジャングル」と「牢獄」の両極のうち、「ジャングル」に近いほうに路線が敷かれたというべきであろう。
ところが一九六〇年代後半にかけて事態は一変する。契機となったのは、ポンド危機である。

第3節　ポンド危機——論争の転換点——

一九六〇年代半ばになると、国際通貨・金融システムは重要な変化にみまわれた。アメリカの国際収支赤字の拡大によって、ドルの減価が加速したのである。アメリカ財務省をはじめとする当局は、この事態に対処するために対外投資規制に乗り出した。一九六三年の税制改革にはじまり、自主的対外投資規制、そして法的投資規制へと、アメリカから海外へのドル投資は規制されていった[49]。

これらの「ドル防衛策」は、ユーロ・カレンシー市場に大きな影響をおよぼした。アメリカ側の規制によって、欧州の銀行にはドル預金が入りにくくなった。その結果、欧州でのユーロ・ダラー金利が高騰した。「ユーロ・ダラーのタイト化」である。

この事態のさなかに勃発したのが、ポンド危機である[50]。ポンド危機は、ユーロ・カレンシー市場と微妙な連関をしめすこととなる。

(1)　イングランド銀行とBISの関係——一九六五〜六六年——

まず、ポンド危機の発生過程をＢＩＳとの関連を中心に整理しよう。ポンドはすでに一九六四年から弱体化しており、同年一〇月には、ポンド支援のための国際的な枠組みがつくられた。しかしイングランド銀行は、この枠組みではＢＩＳに支援を求めなかった。ＢＩＳは、このポンド支援の枠組みに参加できなかったことについて「失望」の意を表している。[51]

ところが、一九六五年はじめから変化が訪れる。まず一九六五年一月一〇日にイングランド銀行のモーリス・パーソンズと、イングランド銀行出身のBIS営業局員ドナルド・マクドナルドが会見した。席上、営業局のマクドナルドは、BISが「外国為替市場において、イングランド銀行の代理人として行動する用意がある」旨の提案を表明した。マクドナルドの提案は、(1)BISは保有する米財務省証券一億ドルを、アメリカ財務省の認可を経て、イングランド銀行に売却する、(2)イングランド銀行は、二日間の予告期間をおいてBISにそれらを再販売する、というものであった。[52]これは、典型的なスワップ取決めである。

この会見の翌日、一九六五年一月一一日には、BIS営業局のマクドナルドがイングランド銀行副総裁のロイ・ブリッジに電話をかけて、BIS案を確認した。ブリッジは、これにたいして、提案に謝意をしめし、BISの勧めを検討する旨、回答している。[53]さらに翌日、一月一二日には、イングランド銀行のブリッジとBISのマクドナルドが再度の電話会談をおこない、BISが手持ちの一億ドルをイングランド銀行にたいして、ポンド・スターリングを対価にスワップに出す取決めについて合意をみた。スワップ取決めの満了期限は三月八日とされた。[54]以上の三日間の交渉を経て締結されたBISとイングランド銀行とのあいだのドル・ポンド・スワップ取決めは、一九六五年三月の期限に際して更新されることになる。[55]

さて、このスワップ取決めは、BISとそのもとでの国際的な規制のありかたにとっては、ひとつの問題を提起することになった。それは、こういうことである。一九六五年一月にBISがスワップ取決めをむすんだ際には、BIS営業局のマクドナルドは「BISは、中央銀行とかわした取引については、第三者には一切報告しない」という原則をあきらかにしていた。しかしながら、同日の会合でマクドナルドは、BISとイングランド銀行とのスワップは、イングランド銀行自身が前述の「多角的サーベイランス」参加諸国に報告することをのぞむだろう、という見通しをしめしていた。このBIS側の見通しについて、イングランド銀行のブリッジは「イングランド銀行としては、果たすべき義務を完全に理解しており、適切と判断される方法で対処する」と述べるにとどまった。[56] このブリッジの発言からは、イングランド銀行が、スワップ取決めを諸国に報告したかどうかは、不明である。しかし、その後の交渉がイングランド銀行、米連邦準備制度理事会（FRB）そしてBISのやりとりのなかで処理されたことをみると、ここでのポンド支援のスワップも、「多角的サーベイランス」の枠組みとは別のものとされたとおもわれる。ユーロ・カレンシー市場における銀行監督をめぐる論争では、「リスク部局」設置か、それとも総量の報告か、という対抗軸があったが、スワップ取決め、それも特定通貨の支援を目的にBISが介入するスワップ取決めは、そもそもこうした多国間の規制・監督の枠組みの外におかれることが可能になったのである。

一九六五年六月には、ユーロ・ダラーがタイトになる状況は、一時期ではあるが遠のいたが、しかし、翌一九六六年には、ユーロ・カレンシー市場はふたたびタイト化に向かいはじめ、ここに、ユーロ市場のタイト化とポンド危機との関連が醸成されてくるのである。

(2)　ユーロ・ダラー市場とポンド危機

危機の認識が語られはじめたのは、一九六六年一月八日に開催されたBISの金にかんする専門家会議においてである。会議の席上、イングランド銀行副総裁のブリッジは、まずつぎのように述べた。合衆国の投資規制は、アメリカの国際収支の改善には有効だったが、ユーロ・ダラー市場は、一転してタイトになった――。これを補って、ブンデスバンクを代表していたヨハネス・トュンゲラーがつぎのように論じた。一九六五年の西独の国際収支赤字は、一五億ドルに上った。このうち三億七〇〇〇万ドルだけが外国為替準備からファイナンスされた。残りの額は、西独企業による短期借入でまかなわれたとみられ、このことが欧州における短期資金の収縮をもたらしたのではないか――。

ＢＩＳ営業局のマクドナルドも、ユーロ・ダラー市場だけでなく、欧州の短期金融市場が全体としてタイトになっているという認識をしめしている[57]。

この同じ時期に、ポンド危機のほうはどうなっていただろうか。英国のスターリング・バランスは、一九六六年四月に四四億七二〇〇万ポンドに上昇してから、下降をはじめ、同年九月には四〇億二〇〇〇万ポンドにまで減少した。事態に対処するために、ＢＩＳは、一九六六年五月八日、日曜日の朝にポンド支援のための専門家会議を招集した。同日の夕刻には、中央銀行総裁会議も接続してひらかれた[58]。一九六六年六月にはポンド支援のためのＢＩＳ合意が締結されている。この合意の運用をめぐる会議では、スターリング・バランスの減少傾向は一九六六年二月が転換点であったと分析している[59]。

さて、この局面での最大の問題は、ポンド危機がユーロ・ダラーのタイト化の結果なのか、そうでないのか、という点にあった。一九六六年七月一一日・一二日にＢＩＳでひらかれたユーロ・カレンシー市場専門家会議では、イングランド銀行代表のブリッジが、この問題に切り込んだ。ブリッジは、ロンドンのユーロ・カレンシー市場の資金が、一方では、アメリカとカナダに流出し、他方では、最近の西独をはじめとする高金利国に大量に流出したことはみとめる。しかしながらブリッジは、この資金移動は、アメリカの国際収支対策と米国金利の上昇によるものであって、ロンドンのような国際市場では「機械的かつ自動的に」おこりうるものである、と強調し、ポンド不信を要因とする見方に反論した[60]。なお、この会議への情報として、ブリッジは、ロンドンのユーロ・カレンシー市場における米系銀行のシェアがおよそ四〇％に上っていること、そしてこれら米系銀行がユーロ・ダラーを取り入れて、合衆国に送金している、と指摘している[61]。

このブリッジの発言にたいして、ＢＩＳ金融経済局長のギルバートが異論をとなえた。ギルバートによれば、イギリスからの資本逃避の原因は、ブリッジがいうような外的要因だけなく、国内にもある。イングランド銀行のバンク・レートが低く抑えられているなかでは、投資資金が海外にむかうのも当然である――。これにたいしてイングランド銀行のブリッジは、バンク・レート引き上げは理論的には可能だが、現状では不可能だ、と弁明した。[62] 一九六六年九月には状況はさらに悪化し、七月末にはスターリング・バランスの赤字は一億二九〇〇万ポンド増えた。この数値をみた「多角的サーベイランス」会議の参加者は一様に「驚き」をしめし、赤字への対策をはじめるのが「遅きに失した」との印象をもったという。この会議では、当面する難局をのりきるために中央銀行間協力が必要になる、という点でも認識の一致をみた。[63] かつてユーロ・カレンシー市場の勃興期には、「放任」論が支配的だったBISとその周辺でも、議論の潮目が変わってきたのである。

ユーロ・カレンシー市場が拡大した。BISや各国中央銀行は、フランスなどの批判にもかかわらず、この市場を放置してきた。しかるに、アメリカの国際収支対策が講じられると、市場メカニズムは、ユーロ・ダラーのタイト化へと作動しはじめた。ここに、ポンド危機がむすびついた――。こうなると、問題はふたたび振り出しに――規制か、放任か――戻ることになる。つぎに、この問題がドル危機という、さらに構造的な危機とむすびついて展開していく過程をみることにしよう。

第4節　ドル危機への展開――規制の終焉と新自由主義――

一九六六年の年末にかけて、BISと各国中央銀行は、ユーロ・カレンシー市場を注視していた。年末の市場動向は、歴年末に決算をおこなう商業銀行のバランス・シートに影響をおよぼし、また各国の国民経済統計をも左右するからである。一九六六年一一月には、FRB代表のチャールズ・クームズが、年末に向けてユーロ・ダラー市場はふたたびタイトになるだろう、というみとおしを示した。その理由は、クームズによれば、アメリカの商業銀行が当年中に三五億ドルのドル資金を調達したからであった[64]。他方、同じ時期にポンドの状況は改善された。一九六六年の一〇月から一一月にかけて、イギリスの外貨準備バランスは好転し、その結果イングランド銀行は対外借入を完済することができた[65]。イギリスの状況が、すくなくとも一時的には改善されたこと、しかし、ユーロ・ダラーがタイトである状況には変わりはなかったこと――これらの文脈から、BIS内外の議論の焦点は、ポンド問題をはなれて、いよいよドルのありかたそのものに向かうことになった。

(1)　ドル・スワップ網――FRBとEECの対抗――

ドルのありかた、端的には、ドル減価を放置するアメリカ当局の責任論は、一九六六年二月にすでにあらわれていた。議論の端緒は、西欧諸国と米国の対立であった。この月にBISでひらかれた「多角的サーベイランス」会議の席上で、西欧諸国の代表は、外貨準備の「同調化」("harmonization")という考えを提示したのである。「同調化」とは、こういうことである。欧州の公的セクターにおけるドル準備が増えている。しかし同時に、ドルが下落している。そこで欧州当局は、ドル準備を放出して金を購入しようとするが、これは外貨準備の流動性を減らしてしまう。そこでアメリカも欧州と協調して金市場を下支えすべきである。欧州の構想は、こうして各国の外貨準備における「金」と「ドル」の比率を「同調化」させて、通貨の安定を図ろうというものである――。しかしながら、FRBのクームズに代表されるアメリカ当局は、「黒字国責任論」に立ってこの構想を拒否した[66]。ここでの論争の構図は、一九七〇年代にかわされるドル危機への対応をめぐるものとまったく同じである。

ドル減価への対処をめぐる米欧の齟齬がおさまらないなか、一九六六年九月に、アメリカはドル下落への対応として、独自にスワップ網を四五億ドルに拡大した[67]。スワップ操作は、さきにイングランド銀行とBISの関係についてみたように、「多角的サーベイランス」などの国際的なフォーラムにはかならずしも報告されない、二国間の取決めによるものである。

欧州の側からみれば、アメリカがスワップ網を拡大したことは、アメリカ自身の通貨規律をうしなわせ、中央銀行間協力で築いてきた多角的な枠組みから「抜け駆け」をおこなう行為と映じた。この視点からのアメリカ批判は、一九六六年一二月に「多角的サーベイランス」会議の場であらわれた。この会議に参加資格を得ていた欧州経済共同体（EEC）が、FRBのスワップ網について、これは主としてアメリカによる自由な引き出しを容認するものであり、国際収支管理にかんするアメリカの規律を弱める、と批判したのである(68)。

これにたいして、FRBのクームズは、こう述べた。スワップ取決めは双務的な協定であり、そこから引き出される流動性は条件付――九カ月をこえることは稀――である。アメリカのスワップ取決めは、過去のドル負債をやりとりするものであり、あたらしい債務をかかえこむものではない(69)――。会議での議論は二時間もつづいたが一致をみることはできなかった。会議に出席していた日本銀行当局者の印象は、スワップ網は有益なものではあるが、その規模・意義ともに大きく変化しており、その運用については、今後はBISでの論議が必要になるだろう、というものであった(70)。

この米欧対抗の裡には、ユーロ・カレンシー市場をめぐる規制の問題が集約的に表現されている。すなわち、(1)規制か、放任か、というおおきな枠組みと、(2)「多角的サーベイランス」か、スワップ網か、という多角主義と双務主義の対抗である。かつてのポンド危機までの局面では、BISと各国は、一部の例外・逸脱をのぞけば、(1)については、おおむね放任の姿勢をとりつつ、(2)については、「多角的サーベイランス」の枠組みを維持する、という方向にむかっていた。実際、ポンド危機の際には、ロンドン市場の銀行監督や規制には踏み込まなかったものの、BISの肝いりでポンド支援会議がもたれ、中央銀行間協力をつうじて外貨が手当てされていた。ところが、ドル危機の前夜ともいうべき一九六六年の局面で、アメリカは(2)についてもスワップ網を拡大するにいたり、独自な双務主義・二国間交渉の優先論を推進するにいたった。

では、ユーロ・カレンシー市場は、このあとどのような方向に向かったのだろうか。ここで論争の前面に浮上してくるのが、まさに新自由主義の政策論なのである。

(2)　規制の終焉——ギルバートとリュエフの懐疑——

上述の米欧対立が燃えあがっていたころ、ユーロ・カレンシー市場については、国際通貨外交の舞台裏で、ひとつのコンセンサスが形成されつつあった。各国の中央銀行総裁がほぼ一致して、ユーロ・カレンシー市場の現状維持・放任という主張でまとまったのである。この合意は、一九六六年七月のユーロ・カレンシー市場専門家会議の席上であらわれた。この会議で、アメリカ代表・ニューヨーク連銀のフレッド・クロップストックは、「近年のユーロ・ダラー市場で発展しているいくつかの変化」に言及した。クロップストックは、欧州の黒字国からアメリカへの資金移動について「これは、もちろん、経済理論にいうとおりの短期資本移動である」としたうえで、「昨年のあいだに、各国の国際金融市場の実質的な統合がみられた」と論じた(71)。これにたいして、フランスを代表していたフランス銀行外事総局長のマルセル・テロンは——かつての市場規制論とはうってかわって——フランスの民間銀行がユーロ・ダラー市場から利益を得ていることを述べた。フランスは、先物取引についての資本移動規制を緩和したところであり、フランスの銀行はコルレス先とのスワップをつうじて先物のドルを購入することができるようになっていた。このスワップの相手方は、フラン先物の対ドル・プレミアムを得ることを目的としており、ドルを求めるフランスの銀行ともども、双方に利益がある。フランス代表のテロンは、こう結論した。「フランスの当局は、商業銀行が最初からドルの受取分を決済し、また投資するために有利になるように、金融市場一般に影響をおよぼそうとこころみている。直接の誘導措置はとっていない(72)」。

アメリカはもとより、規制論の急先鋒だったフランスも、国内の規制緩和をすすめ、国際的な規制についても不要論に傾いていったのである。

ところが、ここでユーロ・カレンシー市場への規制論を唱えつづけることになるのが、ほかならぬＢＩＳの当局である。規制論は、一九六七年七月にひらかれたユーロ・カレンシー市場専門家会議にて、ＢＩＳ金融経済局長のギルバートによって提起された。ギルバートは、一九六五年以来のユーロ・カレンシー市場の発展を報告して、つぎのように述べた。「ユーロ・カレンシー市場が前年、前々年に引続き今後とも急速な拡大を続けていく場合には、この市場が個々の中央銀行のコントロール外にある国際金融市場であるだけにいろいろと支障が生ずる懸念がある。したがって、各国中央銀行が協調してユーロ・カレンシー市場を適当な規模に規制する必要があるのではないか」。しかしながら、会議参加者のほとんどは市場にたいする規制や管理に反対した。その理由は――陪席した日銀代表の記録によると――以下のようなものだった。⑴外国為替決済のための信用が安価に手に入る、⑵赤字国にとっては、国際収支赤字のファイナンスが、他国の黒字によってただちに手当てできる、⑶黒字国にとっては、対外黒字を原因とする国内の過剰流動性を回避できる。(73) 実際に、各国がとっていた規制措置は、ＢＩＳの担当者マクラムによれば、以下の二類型であった。第一に、為替取引面への介入ないし規制によって直接短資流出入を規制するもの（為替管理、スワップ操作、ポジション規制等）、第二に、直接には国内金融面に対する施策であるが、間接的にユーロ市場取引にも影響を及ぼすもの（準備預金制度、預金金利最高限度規制等）である。一九六〇年代後半には、フランスもふくめて、第一の類型の規制は影をひそめ、第二の類型だけがのこされたのである。

では、ＢＩＳ当局者だけが唱えつづけた規制論は、その後――ドル危機の時代にむけて――どうなったのだろうか。金融経済局長ギルバートの言を聴いてみよう。

ギルバートは、ニクソン・ショックの直前、一九七一年六月に、出身国アメリカの議会公聴会でつぎのように証言している。「私が最後に申し上げたいのは、以下のことです。ユーロ・カレンシー市場の拡大をチェックするための非常に重要な要因とは、合衆国の国際収支赤字の抜本的な再調整（fundamental readjustment）になるだろう、ということです。この持続的な赤字がなくてもユーロ・カレンシー市場が存在しただろうことは想像できますが、この赤字こそがユーロ市場拡大を説明する主要な力であったことを信じます」[74]。ギルバートは、国際的な規制緩和論や、ユーロ・カレンシー市場への歓迎論とは明確に一線を画して、アメリカの国際収支赤字こそが問題の根底にあったことを強調している。

同様の視点は、ギルバートによって、一九七〇年代にも――苦渋にみちたかれのBIS金融経済局長退任あいさつのなかで――語られている。「今、過去一五年を顧みれば、私は成し遂げようとした大事業に失敗したことを認めざるを得ない。その事業とは私の祖国〔アメリカ〕にドルの地位を維持し、国際収支の赤字を是正し、ブレトン・ウッズ体制に従うに必要な手段を採ることを納得させることであった。（中略）彼らはたんに私に従うことを望まなかっただけではない。あまりにも米国内の政治的難問に追われていたので、私を理解するに十分なほど、心を澄ますことさえできなかったのである。（中略）ご承知と思うが、彼らは私の諸説を間違いとしたのみならず、私をリュエフやドゴールと徒党を組む、半ば叛逆者のように扱うにいたった。なぜそんなことになったのか。それはまさしく私が、われわれは手を拱いて毎年何一〇億ドルを――合計六五〇億ドルを超え、マーシャル・プランを約五回実施できる額まで――失う必要はないと主張したという理由によるものであった[75]」。

「リュエフやドゴールと徒党を組む、半ば叛逆者」――これが、BISの金融経済局長に投げつけられた罵声である。ここで本章の視点から興味深いのが、新自由主義者リュエフの位置取りである。ユーロ・カレンシー市場について、リュエフは、一九七五年にこう述べている。「いかなる国にあっても、銀行制度が、通貨を創造するふたつのシステムに接近できるということは容認できない」。ふたつのシステムとは「ひとつは一国的なシステム、すなわち最後の貸し手であり、国民通貨の番人であるところの発券銀行によって、厳重・厳格に統制されているものである」。もうひとつは「規制をくわえるいかなる介入からも自由で、国内・国際当局のコントロールをこえてしまうユーロ・カレンシー市場である」。リュエフによれば、この市場は「金為替本位制が間接的に姿をかえたものであり、それは、国民通貨と、従来は金で支払可能だった通貨、すなわちドルとを同一視することに基づくものである」。では、かれのみとおしはどうか。「ユーロ・カレンシー市場に発するインフレが終息するならば、あらゆる金利は大きく低下し、莫大な投資の発展がうながされるだろう」「同時に、そのことは、インフレ圧力の不可避な効果を矯正するだけのストライキや賃上げ要求を無駄なものにしてしまうだろう。それは生産性向上の分配を求める、正当な社会運動だけを存続させるだろう。その生産性自体が、投資が急激に回復することによって、急増するだろう」(76)。ここでは、自由な市場を求める新自由主義者が、ユーロ・カレンシー市場に反対し、その拡大を抑制することを主張する役回りになっている。これはどういうことか。結論で整理しよう。

おわりに――どこを規制し、なにを放任すべきか――

ユーロ・カレンシー市場をめぐって、BIS当局者の対応は、放任から規制へと移り変わった。新自由主義者リュエフも、ユーロ・カレンシー批判を展開しつづけた。一見するとかれらの主張はわかりにくいが、実はそこには強固な連続性がある。その手がかりは、リュエフが一九六〇年代末に発表した論考にある。それは、こういうことである。

リュエフは、一九六〇年代の各国が協調して推進していたドル防衛策について、こう評している。各国政府の対応は「国際通貨体制の円滑な機能と持続性は、そこに参加している諸国の国際収支が均衡していることを条件とする、という暗黙の信条にもとづいている」。これにたいして、リュエフ自身は、まったく逆をいう。「私は、効率的な国際通貨制度だけが、こうした国際収支の永続的な均衡を保障する、と信じている」。リュエフがいみじくも述べているように「ここには、鶏か卵か、の問題がある」。リュエフによれば、重商主義からマーシャル・プランにいたる施策は、前者、すなわち、国際収支の均衡を人工的に作り出すことで国際通貨体制の均衡をもたらそうとするものである。(77)この転倒を正すのが、新自由主義だ、というわけである。

実は、ＢＩＳ金融経済局長ギルバートの立場も——かれとモンペルラン協会はじめ、新自由主義との現実の接点は確認されていないが——ここでのリュエフの立論とおなじである。ユーロ・カレンシー市場が、それ自体、自由な国際通貨体制の一部として機能するうえは、これを歓迎し、市場の発展を放任する。しかし、ドル防衛のための介入や、ユーロ・カレンシー市場で調達した資金を国内の成長に向けて政策的に動員する手法には反対する。ここからは、「まず国際通貨体制の自由化、ついで自動的な国際収支均衡」という展望をよみとることができる。

しかし、新自由主義者、あるいは、かれらに近い立場の当局者らの構想は、あるアポリアをまぬかれなかった。国際通貨体制の自由化を、どう達成するか。そのための各国の協力を、どう得るか。そもそも「自由」なシステムは、国境をこえられるか——。

国内において、市場の機能を発揮させ、社会政策・労働問題への最小限の関与をおこなうには——それはリップマン・シンポジウムの基調をなした思想でもある——新自由主義者も一定の国家介入をみとめていた。しかしながら、第二次大戦後の新自由主義者は、そうした介入をしりぞける傾向にあった。その極致をなしたのは、中央銀行不要論にいきついたハイエクの『貨幣発行自由化論』であろう。「貨幣と貨幣でないものとの間には明確な区別はない」という、まことに印象的な命題を展開した同書で、ハイエクはつぎのような議論を開陳している。「貨幣の政府独占は不要である」、「金融政策は望ましくなくまた可能でもない」、「人々は少なくとも現在の国民のいる地域をはるかに越えた広い領域にわたって、彼等の通貨の価値を一定に維持しようと望む基準として卸売商品価格の標準的組み合わせを用いることに同意するであろう」――[78]。これらは、かつてのハイエク自身の主張、すなわち「連邦」が執行する金融政策をつうじた、市場へのゆるやかな規制、という主張からもおおきくへだたったものである。それはまた、新自由主義のなかの、より急進的な潮流の軌跡とも重なっている。

問題は、このとき、国際市場への超国家的な介入は容認されるのか、否定されるのか、という点にある。三つの立場があった。第一に、リュエフとギルバートは、介入容認の立場を鮮明にした。究極の「自由」のための、国際市場における当面の「規制」である。第二に、たいする米国政府・議会やおおくの諸国のユーロ・カレンシー市場放任論は、国際市場への介入を否定する側に回った。こちらの「自由」には、さまざまな国内的介入のプランがむすびついていた。それらのプランとは、たとえば、ユーロ・カレンシーを取り入れて、自国の国際収支赤字を補填したり、黒字国が自国のインフレを中立化したりする方策である。そして第三に、ハイエクに代表される立場は、そのいずれもを否定する。興味深いことに、ハイエクはさきの『貨幣発行自由化論』で――同書は変動相場制への移行のあと、一九七六年に初版が出ている――金本位制や固定相場制への消極的な支持を表明している。ハイエクはいう。「私がこれまで固定相場制を必要であると考えてきたのは（中略）貨幣発行機関に対して、ぜひとも必要な規律または制限を課すことが不可欠であるということによる」。しかし「この規律はあまりにも弱いので、政府がこれを破るのを防ぐのはできないことが明らかになった」[79]。ハイエクの危惧は、変動相場制は、一見すると国際市場における自由を拡大するかにみえて、実は政府にたいして、よりおおきなフリーハンドをあたえてしまう、という点にあった。

ユーロ・カレンシー市場とBISを舞台にして、さまざまな理論家・実務家らがくりひろげた新自由主義の貨幣・信用論は、上述のような立場の相違をあかるみに出した。これら多彩な論理は、かつてモンペルラン協会で語られた「ジャングル」と「牢獄」のわかりやすい対抗を超越した、国内体制と国際体制のねじれを表現していた。さらには、ハイエクの議論にうかがえるように、新自由主義の急進的な流れは、固定相場から変動相場へ、という通貨体制の転変をも突き抜けて、とほうもない「自由」を叫びつづけた。こうした議論の「幅」のひろさ、そして同時に強靭な連続性こそが、新自由主義の貨幣・信用論を――そしてかれらの思想と運動を――特徴づけるものであるといえるだろう。

注

（1）新自由主義の定義、新自由主義者の人脈などの詳細については、本書の第1章を参照。

（2）Hoover Institution Archives, Hayek Papers, Mont Pèlerin Society, box 81, folder 3, “Contra-cyclical Measures, Full Employment, and Monetary Reform”, Hoff (chair), Graham (report), April 7th, 1947, pp. 2-9. 以下、この資料は Hayek Papers と略記し、box と folder の番号を表記する。なお、アメリカにおける「一〇〇％準備」通貨理論の系譜については、本書の第4章を参照。

（3）Hayek Papers, box 81, folder 3, “Free Enterprise or Competitive Order”, address on monetary stabilization, Rappard (chair), Director (report), April 1st , 1947, p. 10.

（4）リュエフの貨幣・信用論の全体像については、本書、第8章、および権上康男「新自由主義の歴史的起源と戦後フランス資本主義（一九三八―七三年）」（『歴史と経済』第一八一号、二〇〇三年一〇月、所収）二六～二七頁を参照。

（5）Jacques Rueff, “L'Etat actuel du système des paiements internationaux”, in *Revue d'Economie Politique*, t. 59, 1949, pp. 145-165. この論考は、IMF体制のゆく末やマーシャル・プラン批判を盛り込み、ケインズ理論にも言及した力作である。モンペルラン協会は、この論文の英訳版を作成しており、この論文が新自由主義の陣営にも影響をおよぼした可能性をうかがうことができる。Hayek Papers, box 81, folder 2, Rueff, “The Present Status of the System of International Payments”.

（6）Hayek Papers, box 81, folder 3, “Contra-cyclical Measures, Full Employment, and Monetary Reform”, Hoff (chair), Stigler (report), p. 1.

（7）Hayek Papers, box 81, folder 3, “Contra-cyclical Measures, Full Employment, and Monetary Reform”, Hoff (chair), Robbins (report), April 7th, 1947.

（8）Hayek Papers, box 71, folder 7, “‘Free’ enterprise and competitive order”, Rappard (chair), Hayek (report), [April 1st,

1947], p. 10.

(9) 「ジャングル」と「牢獄」の比喩は、F・グラハムがモンペルラン協会シンポジウムで用いた。この表現は、政府による独占規制をめぐってミーゼスとロビンズが論争していた際に、両者のあいだに割って入ったグラハムが、以下のように使っている。「完全な自由はジャングルにあります。そこに法はありません」、「われわれは、ジャングルと牢獄の中間の道をみつけるために、ここで会っているのではありませんか」Hayek Papers, box 81, folder 3, "Free Enterprise or Competitive Order", discussion, Rappard (chair), April 1st, 1947, p. 5.

(10) Hayek Papers, box 81, folder 3, "Contra-cyclical Measures, Full Employment, and Monetary Reform", op. cit., p. 10.

(11) Hayek Papers, box 81, folder 3, "The Problems and Chances of European Federation", Allais (chair), April 3rd, 1947, passim. 新自由主義者の欧州統合論については、本書、第9章を参照。

(12) この主張は「国家間連邦主義の経済的諸条件」と題する論考（初出は一九三九年、一九四九年に単行本 Friedrich von Hayek, *Individualism and Economic Order*, Routledge, London, 1949. に再録）のなかで展開されている。嘉治元郎・嘉治佐代訳『ハイエク全集』第三巻「個人主義と経済秩序」春秋社、一九九〇年、二七〇頁。この指摘は、後段でふれる第二次大戦後のハイエクの主張と好対照をなすものである。

(13) ＢＩＳにかんする研究のうち、本章にかかわりの深いものは以下のとおりである。Roger Auboin, *The Bank for International Settlements, 1930–1955* (Essays in International Finance, no. 22, May 1955), Princeton University, Princeton, 1955; Paolo Baffi, *The Origins of Central Bank Cooperation, the Establishment of the Bank for International Settlements* (Historical Publications of the Bank of Italy), Editori Laterza, 2002; Gianni Toniolo, with the assistance of Piet Clement, *Central Bank Cooperation at the Bank for International Settlements, 1930–1973*, Cambridge University Press, Cambridge/ New York, 2005. これらのうち、とりわけトニオロによる研究は、ＢＩＳの内部資料を活用した同行の正史である。本章の脱稿前後に公刊されたこのトニオロの著作には、ユーロ・カレンシー市場を正面から論じた箇所があり（同書、第一一章四節）、個々の史実の評価については本章と共通する見解が打ち出されている。しかしながら、トニオロの手になるこのＢＩＳ正史は、ゲーム理論の枠組みもふまえつつ、「中央銀行間協力」の発展の場としてＢＩＳを位置づける視点に貫かれており、本章とはアプローチを大きく異にする。

(14) 新自由主義旗揚げのきっかけとなったリップマン・シンポジウム（一九三八年）には、当時のＢＩＳの総支配人ロジェ・

オーボワン、およびＢＩＳ営業局長のマルセル・ヴァンゼーラントが参加していた。本書、第1章参照。ちなみに本書、第5章でとりあげられているポール・ヴァンゼーラントは、ＢＩＳ営業局長マルセル・ヴァンゼーラントの兄である。

(15) 一九三一年から一九五六年までＢＩＳ金融経済局長をつとめ、国際金融界に大きな影響力をおよぼしたペール・ヤコブソンは、新自由主義の拠点であるモンペルラン協会のメンバーと密接な交流をつづけていた。ヤコブソンは、一九四七年のモンペルラン協会シンポジウムに参加したフリッツ・マハループ、ヴィルヘルム・レプケ、ヴァルター・オイケンとしばしば私信を交換しており、モンペルラン協会会員のエリ・ヘクシャーとは旧友だった。リップマン・シンポジウムおよびモンペルラン協会については、R. M. Hartwell, *A History of the Mont Pèlerin Soceity*, Liberty Fund, Indianapolis, 1995; Richard Cockett, *Thinking the Unthinkable, Think-tanks and the Economic Counter-Revolution, 1931–1983*, Harper Collins Publishers：権上康男「新自由主義の起源と戦後フランス資本主義」前掲論文を参照。ヤコブソンについては、Erin Jacobsson, *A Life for Sound Money, Per Jacobsson, His Biography*, Clarendon Press, Oxford, 1979. を参照。

(16) BIS Historical Archives, Gabriel Ferras file, 7. 18 (10), FER2, note, s. a., "Eurodollars (some first thoughts)", 24. 8. 62.

(17) BIS Historical Archives, confidential paper for the Group of Ten, "The Euro-currency Market and the International Payments System", 20 January 1964, 7. 18 (12), DEA14.

(18) 代表的な研究としてCatherine Schenk, "The Origins of the Eurodollar Market in London: 1955–1963", in *Explorations in Economic History*, no. 35, 1998. を参照。近年の歴史研究は、ユーロ・カレンシー市場について、とりわけ民間銀行の行動に焦点をあてて市場の構造――銀行間の「競争」と「協調」のありかた――をあきらかにしつつある。上掲シェンクの研究のほか、Stefano Battilossi, "The Eurodollar Market and Structural Innovation in Western Banking, 1960–1985", paper read at the European Association for Banking History Conference, Warsaw, May 19–20, 2000; Stefano Battilossi and Youssef Cassis, eds., *European Banks and the American Challenge, Competition and Cooperation in International Banking under Bretton Woods*, Oxford University Press, Oxford, 2002. を参照。

(19) BIS Historical Archives, 1/3a (3), Meeting of Experts [euro-currency market], "Suggested questions for discussion at the Meeting on the Eurodollar market, Basle, 6th-8th October 1962".

(20) BIS Historical Archives, 1/3a (3), Meeting of Experts [euro-currency market], "Meeting of Experts [euro-currency market], note , s. a., "Proposal for a meeting of central-bank official at the BIS to discuss the Eurodollar market", 14th June

1962.

(21) BIS Historical Archives, 1/3a (3), Meeting of Experts [euro-currency market], "Suggested questions for discussion at the Meeting on the Eurodollar market, Basle, 6th-8th October 1962".

(22) BIS Historical Archives, Gabriel Ferras file, 7. 18 (10), FER 7, Note re: Conversation with Undersecretary Roosa on Friday, October 4, Washington D.C., 9 October 1963 [Marius Holtrop]. WP3については、座長をつとめたオランダの財務相エミール・ファン・レネップの自伝 Emile Van Lennep with Evert Schoorl, *Working for the World Economy*, Nederlands Instituut voor het Banken Effectenbedrief, Amsterdam, 1998. がある。当時、BISのWP3への参加は「良いかんがえ」("good idea")と評されたが、そこにはアメリカの財務次官ロバート・ローザの関与があった。ローザは、一九六三年一〇月四日にBIS頭取ホルトロップとワシントンで面会してBISのWP3参加を勧めており、頭取ホルトロップは会談の一〇日後にバーゼルで開かれる予定の中央銀行総裁会議にこの案件を諮ることを約束している。BIS Historical Archives, Gabriel Ferras file, 7. 18 (10), FER 7/10, Meeting of the Esteva Working Party, October 22nd-23rd 1964; 7. 18 (10), FER 7, Note re: Conversation with Undersecretary Roosa, op. cit.

(23) Cf. Jacob Kaplan and Günter Schleiminger, *The European Payments Union, Financial Diplomacy in the 1950s*, Clarendon Press, Oxford, 1996.

(24) Van Lennep, *Working for the World Economy, op. cit.*, pp. 103-109 et passim.

(25) 第二次大戦後のアメリカを中心におこったBISへの批判については、矢後和彦「戦後再建期の国際決済銀行――ペール・ヤコブソンの軌跡から――」(秋元英一編著『グローバリゼーションと国民経済の選択』東京大学出版会、二〇〇一年、所収)を参照。

(26) スワップの起源については、Harold James, *International Monetary Cooperation since Bretton Woods*, IMF/ Oxford University Press, London/ New York, 1996, p. 160. を参照。ここで筆者ジェームズは、「すでに一九五〇年代には、BISは、欧州決済同盟のなかで、欧州諸国の中央銀行にとってスワップ網に相当するものを組織していた」という評価を下している。

(27) Archives de la Banque de France, 1489200303/132, Banque des Règlements Internationaux, "Proposition de Swap faite par la B. R. I.", le 10 août 1949. この覚書は、BIS営業局長ヴァンゼーラントからフランス銀行にたいして提示されたスワップ取決めの提案を報告している。フランス銀行は、この提案にしたがって、同月に七三八万五〇〇〇米ドル、および二〇〇〇万スイス・フランのスワップ（フランス・フラン対価）をＢＩＳと取り決めている。Archives de la Banque de France, 1489200303/132, Banque des Règlements Internationaux, "Entretien téléphonique du 22 août 1949 avec MM. Van Zeeland et Royot de la B. R. I.".

（28）BIS Historical Archives, 2. 2, vols 3 and 4, "Conversation téléphonique avec la Banque d'Angleterre, Londres (MM. Preston, Bridge-O. Berntsen)", 16 juin 1954, 16.00h.

（29）ＢＩＳの部外秘資料によれば、同行内部には英大蔵省証券への投資に反対する意見が存在していた。BIS Historical Archives, 2. 2, vols 3 and 4, DHM, "B. I. S. investments in U. K. Treasury Bills", 5th July 1956.

（30）BIS Historical Archives, 2. 2, vols 3 and 4, Aide mémoire for Monsieur Guindey, 26. 2. 59, confidential.

（31）国際決済銀行『世界金融経済年報　第34次国際決済銀行年次報告』東京銀行調査部訳、至誠堂、一四六〜一四七頁。

（32）バーゼル合意と金プール協定については、深町郁彌『現代資本主義と国際通貨』岩波書店、一九八一年、二〇六〜二一四頁を参照。

（33）営業局長マンデルの提案は、スウェーデン中央銀行のＢＩＳ代表理事への書簡で表明されている。BIS Historical Archives, 1/3a (3), Meeting of Experts [euro-currency market], correspondence, H. H. Mandel to Gunnar Akermalm, Manager, Sverigs Riksbank, 3rd December 1963, personal and confidential.

（34）BIS Historical Archives, 1/3a (3), Meeting of Experts [euro-currency market], correspondence, Banque de France, Direction Générale des Services Etrangers, Paris, le 19 décembre 1963, à Mr. Milton Gilbert.

（35）BIS Historical Archives, Gabriel Ferras file, 7.18 (10), FER 7, correspondence, Milton Gilbert to André de Lattre, Directeur des Finances Extérieures, Ministère des Finances, le 20 décembre 1963.

（36）BIS Historical Archives, 1/3a (3), Meeting of Experts [euro-currency market], correspondence, Gabriel Ferras to Yamagiwa Masamichi, Governor, Bank of Japan, January 23, 1964. この書簡は、ＢＩＳ総支配人フェラスによって、当時はＢＩＳ理事国に復帰していなかった日本（日銀）に宛てて個人的に作成されたものである。

（37）Ibid. 当該期のフランスで進行していた信用改革の経緯、およびその過程における新自由主義の政策論やフランス銀行総裁ブリュネの役割については、権上康男「フランスにおける新自由主義と信用改革（一九六一―七三年）」（『エコノミア』第五四巻第二号、二〇〇三年一一月）を参照。

（38） BIS Historical Archives, 1/3a (3), Meeting of Experts [euro-currency market], correspondence, Gabriel Ferras to Yamagiwa Masamichi, op. cit.

（39） Archives of the Bank of England, c20-5, R. A. O. Bridge Papers, "Euro-dollars", confidential, 1/5/63.

（40） Archives of the Bank of England, c20-5, R. A. O. Bridge Papers, Extract from "International Reports" (Guenter Reimann) dated 6th December 1963; "Telephone conversation with Mr. Magruder, 1st N. C. B. re Ira Haupt", 6 December 1963.

（41） BIS Historical Archives, Gabriel Ferras file, 7.18 (19), FER 8, 1st February 1965, H. M., "Recent Euro-dollar Development". ここでいう報告提出国は、ベルギー、カナダ、フランス、西独、イタリア、日本、オランダ、スウェーデン、スイス、英国である。

（42） BIS Historical Archives, Gabriel Ferras file, 7. 18 (10) FER 8, Note, "Procedure for Multilateral Surveillance agreed by the Governors", 8th November 1964.

（43） フェラスは、ＥＰＵのフランス代表代理、ＩＭＦ専務理事代理等を経て、一九六三年にＢＩＳ総支配人に就任した。一九七〇年に没するまでその職にあった。ちなみにＢＩＳの執行部の最高責任者である総支配人には、一九三〇年の同行の創設から五代およそ五〇年間にわたってフランス出身者が就いていた。Toniolo, *Central Bank Cooperation at the Bank for International Settlements, op. cit.*, pp. 665-666, 701.

（44） BIS Historical Archives, Gabriel Ferras file, 7. 18 (10), FER 8, note, s. a., "The International Banking Risks Office", 10th January 1965.

（45） 一例をあげると、総支配人フェラスは、ブンデスバンクの代表委員のひとりＨ・イームラーに一九六四年一一月九日に、すなわち上記「多角的サーベイランス」会合の翌日に会ってリスク部局案を説明している。BIS Historical Archives, Gabriel Ferras file, 7. 18 (10) FER 8, correspondence, Dr. H. Irmler à Gabriel Ferras, 19 novembre 1964 [traduction française].

（46） BIS Historical Archives, 1/3a (3), Meeting of Experts [euro-currency market], Note on the meeting regarding the centralisation of information on bank credits to non-residents, May 1965. この専門家会議には、アメリカから、ユーロ・カレンシーの信用創造効果についての著名な理論家でもあるクロップストックが参加している。会議へのＢＩＳ当局代表は、アントニオ・ダローマ、アントニオ・ライノーニおよびクナップである。

(47)　Ibid.

(48)　Ibid.

(49)　当該期のドル防衛策については、さしあたり、山本栄治『基軸通貨の交替とドル』（有斐閣、一九八八年）；深町郁彌『ドル本位制の研究』（日本経済評論社、一九九三年）を参照。

(50)　ポンド危機の前提については、Catherine Schenk, *Britain and the Sterling Area, From Devaluation to Convertibility in the 1950s*, Routledge, London, 1994. を参照。

(51)　BIS Historical Archives, 2. 2, vols. 3 and 4, "Bank of England, Conversation in Basle, MM. Bridge/ Macdonald", 11th October 1964.

(52)　BIS Historical Archives, 2. 2, vols. 3 and 4, DHM, "Bank of England, conversation in Basle, MM. Parsons/ Macdonald" 10th January 1965. この会話をおえたマクドナルドは、イングランド銀行のパーソンズは「この点にあまり興味をいだいたようにはみえなかった」と述懐している。

(53)　BIS Historical Archives, 2. 2, vols. 3 and 4, DHM, "Bank of England, telephone conversation, MM. Bridge/ Macdonald" 11th January 1965, 10. 40 a. m. our call.

(54)　BIS Historical Archives, 2. 2, vols. 3 and 4, DHM, "Bank of England, telephone conversation, MM. Bridge/ Macdonald" 12th January 1965, 5. 05 p. m.

(55)　BIS Historical Archives, 2. 2, vols. 3 and 4, DHM, "Bank of England, conversation in Basle, MM. Bridge/ Macdonald" 7th March 1965.

(56)　BIS Historical Archives, 2. 2, vols. 3 and 4, DHM, "Bank of England, telephone conversation, MM. Bridge/ Macdonald" 12th January 1965, 5. 05 p. m., op. cit.

(57)　日本銀行資料。上記のブリッジの発言は、文書を作成した日銀担当者によって英語で表記されている。マクドナルドの所感は、会議のあとで日銀代表の星野大輔に私的な会話のなかでもたらされた情報である。

(58)　日本銀行資料。

(59)　同前。

(60)　同前。同日の会議について、ＢＩＳ側では、以下の記録がのこっている。BIS Historical Archives, Gabriel Ferras file, 7.

18 (10) FER 8, Note “Meeting of Experts on the Euro-Currency Market at he BIS”, 11th-12th July 1966, confidential. 日本代表が述べている印象は、ＢＩＳ側の資料に書かれているものとは若干ことなっている。

(61) BIS Historical Archives, Gabriel Ferras file, 7. 18 (10) FER 8, Note “Meeting of Experts on the Euro-Currency Market at he BIS”, ibid.

(62) 日本銀行資料。

(63) 同前。

(64) 同前。この会議に参加していた日本代表の星野大輔は、この資料中で「マクドナルドとトゥングラーに個人的にはなしをきいたかぎりでは、かれらは年末のユーロ・カレンシー市場の状態については、さほど心配していないようだ」との感想を残している。

(65) 日本銀行資料。

(66) 同前。この覚書をのこした日本銀行の担当者は、のちに総裁になる前川春夫である。

(67) 日本銀行資料。

(68) 同前。

(69) 同前。

(70) 同前。

(71) BIS Historical Archives, Gabriel Ferras file, 7.18 (10) FER 8, Note “Meeting of Experts on the Euro-Currency Market at he BIS”, 11th-12th July 1966, confidential.

(72) Ibid.

(73) 日本銀行資料。

(74) BIS Library, NM1425, “Statement before the Subcommittee on International Exchange and Payments of the Joint Economic Committee, U. S. Congress on June 22, 1971 by Dr. Milton Gilbert, Economic Adviser and Head of the Monetary and Economic Department, Bank for International Settlements”.

(75) Milton Gilbert, *Quest for World Monetary Order: the Gold-Dollar System and its Aftermath*, Twentieth Century Fund Study, New York, 1980.（緒方四十郎・溝江義郎訳『国際通貨体制の軌跡』東洋経済新報社、一九八二年、viii～ix頁）。

（76）Jacques Rueff, "Les Euromonnaies et la création monétaire", in *Le Monde*, le 8 avril 1975, cité in Rueff, *Œuvres Complètes, III, Politique Economique 2*, Plon, Paris, 1980, pp. 315-325.

（77）Jacques Rueff, *Balance of Payments, proposals for resolving the critical world economic problem of our time*, McMillan, New York, 1967, p. xii.

（78）Friedrich von Hayek, *Denationalisation of Money, the Argument Refined*, Institute of Economic Affairs, London, 1976, 1978.（川口慎二訳『貨幣発行自由化論』東洋経済新報社、一九八八年、九五、一四一、一五九頁）。

（79）『貨幣発行自由化論』一五五〜一五六頁。

総　括——論点の整理——

最後に、本書をつうじて明らかにできたと思われる主要な論点を、やや敷衍しつつ整理しておくことにしたい。

(1) 新自由主義の概念をめぐる問題

リップマン・シンポジウムとモンペルラン・コンファレンスによって基礎を据えられた新自由主義の概念のおおもとは明快であった、と言ってよい。二つの研究集会に出席した（新）自由主義者たちの言説には重要な共通点がみられるし、またそこでは綱領的文書の作成もこころみられているからである。経済・社会領域に限定して言えば、この概念の構成要素は次の四項目に集約できる。第一に、個人の自由は価格メカニズムが機能する自由な市場経済のもとにおいてのみ保障され得る（公準としての価格メカニズムないしは市場経済）。第二に、市場が有効かつ安定的に機能するには法律・制度の枠組みが必要である（新自由主義の「制度自由主義」的性格）。第三に、価格の変動を介して不断に調整される市場経済に現実の社会が常に適応できるわけではない。よって、市場経済と社会とのあいだの緊張や軋轢を緩和するために適切な政策的措置を講じることは有用である（社会政策の有用性）。第四に、この第三項目の帰結として、経済・社会領域への公権力の介入は、特定の形態の介入および一定の量的範囲内の介入については容認できるし、またそれは必要でもある（「自由主義的介入」の是認）。

もとより（新）自由主義者たちによる新自由主義の理解には大小さまざまな偏差があったが、それらはいずれも、上記の第二項目以下の内容をどう具体化するかという問題にかかわるものであった。すなわち、制度を誰がどのようなやりかたでつくり、またその機能を保障するのか――とくに公権力をどのようなものと措定するか。市場経済と社会との調整はどのような領域で、また（あるいは）どのような政策手段によって図るか。公権力の介入が許される条件や範囲をどのように設定するか。

これらの、いわば各論における新自由主義者たちの言説を図式化したり類型化したりすることには慎重でなければならない。しかしそれらの主要な特徴に注目するかぎり、新自由主義者たちは三つのグループに、また新自由主義はそれらのグループに対応する三つの亜種にそれぞれ大まかに区別できると考えられる。

第一はフランス・グループであり、その特徴は、市場経済は最終的には議会制民主主義のもとで決定される「社会的諸目標」の制約をうけるとし、公権力の介入（「自由主義的介入」）に伸縮性をもたせている点にある（以下、亜種Ⅰと呼ぶ）。リップマン・シンポジウムを主導したのはこのグループであった。第二はドイツ・グループである。その特徴は、(1)労働経済や食糧経済、農民や手工業者など、完全競争市場モデルの適用から除外される経済領域や社会カテゴリーをあらかじめ特定している点と、(2)完全競争市場は利益諸集団から超然とした国家による操舵を前提にして成り立ち得るものであるとみる点にある（亜種Ⅱ）。第三は、単一の完全競争市場の実現こそが自由主義の中心的な課題であり、公権力の介入は必要最低限に抑えられるべきであるとする、英米グループである[1]（亜種Ⅲ）。モンペルラン・コンファレンスを主導したのはこのグループであった。

最初の二つのグループは、市場経済と社会を峻別したうえで社会に特別な位置づけをあたえ、両者間の調和ないしは調整の問題に大きな関心を払っており、「社会対話」にも積極的であった。社会にたいする関心度を基準にみると、第一および第二グループの新自由主義者と第三グループの新自由主義者とを隔てる溝は深く、両者の社会哲学に違いのあったことすらうかがわせる。それゆえ、新自由主義の亜種Ⅰ、Ⅱと亜種Ⅲを相互に異なる系列に属する自由主義とみることもできないわけではない。実際、第三グループに括られるフリードリヒ・フォン・ハイエクやミルトン・フリードマンの自由主義については、今日、彼らをリバタリアニズムに引き寄せて理解しようとする論者のいることを、われわれは知っている。しかし歴史研究の側からみるならば、三つのグループが共同の討議の場をもっていたという事実と、政策技術や政策実践の面では必ずしもグループ間に明確な違いがあったわけでないという事実のもつ意味は重く、かつ大きい。それゆえ、亜種Ⅰ、Ⅱと亜種Ⅲを別物とみなし、それでよしとすることに意味があるとは思えない。新自由主義の理論や政策論をめぐる豊かで生産的な議論の場を確保するという戦略的な観点からも、両者は新自由主義という同種の自由主義とみたほうがよいであろう。

(2)　古典的新自由主義と「市場原理主義」型の新自由主義

新自由主義として今日人口に膾炙しているのは、市場領域の拡大と市場機能の強化をひたすら追い求めているかにみえる「市場原理主義」型の新自由主義である。このタイプの新自由主義は、本研究で扱われている古典的新自由主義とどのような関連にあると考えるべきか。

「市場原理主義」型の新自由主義の萌芽とおぼしきものは、明らかに、先に述べた古典的新自由主義者の第三グループ（新自由主義の亜種Ⅲ）のなかに確認できる。しかも、このグループの中心はハイエクやアーロン・ディレクターという戦後シカゴ学派を形成することになる人物たちであったから、「市場原理主義」型の新自由主義は古典的新自由主義の延長上に位置しているとみるのが自然である。そうであるなら、ここで問われるべき真の問題は次のようになる。「市場原理主義」型の新自由主義が二〇世紀末以降に、市場と社会の調和を重要視する古典的新自由主義の亜種Ⅰおよび亜種Ⅱを押しのけるかたちで、世界の広域で影響力を拡大するにいたったのはなぜか。あるいはまた、その一方で、亜種Ⅰと亜種Ⅱのそれぞれの内部もしくはその周辺に市場志向の強い新自由主義の流れが生まれ、それとともに二つの亜種の内容や性格が複雑で多様なものに変化し、それらの輪郭が不鮮明になったのはなぜか[2]。本研究は歴史的アプローチをとっており、この問題に直接答えることはできない。ここでは、古典的新自由主義者たちの議論を演繹するなら、次の二様の仮説が成り立ち得ることを指摘するにとどめる。

第一は、先進資本主義諸国では、戦後に実現した長期の経済成長をつうじて労働者の生活水準が総じて向上し、ヴィルヘルム・レプケの言う社会の「非プロレタリア化」ないしは「ブルジョワ化[3]」が進んだ結果、労働者の市場適応能力が増大し労働組合の性格にも変化が生じている、という仮説である。第二は、まず一九五〇年代末に実現した通貨の交換性回復、次いで一九七〇年代のスタグフレーション期から加速化した国際経済領域における大規模な地殻変動（国際資本移動の活発化、国際通貨の固定為替相場制から変動為替相場への移行、それにいわゆるグローバル化など）の結果、個別の国家が介入し得る領域や介入の方向が狭くかぎられるようになっている、という仮説である。

とはいえ、社会と市場の調和に意を用いるタイプの新自由主義が現実の場から消えたわけでも歴史的意味を失ったわけでもないことは注意しておく必要がある。実際、国民国家を部分的に超える統一的な域内権力機構をもつ統合ヨーロッパにおいては、「経済通貨統合」に比べて大きく出遅れているとはいえ、「社会的ヨーロッパ」を建設しようとする動きが絶えることなくつづいている[4]。今日の欧州連合（ＥＵ）の基本法であるマーストリヒト条約に謳われた経済社会理念は古典的新自由主義の亜種Ⅰおよび亜種Ⅱを想起させるし、また二〇〇四年に調印された欧州憲法条約には、欧州連合の目的のなかに、「高度に競争的な」という形容詞つきで、オルド自由主義に起源をもつ「社会的市場経済」（Soziale Marktwirtschaft, économie sociale de marché, social market economy）が市場経済理念として登場する。さらに言っておけば、欧州連合を支える官庁エコノミストたちは、アメリカ経済学の影響を強くうけながらもなお「政治経済学《ポリティカル・エコノミー》」を明確に志向しており、為替相場を調整メカニズムとして重要視するアメリカの経済学者たちから向けられた批判や疑念にもかかわらず、単一通貨導入への道を用意するにいたっている(5)。

一方、視点を地球規模に広げるならば、今日生起しているさまざまな問題は、世界がもはや、人が最大効用の追求や産出量の最大化を至高の善とする「進歩の哲学」（ミルトン・フリードマン）に、なんらの前提も条件もなしに寄りかかりつづけられるような状況にないことを強く印象づけている。また、「市場原理主義」型の新自由主義が世界で支配的な影響力をふるうなかで、不安定就労や所得格差の拡大によって新たな貧困層が誕生している――社会の部分的「再プロレタリア化」――ことが、世界の各地で報告されているからである。

かくて、新自由主義には複数の流れ（亜種）が存在したし、現在もさまざまに姿態を変えて存在しつづけているという認識に立つことは、戦後史を理解するためのみならず、資本主義経済社会の現状と近未来を論じる場合にも重要な意味をもつと考えることができよう。

(3)　新自由主義の政策実践をめぐる問題――なぜ大陸ヨーロッパが先行したのか――

新自由主義の理念にもとづく経済社会・政策の実践では、米英ではなくドイツおよびフランスを中核とする大陸ヨーロッパ諸国が先行していた。これは歴史的な事情、なかでもこれらの諸国を見舞った深刻な経済危機とそれらの諸国が推進した欧州経済統合によるものと考えられる。

戦後の早い段階から新自由主義（ただし、古典的新自由主義の亜種Ⅱ）の理念にもとづく政策を組織的に実施したのは西ドイツである。これには、ワイマール体制のもとで職業諸団体の力が強大化し、国家がこれらの団体への利益供与機関と化した（「獲物としての国家」）という歴史的経験が、とりわけ大きくかかわっていたと考えられる。ナチズムのもとで新自由主義者たちが公的活動の場をあたえられ、また他方で戦後にキリスト教民主／社会同盟のみならず社会民主党までもが市場整合的政策路線に傾いたのは、このようなこの国に特殊な事情を抜きにしては考えにくい。

フランスの場合には、戦後の国有化、計画化に代表される「組織化された経済体制」の矛盾が、一九五〇年代半ばという戦後史の早い段階から、慢性的国際収支赤字とインフレの危機として噴出していた。早くも一九五〇年代の末に、大統領シャルル・ドゴールの権威のもとで、なお「実験」の域を大きく出るものでなかったとはいえ、価格メカニズムの復権と通貨の安定を軸とする新自由主義的構造改革に正当性が付与されたのは、もっぱらこの危機によるものである。ベルギーのように経済の対外開放度の高い小規模工業国の場合には、一九三〇年代における金本位制の停止とそれにともなう世界経済の崩壊によって、国民経済の存続それ自体が危機に瀕することになった。大戦前夜のこの国で新自由主義に傾斜した改革がこころみられ、また安定した国際通貨を基礎とする自由主義的国際経済秩序の構築や地域経済統合をめざす動きが現れたのは、そしてさらに、戦後にこの国が欧州経済統合の急先鋒になったのは、いずれもこのためと考えられる。

そこで次に問題になるのは欧州経済統合である。統合後の域内経済のあり方をめぐっては、当初、ケインズ主義やディリジスム（国家主導経済）など多様な市場経済理念が議論の俎上にのぼっていた。しかし、一九五二年に「欧州石炭鉄鋼共同体」（ECSC）が設立された際には、「最高機関」という名称の中央権力機関が定めた制度的枠組みのなかで機能する、独占が排除された自由な競争市場が平時における共同体の公式の理念とされた。しかも「最高機関」は、固有の財源をもち、近代化投資や労働者にたいする転職支援――すなわち、構造政策というかたちをとった「自由主義的介入」――にも応じられるよう制度設計されていた。(6) 明らかにここには、リップマン・シンポジウムおよび自由主義刷新国際研究センターにおいて定式化された新自由主義の基本的要素がそろっていたといえる。(7) 一九五八年には通貨の交換性回復と相前後して「欧州経済共同体」（EEC）が発足する。ここでは、自由な競争市場がすべての産業領域に拡大されるとともに、この市場を安定した物価と通貨のもとで機能させるべく、域内諸国間におけるマクロ政策の協調を図るための機構整備が、専門委員会制度の基礎上に進む。こうして、通貨統合が現実の課題となり、またマネタリズムの影響が強く現れるようになる一九七〇年代初頭には、新自由主義は統合ヨーロッパの不動の理念として定着する。

このように欧州経済統合が初発から新自由主義と深いかかわりをもっていたのは、多様な制度的条件のもとにある諸国民経済の統合を市場経済の基礎上に実現しようとするかぎり、それ以外の理念は非現実的であることを免れなかったからである。実際、欧州共同体では欧州石炭鉄鋼共同体の時代から、新自由主義の「理念」と域内諸国の「現実」——なかでも、職業団体間の利害調整が依然として重要な役割を演じている現実——との乖離を、どのような措置や手段に拠りながら、どのような手順や段階を踏んで縮めるかという問題をめぐって域内諸国間の対立がくり返された。しかしこの対立は常に妥協というかたちで決着し、域内諸国の政策を新自由主義の方向に漸進的に引き寄せる結果に終わった。

ただし、厳密を期するなら、新自由主義的政策の実践において大陸ヨーロッパが先行したと言い切ることに、問題がないわけではない。戦後のアメリカ・シカゴ学派を有名にしたマネタリズムは、公権力が通貨供給量を一元的に設定・管理し、それ以外の領域への介入は控える——したがってそれは、オルド自由主義者たちの言う「枠の政策」の一種である——という点に学説の核心があり、明らかに新自由主義の流れを汲んでいるといえる。そうしたマネタリズムの先触れとみられるものは、同じシカゴ学派が一九三〇年代に提案した一〇〇％預金準備制度案のなかにすでにうかがえるからである。あるいはまた、同じアメリカ合衆国では、後段で触れるように一九世紀末から二〇世紀初頭にかけて連邦レヴェルにおける独占規制制度が整備されており、新自由主義の課題の一部は歴史の早い段階で達成されていたとみられるからでもある。なお、イギリスについては本書で扱うことができなかったが、この国についても、一九七九年にマーガレット・サッチャーが政権の座に就く以前に、新自由主義の普及をめざす長期の運動があったことがすでに知られている。(8)

ところで、新自由主義の理論構築が一九三〇年代に始まり、その政策が大陸ヨーロッパの中核的地域において、戦後の早い時期から全面的ないしは部分的に実施に移されていたという事実は、歴史研究にとってきわめて重要な意味をもつ。これにより、一九世紀末以降の欧米経済史はより複雑でよりダイナミックな姿を現すようになるからである。とくに「ケインズ主義的」という形容詞付ですべてが説明される傾向にあった戦後資本主義（それに戦時経済体制の一部）については、その歴史像の修正や場合によっては書替えが必要となろう。また、同じく「グローバル化」もしくは「アングロサクソン・モデルの普及」という簡単な言葉で片付けられがちな、一九八〇年代以降における資本主義世界の大転換についても、中・長期の視点に立ったより厳密な研究への道が開けてくるであろう。

(4) 寡占市場と新自由主義

そもそも古典的新自由主義者たちが自由主義の刷新を標榜するようになった背景には、独占の形成によって自由主義が衰退を余儀なくされているという問題認識があった。それゆえ、独占への対応は新自由主義の核心にかかわる問題であったといえる。

新自由主義者たちの独占問題にたいするアプローチは、マルクス主義者とは違い、「集積」と「独占」を切り離して理解しようとしているところに大きな特徴がある。すなわち、彼らは、一方の独占の形成については、それを主として国家の介入——しかも、一九世紀中葉から末葉にかけて職業諸団体（なかでも重要なのは労働組合と使用者組合）の法認と国家によるそれら団体への各種特権の付与というかたちをとった国家の介入——の結果として理解し、他方の集積については、それが資本主義の自生的発展の結果であり、技術進歩や生産力の発展を体現しているとして、一般に、肯定的に評価する。

独占の問題をこのように捉えることの結果として、新自由主義者たちの政策論の最大の特徴は、巨大な集積体ならびに職業団体の出現によって寡占化した市場に、集積には基本的に手を触れることなく、「競争秩序」を保障しようとするところにある。より具体的に言えば、もっぱら独占的な価格形成の排除を課題とし、そのために国家介入の方向を、職業団体からの特権の剥奪(9)、独占禁止法の制定とこの法律の厳格な運用、独占規制監視機関の設置とその機能強化に向けさせようとしているのである。

したがって新自由主義は、古典的マルクス主義の用語で言う「資本主義の独占段階」に対応した自由主義、ないしはそれにふさわしい自由主義として歴史の舞台に登場したと言うことができる。あるいはまた、問題を自由主義の歴史のなかに位置づけて言えば、新自由主義は、職業団体の法認によって勝利をおさめた「団体レヴェルの自由主義」(ないしは「独占放任型自由主義」(10))にたいするアンチ・テーゼとして登場したと言うことができよう。今日、市場の寡占化は一九三〇年代や四〇年代とは比較にならないほど大きく進んでいるが、この寡占市場でくり広げられている熾烈な競争、この市場を対象に実施されている独占規制の実態、労働市場の規制緩和およびそれと表裏の関係にある労働組合の組織的行動能力の低下は、古典的新自由主義者たちの政策論が今日の世界において驚くべきリアリティを有していることを物語っている。

ところでこの問題領域では、法制面に限定してみるかぎりアメリカ合衆国が先行していた。この国ではすでに第一次大戦前に、集積がいちじるしく進んでいたからである。実際、一八九〇年に制定されたシャーマン反トラスト法と一九一四年に制定された連邦通商委員会法およびクレイトン法に託された課題は、企業や企業結合を巨大であるがゆえに規制するのではなく、それらが行う「不公正な取引制限」、なかでも独占的な価格政策を規制することにあった。したがってこれら三法による独占規制は、寡占化した市場に「競争秩序」を貫徹させることに狙いがあったとみることができる(11)。ちなみに、ヨーロッパが独占規制で遅れたのは、この地域で優勢だった社会主義、労働組合運動、それにカトリックの社会改革運動などが同じ問題を重要産業の「国有化」や職業諸団体に足場をおく利害調整機構

（「コーポラティズム」）の整備によって解決しようとし、一九二〇年代から四〇年代にかけてそれらを段階的に実現していたからである、と考えられる。一九八〇年代になって国有企業の民営化が進み、またそれと併行して職業諸団体間の利害調整が後景に退くようになると、ヨーロッパにおいても法制面における独占規制の整備が進むようになるが、それは、以上のような歴史の文脈に位置づけてみるなら容易に理解できることである。

(5) 国際経済と新自由主義

国際経済の領域には、市場経済の制度的枠組みを設定する資格のある統一的な公権力が存在しない。それゆえ国際領域では、新自由主義が支配的な政策理念となった二〇世紀末以降の歴史段階においてもなお、国家連合、ないしは国際決済銀行（ＢＩＳ）のような準公的機関による規制ないしは制度的枠組みの設定とならんで、「自由放任」が選択肢になり得るかにみえる。また、これらの選択肢のうちのいずれが勝利するかは、国民的利害対立を背景に展開する国際政治の力学に大きく依存するようにみえる。実際、一九六〇年代から七〇年代にかけて争われたユーロ市場（その規制か放任か）や国際通貨制度（より厳格な金にもとづく制度にあらためるか、金による支払い義務を外すか、さらには変動為替相場とするか）に関する国際論争に最終的な決着をつけたのは、周知のように覇権国アメリカ合衆国の主張と行動であった。

しかし国際経済領域においても、完全なかたちでの「自由放任」は安定しないようである。いくつかの事例がそのことを物語っている。一九七三年になし崩し的に――つまり、「自由放任」のもとで――始まった変動為替相場は、ヨーロッパにおいて、有名な地域通貨協力制度（縮小共同変動相場制度）「スネイク」の発足をもたらすとともに、欧州通貨統合への流れを不可逆的なものとした[12]。つまり、為替変動幅の縮小（最終的には廃止）を内容とする地域通貨の制度的枠組みを創ることによって、域内諸国の通貨が「自由放任」に支配されるのを阻止しようとする流れが勝利したのである。そして一九八五年には、プラザ合意によってアメリカ合衆国がドルの安定化に努めることを約束したことから、この年以後、国民国家間の協調による為替関係の安定化に向けた流れが定着する。一方、近年についてみれば、国際決済銀行のような準公的機関や国際会計基準審議会（ＩＡＳＢ）のような私的機関によって「国際基準」が設定され、次いで国民国家の内部においてそれにもとづいた基準設定がなされる[13]という事例が増えている。かくて広い意味においては、国際経済領域でも、新自由主義は「制度自由主義」のかたちをとって現実に機能していると考えることもできるのである。

注

（1）ただし、第2章における西川純子による論証で明らかなように、ウオルター・リップマンをこの英米グループに括ることはできない。リップマンは第一のフランス・グループに近かったと考えられる。

（2）本書、第3章（一〇〇、一三六〜一三七頁）で雨宮昭彦が指摘しているように、ドイツではすでに一九五〇・六〇年代から新自由主義の概念内容の変化——いわゆる「多義化」——が現れていたし、フランスでも、同じく本書、第8章（三二七〜三二八頁）で権上康男が指摘しているように、一九九〇年代にはジャック・リュエフの評価をめぐって新自由主義者たちが大きく割れるようになっていた。

（3）Wilhelm Röpke, *Civitas Humana: Grundfragen der Gesellschafts-und Wirtschaftsreform*, Zürich, 1944, S. 268–289.（レプケ著／喜多村浩訳『ヒューマニズムの経済学』勁草書房、一九五四年、二五二〜三二三頁）。

（4）バンジャマン・コリア「社会的ヨーロッパ——基盤、賭け、展望」永岑三千輝・廣田功編著『ヨーロッパ統合の社会史——背景・論理・展望』（日本経済評論社、二〇〇四年）所収、雨宮昭彦「グローバリゼーション、欧州統合とコーポラティズムの再建——ドイツにおける『労働のための同盟』」、同前書所収。

（5）Ivo Maes, *Economic Thought and the Making of European Monetary Union*, Cheltenham, 2002, pp. 70–73.

（6）これらの点は、欧州石炭鉄鋼共同体を創設した一九五一年四月一八日のパリ条約、およびこの条約に関するフランス政府代表団の報告、*Rapport de la Délégation française sur le Traité et la Convention signés à Paris le 18 avril 1951.* によって確認できる。
(7) ベルギーのシンク・タンク「国際関係研究所」の研究グループも、欧州石炭鉄鋼共同体が発足して間もない一九五三年に、この共同体が「自由主義的というよりは新自由主義的な」性格を備えていることを確認している。Un groupe d'étude de l'Institut des Relations internationales, *La Communauté Européenne du Charbon et de l'Acier*, Bruxelles, 1953, pp. 14–16.
(8) この運動はシンク・タンク「経済問題研究所」(Institute of Economic Affairs)を軸に、戦後の早い段階から始まっていた。一九五五年一一月に、ハイエクの影響を強くうけた実業家アントニー・フィッシャーによって設立されたIEAは、モンペルラン協会と緊密に連携しつつ、パンフレット類を中心とする出版物を通じて知識人や若い世代の保守党員のあいだに、ハイエクやフリードマン流の新自由主義――すなわち、われわれのいう新自由主義の亜種Ⅲ――にたいする同調者を着実に増やしていった。そして、イギリスの経済危機が深刻化し社会的緊張が極度に高まる一九六〇年代末から七〇年代初頭には、新自由主義的政策がイギリス政府にとって最有力の選択肢であることを強く世論に印象づけるまでにいたっていた。たとえば、Richard Cockett, *Thinking the unthinkable. The think-tanks and the counter-revolution, 1931–1983*, London, 1995, pp. 122–199; Keith Dixon, *Les évengélistes du marché. Les intellectuels britanniques et le néo-libéralisme*, Paris, 1998. を参照。
(9) ただし、前述のとおり、古典的新自由主義者のなかでもドイツのオルド自由主義者たちだけは、特定の経済領域および社会カテゴリーについて特権の存続をみとめようとしていた。
(10) 岡田与好『自由主義の経済思想』東京大学出版会、一九七九年、三九〜四四頁、同『経済的自由主義――資本主義と自由』東京大学出版会、一九八七年、序論および第一部、権上康男・広田明・大森弘喜編『二〇世紀資本主義の生成――自由と組織化』東京大学出版会、一九九六年、第三章を参照。
(11) 楠井敏朗『法人資本主義の成立』日本経済評論社、一九九四年、第五章、水野里香「シャーマン反トラスト法の成立(一八九〇年)――アメリカ合衆国における州際通商と独占規制」『エコノミア』第五四巻第一号、二〇〇三年五月を参照。
(12) 権上康男「ヨーロッパ通貨協力制度『スネイク』の誕生(一九六八―七三年)――戦後国際通貨体制の危機とフランスの選択」『エコノミア』第五六巻第一号、二〇〇五年五月、同「ウェルナー委員会とフランスの通貨戦略――フランスは『マネタリスト』であったか」関東学院大学『経済系』第二二七集、二〇〇六年四月を参照。
(13) 小栗崇資「会計ビッグバンとグローバリズム」『土地制度史学』第一七五号、二〇〇二年四月を参照。

(文責 権上康男・石山幸彦)

わ行

マルジョラン　Marjolin, Robert　7, 26, 322
マルテッル　Malterre, André　314
マンゴルト　Mangolt, Hans Karl von　269
マンデル, ハンス　Mandel, Hans　376-378, 401
マンデル, ロバート　Mundell, Robert　326
マントゥー, エティエンヌ　Mantoux, Etienne　7, 15, 17, 26, 32, 301
マントゥー, ポール　Mantoux, Paul　6-7
ミーゼス　Mises, Ludwig von　6-7, 10-11, 15, 37, 52, 55, 59-61, 64-65, 70, 204, 398
ミーンズ　Means, Gardiner C.　170
ミクシュ　Miksch, Leonhard　97, 108, 110, 113, 116-117, 119, 121-124
ミュラー＝アルマック　Müller-Almack, Alfred　25, 45, 55, 103-104, 136, 236-238, 253, 256, 260, 271-272, 278-279, 283, 289,364
ミラー　H Miller, H. Laurence　140
ミンツ　Mints, Lloyd W.　169
メイヤー　Maier, Charles S.　92-94, 97
メルシエ, デジレ＝ジョセフ　Mercier, Désiré-Joseph　181, 207
メルシエ, エルネスト　Mercier, Ernest　7, 26
メルツァー　Meltzer, Allan H.　170
モーゲンソー　Morgenthau, Henry, Jr　75, 150-151, 154-156, 174-175
モネ　Monnet, Jean　337, 343, 349-350, 363, 366-367
モレ　Mollet, Guy　310, 313-314, 331

や行

ヤコブソン　Jacobsson, Per　256, 265, 277-278, 281-282, 284, 298, 399
安井琢磨　47
山際正道　47
ユリ　Uri, Pierre　367
ユンガー　Jûnger, Ernst　101

ら行

ライノーニ　Rainoni, Antonio　402
ラヴェルニュ　Lavergne, Bernard　23
ラコスト　Lacoste, Louis　17-18, 23
ラットル　Lattre, André de　332, 378
ラパルト　Rappard, W. E.　61
ラピー　Lapie, Pierre-Olivier　356
ラフォレット　La Follett, Robert　75
ランペ　Lampe, Adolf　94, 97, 121, 129-130
リース＝ロス　Leith-Ross, Frederick　196-197
リスト　Rist, Charles　17
リチュル　Ritschl, Albrecht　93
リッヒェベッヒャー　Richebächer, Kurt　287
リップマン　Lippmann, Walter　xi, xii, 5, 8, 11-12, 15, 17, 51-53, 59-85, 89, 179-180, 202, 204-206, 212, 417
リュエフ　Rueff, Jacques　iii, vii, xv, 6-7, 11-12, 14-15, 17-26, 30-31, 37, 39-40, 43-45, 49-55, 62, 167, 196-197, 204, 302-315, 318-329, 331-333, 335, 338-339, 343-347, 358-363, 370, 391, 393-397, 417
リュストウ　Rüstow, Alexander　6-7, 10-11, 20, 52-53, 91, 101-103, 105, 108, 134, 236-237, 255
リュプケ　Lübke, Heinrich　261
ルージエ　Rougier, Louis　iii, vi-vii, 4-5, 7-10, 15-17, 26, 32-34, 51, 53, 56, 59-60, 211, 301
ルービン　Lubin, Isador　174
ルコビッツ　Lukowitz, David C.　203
ルター　Luther, Hans　288
ルッツ　Lutz, Frriedrich A.　43, 311
ルモワン　Lemoine, Robert　183, 190, 210
レイドラー　Laidler, David　148
レイノー　Reynaud, Roger　353, 356
レーガン　Reagan, Ronald　i
レームブルッフ　Lehmbruch, Gerhard　95, 101
レオポルド三世　Leopold III, roi　189
レオ十三世　Leonis Papae XIII　209
レチンガー　Retinger, Joseph　206
レネップ　Lennep, Emile van　400
レプケ　Röpke, Wilhelm　5-7, 10, 11, 14-15, 17-18, 21, 26-28, 31, 42, 44, 46-47, 52, 56, 61, 167, 204, 236-238, 254, 255, 291, 299, 313, 330, 338, 365, 399, 410
レベック　Lévêque, Jean-Maxim　321
ローザ　Roosa, Robert　400
ローズヴェルト, セオドール　Roosevelt, Theodore　73-74
ローズヴェルト, フランクリン　Roosevelt, Franklin D.　77-79, 81-82, 88, 142, 144-145, 151-152, 173, 188
ロスハウプター　Roßhaupter, Albert　221-222
ロバートソン　Robertson, Brian　223
ロビンズ　Robbins, Lionel, C.　5, 17, 30, 37,

フォッケ　Voche, Wilhelm　263-266, 277, 291-292, 296-297
ブキャナン　Buchanan, James　57
福田赳夫　47
フノルド　Hunold, Albert Conrad　28, 31, 42, 46
プフライデラー　Pfleiderer, Otto　275-276, 296
ブラザール　Brasart, C.　306
ブラジウス　Blasius, Dirk　104
ブラック　Black,Eugene R.　151-152
ブラン　Belin, René　17-18
フランキ　Francqui, Émile　182-183
フランク，ハンス　Frank, Hans　128
フランク，ルイ　Franck, Louis　183
フランクファーター　Frankfurter, Felix　75,83
ブランダイス　Brandeis, Louis　74, 81, 84
ブラント　Brandt, K.　40, 43, 45
プラント　Plant, A.　61
ブリアン　Briand, Aristide　336
フリーダンソン　Fridenson, Patrick　viii
フリードマン　Friedman, Milton　30, 35, 37, 41, 47, 50, 56-58, 139-141, 146, 150, 167, 171, 174, 178, 333, 370, 409, 411, 418
ブリッジ　Bridge, Roy　385, 386-388, 403
ブリュネ　Brunet, Jacques　321, 323, 332, 379, 401
ブリュヒャー　Blücher, Franz　275, 353
ブルジョワ　Bourgeois, Marcel　15
フレール　Frére, Maurice　197, 205
ブレシャーニ　Bresciani　61
ブレッシング　Blessing, Karl　280, 283-284, 296-297, 379
プレデール　Predöhl, Andreas　127
プレラー　Preller, Ludwig　228-229, 232, 242, 254
プロイスカー　Preusker, Victor-Emmanuel　261
ブロック＝レネ　Block-Lainé, François　328
フンク　Funk, Walter　127
ヘイズ　Hayes Alfred　378-379
ベヴァリッジ　Beveridge, William　243-244
ベーア　Bähr, Johannes　98
ベーム　Böhm, Franz　44, 56, 92, 95-96, 100, 108-116, 125-127, 129-130, 136, 255
ベーラー　Boehler, E.　61
ヘクシャー　Heckscher, Eli　399
ペタン　Pétain, Henri Philippe　4, 26
ベッケラート　Beckerath, Erwin von　99, 103-108
ベナム　Benham, F.C.　61
ヘラー　Heller, Hermann　95, 101
ベル　Bell, Daniel　175
ペルー　Perroux, François　338
ヘルヴィヒ　Hellwig, Fritz　355-356
ペルーズ　Pérouse, Maurice　321
ベルク　Berg, Fritz　261, 275, 281, 295
ベルグソン　Bergson, Henri　52
ヘルプスト　Herbst, Ludolf　95
ベンサム　Bentham, Jeremy　68-69,71
ヘンゼル　Hensel, Karl Paul　45
ヘンダーソン　Henderson, Leon　174
ボーダン　Baudin, Louis　15
ボードワン　Baudhuin, Fernand　181, 183, 189, 205, 207
ボーンガルトネル　Baumgartner, Wilfrid　306, 319, 321, 332
ホッケルツ　Hockerts, Hans Günter　220-221, 223-224, 250
ポトホフ　Potthoff, Heinz　353, 356
ホプキンズ　Hopkins, Harry　75, 174
ホフマン　Hoffmann, Walter　93
ポランニー，カール　Polanyi, Karl　7
ポランニー，マイケル　Polanyi, Michael　7
ホルトロップ　Holtrop, Marius　378-379, 400
ボルヒャルト　Borchardt, Knut　92-93
ホワイト　White, Harry Dexter　145, 148, 170-172

ま行

マイエル　Mayer, René　350, 367
マクドナルド　Macdonald, Donald　385, 387, 403-404
マクミラン　Macmillan, Harold　27, 270
マクラム　McClam　392
マッケンロート　Mackenroth, Gerhard　218, 231-232, 242-243
松田智雄　47
マハループ（マークルプ）　Machlup, Fritz　61, 399
マリオ　Marlio, Louis　7, 10, 15-17, 21-22, 25, 26, 49
マルクス　Marx, Karl Heinrich　43, 72
マルシャル　Marchal, André　338

スノア・エ・ドッピュース　Snoy et d'Oppuers, Jean- Charles　205, 207, 213
スパーク　Spaak, Paul-Henri　189-190, 193
スピーレンブルク　Spierenburg, Dirk　347-348, 350, 352-353, 355-356
スピナッス　Spinasse, Charles　18
スペンサー　Spencer, Herbert　69-70
スミス　Smith, Adam　67-68
ズルバッハ　Sulzbach, W.　61
セガン　Séguin, Philippe　327
ソディ　Soddy, Frederick　169

た行

ダーウイン　Darwin, Charles Robert　69
タグウェル　Tugwell, Rexford G.　78, 82, 88, 144, 170
ダグラス　Douglas, Paul H.　169
ダローマ　D'Aroma, Antonio　402
チェース　Chase, Stuart　66
ディレクター　Director, Aaron　27, 30-32, 35-37, 39, 45, 50, 56, 139, 167, 169, 369, 409
テッシエ　Tessier, Gaston　314, 318
デュプリエ　Dupriez, Léon-H.　183, 189, 205, 207
デュムラン　Dumoulin, Michel　204
テュンゲラー　Tüngeler, Johannes　291, 386, 404
デラノ　Delano, Frederic A.　175
テロン　Théron, Marcel　391
ドゥトゥフ　Detoeuf, Auguste　7, 17, 26
ドゥノール　Denord, François　vii-viii, 4
ドゥブレ　Debré, Michel　311-314, 322
ドゥマン　de Mun, Henri　189-191, 193, 210
トゥルナン　Tournan, Henri　333
トービン　Tobin, James　326
ドーム　Daum, Léon　353
ドゴール　de Gaulle, Charles　303-304, 306, 308-311, 313-314, 321, 325, 327, 330, 332, 393, 412
トニオロ　Toniolo, Gianni　286, 398
ドュッシュマン　Duchemin, René-Paul　17
トライブ　Tribe, Keith　97
ドラッカー　Drucker, Peter　66
トリフィン　Triffin, Robert　189

な行

ナイト　Knight, Frank H.　27, 30, 41, 56, 139-142, 165, 167-169
ニーチェ　Nietzsche, Friedrich Wilhelm　92
西山千明　viii, 47, 55, 57

は行

パーキンズ　Perkins, Francis　75
ハーゼルバッハ　Haselbach, Dieter　95
パーソンズ　Parsons, Maurice　385, 403
ハーディ　Hardy, Charles O.　30
ハート　Hart, Albert G.　169
ハートウェル　Hartwell, R. M.　ix, 46, 56-57
ハーバラー　Haberler, G　61
バーリ　Berle, Adolph　75
バール　Barre, Raymond　48, 325
ハーン　Hahn, L. Albert　293
ハイエク　Hayek, Friedrich A. von　iii, 5-7, 10-11, 14-15, 17, 22, 26-27, 29-38, 40-41, 43, 45-48, 50-51, 55-57, 59-72, 81, 83-86, 89, 140, 168, 204, 255, 338-343, 346, 362, 365, 370-371, 395-396, 409, 418
ハイマン　Hyman, Sydney　153, 251
ハイルペリン　Heilperin, Michael A.　6, 14, 310
ハズリッツ　Hazlitt, H.　37-38
ハット　Hutt, W. H.　61
パティンキン　Patinkin, Don　141, 172
ハリソン　Harrison, George　156, 161
ハル　Hull, Cordell　202
パレート　Pareto, Vilfredo　245
バローネ　Barone, Enrico　245
ピオ十一世　Pius PP. XI　185
ヒットラー　Hitler, Adolf　96
ピネー　Pinay, Antoine　304-308, 310-312
ピノー　Pineau, Christian　17
ヒューム　Hume, David　67
ピルー　Pirou, Gaëtan　21-22
ヒルファディング　Hilferding, Rudolf　251
ファーガソン　Ferguson, Adam　67
フィッシャー　Fisher, Irving　147, 173, 175-177, 418
フィネ　Finet, Paul　351-353, 356
フィリップス　Phillips, Ronnie J.　146
ブーフハイム　Buchheim, Christoph　98
フェラス　Ferras, Gabriel　381, 383, 401-402
フェルトメンゲス　Pferdmenges, Robert　275, 295

Maurice 309, 321-323, 329, 332
グース Guth, Wilfried 282
クーデンホフ＝カレルギー Cudenhove=Kalergi, Richard 335
クームズ Coombs, Charles 388-390
クールノー Cournot, Antoine-Augustin 118
クナップ Knap 402
クラウゼ Klause, Werner 95
グラス Glass, Cater 153
クラッパム Clapham, John 27
グラハム Graham, Frank D. 37, 166-167, 398
クルーゼ Kruse, Christine 95
クルタン Courtin, René 17, 26
クレイ Cray, Lucius D. 223, 250
グレゴリー Gregory, H. D. 61
クローマー Cromer, George 379
クローリー Croly, Herbert 73-74, 87
グロスマン＝デルト Großmann-Doerth, Hans 108
クロップストック Klopstock, Fred 391, 402
ゲアリー Gary, Judge Elbert 72
ケアンクロス Cairncross, Alexander 256
ケインズ Keynes, John Maynard 6, 7, 9, 21, 41, 55, 70-72, 77-80, 83, 133, 146-147, 167, 172, 307, 370
ゲーツ Goetze, Roger 306, 330
ケメラー Kemmerer, Edwin 182
小泉信三 47
ゴールズボロー Goldsborough, T. Alan 175
ゴールデンワイザー Goldenweiser, Emanuel A. 152, 170
コックス Cox, Garfield V. 169
コッペ Coppé, Albert 348, 350, 353, 356
ゴッホト Gocht, Rolf 289
コマジャー Commager, Henry 76
コルソン Colson, Clément 6

さ行

サイモンズ Simons, Henry C. 61, 140-141, 165,167, 169, 178
サッチャー Thatcher, Margaret i, 413
サドラン Sadrin, Jean 322
サラン Salin, Pascal 178
サルト Saltes, J. 306
サンディランズ Sandilands, Roger J. 147, 153, 175
ジアッケロ Giacchero, Enzo 353
シークフリート Siegfried, André 17
シェーファー Schäffer, Fritz 258, 260-261, 288-289
ジェームズ James, Harold 287, 400
ジェナン Génin, Marie -Thérèse 16
ジェラール Gérard, Max-Léo 190, 205
シェルナー Scherner, Jonas 98
シェレンベルク Schellenberg, Ernst 249
シェンク Schenk, Catherine 399
ジスカールデスタン Giscard d'Estaing, Valéry 321,325
ジヌー Gingnoux, C.-J. 306
ジャヌネー Jeanneney, Jean-Marcel viii, 306, 309
シャハト Schacht, Hjalmar 126, 196
シュヴェッツェル Schweitzer, Pierre-Paul 307, 321
シュウォーツ Schwartz, Anna J. 146
ジュークス Jewkes, J. 38
ジュヴネル Jouvenel, Bertrand de 47, 371
シューマッハー Schumacher, Kurt 224-226
シュタッケルベルク Stackelberg, Heinrich Freiherr von 118
シュトルヒ Storch, Anton 239, 249
シュトレーゼマン Stresemann, Gustav 336
シュペーラー Spoerer, Mark 93
シュミート Schmid, Carlo 245
シュミット，カール Schmitt, Carl 96, 101-102, 104
シュミット，エーベルハート Schmidt, Eberhard 250
シュライバー Schreiber, Wilfried 231-232, 241, 243, 252
シュリーベン Schlieben, Otto von 288
シュルツ Schultz, Henry 169
シュンペーター Schumpeter, Joseph A. 172
ジョーンズ Jones, Byrd L. 145, 170
ジョンソン，ヒュー Johnson, Hugh 80
ジョンソン Johnson, N.O. 162
シラー Schiller, Karl 235, 245-246, 251, 286
スウィージー Sweezy, Alan 146, 172
スタイン Stein, Herbert 145, 155
スタインドル Steindl, Frank G. 171
スティール Steel, Ronald 205
スティグラー Stigler, George G. 139, 166

人名

あ行

アーベルスハウザー　Abelshauser, Werner　97, 137
アーント　Arndt, Heinz W.　203
アイヴァーセン　Iversen, Carl　38
アウエルバッハ　Auerbach, Walter　232, 247
青山秀夫　47
アクトン　Acton, John Edward　27
アデナウアー　Adenauer, Konrad　218-219, 231, 233-236, 240-241, 260-261, 275, 283, 289, 297, 260, 349
アヒンガー　Achinger, Hans　240
アプス　Abs, Hermann Josef　275, 294-295
アルテュイ　Arthuis, Jean　326-328, 331
アルマン　Armand, Louis　314
アレ　Allais, Maurice　29, 41, 56, 167, 327-328, 338, 371
アレグザンドル　Alexandre, J.　306
アロン　Aron, Raymond　7, 26
アンブロジウス　Ambrosius, Gerold　97
イームラー　Irmler, H.　402
イキーズ　Ickes, Harold　75
石橋湛山　172
岩佐凱実　47
ヴァイナー　Viner, Jacob　141, 148, 150, 172
ヴァロン　Vallon, Louis　18, 23-24
ヴァンゼーラント，ポール　van Zeeland, Paul　xiii, 179-190, 192-207, 213, 399
ヴァンゼーラント，マルセル　van Zeeland, Marcel　7, 180, 183, 194, 204-207, 211, 399-400
ヴァンゼーラント，ルイ　van Zeeland, Louis　180
ヴァンデルヴェルデ　Vandervelde, Émile　189
ヴァントゥジョル　Ventejol, Gabriel　314
ウィーザー　Wieser, Friedrich von　245
ヴィッセル　Wissel, Rudolf　222, 250
ヴィトリ　Vitry, R. de　306
ウイリス　Willis, Henry P.　146-147
ウィルソン　Wilson, Woodrow　73-74
ウェーバー　Weber, Max　92
ヴェーバー　Weber, Alfred　227-228, 242
ウェーラー　Wehrer, Albert　353
ヴェッレ　Verret, Alexandre　331
ウォーレス　Wallace, Henry A.　75, 143-144
ヴォルフ　Wolf, Eduard　275-276, 280, 289
ヴォルムセル　Wormser, Olivier　322-324, 333
ウッディン　Woodin, William H.　144
エアハルト　Erhard, Ludwig　xiv, 48, 96, 164, 218, 236, 241, 245, 255-256, 260-263, 267-272, 275, 277-278, 281-285, 288-290, 292-293, 295, 297, 353, 360, 364
エイスケンス　Eyskens, Gaston　183
エイナウディ　Einaudi, L.　61
エクルズ　Eccles, Marriner S.　141-142, 147-148, 151-156, 160, 165, 170, 174-175
エツェル　Etzel, Franz　283, 349-350
エッシェンブルク　Eschenburg, Theodor　126
エフタリング　Oeftering, Heinz Maria　289
エミンガー　Emminger, Otmar　xiv, 261-266, 269, 272-273, 275, 277-280, 282-285, 290-292, 298
オイケン　Eucken, Walter　7, 30-31, 37-38, 42-45, 56, 61, 92, 95, 97, 101-103, 105-106, 108, 110, 113-114, 124, 130, 134-135, 236-238, 255, 289, 399
オーヴァリ　Overy, Richard　129
オーボワン　Auboin, Roger　7, 204, 398-399

か行

カーネギー　Carnegie, Andrew　70
カスティリヨ　Castillejo, Jose　14
カッセル　Cassel, Gustar　94, 121
カッティング　Cutting, Bronson M.　144-145
カビアーテイ　Cabiati　61
カリー　Currie, Lauchlin B.　xiii, 142, 145-160, 162, 164-165, 167-168, 170-172, 175-176
ギールシュ　Girsch, Herbert　299
木川田一隆　47
ギデオンズ　Gideonse, Harry D.　38, 61, 64
キャナン　Cannan, Edwin　61
ギュヨー　Guyot, J.　306-307
ギリンガム　Gillingham, John　337
ギルバート　Gilbert, Milton　377-378, 387, 391-393, 395-396
キンドルバーガー　Kindleberger, Charles P.　203
クーヴ＝ドゥ＝ミュルヴィル　Couve de Murville,

わ行

や行

ら行

ま行

な行

は行

た行

さ行

索　引

事項

あ行

石坂綾子（いしざか・あやこ）

1969年生まれ
名古屋大学大学院経済学研究科博士課程修了
現在、愛知淑徳大学ビジネス学部助教授、博士（経済学、名古屋大学）
主な業績：「ドイツ連邦銀行の成立過程（1945-1957）—中央銀行の独立性と連邦的性格をめぐって—」（『土地制度史学』第158号、1998年）、「復興期ドイツレンダーバンクの金融政策（1948-1952年）—貿易収支危機への対応を中心として—」（『社会経済史学』第65巻第3号、1999年）、「第二次世界大戦期ライヒスバンクの戦後国際通貨構想—清算同盟構想の展開と破綻—（『社会経済史学』第67巻第3号、2001年）

石山幸彦（いしやま・ゆきひこ）

1961年生まれ
一橋大学大学院経済学研究科博士課程単位取得退学
現在、横浜国立大学経済学部教授
主な業績：「ヨーロッパ石炭鉄鋼共同体による市場統合、1953-1954年—鉄鋼市況の停滞とフランス鉄鋼業界の対応」（秋元英一編『グローバリゼーションと国民経済の選択』東京大学出版会、2001年）、戦後フランスにおける経済計画と鉄鋼業の再建—モネ・プランとシューマン・プラン」（『エコノミア』第53巻第2号、2002年）、「1950年代半ばにおけるフランス鉄鋼業の経営条件—第2次近代化設備計画と鉄鋼共同市場—」（『エコノミア』第55巻第2号、2004年）

矢後和彦（やご・かずひこ）

1962年生まれ
東京大学大学院経済学研究科博士課程単位取得退学
現在、首都大学東京経営学系教授、博士（歴史学、パリ第10大学）
主な業績：『フランスにおける公的金融と大衆貯蓄』（東京大学出版会、1999年）、「戦後再建期の国際決済銀行」（秋元英一編著『グローバリゼーションと国民経済の選択』東京大学出版会、2001年）、「1930年代のフランスにおける金融制度改革」（安部悦生編著『金融規制はなぜ始まったのか』日本経済評論社、2003年）

【執筆者紹介】（執筆順）

西川純子（にしかわ・じゅんこ）

1934年生まれ
東京大学大学院経済学研究科博士課程単位取得退学
獨協大学名誉教授、経済学博士（東京大学）
主な業績：『アメリカ企業金融の研究』（東京大学出版会、1980年）、『アメリカ金融史』（共著、有斐閣、1989年）、『冷戦後のアメリカ軍需産業』（編著、日本経済評論社、1997年）

雨宮昭彦（あめみや・あきひこ）

1953年生まれ
東京都立大学大学院社会科学研究科博士課程単位取得退学
現在、首都大学東京大学院社会科学研究科教授、博士（経済学、東京大学）
主な業績：『競争秩序のポリティクス』（東京大学出版会、2005年）、『帝政期ドイツの新中間層』（東京大学出版会、2000年）、「労働の未来から市民参加の未来へ」（『公共研究』第２巻第３号、2005年）

須藤　功（すとう・いさお）

1955年生まれ
名古屋大学大学院経済学研究科博士課程単位取得退学、博士（経済学、名古屋大学）
現在、明治大学政治経済学部教授
主な業績：『アメリカ巨大企業体制の成立と銀行―連邦準備制度の成立と展開―』（名古屋大学出版会、1997年）、『アメリカ経済史の新潮流』（岡田康男・須藤功編、慶應義塾大学出版会、2003年）、「金融グローバリゼーションの前と後―アメリカの銀行はどう変わったか？―」（秋元英一・小塩和人編『豊かさと環境』ミネルヴァ書房、2006年、第９章）

小島　健（こじま・たけし）

1958年生まれ
名古屋大学大学院経済学研究科博士課程単位取得退学
現在、立正大学経済学部教授
主な業績：「国際工業カルテルと国際連盟」（藤瀬浩司編『世界大不況と国際連盟』名古屋大学出版会、1994年）、「ヨーロッパ石炭鉄鋼共同体とベルギー石炭業」（廣田功・森建資編著『戦後再建期のヨーロッパ経済』日本経済評論社、1998年）、「ヨーロッパ統合の中核―ベネルクス経済同盟―」（渡辺尚編著『ヨーロッパの発見』有斐閣、2000年）

福澤直樹（ふくざわ・なおき）

1962年生まれ
ドイツ・フライブルク大学経済学部博士課程修了
現在、名古屋大学大学院経済学研究科助教授、博士（経済学〔Dr. rer. pol〕、ドイツ・フライブルク大学）
主な業績：「ドイツにおける失業給付制度の展開と福祉国家の形成」（『土地制度史学』第144号、1994年）、「ドイツ第二帝政期ライヒ保険法の成立過程とその社会政策的意義」（『土地制度史学』第163号、1999年）、「西ドイツの社会給付改革と東ドイツの社会保険」（廣田功編『現代ヨーロッパの社会経済政策―その形成と展開』日本経済評論社、2006年）

【編著者紹介】

権上康男（ごんじょう・やすお）

1941年生まれ

東京大学大学院経済学研究科博士課程単位取得退学

現在、横浜商科大学商学部教授、横浜国立大学名誉教授、経済学博士（東京大学）

主な業績：『フランス帝国主義とアジア』（東京大学出版会、1985年）、*Banque coloniale ou banque d'affaires: la Banque de l'Indochine sous la IIIe République*（Paris, CHEF, 1993）、『フランス資本主義と中央銀行』（東京大学出版会、1999年）

新自由主義と戦後資本主義――欧米における歴史的経験――

2006年12月15日　第1刷発行

編著者　権　上　康　男

発行者　栗　原　哲　也

発行所　株式会社　日本経済評論社

〒101-0051　東京都千代田区神田神保町3-2

電話　03-3230-1661　FAX　03-3265-2993

nikkeihy@js7.so-net.ne.jp

URL : http://www.nikkeihyo.co.jp

印刷＊文昇堂・製本＊山本製本所

装幀＊渡辺美知子

乱丁落丁はお取替えいたします。　Printed in Japan

新自由主義と戦後資本主義（オンデマンド版）

Digital Publishing

2013年11月20日 発行

著　者　　　権上　康男
発行者　　　栗原　哲也
発行所　　　株式会社　日本経済評論社
〒101-0051　東京都千代田区神田神保町3-2
電話　03-3230-1661　FAX　03-3265-2993
E-mail: info@nikkeihyo.co.jp
URL: http://www.nikkeihyo.co.jp/

印刷・製本　　株式会社 デジタルパブリッシングサービス
URL　http://www.d-pub.co.jp/

乱丁落丁はお取替えいたします。

Printed in Japan
ISBN978-4-8188-1672-5